证券投资工程学

股市、经济周期波动规律与投资时机

黄智华 著

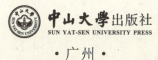

中山大学出版社

·广州·

版权所有　翻印必究

图书在版编目（CIP）数据

证券投资工程学：股市、经济周期波动规律与投资时机/黄智华著. —广州：中山大学出版社，2018.12

ISBN 978-7-306-06437-0

Ⅰ. ①证… Ⅱ. ①黄… Ⅲ. ①证券投资 Ⅳ. ①F830.91

中国版本图书馆 CIP 数据核字（2018）第 210596 号

出 版 人：	王天琪
策划编辑：	钟永源
责任编辑：	钟永源
封面设计：	曾　斌
责任校对：	王　璞
责任技编：	何雅涛
出版发行：	中山大学出版社
电　　话：	编辑部 020-84111996，84113349，84111997，84110779
	发行部 020-84111998，84111981，84111160
地　　址：	广州市新港西路 135 号
邮　　编：	510275　　　　传　真：020-84036565
网　　址：	http://www.zsup.com.cn　　E-mail:zdcbs@mail.sysu.edu.cn
印 刷 者：	湛江日报社印刷厂
规　　格：	787mm×1092mm　1/16　25 印张　504 千字
版次印次：	2018 年 12 月第 1 版　2018 年 12 月第 1 次印刷
定　　价：	78.00 元

前　言

　　商业经济领域的工程学是一个崭新的研究体系，该研究体系将各种管理、分析、预测理论共冶一炉，架起理论联系实际的桥梁，把"商业经济"理论与"工程"有机融合，透过一整套基本框架、原则、程序、步骤、指引，以及整体、全面的分析决策和解决方案，以根本、综合、整体、系统的原则和方法，推进和实现商业经济领域管理、分析方法的专业化和理论化。

　　中国证券市场目前还没有形成系统的工程分析理论体系，特别是对经济周期与证券市场周期的相关性研究不足，因此，研究适用于证券市场的系统的工程综合评估体系是有理论和应用意义的。

　　证券投资受众多宏观和微观综合因素所影响。本书通过对证券投资综合评估模型工程的构建，以建立系统的证券投资评估理论体系，构成了商业经济领域工程学的组成部分。

　　在证券市场上投资，目的是使投资回报最大化，归根到底是如何把握证券投资价值低估和高估的尺度以及买卖时机，这需要从证券品种内在的投资价值以及市场波动所带来的系统性机会和系统性风险来评估。

　　本书认为证券投资价值受到"天时""地利""人和"综合的影响。"天时"就是宏观面因素，包括国内、国际经济和社会发展状况，以及区域经济、产业结构、行业经济等；"地利"就是微观面因素，包括企业竞争力、企业财务状况、企业获利能力与成长性；"人和"就是市场行为因素，包括各种因素影响下的市场超买和超卖现象、市场资金面的松紧、股价时间和空间的周期性变化，这体现为市净率与市盈率的波动性。

市场周期波动是一切影响证券市场因素作用下的结果，把握好投资买卖时机是投资成功的最关键一环，理性的证券投资正是在一系列因素作用下的市场周期性波动中，寻找合理乃至最佳的买卖时机。

本书建立证券投资综合评估的工程模型，并对经济周期与证券市场波动周期的相关性进行深入研究，总结证券市场波动周期的特点，以把握投资攻防策略和机会。

证券投资综合评估模型综合分析影响证券市场的因素，运用工程化的方法把影响证券投资价值的宏观面、微观面、市场行为各种因素结合在一起，综合基本分析和技术分析方法，构成一系列的组合平面和立体平面，其各要素相互联系，形成一个系统工程，运用综合应用的系统观，来分析证券市场的趋势变化和投资价值。

围绕证券市场周期波动与投资时机这个中心点，证券投资综合评估模型主要分成8个评估要素，分别为：国内宏观经济与社会发展、国际经济与金融市场、区域经济与产业结构、行业经济与行业周期、企业竞争力与经营效率、企业偿债能力与获利能力、企业成长性与投资收益、市净率与市盈率。

证券投资综合评估模型及其8要素可细分出4个模型：宏观经济评估模型、行业与企业竞争力评估模型、公司财务评估模型、证券估值评估模型。

其中，国内宏观经济、国际经济与金融市场、区域经济这3个要素构成宏观经济评估模型；产业结构、行业经济与行业周期、企业竞争力这3个要素构成行业与企业竞争力评估模型；企业经营效率、企业偿债能力与获利能力、企业成长性这3个要素构成公司财务评估模型；投资收益、市净率与市盈率、经济与社会发展，这3个要素构成证券估值评估模型。

通过证券投资综合评估模型各要素的分析可得出以下结论：经济波动和股价走势的变化遵循着大自然物质运动周期性的规律，其运行具有时间的周而复始的特征，因而便产生了经济波动和股价走势的循环周期概念；经济数据例如国内生产总值（GDP）增速、居民消费价格指数（CPI）同比增速、M1（狭义货币）与M2（广义货币）同比增速等在一定时期内，形成一定高低点的波动区间，股价总是围绕着低市盈率到高市盈率的价位之间来回波动,这反映出经济数据和股价升跌空间的重复性。这就是经济和股市走势在时间和空间上的意义。

经济和证券市场体现在时间和空间上波动的周期循环性是经济活动的最主要特征,也是经济分析的最重要一环。通过对经济和股市走势在时间和空间上的周期循环性分析,把握理想的证券投资买卖时机,实现有效的财富管理,使投资收益最大化。

本书通过证券投资综合评估模型的构建和分析,回答的是:证券价值投资的盈利、证券价格的买卖时机、趋势的可持续性。

目录

第一章　证券市场与趋势波动 ································· 1
　1-1　证券的概念和特性 ··· 1
　1-2　证券价格围绕内在价值波动 ································· 3
　1-3　股价波动的牛市和熊市趋势 ································· 3
　1-4　牛市趋势的种类 ··· 4
　　　（一）原始超级大牛市 ······································· 5
　　　（二）局部牛市 ·· 5
　　　（三）中短期多头行情 ······································· 6
　1-5　熊市趋势的种类 ··· 6
　　　（一）超级熊市 ·· 6
　　　（二）局部熊市 ·· 7
　　　（三）中短期空头行情 ······································· 7

第二章　证券投资分析方法 ······································ 8
　2-1　基本分析与技术分析 ·· 8
　2-2　道氏理论——技术分析法鼻祖 ····························· 9
　　　（一）指数能反映各种影响市场的因素 ·················· 9
　　　（二）市场有三种趋势 ······································· 9
　　　（三）主要趋势有三个阶段 ································· 9
　　　（四）两种指数（平均数）必须获得确认 ··············· 10
　　　（五）成交量必须确认其趋势 ····························· 10
　　　（六）横盘可以代替中级趋势 ····························· 10
　2-3　价值投资评估理论 ·· 10
　2-4　股票估值法 ··· 12
　　　（一）贴现现金流估值模型 ································· 12
　　　（二）市盈率估价模型 ······································· 13
　　　（三）净资产评估值法 ······································· 14

第三章　证券投资综合评估模型 ······························· 15
　3-1　证券投资分析方法的评价 ·································· 15
　3-2　商业工程学的系统观 ······································· 16

3-3 综合评估模型构建的意义 ·················· 18
3-4 数据收集和统计处理 ···················· 19
　（一）资料收集方法 ···················· 19
　（二）数据收集 ······················ 19
　（三）抽样设计 ······················ 19
　（四）数据分析和统计处理 ················ 20
3-5 综合评估模型及其要素 ·················· 21
　（一）综合评估模型 8 要素 ················ 21
　（二）四个相对独立的评估模型 ·············· 22
　（三）六个平面分析系统 ·················· 23
3-6 综合评估模型的 32 个要素 ················· 28

第四章　宏观经济评估模型（上） ············· 32
4-1 宏观经济评估模型的要素 ················· 32
4-2 宏观经济运行周期 ····················· 33
　（一）经济周期 ······················ 33
　（二）反映经济增长的指标 ················ 35
　（三）中国经济运行周期 ·················· 35
　（四）中国经济结构调整与转型 ·············· 37
　（五）经济的"晴雨表" ·················· 38
　（六）中国经济让世界看好 ················ 39
　（七）分享经济高速增长的成果 ·············· 41
　（八）美国经济运行周期 ·················· 42
4-3 经济先行指标 ······················· 43
　（一）采购经理指数 ···················· 43
　（二）采购经理指数与证券市场 ·············· 44
4-4 通货膨胀 ·························· 48
　（一）什么是通货膨胀 ·················· 48
　（二）通货膨胀判断标准：PPI、CPI、RPI ········ 49
　（三）CPI 波动周期与警戒线 ··············· 50
　（四）通货膨胀与股市波动 ················ 52

第五章　宏观经济评估模型（中） ············· 55
5-1 宏观经济调控 ······················· 55
　（一）宏观调控手段 ···················· 55

（二）货币政策 ·· 55
　　（三）存款准备金率与股市波动 ···································· 56
　　（四）利率政策 ·· 58
　　（五）货币、利率政策与证券市场 ·································· 58
　　（六）加息周期下的牛市 ·· 59
　　（七）货币政策收紧市场资金面紧张 ································ 60
5-2　货币供应量 ·· 62
　　（一）影响货币供应量的因素 ······································ 62
　　（二）货币供应量三个层次 ·· 63
　　（三）货币供应量波动周期 ·· 64
　　（四）货币供应量波动周期与股市 ·································· 65
　　（五）狭义货币与广义货币剪刀差 ·································· 67
5-3　财政政策 ·· 70
5-4　汇率与外汇占款 ·· 71
　　（一）人民币汇率形成机制改革 ···································· 71
　　（二）人民币升值推动A股牛市 ···································· 72
　　（三）外汇占款 ·· 74
　　（四）外汇占款下降引发资本市场动荡 ······························ 75
　　（五）外汇储备的波动变化 ·· 76
　　（六）人民币对美元汇率波动 ······································ 77
　　（七）人民币纳入SDR篮子 ·· 78

第六章　宏观经济评估模型（下） ·· 80
6-1　国际经济与金融市场 ·· 80
　　（一）国际金融危机和经济危机大事记 ······························ 80
　　（二）1997年亚洲金融危机 ······································· 81
　　（三）亚洲金融危机的启示 ·· 84
　　（四）美国次贷危机 ·· 87
　　（五）次贷危机引发全球股市暴跌 ·································· 89
　　（六）次贷危机的起因 ·· 90
　　（七）A股"530"崩盘和2008年暴跌 ································ 94
　　（八）全球联合降息抵御经济下滑 ·································· 95
　　（九）中国出台扩大内需促增长措施 ································ 97
　　（十）产业资本入市促成局部牛市 ·································· 99
　　（十一）欧债危机的发生 ·· 101

（十二）欧债危机的成因 ································· 103
　　（十三）七大央行释放流动性救市 ······················ 105
　　（十四）中央汇金第三轮增持国有银行股份 ··········· 107
　　（十五）2015年中A股市场大调整 ····················· 108
　　（十六）美联储加息全球金融市场动荡 ················· 110
　　（十七）中国央行降准A股大逆转 ······················ 117
　　（十八）美联储再加息引"股债汇三杀" ················ 119
　　（十九）美联储"缩表"以收紧货币政策 ················ 119
6-2 英国脱离欧洲联盟 ··· 120
　　（一）英国脱欧基于自主经济政治体系 ················· 120
　　（二）英国脱欧引发全球金融海啸 ······················· 122
6-3 中美两国贸易摩擦 ··· 123
　　（一）美国进入加息长周期 ······························· 123
　　（二）美元对新兴市场"剪羊毛" ························· 124
　　（三）中国市场获外资"独家青睐" ······················ 128
　　（四）人民币走向国际化 ·································· 129
　　（五）美国对中国挑起贸易争端 ························· 130
　　（六）美国制裁中兴通讯事件 ···························· 133
　　（七）贸易摩擦令全球股市重挫 ························· 136
　　（八）中国央行持续"降准" ······························ 138
6-4 中美将发展成竞争性大国关系 ································ 140
　　（一）美国关税措施锚定《中国制造2025》 ··········· 140
　　（二）石油美元体系的动摇 ······························· 141
　　（三）美国力保美元和经济主导权之战 ················· 144
　　（四）吸取日本"广场协议"的教训 ······················ 145
　　（五）中美需寻找新的互利共赢合作基础 ·············· 146
6-5 "一带一路"构建人类命运共同体 ······························ 148
　　（一）推动共建"一带一路"的愿景与行动 ·············· 148
　　（二）秉持"世界大同、和合共生"理念 ················· 150
　　（三）"一带一路"经济走廊 ······························· 151
　　（四）海上丝绸之路文化 ·································· 152
6-6 地方债风险防范化解 ·· 154
　　（一）地方政府性债务的种类 ···························· 154
　　（二）地方债风险的成因与防范 ························· 155
　　（三）地方债置换和债转股政策促银行股走强 ········ 157

6－7 调控股价、房价抑制"泡沫经济" ……………………………… 158
　　（一）经济转型促使资本市场转型 ……………………………… 158
　　（二）"负债狂欢"到质押平仓 …………………………………… 161
　　（三）房地产去库存一线城市热 ………………………………… 162
　　（四）房地产步入"租购并举"理性轨道 ……………………… 164
6－8 区域经济 ………………………………………………………… 165
　　（一）拓展区域发展空间 ………………………………………… 165
　　（二）雄安新区：疏解北京非首都功能 ………………………… 166
　　（三）粤港澳大湾区：世界四大湾区之一 ……………………… 167
　　（四）海南建设自贸区和自贸港 ………………………………… 168
　　（五）战略性新兴产业发展集聚区 ……………………………… 170
　　（六）区域格局与证券市场 ……………………………………… 171

第七章　行业与企业竞争力评估模型 ……………………………… 173
7－1 行业与企业竞争力评估模型的要素 …………………………… 173
7－2 产业结构与规划 ………………………………………………… 173
　　（一）三次产业的划分 …………………………………………… 174
　　（二）推进产业结构优化升级 …………………………………… 175
　　（三）强化科技创新引领作用 …………………………………… 175
7－3 行业分类和证券市场板块 ……………………………………… 176
　　（一）国民经济行业分类 ………………………………………… 176
　　（二）证券市场的概念、板块 …………………………………… 177
　　（三）概念、板块的联动性 ……………………………………… 178
7－4 行业生命周期 …………………………………………………… 179
　　（一）产品生命周期理论 ………………………………………… 180
　　（二）行业兴衰的影响因素 ……………………………………… 180
　　（三）行业投资 …………………………………………………… 183
7－5 周期行业与非周期行业 ………………………………………… 184
7－6 周期性行业股票大起大落 ……………………………………… 186
7－7 垄断行业 ………………………………………………………… 188
7－8 抗通胀行业 ……………………………………………………… 189
　　（一）通胀预期下的投资品种 …………………………………… 189
　　（二）有色金属股票敏感性强 …………………………………… 191
7－9 新兴产业和朝阳产业 …………………………………………… 192
　　（一）战略性新兴产业 …………………………………………… 192

（二）新材料产业和新一代能源 ………………………… 193
（三）信息技术产业 ……………………………………… 195
（四）文化传媒旅游生态健康产业 ……………………… 197
（五）加快工业机器人技术开发 ………………………… 199
（六）集成电路产业是先导性产业 ……………………… 200
（七）引力波引激光概念炒作 …………………………… 201
（八）自主建设、独立运行的北斗系统 ………………… 202
（九）国产大飞机百年梦圆 ……………………………… 203
（十）"高速飞行列车"概念 …………………………… 204
7-10 《中国制造2025》的强国战略目标 ………………… 205
（一）具备建设工业强国的基础和条件 ………………… 205
（二）"三步走"的制造强国战略目标 ………………… 206
7-11 企业竞争力 …………………………………………… 207
（一）世界500强企业排行榜 …………………………… 207
（二）全球十大最值钱奢侈品牌 ………………………… 208
（三）竞争制胜能力 ……………………………………… 209
（四）企业"倒闭潮"的启示 …………………………… 211
7-12 行业龙头具品牌竞争力优势 ………………………… 212
（一）优势企业的特征 …………………………………… 212
（二）A股市场各行业的龙头企业 ……………………… 213
7-13 迈克尔·波特的竞争战略优势理论 ………………… 215

第八章 公司财务评估模型 …………………………………… 217
8-1 公司财务评估模型的要素 …………………………… 217
8-2 企业基本素质 ………………………………………… 217
8-3 公司财务报表 ………………………………………… 219
（一）资产负债表 ………………………………………… 219
（二）利润及利润分配表 ………………………………… 220
（三）现金流量表 ………………………………………… 221
8-4 企业经营效率 ………………………………………… 222
8-5 企业偿债能力 ………………………………………… 225
（一）短期偿债能力 ……………………………………… 225
（二）长期偿债能力 ……………………………………… 226
8-6 企业盈利能力 ………………………………………… 228
8-7 企业成长性 …………………………………………… 230

8-8　净资产和无形资产 231

第九章　证券估值评估模型 233

9-1　证券估值评估模型的要素 233
9-2　投资收益 234
9-3　市盈率 235
　（一）静态市盈率和动态市盈率 235
　（二）市盈率估值线 236
9-4　市净率 239
　（一）市净率衡量安全边际 239
　（二）市净率估值线 240
9-5　市场现金流量 242
　（一）现实购买力与证券市场 242
　（二）IPO历史上的暂停和重启 243
9-6　股权分置改革和"大小非"解禁 244
9-7　蓝筹股板块估值线 246
　（一）蓝筹股是成熟市场投资主体 246
　（二）蓝筹股的投资价值 248
　（三）混合所有制改革提升发展动力 249
　（四）推进国企改革实施"双百行动" 250
　（五）A股纳入MSCI指数体系 251
　（六）市场投资风格向价值投资转换 252
　（七）新蓝筹和独角兽企业IPO 254
　（八）银行股是市场核心资产 257
　（九）银行股估值线 258
　（十）利率市场化对银行业影响 260
9-8　中小市值股票估值线 261
9-9　经济和社会发展 262
　（一）新时代　新征程 262
　（二）科学技术是第一生产力 263
　（三）经济体制改革 263
　（四）生活水平和生活方式 264
　（五）中国经济的挑战和机遇 266
　（六）新兴经济体 267
　（七）可持续发展 268

第十章 市场波动周期与空间 ……………………………………………… 270

10-1 经济和股市呈周期性波动 ……………………………………… 270
10-2 牛市和熊市的运行阶段 ………………………………………… 271
（一）牛市周期的运行阶段 ………………………………………… 271
（二）熊市周期的运行阶段 ………………………………………… 273
10-3 周期波动遵循六十甲子周期 …………………………………… 275
（一）六十甲子反映大自然运行节奏 ……………………………… 275
（二）六十甲子系列周期 …………………………………………… 277
（三）六十甲子数列形成股市转折 ………………………………… 278
10-4 六十甲子60日周期现象 ………………………………………… 279
（一）天干地支合冲 ………………………………………………… 279
（二）六十甲子的年与日干支克冲 ………………………………… 280
（三）克冲日时段股市波动效应 …………………………………… 282
10-5 股市波动巧合天象现象 ………………………………………… 285
（一）"超级蓝月+月全食"市场大波动 ………………………… 285
（二）"蓝月亮"大盘冲高回落 …………………………………… 286
（三）水星"东大距"股市强力反弹 ……………………………… 286
（四）大反弹遇火星"大冲"受阻 ………………………………… 287
（五）太阳耀斑爆发股市冲出高点 ………………………………… 288
（六）星体相形金融市场动荡 ……………………………………… 288
10-6 农历特殊日子的市场波动现象 ………………………………… 289
（一）二月二　龙抬头 ……………………………………………… 289
（二）二月十五　老子诞辰 ………………………………………… 290
（三）三月三　生轩辕 ……………………………………………… 290
10-7 二十四节气时点转折 …………………………………………… 291
10-8 "世界杯魔咒"现象 …………………………………………… 293
10-9 股市周期转折波动 ……………………………………………… 295
（一）顶部和底部的大周期循环 …………………………………… 295
（二）五月或六月的底部周期循环 ………………………………… 297
（三）五月或六月的顶部周期循环 ………………………………… 299
（四）一月时段反转的周期现象 …………………………………… 301
（五）5年、10年、15年周期 ……………………………………… 302
（六）香港恒指的周期波动效应 …………………………………… 303
（七）美股和港股陷10年周期"魔咒" …………………………… 305

10－10　黄金分割率与费氏数列 ························· 308
　（一）黄金分割率 ································· 308
　（二）费氏数列 ··································· 309
　（三）费氏数列是周期转折点 ····················· 309

10－11　周天公度数的周期模式 ························· 311
　（一）360度的周期循环 ···························· 311
　（二）长周期周天分割点 ··························· 311
　（三）次级长周期周天分割点 ······················ 314
　（四）未来30年每年的重要转折时点 ················ 315
　（五）超级长周期周天分割点 ······················ 317

10－12　股市空间的波动性 ····························· 318
　（一）上证综指历史波动区间 ······················ 318
　（二）8等分分割空间 ······························ 319
　（三）上证综指长期趋势和波动空间 ················ 319
　（四）深证成指长期趋势和波动空间 ················ 321

10－13　历史大顶和大底揭秘 ··························· 323
　（一）998点：2005年6月形成历史大底之一 ········· 323
　（二）6124点：2007年10月见大周期顶部 ··········· 323
　（三）1664点：2008年10月探出估值底 ············· 325
　（四）3478点：2009年8月创历史天量见顶 ·········· 326
　（五）2033点：2014年7月结束5年调整 ············· 328
　（六）5178点：2015年6月筑杠杆牛市大顶 ·········· 331
　（七）2638点：2016年1月呈10年周期低点 ·········· 333
　（八）3587点：2018年1月收复"熔断"位见顶 ······· 334
　（九）2449点：2018年10月呈现"政策底" ··········· 335

10－14　"三元九运"与经济、楼市、股市 ················· 338

第十一章　波动趋势、形态与成本 ····················· 341

11－1　上升和下跌趋势线 ······························ 341
　（一）波动趋势的方向 ····························· 341
　（二）趋势线的种类和有效性 ······················ 341
　（三）趋势线的买卖信号 ··························· 343
　（四）把握趋势线抄底逃顶信号 ···················· 343

11－2　通道反映趋势的运行轨迹 ······················· 346
　（一）通道的模式 ································· 346

（二）扩张和收敛型通道 ················· 347
　11-3　K线波动形态 ······················· 347
　11-4　头部和底部反转形态 ··················· 352
　　（一）头部反转形态 ······················ 352
　　（二）底部反转形态 ······················ 353
　11-5　中途整理形态 ······················· 353
　11-6　缺口：强弱势的标志 ···················· 356
　　（一）缺口有哪几种 ······················ 356
　　（二）历史牛市和熊市缺口特点 ················· 357
　11-7　移动平均线反映时期成本 ·················· 358
　　（一）什么是移动平均线 ···················· 358
　　（二）黄金交叉和死亡交叉 ··················· 359
　　（三）半年线和年线 ······················ 360

第十二章　证券投资组合与风险控制 ·················· 363
　12-1　证券投资组合遵循的原则 ·················· 363
　12-2　市场结构性行情的把握 ··················· 363
　12-3　投资高派息的成长型蓝筹股 ················· 365
　12-4　顺势而为，控制风险 ···················· 367
　12-5　市场仓位预示机会与风险 ·················· 368
　12-6　短线操作"集腋成裘" ··················· 369
　12-7　一把价值投资的尺度 ···················· 370
　12-8　长投短炒两相宜的ETF ··················· 372
　12-9　国债回购融券交易 ····················· 374

后记 ····························· 377
附录 ····························· 379
　中国证券市场大事记 ······················ 379
主要参考文献 ························· 382

第一章　证券市场与趋势波动

1-1　证券的概念和特性

证券是指各类记载并代表一定权利的法律凭证，一般指有价证券。有价证券是指标有票面金额，用于证明持有人或该证券指定的特定主体对特定财产拥有所有权或债权的凭证。

狭义的有价证券是指由金融投资或与金融投资有直接联系的活动而产生的证券，如证券市场中的证券产品，包括产权市场产品如股票，债权市场产品如债券，衍生市场产品如股票期货、期权、利率期货等。

证券市场指的是所有证券发行和交易的场所，狭义的证券市场是指资本证券市场、货币证券市场和商品证券市场，是股票、债券、商品期货、股票期货、期权、利率期货等证券产品发行和交易的场所。

股票是证券市场的交易主体。股票是股份公司发给股东证明其所入股份的一种有价证券，每股股票都代表股东对企业拥有一个基本单位的所有权，是一种永不偿还的有价证券。股东有权按公司章程从公司领取股息分享公司的经营红利和其他权利。

目前，在上海和深圳证券交易所上市交易的股票有A股和B股。A股，即人民币普通股，是由我国境内公司发行，供境内机构、组织或个人（不含台、港、澳投资者）以人民币认购和交易的普通股股票。B股，即人民币特种股票，是以人民币标明流通面值，以外币认购和交易的特种股股票。

有价证券有几个特性：

一是代表特定财产权的权利凭证，具收益性。证券持有人可通过行使该项财产权而获得收益，如通过持有股票而获得股息收入，或通过持有债券获得利息收入。

二是具有流通性。证券持有人可将证券在证券市场上转让，从而产生证券买卖交易。

三是证券交易价格的波动性使买卖收益存在不确定性。证券品种客观上具有交易价格，证券价格往往受到公司业绩及前景、市场供求关系、经济形势等因素影响而出现波动，使持有人形成买卖的差价而带来收益或损失。

四是期限性。股票一般没有期限性，可以视为无期证券。债券一般有明确的还本付息期限。

股票指数是反映证券市场上不同时点上股价变动情况的相对指标。通常是将报告期的股票价格与选定的基期价格相比，并将两者的比值乘以基期的指数值，即为该报告期的股票指数。

中国A股市场大盘指数一般是指沪市的"上证综合指数"和深市的"深证成份股指数"。大盘指数能科学地反映整个股票市场的行情，如股票的整体涨跌或价格走势等。如果大盘指数逐渐上涨，即可判断多数的股票在上涨；相反，如果指数逐渐下降，即大多数股票都在下跌。

上证综合指数（简称"上证综指"）以上海证券交易所挂牌上市的全部股票（包括A股和B股）为样本，以发行量为权数（包括流通股本和非流通股本），以加权平均法计算，以1990年12月19日为基日，基日指数定为100点的股价指数。该指数于1991年7月15日发布。

深证成份[①]股指数（简称"深证成指"）从深圳证券交易所挂牌上市的所有股票中抽取具有市场代表性的40家上市公司的股票为样本，以流通股本为权数，以加权平均法计算，以1994年7月20日为基日，基日指数定为1000点的股价指数。

上证180指数选择总市值和成交金额排名靠前的股票，按照中证一级行业的自由流通市值比例，分配和选取180只固定样本，以自由流通股本为权重加权计算。这些公司核心竞争力强、资产规模大、经营业绩好、产品品牌广为人知，是上海证券市场上最具代表性的大型蓝筹股票指数，是投资评价尺度和金融衍生产品标的的基础指数，于2002年7月发布。

上证50指数是在上证180指数样本股中挑选规模最大、流动性最好的50只股票，反映最具市场影响力的一批龙头企业的状况，于2004年1月发布。

另外，还有发布于2010年11月的上证380指数，其代表了上海市场成长性好、盈利能力强的新兴蓝筹企业，这部分样本股企业规模适中、具有成长为蓝筹企业的潜力，代表了国民经济发展战略方向和经济结构调整方向。

上证50指数、上证180指数集中于金融、能源、原材料和工业等传统行业，上证380指数则广泛分布于节能环保、新一代信息技术、生物、高端装备、新能源、新材料等新兴产业和消费领域。

---

① 成分＝成份，《现代汉语词典》第7版通用，尊重原文，不作改动。

1-2 证券价格围绕内在价值波动

证券价格波动的合理水平由证券的投资价值决定,而证券投资价值则以证券内在价值为基础,证券价格总是围绕着证券内在价值而上下波动,这是证券价格的价值规律。

价值规律(law of value)是商品生产和商品交换的基本经济规律。只要商品经济存在,价值规律就存在并起作用,这是一个客观规律。

价值规律认为,价格围绕价值上下波动正是价值规律作用的表现形式。因商品价格虽然时升时降,但商品价格的变动总是以其价值为轴心。

从较长时期和全社会来看,在商品交换中,商品价格与价值的偏离有正有负,商品的生产者总想提高价格,而消费者又想降低价格,所以,在长期的市场交换中,可彼此抵消,必然形成等价交换的趋势。因此,总体上商品的价格与价值还是相等的。

股票也是一种商品,其是一家上市公司股权的凭证,公司股权因为拥有公司盈利分配的权利而体现价值,其可转让性体现了公司股权的商品价值,股权的价值体现出公司的价值,那么,公司价值可通过股票价格体现出来。

作为一种商品,股权的价格(股票价格)符合商品领域的价值规律,即股价总是围绕着公司股权价值而上下波动。长期看,股价等于股权价值。股价偏离股权价值上下波动,是市场行为追涨杀跌非理性超买超卖的结果。

证券价格波动所体现的价值规律是证券价值投资分析的基础。价值投资(value investing)研究股票是否存在低估或高估公司股权内在价值的现象,价格低估则买入,高估则卖出。因而,评估公司股权价值与其股票价格波动的关系就成为一门学问。

除了内在价值,合理的投资价值还受到其他因素所影响。宏观、中观和微观因素综合影响着证券投资价值,也影响着证券内在价值。

证券价格波动体现为周期性趋势的波动,在证券市场上投资,最重要的是把握好证券价格的周期性波动变化的趋势,而产生的买卖时机。要把握证券市场周期性波动趋势和证券价格的买卖时机,需要的是对证券市场和证券的投资价值进行评估。

股票是证券交易的主体,本书主要研究股票投资价值的评估理论体系。

1-3 股价波动的牛市和熊市趋势

股票作为证券市场交易的主体,其波动的变化发展究竟有没有规律可循呢？对此，不同的股市理论学派有着不同的看法，有的认为股价变动是依循着一定的规律、趋势的，也有的认为，股价的变动毫无章法可言。这两种结论至今为止尚未能得到统一。

但如果从股市的历史走势看，不难发现股市的变化发展是有规律可循的，正如太阳黑子、月亮的阴晴圆缺导致地球上潮汐的变化那样，自然界和人类社会有规律的变化发展当然也会影响着股市的变动，使其呈现出一定的规律性。一个成熟的股市，从长期来看其周期变化与经济周期基本上是同步的，也正因如此，股市才被称为经济的"晴雨表"。

股价在没有阻力或者其上升或下降的动力足以消化阻力的情况下，会循着既定的轨迹发展，表现为股价上升（或下降）的波峰（或波谷）一波比一波高（或低）的形态，这就是趋势，直到阻力逐步积累到大于上升或下降的动力时，才出现原有趋势的反转。正因如此，在股市操作上应顺势买卖，直至出现转势迹象为止。

趋势包括牛市趋势（上升趋势）、熊市趋势（下降趋势）和无趋势（牛市或熊市途中的横盘修正整理）。牛市趋势和熊市趋势之内又分为原始趋势、局部趋势、中短期多头或空头行情。

什么是牛市和熊市？

所谓牛市，也称作多头市场，是指市场对后市普遍看涨，形成上升时间较长和幅度较大的行情，严格地说，牛市应是指与经济景气周期相应的多头市场走势。

所谓熊市，也称作空头市场，是指市场对后市行情普遍看淡，形成下跌时间较长和幅度较大的行情，与牛市相反，熊市应是指与经济调整周期相应的空头市场走势。

在股票市场上投资，最重要的是把握好市场的大趋势，即市场究竟是处于牛市阶段还是熊市阶段，因为大趋势掌握好了，操作就成功了一半。

在牛市形成下盈利机会往往大于风险，而在熊市阶段逆市操作往往风险大于收益。这就是股票市场上"顺势而为"的投资理念。

炒股如同行军打仗那样，也要认真分析市场走势特征，以及基本面、资金面、政策面等对股市的影响，如宏观经济面持续向好，场外资金源源不断地流入，政策面对股市不断扶持，市场信心足，而股市又经过较长时间的调整或蓄势后逐渐形成上扬动量，则后市向好，入市正当时，反之，则离场观望。

1-4 牛市趋势的种类

牛市趋势分为原始超级大牛市、局部牛市，而局部牛市中又细分出中短期多头行情。

(一) 原始超级大牛市

原始超级大牛市反映的是经济超级景气周期下的长期多头市场走势,例如香港恒生指数从历史最低收市点数即1967年8月31日58.61点起步,至2018年1月29日顶部33484点运行了50年时间,至今一直处于原始的超级大牛市周期中,这50年是香港经济持续蓬勃发展的时期,香港也以其骄人的经济成就成为亚洲"四小龙"之一。美国道琼斯指数(简称"道指")从1932年6月30日43点底部起步至今仍处于超级大牛市周期中,这期间美国生产力不断发展,新科技、产业的不断发展和升级推动着美国经济处于长景气周期中。

超级大牛市周期运行的时间往往在10年以上,甚至长达30年或更长。在走势上,原始的超级大牛市通常在历史的最低点位或重要转折点为起点,以原始的上升趋势线,以及长期的移动平均线如5年、10年、30年等移动平均线作为依托形成长期上升趋势,一旦这些趋势线有效失守,则原始的牛市趋势改变。

从中国A股市场看,沪深股市从1990年12月至今仍处于原始的超级大牛市上升趋势之中,上证综指1990年12月95点、1994年7月325点、2005年6月998点等3个历史上最重要的底部连成了原始的上升趋势线,另外10年移动平均线(以年为计算单位)也成为其长期支撑线,只要这些长期上升趋势线不被有效跌破,则原始的牛市趋势周期仍将继续。中国正大步迈向现代化的过程中,较快的经济增长速度也支持着中国A股市场较长期处于超级大牛市周期之中。

(二) 局部牛市

在原始超级大牛市的趋势中又细分出若干个次一级的局部牛市,其是在原始超级大牛市途中产生的阶段性牛市行情,同时也伴随着阶段性熊市修正行情的产生(或以横盘趋势代替),阶段性局部熊市为超级大牛市和局部牛市中的一种修正,因而,原始超级大牛市包括了若干个局部牛市和局部熊市(或横盘趋势修正)。阶段性熊市修正幅度一般为前局部阶段性牛市升幅的三分之一或一半,较弱的可达到三分之二,甚至达80%。

局部牛市反映的是经济相对局部的景气周期,其运行的时间往往在1年以上,甚至长达5~10年或更长,其以局部牛市的起点所形成的上升趋势线、120日移动平均线(半年线)和250日移动平均线(年线)为支撑线。例如,上证综指自1990年12月底部95点以来形成的原始超级大牛市的趋势中,至今形成了4个局部牛市,其分别为1990年12月底部95点至1993年2月顶部

1559 点、1994 年 7 月底部 325 点至 2001 年 6 月顶部 2245 点、2005 年 6 月底部 998 点至 2007 年 10 月顶部 6124 点、2013 年 6 月底部 1849 点至 2015 年 6 月顶部 5178 点等，第一个局部牛市运行了 3 年，第二个局部牛市运行了 7 年，第三个局部牛市运行了 2 年多，第四个局部牛市运行了 2 年。这 4 个局部牛市告一段落后便分别产生了 4 个局部熊市对其进行修正。

从上证综指 2005 年 6 月底部 998 点至 2007 年 10 月顶部 6124 点这一波最具爆发力的牛市看，其处于基本面趋好的背景下产生，期间中国 A 股市场逐步完成股权分置改革，人民币不断升值，市场资金面不断拓展，以及随着我国经济的持续快速发展和各项促进提高上市公司质量工作的深入，上市公司业绩不断得到提高，上市公司正在成为我国经济运行中最具发展优势的群体，这些使 A 股市场的价值得到了进一步提升。

受美国次贷危机逐步深化、国际金融危机爆发的影响，2008 年全球股市全面大幅调整，中国 A 股市场也出现持续大幅调整，同时在 2006 年和 2007 年非理性大幅上涨的后期，股市政策面逐步紧缩，人民币存贷款基准利率和存款准备金率不断上调，使市场资金面紧缩，至 2008 年 10 月 28 日上证综指探低至 1664 点。在 2006 年和 2007 年出现局部大牛市之后，A 股市场在 2008 年形成了局部熊市，上市公司业绩经过快速增长后也开始下滑。

（三）中短期多头行情

局部牛市又细分出若干个中短期阶段性的多头行情，其波动的时间持续在几周、3 个月或 1 年之内。

中短期多头行情之后往往伴随着中短期空头行情的产生（或以横盘代替），其为局部牛市中的修正行情，修正之后继续原来的趋势。中短期阶段性空头行情往往由走势上的超买、特发利空等因素影响所产生。

中短期多头行情以其起点所形成的中短期上升趋势线、10 日移动平均线和 30 日移动平均线为支撑线，这些支撑线如有效跌破则展开中短期空头行情。

1-5 熊市趋势的种类

熊市的趋势分为超级熊市、局部熊市，而局部熊市中又细分出中短期空头行情。

（一）超级熊市

超级熊市反映的是经济进入长期调整周期下的长期空头市场走势，其运行的时间往往在 10 年以上，甚至长达 30 年或更长。在走势上，超级牛市周期的原始上升趋势线,或 5 年、10 年、30 年等长期移动平均线有效跌破,则超级牛市趋势改变,将逐步进入超级熊市周期。

超级熊市通常以历史的最高点位或重要转折点为起点形成的原始下降趋势线,及 5 年、10 年、30 年等长期移动平均线作为压力线,形成长期的下降趋势,一旦这些趋势线有效上破,则超级熊市趋势扭转。

上证综指自 1990 年最低点 95 点以来仍处于原始超级大牛市的周期中,尚未出现过超级熊市,只有局部熊市的出现,其作为超级大牛市和局部牛市的修正而出现。原始超级大牛市逆转的标志是,上证综指 1990 年 12 月 95 点、1994 年 7 月 325 点、2005 年 6 月 998 点等历史最重要的底部连成的原始上升趋势线被跌破,其跌破后超级熊市或将形成。

（二）局部熊市

在超级熊市的趋势中又细分出若干个次一级的局部熊市,其为超级熊市途中产生的阶段性熊市行情,同时也伴随着阶段性局部牛市行情的产生（或以横盘趋势修正代替）,阶段性局部牛市为超级熊市和局部熊市中的一种修正。

局部熊市反映的是经济相对局部的调整周期,其运行的时间往往在 1 年以上,甚至长达 5 至 10 年或更长。其以局部熊市的起点（牛市的顶部）所形成的下降趋势线,以及 120 日移动平均线（半年线）和 250 日移动平均线（年线）作为压力线。

例如,上证综指 1993 年 2 月顶部 1559 点至 1994 年 7 月底部 325 点,2001 年 6 月顶部 2245 点至 2005 年 6 月底部 998 点,2007 年 10 月顶部 6124 点至 2008 年调整的最低点 10 月 28 日 1664 点,2009 年 8 月 4 日顶部 3478 点至 2013 年 6 月 25 日底部 1849 点,2015 年 6 月 12 日顶部 5178 点至 2016 年 1 月 27 日底部 2638 点,这些下跌波段均形成历史上的局部熊市行情。

（三）中短期空头行情

局部熊市中又细分出若干个中短期阶段性的空头行情,中短期空头行情之后往往伴随着中短期多头行情的产生（或以横盘代替）,其为局部熊市中的修正行情,修正之后继续原来的趋势。作为修正行情,中短期多头行情的产生往往由一些特发利好、市场题材、行业景气、走势上的超卖等因素影响而形成。

中短期空头行情以其起点所形成的中短期下降趋势线,以及 10 日移动平均线和 30 日移动平均线作为压力线。

第二章 证券投资分析方法

2-1 基本分析与技术分析

对股市的牛市或熊市进行趋势性的分析，市场经过长期以来的总结形成了一整套的理论体系，主要包括两大流派，即基本分析派和技术分析派。

基本分析偏重于对影响市场供求关系导致股价升跌变动的相关因素的分析，其主要是研究市场运动的内在因素，包括宏观经济变化和行业区域的因素对公司普遍影响的分析，以及对上市公司的风险、赢利和成长状况的分析来判断股票的内在价值。这种基于宏观面和公司内在价值的分析，可统称为价值投资评估分析法。

技术分析则利用股价变动的历史数据，通过成交量、移动平均数值、波动形态、趋势线、数学模型、波浪、循环周期等理论和方法，来分析市场的行为和股价变化的规律，研判和预测未来股价的走势情况。

技术分析对股市运行趋势的分析和预测主要基于股价走势变化存在规律性的现象。例如，上证综指历史走势形成了有规律的波动涨跌区间，并呈现了大中小循环周期的规律，如形成5年、10年、15年、20年的基本长周期循环规律等。

技术分析存在三大理论基石：

（1）市场行为反映一切。即市场价格的变动能反映出一切基本因素的变化，如政治、经济、心理等，这一前提是技术分析的基石。

（2）股价依循一定的趋势而变化。股价在没有阻力或者其上升或下降的动力足以消化阻力的情况下，会循着既定的轨迹发展，直到阻力逐步积累到大于上升或下降的动力时，即出现反转。这种推断的依据是牛顿第一定律即惯性定律。正因如此，在股市操作上应顺势买卖，直至出现转势迹象为止。

（3）历史会重演。即股价走势在一定的时期内会重复过去的价格升跌状况，或者说未来必然是过去的某种重复。这主要是因为股市的参与者是人，人的心理变化及其相应的市场行为会出现"历史"的重复性，而经济发展也存在周期性的变化，因而反映到股价走势上便形成规律性的现象。当然，这种重复不是完全的简单的重复出现，而是有变化的重复。

事实上，股价的波动和市场行为往往反映出基本因素的变化情况，因此，技术分析在一定程度上实际上已包含了基本分析。

股价升跌的内在原因主要是由基本的供求关系来决定的，虽然技术分析不能反映出股价升跌的原因，但却能通过股价的趋势和市场供求的淡旺情况间接反映出基本因素的状况，甚至可以通过对股价未来趋势的技术性预测来分析未来基本因素的好与坏。

2-2 道氏理论——技术分析法鼻祖

道氏理论由美国道·琼斯所首创，随着后世的不断完善，其成为所有技术分析方法的鼻祖。其内容主要包括如下：

（一）指数能反映各种影响市场的因素

指数（平均价）的波动其实已反映出各种已公开的事件，包括政府政策、宏观经济、市场心理等，且其走势的趋向能预测到未来的状况，所以有人说："无论是有意识的还是无意识的，股价的变动不是反映过去，而是反映未来的状况。将来要发生的事件才有一点点影子时，这影子便落在交易所的指数走势上。"

（二）市场有三种趋势

所谓趋势就是股价上升（或下降）的波峰（或波谷）一波比一波高（或低）的形态，包括原始趋势、次级趋势和短期趋势三种。原始趋势又叫主要趋势，它通常波动的时间持续在1年或1年以上，价位涨跌一般在20%以上。次级趋势也叫中间移动，指与原始趋势呈反方向的移动，即多头市场的回档和空头市场的反弹。其修正的幅度约为原趋势的三分之一至三分之二，最常见的是二分之一。短期趋势又叫日常移动，其持续的时间一般在3周内。

（三）主要趋势有三个阶段

在多头市场里，第一阶段是进货期，这阶段虽然股市有所好转，投资价值也高，但市场仍存在戒心，股价虽徐徐上升，但成交量不大，而也慢慢增加；第二阶段是股价已趋上扬，成交量也显著增加，大众投资信心大大增强；第三阶段是市场一片沸腾景象，大多数人都看好，股价急速上升，成交大增，在这阶段的最后部分，投机股、冷门股炒作疯狂，而优质股开始没人跟进，此时往往是见顶的信号。

在空头市场里，第一阶段是出货期，其是多头市场第三阶段的末段，此时成交量仍较高，但已有逐渐减少的倾向，股价呈现上涨乏力，市场内一些有远见的投资者开始加快出货的步伐；第二阶段是恐慌时期，想要买进的人开始退缩，而出货的人逐渐增多，股价开始加速下跌，此时期途中通常会出现次级反弹或横盘，再进入第三阶段；第三阶段股价进一步下跌但并没有加速，前两阶段垃圾股已被抛弃，而绩优股最后下跌，此时利空频出，到绩优股也跌无可跌并逐渐企稳，坏消息出尽或对其已麻木，并且市场成交极其萎缩时，也说明空头市场渐渐结束。

（四）两种指数（平均数）必须获得确认

其主要内容是，仅由一种指数所显示的波动并不能作为趋势上的有效反转的信号。例如，一种指数上升但另一种指数仍下跌或上涨乏力，那么，这种指数的上升将会被另一种指数所拖累，这种情况下主要趋势仍不能确定是上升，充其量其主要趋势仍然是不确定的。在深沪股市中，深证指数和上证指数两种指数亦存在着这样的关系。

（五）成交量必须确认其趋势

成交量与股价关系较为密切，成交量随着主要趋势变化而变化。在多头市场，股价上升，成交量必然增加；股价下跌，成交量随之减少。在空头市场，当股价回落，成交量反而增加，但也有缩量下跌的情况；股价反弹时，成交量却减少。

（六）横盘可以代替中级趋势

横盘阶段股价（指数）仅在5%的空间内波动，显示买卖双方力量均衡，其持续时间为2～3周，甚至几个月之久。股价最后向上突破盘局的上限是多头市场的先兆，而向下突破盘局的下限是空头市场的开始。一般地，盘局的时间越长，其突破后的冲击力也就越大。

2-3 价值投资评估理论

作为基本分析方法中的价值投资理论，长期以来被价值投资者所推崇，特别是在长期战略性投资方面有其优势。

价值投资理论被称为稳固基础理论，该理论认为：股票价格围绕"内在价值"的稳固基点上下波动，而内在价值可以用一定方法测定；股票价格长期来看有向"内在价值"回归的趋势；当股票价格低于（或高于）内在价值即股票被低估（或高估）时，就出现了投资买入（或卖出）机会。

价值投资战略最早可以追溯到20世纪30年代，由美国哥伦比亚大学的本杰明·格雷厄姆创立，他享有"华尔街教父"的美誉，他的学说和思想在投资领域产生了巨大的震动，影响了几乎三代重要的投资者。经过伯克希尔·哈撒威公司的CEO沃伦·巴菲特的使用和发扬光大，价值投资战略在20世纪70年代到80年代的美国受到推崇。

1936年，承接《证券分析》一书之后，格雷厄姆又出版了他的第二本著作《财务报表解读》。格雷厄姆试图通过该书引导投资者如何准确有效地阅读公司的财务报表以便更好地理解他所创立的价值投资法。格雷厄姆认为股票价格低于其内在价值时买入，高于其内在价值时卖出。而要想准确地判断公司的内在价值，就必须从公司的财务报表入手，对公司的资产、负债、周转金、收入、利润以及投资回报率、净利销售比、销售增加率等进行分析。继《财务报表解读》之后，格雷厄姆于1942年推出了他的又一部引起很大反响的力作《聪明的投资者》。

格雷厄姆在其代表作《证券分析》中指出："投资是一种通过认真分析研究，有指望保本并能获得满意收益的行为。不满足这些条件的行为就被称为投机。"这里所说的"投资"就是后来人们所称的"价值投资"。他认为，基本金必须有某种程度的安全性和满意的报酬率。

价值投资有三大基本概念，也是价值投资的基石，即正确的态度、安全边际和内在价值。格雷厄姆注重以财务报表和安全边际为核心的量化分析。

所谓安全边际法，是指投资者通过公司的内在价值的估算，比较其内在价值与公司股票价格之间的差价，当两者之间的差价达到某一程度时（即安全边际），就可选择该公司的股票进行投资。安全边际法可用来选择股票，特别是当公司的股票价格远远低于其内在价值时。

为了应用安全边际法进行投资，投资者需要掌握一定的对公司内在价值进行估算的技术。格雷厄姆认为，公司的内在价值是由公司的资产、收入、利润以及未来预期收益等因素决定，其中最重要的因素是公司未来的获利能力。

格雷厄姆认为，股票之所以出现不合理的价格，在很大程度上是由于人类的惧怕和贪婪情绪。人们极度乐观时，贪婪使股票价格高于其内在价值，从而形成一个高估的市场；极度悲观时，惧怕又使股票价格低于其内在价值，进而形成一个低估的市场。

2-4 股票估值法

企业价值表现为账面价值、内在价值、市场价值、清算价值等。账面价值就是净资产值(总资产减去总负债),内在价值是由公司的基本面(有形和无形资产、获利能力等)决定的真实价值。

市场价值即公司在交易市场上价格,市场价值反映的是未来的价值表现,合理的市场价值相当于公司的内在价值,不合理的市场价值或高于或低于内在价值,而产生价格高估或低估的现象,当价格高于内在价值时宜卖出,价格低于内在价值时宜买入。

市场价格围绕着内在价值上下波动,价格高估或低估现象往往受到国内宏观经济运行、资金面松紧、市场行为、国际经济环境等因素影响,如果经营较为稳健、成长性较好的公司(蓝筹股),其价格严重低于内在价值,出现低估现象,甚至跌近或跌破账面价值(每股净资产值),这是逢低买入未来能赚大钱的机会。清算价值指公司清算拍卖时的价值。

基本面分析认为股票具有内在价值,股票价格总是围绕内在价值上下波动。格雷厄姆和多德在1934年出版的《证券分析》一书中指出,股票的内在价值决定于公司未来盈利能力,股票价格会由于各种非理性因素的影响而暂时偏离价值,但是随着时间的推移,股票价格终将会回归到其内在价值上。

股票的内在价值即理论价值,是指股票未来现金流入的现值。股票的内在价值由一系列股利和将来出售时售价的现值所构成。

传统的股票内在价值的计算方法模型有贴现现金流估值模型、内部收益率模型、零增长模型、不变增长模型、多元增长模型、市盈率估价模型。

(一) 贴现现金流估值模型

1938年,美国著名投资理论家约翰·伯尔·威廉姆斯在《投资价值理论》一书中,提出了贴现现金流(DCF)估值模型。该模型在后来的几十年里一直被人们奉为股票估值的经典模型。

约翰·伯尔·威廉姆斯认为,投资者投资股票的目的是为了获得对未来股利的索取权,对于投资者来说未来现金流就是自己未来获得的股利,企业的内在价值应该是投资者所能获得的所有股利的现值。现金流量贴现法就是把企业未来特定期间内的预期现金流量还原为当前现值。其模式如下:

$$P = \sum_{t=1}^{n} \frac{CF_t}{(1+r)^t}$$

式中：P 表示所评估企业股票的内在价值的价格；N 表示计算的年数；CF_t 表示未来 t 时期所产生的现金流，对证券市场来说，就是未来时期以现金形式所获得的股利；r 反映预期现金流的折现率（必要收益率）。

折现率体现了货币的时间价值和风险贴水两个因素。

现金流量贴现法符合价值理论，这对业绩稳定的蓝筹股能评估企业的合理价值，蓝筹股具有品牌价值影响大、业绩稳定增长可预测性、企业规模大、红利优厚、派息比例高等特点。但有的上市公司为成长的需要，派现很有限，甚至在较长时期内不派现。另外，要准确预测企业未来的现金流和现金流增长水平较困难，这使以现金股利为基础的贴现模型失去估价基础。

现金流量贴现法的应用适合于业绩稳定、未来发展可预测、红利优厚、派息比例高的企业，而一家公司真实价值的体现是多方面的，往往更多地取决于公司的无形资产及其股票在证券市场的表现上。

零增长模型就是假定未来支付的股利不变，则股票内在价值就是股利与折现率的比率。

不变增长模型是假设在未来一段时间内，股利保持一定的增长率，按不变增长模型进行变动。

多元增长模型分析股利多元增长的不同阶段，包括股利无规则变化时期所预期股利的现值，以及股利不变增长率时期所预期股利的现值。

（二）市盈率估价模型

市盈率法是股票市场中确定股票内在价值的最普通、最普遍的方法。市盈率（P/E）又称价格收益比率，它是每股价格与每股收益之间的比率，其计算公式为：

$$市盈率 = \frac{每股价格}{每股收益}$$

合理的股价，是可比企业市盈率乘以目标企业每股收益，其计算公式为：

$$每股价格 = 市盈率 \times 每股收益$$

按市盈率估价模型评估公司的价值和合理的股价，可根据与公司相同行业、同等规模、竞争地位相当、相近收益率的其他可比公司股票的市盈率，以及参考行业平均市盈率水平，乘以评估公司的每股收益，得出相对合理的价值或股价。如果目标企业股票高于评估价值，就是高估，反之就低估。

当然，市盈率要考虑动态的因素，即要把未来业绩增长的因素考虑进去，才能得出合理的市盈率水平。

按整体市场来说，平均市盈率的合理性可与一年期的银行存款利率来参考。

市盈率把股价与企业盈利联系起来，能够反映股票的投资价值，但如果企业亏损，那市盈率估价就失去意义了。另外，市盈率仅反映过去和可预见的状况，而影响企业未来盈利的还包括整个经济周期、行业生命周期等因素。

（三）净资产评估值法

净资产评估值法是以目标公司净资产账面价值为基础作必要调整后，确定公司价值的一种方法。把目标企业合理的总资产扣除总负债，然后除以总股本，得出每股净资产，这反映的是每股股票的账面价值或净值。

但账面有形资产并不能真实地体现出公司的价值，因而并不能以有形资产去分析公司未来的现金流量和盈利状况，未来的现金流量和盈利状况应更多地考虑公司的无形资产，如品牌、专利权、客户资源、商业渠道、独有的商业模型、相对的垄断性、行业及行业地位、自有物业的升值、成长周期、经营管理与获利能力等，无形资产在公司价值中往往占着大部分的分量，无形资产更多地体现出公司的内在价值。

净资产评估值法可解决市盈率估价模型对未来不确定性的因素，但净资产评估值法应以账面价值为基础综合考虑有形资产和无形资产来计算公司真实的内在价值，而合理确定无形资产的价值是重要的一环，在计算上可在每股净资产基础上参考行业标准去确定相应的调整系数。

在股市长期调整后处历史低水平情况下，净资产评估值法和市盈率估价模型相结合往往能挖掘出价值严重低估的股票。

第三章 证券投资综合评估模型

3-1 证券投资分析方法的评价

股票估值法、基本分析法、技术分析方法都是证券投资分析的方法，各有优点和缺点。

股票估值法是判断证券投资价值的最重要方法，严格来说也属于基本分析法的范畴。贴现现金流估值模型最符合价值投资的精髓，但如何准确评估企业未来的现金流和股利，以及企业的成长性是关键问题，因而，对大多数企业股票而言，应用贴现现金流估值模型来评估合理的市场价值和内在价值是困难的。

市盈率估价模型、净资产评估值法是一种现实可行而且相对可以量化的评估方法，但合理的市场价值和内在价值的评估还受到较多因素的影响，例如公司基本素质、经营管理与获利能力、竞争地位与成长性、行业生命周期、国内宏观经济运行、财政和货币政策、资金面松紧、国际经济环境、市场行为等因素。

市场价值（市场价格）总是围绕内在价值而上下波动，在证券市场上，股票的内在价值的评估是合理市场价值（价格）的基础，但不是唯一的因素，合理市场价值（价格）还受到宏观经济因素等影响。

大多数股票的表现，离不开宏观经济面的周期性变化、行业的景气度、市场行为、市场资金面等外部因素的影响，这些外部因素往往导致股票过分偏离其内在价值，因此，单纯以股票估值法评估一只股票的内在价值，并不能达到理想或最佳的投资收益。

基于宏观面、微观面因素的基本分析方法往往对证券市场的长期趋势有较好的判断，但如果单纯从宏观经济面、经济政策、行业的景气度等外部因素的某一方面或几个方面，去分析证券市场的波动、公司股票的价值、买卖最佳时机，难免有所片面，特别是基本分析对短期市场的变动不敏感，对中短期市场行为和买卖时机的把握有一定不足之处。

技术分析方法分析证券市场的市场行为，分析股价走势超买和超卖的规律性变化特点，对市场短期变化反应快，进而把握买卖时机。但技术分析纯粹从走势特点进行，不能反映出股价升跌的原因和合理的价值标准，对判断长期趋势的分析缺乏内在的把握性，因而也难免存在片面性。而且技术分析理论对股价趋势的分析结果往往因人而异，对股市未来趋势要有一个较为准确的预测，则与分析人士的水平有较大关系，其准确率有赖于分析人士在丰富的实践中得以提高。

其实，基本分析和技术分析分别从不同方面来分析股价变动，其结果往往是一致的，因此，两者是可以相互融合的。在实践中，通过对宏观经济形势、行业区域及上市公司经营业绩等基本面因素，股价走势特点的技术面因素，与股票估值法结合进行综合分析，更能提高对市场趋势和证券价值判断的准确性。

3-2　商业工程学的系统观

工商管理教育专家许毓彬教授及程杰恒教授带领的核心团队所创立的"商业工程学——PVC-BQ企业决策与管理系统"，将中国文化中"以人为本""因果相关""天时地利人和合一"等传统智慧与西方管理方法有机融合，它把众多涉及工商管理的学科熔于一炉，构筑起一座理论联系实践的桥梁。

对企业而言，无论是大型跨国企业还是中小型企业，其经营目的都十分明确，就是通过提供产品和服务来获得利润，但在竞争越来越激烈下，管理者感到十分吃力，整天要为企业如何生存和持续发展伤脑筋。

"商业工程学——PVC-BQ企业决策与管理系统"认为，企业在考虑生存和发展时离不开以下几点：①企业经营能有多大的回报；②企业如何能维持合理的利润；③企业如何能维持或创造出更大的市场份额。

总而言之，怎样才能使企业持续发展呢？

企业创造价值是复杂和具体化的过程，它要通过一系列商业过程，经过产品的制造、推广及销售等来实现。同时问题的细化，便需要回到管理和控制的话题，如生产、市场、人力资源和财务等，所有这些因素都对企业创造价值有很大的影响。

企业各个管理功能都在不断改善，也发展出了一些专业、独有的管理办法，如人力资源管理、财务管理等。但问题是这些管理功能越来越细分与专业化，而企业首先要求的却是一个极其重要的整体性。

在这种情况下，商业工程学的提出，有着积极的意义。商业工程学是以工程化方法将各种管理理论共冶一炉，架起理论联系实际的桥梁，把"商业"

与"工程"有机融合，透过其核心——PVC–BQ企业决策与管理系统，提供一整套基本框架、原则、程序、步骤、指引，以及整体、全面的企业管理决策解决方案，通过它的核心理论和管理工具，以根本、综合、整体、系统的原则和方法，推进与实现管理专业化。

商业工程学回答的是：产品/服务的利润（profit）、销量（volume）、持续发展（continuity），即PVC目标。实现PVC目标需要商业世界一般规律的支撑，它就是商业工程学。

PVC–BQ系统全面分析商业世界中的"天"（环境）、"地"（企业）、"人"（管理者）及其相互关系。企业借助这个核心框架及相关原理，分析过去（问题所在），管理现在（资源分配效率），预测未来（环境变化趋势）。

PVC–BQ系统认为：企业要达到PVC目标，必须配合天时、地利、人和。天时，是宏观商业环境；地利，是企业的管理与运作；人和，是管理者与员工的整体能力——这体现在PVC–BQ系统的三个子系统。该系统认为商业社会中，企业的运作是多功能、多元素的，企业要达到目标必须经历一个过程，过程中必然受到天时、地利、人和的冲击与影响。

PVC–BQ系统运用工程化的方法将各种管理理论、经济和社会的理论综合应用在一起，构建"天时、地利、人和"的工程架构，是一种分析应用的系统观。其将资产、资本、销售、利润，生产、财务、市场、管理，用户、竞争者、价格、成本，人口、竞争（量）、可支配收入、竞争（利）等概念要素构成一系列的组合平面和立体层面，各要素相互联系，形成一个商业系统工程，见图3.1。

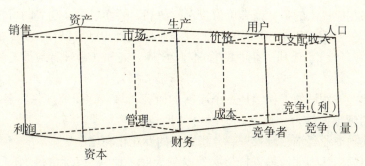

图3.1　PVC–BQ企业决策与管理系统

这种系统工程的分析方法是一种较为全面有效的系统方法论，本书对证券市场的分析采用这种系统工程方法，以构建证券投资综合评估模型。

3-3　综合评估模型构建的意义

投资者在股票市场上投资买卖，最重要的是使投资回报最大化，以及控制风险和获利变现的安全性。股票的市场价格在低于内在价值，严重低估时买入，高于内在价值，严重高估时卖出，但如何把握严重低估和严重高估的尺度和买卖时机，这是一个关键的问题，特别是大多数股票的投资需要把握好整体市场牛市和熊市趋势性转折下的最佳买卖时机，这是单纯用传统的贴现现金流估值模型和市盈率估价模型理论，以及某些基本因素分析和技术分析方法所不能解决的。

基于此，本书提出了证券投资综合评估工程模型，运用工程学的系统观，以工程化方法，将影响证券投资价值的宏观面、微观面、市场行为等各种因素综合和相互联系在一起做分析，综合基本分析和技术分析方法，构建一个综合和系列的评估工程模型，以分析应用的系统观，来反映或评估对市场波动的影响因素和证券投资价值，分析市场价格的合理性，特别是整体市场牛市启动点或熊市形成拐点所带来的系统性机会或风险，以把握合理的买卖投资时机，有效回避系统风险，实现有效的财富管理，使投资收益最大化。

中国证券市场目前还没有形成系统的工程分析理论体系，因此，研究适用于证券市场的科学系统的工程综合评估体系是有理论和应用意义的。

商业工程学提出了产品/服务的利润（Profit）、销量（Volume）、持续发展（Continuity），即PVC目标的概念。

本书相应提出的是：证券价值投资的盈利、买卖时机、趋势的可持续性。

商业工程学PVC-BQ系统认为：企业要达到PVC目标，必须配合天时（宏观商业环境）、地利（企业的管理与运作）、人和（管理者与员工的整体能力）。

商业经济领域的工程学是一个崭新的研究领域。该研究体系将各种管理、分析、预测理论综合一起运用，融合"商业经济"理论与"工程"方法论，推进和实现商业经济领域管理、分析方法的专业化和理论化。

本书同样认为证券投资价值必然受到天时、地利、人和的影响。"天时"就是宏观面因素，包括国内宏观经济与社会发展、国际经济环境与金融市场、区域经济与产业结构、行业经济与行业周期；"地利"就是微观面因素，包括企业竞争力与经营效率、企业短期与长期偿债能力、企业获利能力与成长性；"人和"就是市场行为因素，包括各种因素影响下的市场超买和超卖状况、市场资金面的松紧、股价时间和空间的循环波动性变化，这体现为市净率与市盈率的波动性。

"天时"因素可通过经济与社会发展规划、宏观政策、宏观数据等去分析预测,"地利"因素可通过企业财务报表、行业特点、行业兴衰去分析,"人和"因素可通过证券价格和成交量的波动性与其合理价值的对比去分析。"天时"和"地利"因素分析为基本性分析,"人和"因素分析为技术性分析。

证券投资受众多宏观、微观、市场行为等因素所影响,本书通过对证券投资"天时、地利、人和"综合评估工程模型的构建,以建立系统的证券投资评估理论体系,构成了商业经济领域工程学的组成部分。

3-4 数据收集和统计处理

(一) 资料收集方法

证券投资分析收集有关资料的来源,主要根据公开发布的信息资料,包括通过各种图书、报纸、杂志及其他公开出版物公开发布的信息,企业网站、国家官方网站公开发布的经济统计信息,以及实地访查有关企业、交易所、政府部门等机构,去实地了解所需信息资料的真实性。

(二) 数据收集

本书有关资料和数据主要来自于中国国家统计局网站(http://www.stats.gov.cn/)、中国人民银行网站(http://www.pbc.gov.cn/)、上海证券交易所网站(http://www.sse.com.cn/)、中国证券网(http://www.cnstock.com/),以及有关上市公司公布的资料。

所收集的资料包括:国内生产总值(GDP)、国民生产总值(GNP)、采购经理指数(purchasing managers' index, PMI)、工业品出厂价格指数(PPI)、消费者价格指数(CPI)、零售物价指数(RPI)、货币供应量(M0、M1、M2),还有有关上市公司的财务数据,以及股票指数的历史数据、股票价格波动的历史数据、市场平均市盈率和市净率数据,等等。

(三) 抽样设计

抽样调查是根据部分实际调查结果来推断总体标志总量的一种统计调查方法,属于非全面调查的范畴。它是按照科学的原理和计算,从若干单位组成的事物总体中,抽取部分样本单位来进行调查、观察,用所得到的调查标志的数据以代表总体,推断总体。

本书有关资料和数据主要调查1978年以来,特别是1990年以来的资料和数据。经济指标数据主要调查:国内生产总值(GDP)、国民生产总值

(GNP)、采购经理指数（PMI）、工业品出厂价格指数（PPI）、消费者价格指数（CPI）、零售物价指数（RPI）、货币供应量（M0、M1、M2），等等。

（四）数据分析和统计处理

本书通过历史数据分析，发现中国经济周期和有关经济指标的波动特点，与中国股票市场走势有着相关性。

股市的顶部和底部与经济周期波动基本同步，如中国 GDP 增长率 1990 年、1998 年至 1999 年、2009 年形成周期低点，上证综指则分别见底于 1990 年 12 月 95 点、1998 年 8 月 1043 点及 1999 年 5 月 1047 点、2008 年 10 月 1664 点，这几个底部均启动之后一波大牛市。

中国 GDP 增长率 1992 年至 1993 年、2000 年、2007 年形成高点，上证综指则分别见顶于 1992 年 5 月 1429 点和 1993 年 2 月 1558 点、2000 年 11 月 2125 点和 2001 年 6 月 2245 点、2007 年 10 月 6124 点。这几个顶部是历史上最重要的顶部，见顶后均形成几年的大调整。

中国经济次一级的周期性波动（低点至低点）大体体现为 3～4 年，次一级的周期转折高点波动也表现为 3～4 年；从中长期循环周期看，沪深股市历史上形成了顶部和底部分别大概相距 41～42 个月的循环周期，也体现为 3～4 年。

本书通过中国居民消费价格指数（CPI）历史数据与中国 A 股市场波动比较，发现两者的峰顶区和谷底区基本具有同步波动的相关性，均呈现 3～4 年的波动周期，高点之间和低点之间均相距 40～42 个月，而一个通胀周期低点到高点历时 28～29 月，高点到低点历时 12 个月左右，10 年为一个大周期。

本书从中国 A 股市场历史走势去分析，狭义货币（M1）同比增速从高位回落了一半以上，特别是 M1 同比增速落至 10% 以下，狭义货币（M1）与广义货币（M2）同比增速剪刀差（M1 与 M2 同比增速相比）在负 5 个点以上，A 股市场往往处于重要底部区域，但如果此时 CPI 较高，息口特别是存款准备金率处于高位或历史高水平，就只能说通胀拐点出现，货币政策可望放松，股市可望见底；而 CPI 尚有一个回落过程，存款准备金率和息口有待下调，这尚未形成牛市启动的条件，只能是产生阶段性的超跌收复性涨势，总体仍处于筑底和牛市基础的反复扎实过程。

M1 增速的高点在 20% 以上和低点在 10% 以下分别呈现出 3～4 年的波动周期，股市也相应形成顶部或底部。M1 增速一般与股市同步见高点或低点，或略领先，而股市又领先于 CPI 指数 3 个月至半年。

经济波动和股价走势的变化遵循着大自然物质运动周期性的规律，其运行具有时间的周而复始的特征，因而便产生了经济波动和股价走势的循环周期概念。经济数据，例如国内生产总值（GDP）增速、居民消费价格指数（CPI）同比增速、M1（狭义货币）与 M2（广义货币）同比增速等在一定阶段内，形成一定高低点的波动区间，股价也总是围绕着低市盈率到高市盈率的价位之间来回波动。从历史底部的市盈率数据看，中国 A 股市场市盈率水平 20 倍以下是低风险的底部区，50 倍或 60 倍以上是高风险价区。这反映出经济数据和股价升跌空间的重复性。

这就是经济和股市走势在时间和空间上的意义。

3-5 综合评估模型及其要素

在证券市场上投资，目的是使投资回报率最大化，归根到底是如何把握证券严重低估和严重高估的尺度与买卖时机，这需要从证券本身的投资价值以及市场波动所带来的系统性机会和系统性风险来评估。

股票的内在价值是合理市场价值（价格）的基础，而市场波动是影响市场价格偏离内在价值的主要因素，整体市场波动的低谷和高峰的拐点往往是大多数股票市场价格的拐点，而蓝筹股板块价值底线的评估有助于评估整体市场波动的底线（市场底部）。

证券市场整体波动是受多种因素影响而产生，包括国内宏观经济运行、财政和货币政策、国际经济环境与金融市场、行业板块的景气度、企业的获利能力和成长性、市场行为、资金面松紧等，而这些因素也是影响股票投资价值的主要因素，也导致了市场的周期性变化。

（一）综合评估模型 8 要素

经济周期和证券市场周期所体现的在时间和空间上的循环波动性，是经济活动的最主要特征，也是经济分析的最重要一环。

因此，掌握市场周期性波动的内在规律和股票价值低估高估状况及相应投资组合，将能把握好投资时机和风险的控制。

证券市场周期波动的节奏与证券投资时机（特别是蓝筹股板块价值底线）是证券投资综合评估模型的中心点，因为一切基本因素的变化都反映在市场的波动中。

市场周期波动是一切影响证券市场因素作用下的结果，把握好买卖时机是投资成功的最关键一环，理性的证券投资正是通过市场周期波动寻找合理和最佳的买卖时机。

围绕证券市场周期波动与投资时机这个中心点，证券投资综合评估模型主要分成 8 个评估要素，分别为：国内宏观经济与社会发展、国际经济与金融市场、区域经济与产业结构、行业经济与行业周期、企业竞争力与经营效率、企业偿债能力与获利能力、企业成长性与投资收益、市净率与市盈率，示意图表见表3.1、图3.2、图3.3。

表3.1 证券投资综合评估模型要素

国内宏观经济与社会发展	市净率与市盈率	企业成长性与投资收益
国际经济与金融市场	**周期波动与投资时机**	企业偿债能力与获利能力
区域经济与产业结构	行业经济与行业周期	企业竞争力与经营效率

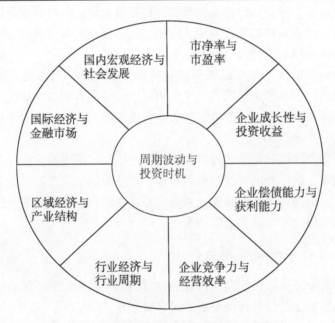

图3.2 证券投资综合评估模型要素示意

（二）四个相对独立的评估模型

这8个要素又相互联系，可分别形成四个相对独立的评估模型：

国内宏观经济、国际经济与金融市场、区域经济，这3个要素构成宏观经济评估模型（图3.4）；产业结构、行业经济与行业周期、企业竞争力，这3个要素构成行业与企业竞争力评估模型（图3.5）；企业经营效率、企业偿债能力与获利能力、企业成长性，这3个要素构成公司财务评估模型（图3.6）；投资收益、市净率与市盈率、经济与社会发展，这3个要素构成证券估值评估

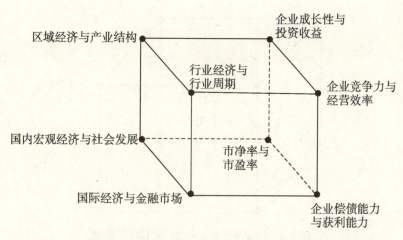

图 3.3 以"周期波动与投资时机"为中心点证券投资综合评估模型

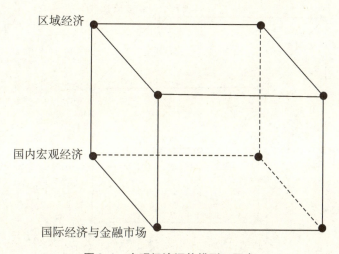

图 3.4 宏观经济评估模型三要素

模型(图 3.7)。

这 4 个评估模型要素各自独立为一个系统进行评估,并共同构成证券投资综合评估模型。

(三)六个平面分析系统

证券投资综合评估模型立体图中有 6 个平面,每个平面也可构成为一个有联系的分析系统。

第一个平面:国内宏观经济与社会发展、国际经济与金融市场、区域经济

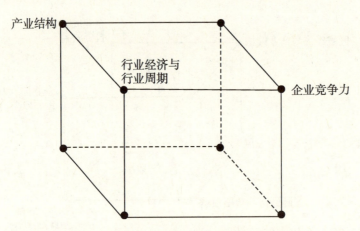

图 3.5 行业与企业竞争力评估模型三要素

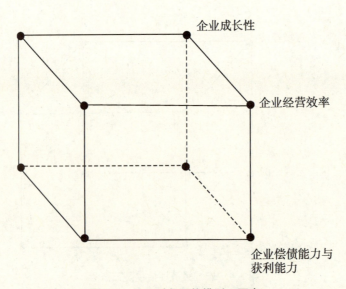

图 3.6 公司财务评估模型三要素

与产业结构、行业经济与行业周期，这 4 个要素构成国内、国际、区域、产业、行业几大方面宏观经济面和中观经济面的系统（图 3.8）。证券市场的升跌波动是经济的晴雨表，是宏观经济面和中观经济面状况的反映。

第二个平面：国内宏观经济与社会发展、区域经济与产业结构、企业成长性与投资收益、市净率与市盈率，这 4 个要素构成国内宏观经济面、中观经济面和微观经济面的系统（图 3.9）。具有较好的成长性与股东投资收益回报，符合产业结构调整、产业升级发展方向的企业将有较好的发展前景和成长性，

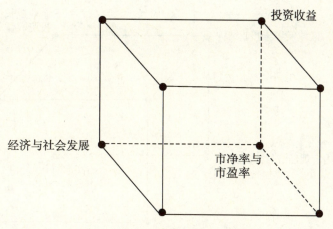

图 3.7 证券估值评估模型三要素

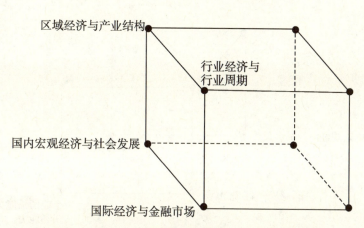

图 3.8 证券投资综合评估模型宏观和中观系统平面

其股票的市净率与市盈率也可处于相对较高的认可水平。

第三个平面：国内宏观经济与社会发展、国际经济与金融市场、企业偿债能力与获利能力、市净率与市盈率，这 4 个要素构成宏观经济面与企业微观经济面的系统（图 3.10）。国内和国际经济环境与发展趋向影响着企业的财务状况与获利能力，国内和国际经济环境处于景气阶段，证券市场市净率与市盈率可相应走高，反之则走低。

第四个平面：国际经济与金融市场、行业经济与行业周期、企业竞争力与经营效率、企业偿债能力与获利能力，这 4 个要素构成国际经济面、中观经济面和微观经济面的系统（图 3.11）。在全球经济日益一体化下，国际经济与金融市场的环境与发展趋向，全球传统行业和新兴行业的发展与兴衰，

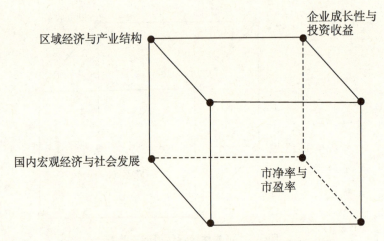

图 3.9　证券投资综合评估模型宏观、中观和微观平面

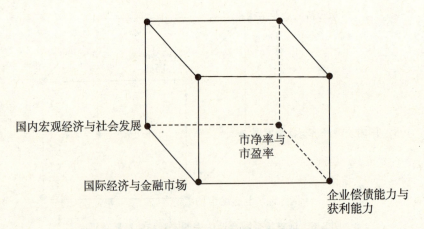

图 3.10　证券投资综合评估模型宏观和微观平面

以及行业周期特点、国际经济合作、产业升级和产业转移、出口与进口贸易，这些都影响着不同国家的行业和企业的竞争力、经营效率、财务状况和获利能力。

第五个平面：区域经济与产业结构、行业经济与行业周期、企业竞争力与经营效率、企业成长性与投资收益，这4个要素构成中观经济面和微观经济面的系统（图3.12）。区域（城市）经济、部门经济、行业经济与行业周期，以及产业结构、产业规划、产业政策等中观经济面因素，对行业和企业的竞争力、经营效率、成长性与股东投资收益回报都产生影响。例如相关地区的经济发展加大马力和行业得到扶持发展时，就孕育较大商机，符合产业和行业发展方向要求的企业,其前景看好和受到扶持发展。

第六个平面:企业竞争力与经营效率、企业偿债能力与获利能力、企业成长性与投资收益、市净率与市盈率,这4个要素构成企业微观的系统(图3.13)。这个平面系统的意义在于:对企业财务状况进行综合分析评估,并与同行业的其他企业相比较,把握企业经营的优劣及其内在价值,再分析其股票的市净率、市盈率与同行业比较,是否具有投资价值。

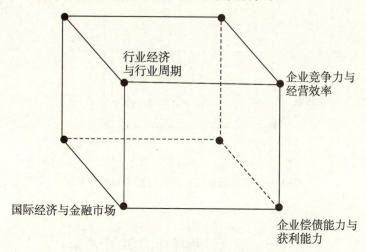

图3.11　证券投资综合评估模型国际、中观和微观平面

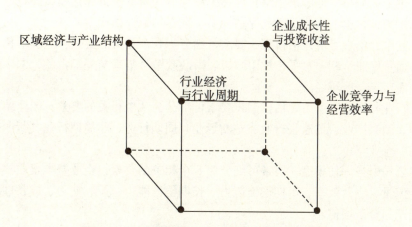

图3.12　证券投资综合评估模型中观和微观平面

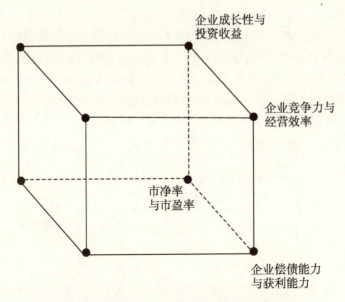

图 3.13 证券投资综合评估模型企业微观平面

3-6 综合评估模型的 32 个要素

按上面分析,证券投资综合评估模型细分为宏观经济评估模型、行业与企业竞争力评估模型、公司财务评估模型、证券估值评估模型。

其中,宏观经济评估模型 3 要素可细分为 8 个相关的要素:经济增长与周期、通货膨胀、利率水平、货币政策、财政政策、汇率与外汇占款、国际经济与金融市场、区域经济。

行业与企业竞争力评估模型 3 要素可细分为 8 个相关的要素:产业结构与规划、新兴产业、抗通胀行业、垄断行业、周期行业、非周期行业、行业生命周期、企业竞争力。

公司财务评估模型 3 要素可细分为 8 个相关的要素:企业基本素质、企业现金流量、经营效率、短期偿债能力、长期偿债能力、盈利能力、成长性、无形资产与资产增值。

证券估值评估模型 3 要素可细分为 8 个相关的要素:投资收益率、市盈率、市净率、市场现金流量、蓝筹股票估值线、中小市值股票估值线、经济发展前景、社会进步。

宏观经济评估模型反映的是宏观经济面对证券市场的影响,行业与企业竞争力评估模型反映的是中观经济面对证券市场的影响,公司财务评估模型反映的是微观经济面对证券市场的影响。

证券估值评估模型反映的是市场和证券价格结合宏观经济面、中观经济面、微观经济面,对证券投资价值的评估,最后归结到证券市场的周期性波动和市场行为,从而把握买卖的时机。

上述 4 个细分评估模型共有 32 个要素,共同构成综合评估模型,见表 3.2、图 3.14、图 3.15、图 3.16。

表 3.2 四个细分评估模型共有 32 个要素

经济增长与周期	区域经济	国际经济与金融市场	投资收益率	社会进步	经济发展前景
通货膨胀	**宏观经济**	汇率与外汇占款	市盈率	**证券估值**	中小市值股票估值线
利率水平	货币政策	财政政策	市净率	市场现金流量	蓝筹股票估值线
产业结构与规划	企业竞争力	行业生命周期	企业基本素质	无形资产与资产增值	成长性
新兴产业	**行业与企业竞争力**	非周期行业	企业现金流量	**公司财务**	盈利能力
抗通胀行业	垄断行业	周期行业	经营效率	短期偿债能力	长期偿债能力

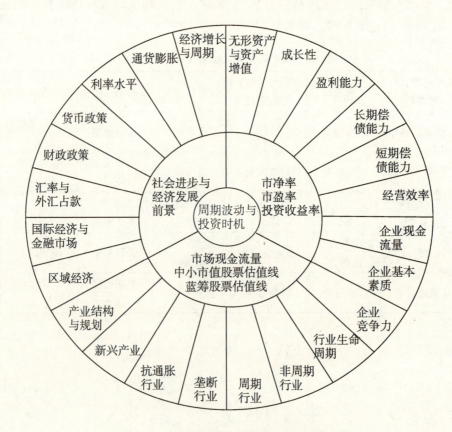

图 3.14 证券投资综合评估模型 32 个要素示意

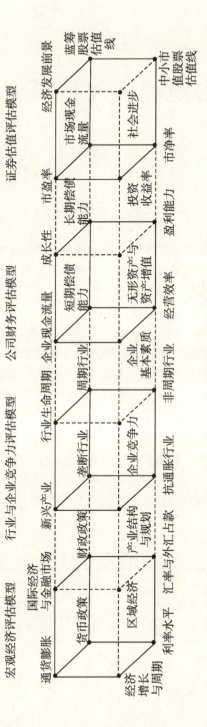

图 3.15 证券投资综合评估模型

第四章 宏观经济评估模型（上）

4-1 宏观经济评估模型的要素

宏观经济评估模型主要由国内宏观经济、国际经济与金融市场、区域经济这3个要素构成，而这3个要素可细分成8个相关的要素，分别为：经济增长与周期、通货膨胀、利率水平、货币政策、财政政策、汇率与外汇占款、国际经济与金融市场、区域经济，见表4.1、图4.1。

股票市场被称为经济的"晴雨表"，国家宏观经济状况、经济增长与周期、通胀水平、财政政策和收支状况、利率水平、货币政策、货币供应量、汇率调整、外汇占款、国际经济与金融市场、对外贸易、行业周期与区域经济等，都将影响股票价格的波动，这是影响股票市场的系统性因素。

例如，经济复苏景气时，财政支出增加，利率和存款准备金率已下调到较低水平，货币政策宽松，很多游资从银行转入股市，市场资金充足，通胀温和，上市公司利润快速增长，股票价格也呈现上涨走势，市场进入牛市周期。

当通货膨胀逐步高企，经济和股市紧缩政策逐步推出，货币政策收紧，利率和存款准备金率不断上调到较高水平，经济出现衰退，上市公司业绩下滑，股票价格也随之下跌。

表4.1 宏观经济评估模型要素

经济增长与周期	区域经济	国际经济与金融市场
通货膨胀	**宏观经济**	汇率与外汇占款
利率水平	货币政策	财政政策

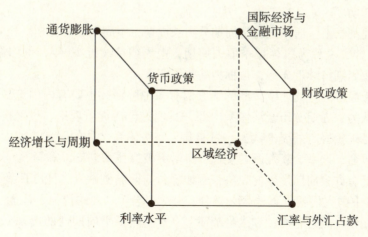

图 4.1 宏观经济评估模型

4-2 宏观经济运行周期

宏观经济对证券市场的影响主要体现在宏观经济运行状况和宏观经济政策上,"经济大气候"在一定程度上影响着企业生产经营状况的好坏、社会的就业情况、居民收入水平、市场资金面的松紧等,从而对证券价格预期产生影响。股价作为对未来经济形势的预期,其波动总是超前于经济运行,是经济的"晴雨表"。

(一) 经济周期

经济周期是指经济运行中出现经济扩张与经济紧缩周期性交替的一种现象,表现为国内生产总值(GDP)所反映出来的经济增长速度的波动变化。

一个经济周期由繁荣、衰退、萧条、复苏四个阶段组成。经济繁荣和复苏阶段构成了经济运行周期中的扩张期,经济衰退和萧条阶段构成了经济运行周期中的收缩期,经济衰退表现为 GDP 至少连续两个季度下降,规模广且持续时间长的衰退就进入经济萧条阶段。一个完整的经济周期表现为从一个顶峰到另一个顶峰,或者从一个谷底到另一个谷底。

美国著名经济学家萨缪尔森对经济周期有这样的描述:"在繁荣之后,可能会出现恐慌和暴跌,经济扩张因此让位于衰退,国民收入、就业和生产下降,价格和利润下降,工人失业。当经济最终到达最低点以后,复苏阶段开始出现,复苏即可以是缓慢的,也可以是快速的,新的繁荣阶段表现为长期持续旺盛的需求,充足的就业机会以及增长的国民收入……简单来说,这就是所谓的经济周期。"

在经济学上，通常把经济周期分为长周期、中周期和短周期。长周期持续50到60年，又称为康德拉季耶夫周期；中周期持续近10年，也称为朱格拉周期；短周期持续近3年，也称为基钦周期。

对于经济周期的产生，经济学家们有多种解释，主要有内因论和外因论。内因论认为，周期源于经济体系内部，其理论包括货币理论、过度投资理论、消费不足理论等。外因论认为，周期源于经济体系之外的因素，如太阳黑子、战争、革命、选举、新资源的发现、科学突破或技术创新，等等。

世上有许多周期发生的现象，例如"月有阴晴圆缺""日出日落""潮涨潮落""中国古代朝代更迭合久必分，分久必合""人的智力、体能、情绪有周期性变化，故有生物钟和生物节律""太阳黑子呈周期性的出现"，凡此种种，可以说世间万物永远处于周期性的发展变化之中。

其实，宇宙的存在在于其永恒的运动，而其运动表现为周期性的过程，中国太极图中的"阴阳鱼"交替互接就很形象地反映出宇宙万物的周期性变化发展。

宇宙万物由相反而相成的两种属性构成，周期性的根源在于这两种属性的矛盾体其能量的对立与统一，由不均衡而趋于均衡，由均衡而趋于不均衡，这是一种自然发展的推动力。

经济周期性的变化体现为总供给与总需求这对矛盾体的对立与统一。总供给、总需求与科学突破或技术创新也是密切相关的，科学突破或技术创新总是刺激着供给与需求的增长，使经济处于较快增长。

科技创新和进步是经济增长的主要动力，体现为对资源的优化配置，使产品成本下降，投入小产出大，特别是技术革新和发明能促进能源的替用、节能环保，降低经济活动对有限资源的占用。

一个经济体发展到一定程度，实现可持续发展，经济转型是必要的，这有利于资源优化配置，破解资源环境瓶颈制约。产业优化、科技创新、循环经济、节能环保、绿色低碳是经济转型的重要突破口，有利于形成新的经济增长点。

科技创新有高潮和低潮，这导致经济增长的动力有强弱，而呈现周期性的波动。在一般情况下，市场供给过快增长，超越了资源开发潜力和合理供给，就会导致产品成本提高，并大大超越社会的需求，那么过分的供给就会造成资源的浪费，而受到自然界和社会无形之手的制约，经济增长的动力就会减弱，经济的大起必然出现大落。

经济周期性的波动实质就是自然界和社会资源的有限性，与社会扩大再生产的矛盾，当然，这种矛盾处理得好可以促进经济的良性发展。

(二）反映经济增长的指标

国民生产总值（GNP）和国内生产总值（GDP）是反映经济状况的重要指标。

国民生产总值（GNP）指一个国家（或地区）所有常住单位在一定时期内收入初次分配的最终结果。它等于国内生产总值加上来自国外的净要素收入。1993年，联合国将GNP（国民生产总值）改称为GNI（国民总收入）。

国内生产总值（GDP）指一个国家（或地区）所有常住单位在一定时期内生产活动的最终成果。国内生产总值有三种表现形态，即价值形态、收入形态和产品形态。

与国内生产总值不同，国民生产总值是个收入概念，而国内生产总值是个生产概念。

经济增长速度通常指国内生产总值（GDP）的增长速度。长远看，成熟的股票价格指数增长速度与GDP的增长速度基本是一致的，但高通货膨胀下的GDP增长，股票价格反而形成下跌趋势。

此外，国民收入、工业增加值、失业率、全社会投资、社会消费等指标也反映经济状况。

(三）中国经济运行周期

中国改革开放以来，经济持续高速增长，30多年的高增长，年均增长率达到10%。中国经济1978年至2017年GDP增长率呈现出4个波段的周期波动（见图4.2、图4.3），分别是：

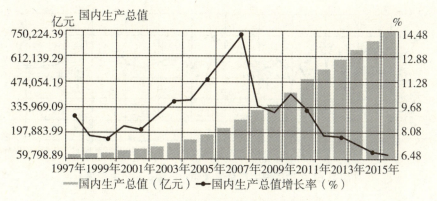

图4.2　中国国内生产总值和国内生产总值增长率（1997—2016年）走势
（来源：国家统计局网站）

第一个经济波动周期为1981年至1990年。GDP增长率1981年见5.1%低点,后快速回升,至1984年见高点15.2%,之后逐步回落,于1990年见低点3.9%,完成第一个经济波动周期。

第二个经济波动周期为1990年至1999年。GDP增长率1990年见低点后,1991年急升至9.3%,1992年到达高点14.2%,1993年1季见顶15.10%,之后GDP增长率逐渐减缓,直到1998年形成低点7.8%,1999年再见低点7.7%,完成第二个经济波动周期。

第三个经济波动周期为1999年至2009年。GDP增长率1999年见低点后,2000年回升到8.5%,2001年略回落,2003年后持续向上,到2007年全年见高点14.2%,2008年受国际金融危机影响,经济下滑,2008年跌至9.7%,2009年第1季跌至6.61%形成低点,2009年全年为9.4%,完成第三个经济波动周期。

第四个经济波动周期至今,GDP增长率2009年第1季见6.61%低点后,2010年全年10.6%形成高点,2011年全年9.5%,2012年全年7.9%,2013年全年7.8%,2014年全年7.3%,2015年全年6.9%,2016年全年6.7%,2017年全年6.9%。

从以上经济波动分析可看出,中国改革开放后经济增长表现出周期性波动的特点,GDP增长率低点出现在1981年、1990年、1998年至1999年、2009年,一个周期(低点至低点)为9~10年,重要低点周期性的出现在一个年代的最后年份时段。

GDP增长率高点出现在1984年、1992年至1993年、2000年、2007年,表现为7~8年的周期。

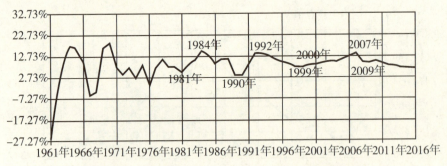

图4.3 中国国内生产总值(GDP)增长率历史走势

另外,中国经济次一级的周期性波动(低点至低点)大体体现为3~4年,如1981年、1986年、1990年、1994年、1998年、2001年、2005年、2009年、2012年、2016年,其中1994年至1998年经济增速在1993年见顶后进入一个下跌周期，1998年至2001年为筑底阶段，也可视为一个周期。

次一级的周期转折高点波动也表现为3~4年，如1980年、1984年、1988年、1992年、1996年、2000年、2003年、2007年、2010年、2013年。

在经历了长期的高速增长，中国经济状况进入中等发达国家的水平后，可以预料中国经济增长速度将会逐步放缓。随着全球经济的日益一体化，中国经济的波动周期也逐渐与国际同步。

（四）中国经济结构调整与转型

经济转型是指一种经济运行状态转向另一种经济运行状态，是一个国家或地区的经济结构和经济制度在一定时期内发生的更合理、更完善的变化。经济转型体现在经济增长方式的转变、经济结构的提升、支柱产业的替换等方面。

中国国内生产总值（GDP）2015年较2014年增长6.9%，2016年较2015年增长6.7%，是25年来的最低增速。这说明中国经济逐步减速，正在进行结构性调整。

中国经济结构调整还表现为服务业的增长比重全面上升，2015年中国国民生产总值中50.48%是在服务业，这表明第三产业增长速度远高于第一、第二产业的增长速度，社会消费的增长速度远高于一般的增长速度，中国开始向内需、服务业全面转型。随着经济结构的转型，居民内需及服务业都可能成为未来经济增长点。

中国经济增速较多年来在8%以上，2012年以来逐渐减速，经济发展速度调低主要是为了结构调整，要真正使经济增长转移到依靠科技进步和提高劳动者素质上来，真正实现高质量的增长。

中国经济减速，一方面是由于自身经济社会发展到了需要转型升级的阶段，另一方面也是受到全球经济增长趋缓的大气候影响。

宏观层面的经济增长，实际上也是微观层面企业盈利状况的集中反映。作为中国最优质的一部分企业，A股上市公司的盈利状况可以从一个侧面反映实体经济的运行情况。部分上市公司盈利下降，订货减少，产销量走弱，产品销售价格回落，与此同时，企业成本继续上升，社保税费负担较重，导致企业盈利空间缩小。

外需的不确定性以及受房地产调控影响的投资下滑，决定了中国经济在转型期内面临一定的转型压力。

中国未来以经济转型实现高质量的增长为主要任务，而不是以GDP高增长为主要目标。

党的十九大报告中指出：我国经济已由高速增长阶段转向高质量发展阶段，正处在转变发展方式、优化经济结构、转换增长动力的攻关期，建设现代化经济体系是跨越关口的迫切要求和我国发展的战略目标。必须坚持质量第一、效益优先，以供给侧结构性改革为主线，推动经济发展质量变革、效率变革、动力变革，提高全要素生产率，着力加快建设实体经济、科技创新、现代金融、人力资源协同发展的产业体系，着力构建市场机制有效、微观主体有活力、宏观调控有度的经济体制，不断增强我国经济创新力和竞争力。

（五）经济的"晴雨表"

股票价格变动通常先行于经济波动，通常，股价指数领先经济周期3个月至半年。另外，股价波动幅度相对较大，而波动的周期比经济周期频繁，这是由于市场行为的因素影响。

根据股价领先经济周期的特点，一般在经济周期萧条期末期接近谷底时买入股票，这阶段政府刺激经济复苏的措施不断推出，货币政策较为宽松，此时股市经过长期下跌后处于历史长期成本区，将逐步见底回升，而进入了熊市末期和牛市的初期阶段。

随着经济周期进入复苏期，市场需求趋旺，息口在历史低位区回升，上市公司商品畅销，业绩不断增长，刺激股票价格上扬，股市进入了牛市的中期，这是持有股票和进一步买入的阶段。

在经济周期的繁荣阶段，进入加息周期，企业盈利大幅度增加，派息分红相应增多，股票价格也进入疯狂状态，并逐步到达顶峰见顶回落，进入牛市的后期，在经济周期繁荣阶段的后期宜逐步卖出股票。

接着息口到达历史高位区，通货膨胀加剧，货币政策紧缩，经济降温，进入经济周期的衰退期和萧条期，这阶段市场需求疲软，企业产品滞销，盈利下降，一些企业亏损破产，股票价格持续下跌，股市处于熊市的初期和中期，此时宜持有现金，等待熊市末期的到来。

经济波动以扩张和收缩为特征的持续时间通常为2～10年，中国改革开放后经济周期（低点至低点）大概为9～10年，高点表现为7～8年的周期。

股市的顶部和底部与经济周期波动基本同步，如中国GDP增长率1990年、1998年至1999年、2009年形成周期低点，上证综指分别见底于1990年12月95点、1998年8月1043点及1999年5月1047点、2008年10月1664点，这几个底部形成后均走出一波大牛市。

中国GDP增长率1992年至1993年、2000年、2007年形成高点，上证综指于1992年5月1429点和1993年2月1558点见顶，2000年下半年反复筑顶于同年11月见顶2125点和2001年6月再见顶2245点，2007年10月见顶6124点。这几个顶部是历史上最重要的顶部，见顶后均形成几年的大调整。

中国经济次一级的周期（低点至低点）为4～5年，GDP增长率在1990

年、1994 年第 2 季、1998 年第 2 季、2001 年第 3 季、2005 年第 4 季、2009 年第 1 季形成转折低点，上证综指分别见底于 1990 年 12 月 95 点、1994 年 7 月 325 点、1998 年 8 月 1047 点及 1999 年 5 月 1047 点、2002 年 1 月 1339 点、2005 年 6 月 998 点、2008 年 10 月 1664 点。

从上述可见，股市反映着经济的周期性变化，特别是经济经过长期的筑底或在相对低位盘升后，形成转折点加速向上，股市更是见转折启动牛市，如中国 GDP 增长率 1993 年第 1 季见顶后长期盘跌，于 1998 年和 1999 年见底筑底，之后反复盘升，并于 2006 年第一季度加速向上突破，中国 A 股市场也于 2005 年下半年见底筑底，2006 年和 2007 年拉出了涨 6 倍的大牛市。

2008 年受国际金融危机影响，中国 GDP 增长率从 2007 年全年的 14.2%一下子跌至 2009 年第 1 季的 6.6%，后受刺激内需政策影响，2009 年快速回升，A 股市场经过 2008 年大跌后于 2009 年上半年走出了翻番的涨势。后来，GDP 增长率 2010 年回升至 10.6% 见高点，2011 年后几年逐步走低，A 股市场也于 2009 年下半年和 2010 年反复冲出高点，2011 年起调整了几年。

A 股市场 2014 年下半年至 2015 年 6 月这波大升浪脱离了经济基本面的走势，一方面是长期超跌估值过分低估下的正常修复的需要，以及大力推动境内外机构投资资金入市的结果；另一方面也是受违规杠杆资金入市拉升的影响，因而在违规杠杆资金得到清理后，A 股市场也回复到正常的波动格局。

2016 年至 2017 年蓝筹白马股走出翻番的走势，呈现结构性牛市行情，体现的是经济在一定结构性景气度的提升，供给侧结构性改革取得一定成效。未来股市或将更多地体现的是经济结构性景气度下的结构性行情。

经济的好坏和周期性变化是决定股市波动的最关键因素。一般来说，股价低谷比高峰的投资风险要小得多，机会大得多。在经济和股市高峰被套住需要较长时间才能解套，而在经济和股市的相对低谷即使被套住，解套的时间也不会太久，而且能换取经济和股市周期性增长所带来的机会，除非经济和股市真的崩盘，进入负增长的状态，但在未来较长时间中国经济仍可望保持中高速增长的背景下，中国股市大崩盘的可能性不大。

（六）中国经济让世界看好

党的十九大报告中指出[①]："综合分析国际国内形势和我国发展条件，从二〇二〇年到本世纪中叶可以分两个阶段来安排。第一个阶段，从二〇二〇年到二〇三五年，在全面建成小康社会的基础上，再奋斗十五年，基本实现社会主义现代化。到那时，我国经济实力、科技实力将大幅跃升，跻身创新型国家

---

① 中国政府网（www.gov.cn/zhuanti/2017-10/27/content_5234876.htm）

前列;人民平等参与、平等发展权利得到充分保障,法治国家、法治政府、法治社会基本建成,各方面制度更加完善,国家治理体系和治理能力现代化基本实现;社会文明程度达到新的高度,国家文化软实力显著增强,中华文化影响更加广泛深入;人民生活更为宽裕,中等收入群体比例明显提高,城乡区域发展差距和居民生活水平差距显著缩小,基本公共服务均等化基本实现,全体人民共同富裕迈出坚实步伐;现代社会治理格局基本形成,社会充满活力又和谐有序;生态环境根本好转,美丽中国目标基本实现。

第二个阶段,从二〇三五年到本世纪中叶,在基本实现现代化的基础上,再奋斗十五年,把我国建成富强民主文明和谐美丽的社会主义现代化强国。到那时,我国物质文明、政治文明、精神文明、社会文明、生态文明将全面提升,实现国家治理体系和治理能力现代化,成为综合国力和国际影响力领先的国家,全体人民共同富裕基本实现,我国人民将享有更加幸福安康的生活,中华民族将以更加昂扬的姿态屹立于世界民族之林。"

2018年1月18日,中国国家统计局公布2017年中国经济"成绩单",全年国内生产总值(GDP)首次突破80万亿元大关,达82.7万亿元(人民币,下同),按可比价格计算,比2016年增长6.9%。这是中国经济持续6年放缓后的首次提速。

这一数据具有历史意义:2010年中国GDP总量达到39.7万亿元,正式超越日本成为全球第二大经济体。GDP突破80万亿元,意味着在超过日本成为世界第二大经济体后,中国经济总量又翻了一倍。在总量创新高的基础上,中国经济增量也越发可观。2017年中国经济增量超过8万亿元,折1.2万亿美元,相当于2016年排在全球第14位国家的经济总量。

2017年中国GDP同比增速达6.9%,继续位居世界前列。据世界银行估测,2017年世界经济增速为3%左右,按此增速计算,2017年中国经济占世界经济的比重提高到了15.3%左右,对世界经济增长的贡献率为34%左右。

在增速超出预期的同时,中国经济质量也在提升。2017年前11个月,规模以上工业企业利润同比增长21.9%,规模以上服务业企业利润增长30.4%。微观质量、商品质量、服务质量、工程质量均在提升。此外,2017年中国单位GDP能耗同比下降3.7%,超额完成年初设定的3.4%目标。这也表明经济增长的质量和效益在改善。

中国新经济"羽翼"越发丰满,新技术、新产品、新产业、新业态、新模式、新动能蓬勃发展。

美国经济学者指出,即便中国经济增速略有放缓,中国仍然是世界经济增长的主要引擎;如果没有中国强劲的增长动力支撑,世界经济将陷入严重困境。

（七）分享经济高速增长的成果

中国正处在工业化、城镇化的推进过程中，新型城镇化是最大的内需。从长期看，中国经济持续中高速增长，市场消费潜力巨大，产业升级，产品更新换代，新兴产业快速发展，这些都给企业特别是上市公司带来蓬勃发展和重组发展的机会。

境外的股市走势历史表明，大牛市伴随着该地区经济的长期发展。香港恒生指数从历史最低收市点数即1967年8月31日58.61点起步，至今一直处于原始的超级大"牛市"周期中，这几十年是中国香港经济持续蓬勃发展的时期，香港也以其骄人的经济成就成为亚洲"四小龙"之一。美国道指从1932年6月30日43点底部起步，至今仍处于超级大牛市周期中，这期间美国生产力持续发展，新科技、产业的不断发展和升级推动着美国经济处于长景气周期中。

能够踏准股市中短期的升跌节奏来买卖，以及买中了快速成长企业的股票固然是好，但相信大多数投资者不那么容易把握得到，而买入周期性的相对成熟的大企业的股票，长期持有也能够分享到中国经济持续增长所带来的赚大钱的机会。

例如，1996年买入快速扩张成长的地产股万科A（000002）持至2007年，计上分红派息转增股本就升值了2000多倍，即使2005年买入持有两年也有20多倍涨幅。

又如，1995年买入具周期性行业特点的银行股深发展（000001）持至2007年，计上分红派息转增股本涨了20倍，即使经过2008年的大调整，2009年回升后也有15倍的收益。

只要中国经济还在快速增长，中国城市化进程还在持续，市场较大的消费潜力还存在，人民币还不断升值，那么股市和房地产的长期上升趋势还将继续，投资股票和房地产往往就能赚上大钱。

当然，看准调整后特别是大调整到历史长期成本区的机会，选择了成长潜力大和相对稀缺、垄断性，以及新兴产业品种的股票，会令你赚得更多。

另外，中国国民的储蓄率高，一般国家的储蓄占GDP 20%～30%，而中国2015年还有接近50%的总体储蓄率。

中国的资本市场发育比较晚，资本市场总融资比例比较低，民间股本融资相对薄弱。大力发展资本市场，使国民储蓄更大的比例投入股本融资，降低债务占GDP的比重，是大势所趋。

从长期看，更多的国民储蓄进入包括股本融资在内的资本市场的潜力较大，中国资本市场的前景是辉煌的。

(八) 美国经济运行周期

美国 GDP 增长率也形成 10 年一个周期,股市也一样,并在一个年代的最后年份或最初年份往往出现较大的调整以及形成低点转折。

经济学者分析,美国的特大金融危机与美元货币周期是 37.33 年。经济一个上升周期需要逐步推进,这是信心重新建立的过程,而崩溃则是瞬间的事。

从历史走势分析,美国 GDP 增长率近几十年峰顶的时期有:1962 年、1966 年、1973 年、1976 年、1978 年、1984 年、1988 年、1994 年、1997 年、1999 年、2004 年、2010 年、2015 年,其中 1962 年、1973 年、1984 年、1994 年、2004 年、2015 年,这些年份相隔 10 年左右构成重要周期高点。

谷底的时期有:1963 年、1967 年、1969 年、1974 年、1980 年、1982 年、1991 年、1995 年、2001 年、2009 年、2013 年,其中 1967 年、1974 年、1982 年、1991 年、2001 年、2009 年,这些年份相隔 7~10 年构成重要周期低点。

美国道指 1983 年 11 月、1987 年 8 月、1994 年 1 月、2000 年 1 月、2004 年 2 月、2007 年 10 月、2015 年 2 月、2018 年 1 月等与 GDP 增长率同步或略提前形成高点;1974 年 12 月、1980 年 3 月、1982 年 8 月、1990 年 10 月、2001 年 9 月、2009 年 3 月等与 GDP 增长率同步或略提前形成低点,见图 4.4。

图 4.5 为中国和美国 GDP 增长率历史走势对比图,从图中看,两者波动的峰顶和谷底的时间大致上有所趋同。

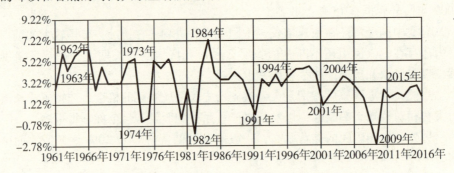

图 4.4　美国 GDP 增长率历史走势

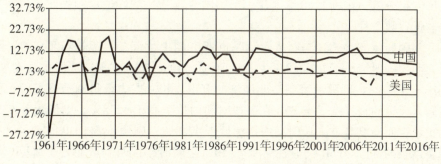

图 4.5 中国和美国 GDP 增长率历史走势对比

4-3 经济先行指标

(一) 采购经理指数

采购经理指数（PMI）是一套月度发布的综合性的经济先行指标体系，是通过对企业采购经理的月度调查结果统计汇总、编制而成的指数，它涵盖了企业采购、生产、流通等各个环节，是国际上通用的监测宏观经济走势的先行性指数之一，具有较强的预测、预警作用。

采购经理指数（PMI）分为制造业 PMI、服务业 PMI，目前也有一些国家建立了建筑业 PMI。采购经理指数（PMI）通常以 50% 作为强弱的分界点，制造业 PMI 高于 50% 时，反映制造业经济扩张，低于 50%，则反映制造业经济收缩。

制造业及非制造业 PMI 商业报告分别于每月第一个和第三个工作日发布，时间上大大超前于政府其他部门的统计报告，所选的指标又具有先导性，及时反映经济所处的周期状态，所以 PMI 已成为进行经济运行监测的及时、可靠的先行指标。

制造业 PMI 最早起源于美国 20 世纪 30 年代，经过几十年的发展，该体系现包含新订单、产量、雇员、供应商配送、库存、价格、积压订单、新出口订单、进口等商业活动指标。以上各项指标指数基于对样本企业采购经理的月度问卷调查所得数据合成得出，再对生产、新订单、雇员、供应商配送与库存五项类指标加权计算得到制造业 PMI 综合指数。服务业 PMI 指标体系则包括：商业活动、投入品价格指数、费用水平、雇员、未来商业活动预期等指数。

采购经理指数对国家经济活动的监测和预测具有重要作用。据有关统计，PMI 指数与 GDP 具有高度相关性，且其转折点往往领先于 GDP 几个月。根据美国专家分析，在过去40多年里，美国制造业PMI的峰值可领先商业周期高峰与低谷数个月。

美国商业部对PMI与制造业发展趋势和GDP之间的关系进行了研究，结果表明：一般情况下，当PMI大于50%时，预示着制造业经济的扩张发展；而小于50%时，则预示着制造业经济的衰退。50%点为衡量制造业是否扩张或陷入衰退的临界点。当PMI在一段时间内持续高于42.8%，则预示着GDP的扩张；而当PMI在一段时间内持续低于42.8%，则预示着GDP的衰退，有经济萧条的忧虑。PMI一般在40%~50%之间时，说明制造业处于衰退，但整体经济还在扩张。

中国采购经理人指数是由国家统计局和中国物流与采购联合会共同合作完成，它包括制造业和非制造业采购经理指数，与GDP一同构成中国宏观经济的指标体系。

中国制造业采购经理指数（PMI）由5个扩散指数（分类指数）加权计算而成。5个分类指数及其权数是依据其对经济的先行影响程度确定的，具体包括：新订单指数，权数为30%；生产指数，权数为25%；从业人员指数，权数为20%；供应商配送时间指数，权数为15%；原材料库存指数，权数为10%。

制造业采购经理调查从全国制造业企业中抽取3000家样本企业，对企业采购经理进行月度问卷调查。调查范围涉及《国民经济行业分类》（GB/T4754—2011）中制造业的31个行业大类，每个行业按其规模比重分配样本企业。

制造业采购经理调查问卷涉及生产量、新订单、出口订货、现有订货、产成品库存、采购量、进口、购进价格、出厂价格、原材料库存、从业人员、供应商配送时间、生产经营活动预期等13个问题。对每个问题分别计算扩散指数，即正向回答的企业个数百分比加上回答不变的百分比的一半。

中国非制造业采购经理指数（PMI）体系共包括10个扩散指数：商务活动、新订单、新出口订单、积压订单、存货、投入品价格、销售价格、从业人员、供应商配送时间、业务活动预期。

在非制造业PMI指数体系中，商务活动指数是一个重要指数，该指数类似于制造业PMI中的生产指数。在非制造业PMI指数体系中，因为没有综合指数PMI，因而国际上经常用商务活动指数反映非制造业发展的总体情况。

（二）采购经理指数与证券市场

采购经理指数与证券市场的波动尤其是调整的低点基本同步（见图4.6、图4.7、图4.8）。PMI处于50.0%临界点，特别是低于50.0%情况下，股市

图 4.6　2008 年 1 月至 2018 年 6 月中国制造业 PMI

图 4.7　2008 年 1 月至 2018 年 6 月中国非制造业 PMI

图 4.8　上证综指 2006 年 4 月至 2018 年 6 月走势

也往往进入最低潮的阶段。

2005年6月中国制造业采购经理指数（PMI）下跌至51.7%，2005年7月为51.1%，为一个时期的低点，跌近50.0%临界点，结果中国A股市场探出近4年多调整的低点，2005年6月上证综指见底998点。

2005年8月制造业PMI回升至52.6%，2005年9月继续走高至55.1%，之后维持盘整，2006年3月再度走高，于2006年4月见高58.1%而回落，2007年再向上，2007年4月见高58.6%，后有所回落，2007年9月再冲高56.1%，随后回落，2007年总体维持在53%以上，2008年4月见高点59.2%后呈现较大回落之势。

A股市场随着制造业PMI 2005年下半年的回升也见底回稳，并于2005年底启动向上，2006年和2007年展开了涨6倍的大牛市。期间A股2007年5月29日见高点，后出现持续1周的大跌，不少股票此时形成全年的顶部，与制造业PMI 2007年4月见高点58.6%相应，部分权重股后来拉涨带动大盘于2007年10月创出历史新高（上证综指6124点），与制造业PMI于2007年9月见高点56.1%相应。

2008年7月至2009年2月，除2008年9月当月反弹到51.2%外，中国制造业采购经理指数（PMI）持续在50.0%以下，分别为2008年7月48.4%、2008年8月48.84%，2008年10月44.6%、2008年11月38.8%、2008年12月41.2%、2009年1月45.3%、2009年2月49.0%，这几个月是PMI设立以来少见的低于50.0%，主要是受到2008年国际金融危机影响。

这段时期也是A股市场2008年大调整后见底筑底的时期，同时政府推出了4万亿元的刺激经济增长政策，2008年10月下旬上证综指见底1664点，而制造业PMI于2008年11月也见历史低点38.8%，基本同步，随着2009年2月PMI回升至49.0%，2009年3月重回50.0%临界点以上，2009年2月上证综指启动了半年的涨势，直至2009年8月见顶3478点。

制造业PMI于2009年12月形成56.6%高点后振荡走低，后来一度回升于2010年11月见55.2%高点，随后持续走低，于2011年11月跌破50.0%见49%，2011年12月后回稳重上50.0%；上证综指也相应在2010年11月冲出高点3186点而后回落，2011年12月也探出几年来的低点2134点，之后回升。

制造业PMI于2012年3月和4月分别冲出高点53.1%和53.3%后，一下子跌回50%附近，并于2012年8月和9月分别探出49.2%和49.8%低点，之后回升至50%～51%间较长期盘整，期间2013年6月一度见50.1%低点；而上证综指于2012年3月拉出高点2476点而回落，后于2012年11月探出1959点和2013年6月探出1849点，创出了2009年8月顶部3478点以来的最低点，基本与制造业PMI低点时段相应。

制造业 PMI 于 2014 年 2 月探出低点 50.2% 后反复回稳，而上证综指于 2012 年 11 月探出低点 1959 点后反复筑底，于 2014 年 3 月再探出低点 1974 点（与 PMI 低点基本同步），之后逐步走稳回升，后受资金杠杆效应推动影响，启动一波至 2015 年 6 月（见 5178 点高点）的翻番以上的涨势。

但由于经济下行压力较大，以及制造业 PMI 于 2014 年 2 月探出低点 50.2%，其后一年多始终基本维持在 50%～51% 间盘整，所以上证综指涨至 2015 年 6 月后，在"去杠杆化"效应下，出现大调整，直到 2015 年 8 月下旬才有所回稳。

2016 年 2 月制造业 PMI 探出低点 49.0%，2016 年 3 月回升至 50.2%，后基本维持在 50% 以上运行，2016 年 10 月更上一台阶见 51.2%，之后至 2018 年 6 月都在 51% 以上运行，期间 2017 年 9 月和 11 月分别见 52.4% 和 51.8%，为 2012 年 5 月以来的最高位。

与制造业 PMI 2016 年 2 月低点相应，上证综指 2016 年 1 月 27 日探出低点 2638 点，后持续盘升，于 2017 年 9 月至 11 月反复筑顶（与制造业 PMI 2017 年 9 月和 11 月高位相应），并于同年 11 月 14 日见高点 3450 点，尽管后来 2018 年 1 月 29 日才见顶 3587 点，但 2017 年 9 月至 11 月为大多数股票的最高位，并于之后反复持续下跌。

在制造业 PMI 所体现的制造业经济在一定程度持续扩张下，蓝筹白马股如银行、钢铁以及大消费类等股票于 2016 年至 2017 年这两年，不少走出了翻番的结构性牛市行情。

尽管中国国内生产总值（GDP）同比增速 2015 年为 6.9%，2016 年为 6.7%，2017 年为 6.9%，是 25 年来的最低增速，但中国制造业采购经理指数（PMI）在 2016 年 2 月探出低点 49.0% 后，持续在临界点 50.0% 以上运行，并体现一定景气度，这体现的是制造业经济的持续扩张发展，中国经济结构逐步转型，供给侧结构改革取得一定成效。

供给侧结构性改革旨在调整经济结构，使要素实现最优配置，提升经济增长的质量和数量，要在适度扩大总需求的同时，去产能、去库存、去杠杆、降成本、补短板，从生产领域加强优质供给，减少无效供给，扩大有效供给，提高供给结构适应性和灵活性，提高全要素生产率，使供给体系更好适应需求结构变化。

2018 年上半年，制造业 PMI 均在 50.0% 以上的景气区间运行，均值为 51.3%，2018 年 6 月制造业 PMI 为 51.5%，比上月回落 0.4 个百分点，仍高于上半年均值 0.2 个百分点，制造业 PMI 继续处于扩张区间。在调查的 21 个行业中，15 个行业的 PMI 位于扩张区间，其中医药制造业、专用设备制造业、计算机通信电子设备及仪器仪表制造业 PMI 均位于 54.0% 以上的较高景气区间，保持较快增长。

2018年6月份，非制造业商务活动指数为55.0%，环比上升0.1个百分点，高于上半年均值0.2个百分点，该指数连续四个月稳步上升，表明2018年以来非制造业总体上保持平稳向好发展势头，经济仍保持韧性。服务业保持较高景气水平，从行业看，铁路运输、航空运输、电信、银行等行业商务活动指数均位于60.0%以上的高位景气区间，实现快速增长。

从图4.6和图4.7看，制造业PMI与非制造业PMI背离值扩大显示中国经济转型持续推进。

4-4 通货膨胀

（一）什么是通货膨胀

通货膨胀简称通胀，是指在纸币流通条件下，因货币供给大于货币实际需求，也即现实购买力大于产出供给，导致货币贬值而引起的一段时间内物价持续而普遍地上涨的现象。其实质是社会总需求大于社会总供给。

全球性通货膨胀是长期以来存在的现象。不少国家央行为刺激经济而超量发行了大量货币，以及一些国家为了挽救经济危机或弥补庞大的财政赤字，不顾商品流通实际需要，滥发纸币，大大超过流通实际所需要的数量，以致引起货币贬值，这就出现通货膨胀。

通货膨胀就是钱不值钱了，为了保护自己的资产不贬值，就要消费，以及投资保值增值，例如买入黄金、房子等实物资产在一定程度上就能防御和抵抗通胀。

投资股票也是一种应对通货膨胀的方法。一般来说，通货膨胀意味着物价水平提高，而在温和的通货膨胀初期和中期，体现到上市公司利润就抬高，这样股价自然就会上涨。当CPI突破5%以后，出现较严重通货膨胀甚至严重通货膨胀；如CPI突破10%以上为恶性通货膨胀，在宏观调控下，企业业绩大幅度下降，股价展开调整。

货币过多发行，一些受国家政策鼓励扶持的行业将得到更多的资金流入，从而有可能进一步得到发展和业绩得到提升，这些行业的股票也出现上升；而一些受到国家限制的传统产业，或将受到居民消费价格指数（CPI）持续上涨和调控政策影响而导致成本上涨，业绩受到影响，其股票价格出现下跌。

在宽松货币政策下，息口较低，企业业绩提升，并有部分银行存款流出银行转到股市和房地产市场上投资，进一步推动股市和房价上涨，但市场流动性资金过多，也使物价上升，CPI持续上涨，到CPI高企，紧缩性宏观调控逐步出台，货币政策和财政政策收紧，息口提高，流动性紧缩，经济扩张动力收敛，资金也逐步从股市和房市中流出。

另外，股市经过持续上涨到顶回落后，市场资金逐渐流出，或会转向房地产投资，促使了房价上涨，例如 2007 年 10 月 A 股市场见历史大顶后，不少股市资金转向炒楼市，令国内房价在 2008～2010 年连续上涨，不少城市这两三年房价翻番，以致政府出台限购政策。

楼市如果调整，那么将有一批资金转回股市，这又促使股市走稳。因而投资者可把握股市和楼市轮炒的节奏。

股市、黄金、房产价格如涨幅过大，存在泡沫就不能盲目买入。特别是股市、楼市过热，就会受到政策面、资金面上的调控，作为投资就要谨慎。

以中国国内房价为例，经过 2003 年和 2004 年的最低谷后，2005 年至 2009 年，国内房价持续上涨，几年之间，部分城市翻了几倍，2010 年和 2011 年政府不断出台房地产调控政策，包括住房多套限购、加大保障性安居工程建设力度、加强税收征管、强化差别化住房信贷政策、严格住房用地供应管理等措施，有力地打击了房产炒作，使房价过分上涨的部分地区出现下跌。

当然，随着经济的不断发展，人们购买力的不断提高，特别是通货膨胀未得到有效压制，物价水平增长仍存在过快现象的情况下，长远看，房价总体水平下调空间有限，仍会随经济和物价的增长而合理地上涨，尤其是一线城市和处于中心城区，这类具稀有资源优势的房产在一定程度上更具保值和增值功能。

（二）通货膨胀判断标准：PPI、CPI、RPI

通货膨胀判断标准主要有 3 个：工业品出厂价格指数（PPI）、居民消费价格指数（CPI）、零售物价指数（RPI）。通常看通货膨胀趋势主要是以 CPI 和 PPI 为标准。

居民消费价格指数（consumer price index，CPI）是一个反映居民家庭一般所购买的消费商品和服务价格水平变动情况的宏观经济指标，反映一定时期内城乡居民所购买的生活消费品价格和服务项目价格变动趋势和程度的相对数，是对城市居民消费价格指数和农村居民消费价格指数进行综合汇总计算的结果。

利用居民消费价格指数，可以观察分析消费品的零售价格和服务价格变动对城乡居民实际生活费支出的影响程度。

全国居民消费价格指数（CPI）涵盖全国城乡居民生活消费的食品、烟酒、衣着、家庭设备用品及维修服务、医疗保健和个人用品、交通和通信、娱乐教育文化用品及服务、居住等八大类、262 个基本分类的商品与服务价格。

居民消费价格统计调查的是社会产品和服务项目的最终价格，一方面同人民群众的生活密切相关；另一方面，同时在整个国民经济价格体系中也具有重要的地位。CPI 指标是进行经济分析和决策、价格总水平监测和调控及国民经济核算的重要指标，其变动率在一定程度上反映了通货膨胀或紧缩的程度。一般来讲，物价全面地、持续地上涨就被认为发生了通货膨胀。

工业品出厂价格指数（PPI）是反映全部工业产品出厂价格总水平的变动趋势和程度的相对数，包括工业企业售给本企业以外所有单位的各种产品和直接售给居民用于生活消费的产品。通过工业品出厂价格指数能观察出厂价格变动对工业总产值的影响。

商品零售价格指数（RPI），是反映城乡商品零售价格变动趋势的一种经济指数。零售价格的升降变动直接影响到城乡居民的生活支出和国家的财政收入，影响居民购买力和市场供需平衡，影响消费与积累的比例。因此，计算零售价格指数，可以从一个侧面对社会经济活动进行观察和分析。

国民生产总值（GNP）和国内生产总值（GDP）是反映经济增长的指标，在发展中国家，GNP 和 GDP 往往出现持续增长。

中国改革开放以来，经济尽管保持较高的增长率，但仍有一定的周期性，并可以通过通货膨胀的状况来分析，这表现为低通货膨胀的 GDP 增长、温和通货膨胀下（CPI 上涨率：2%～5%）的 GDP 增长、高通货膨胀下（CPI 上涨率在 5% 以上）的 GDP 增长、恶性通货膨胀下（CPI 上涨率在 10% 以上）的 GDP 增长。

（三）CPI 波动周期与警戒线

低通胀以及温和通货膨胀下的 GDP 增长，企业盈利提升，居民收入增多，股市进入牛市启动和快速上扬阶段；高通货膨胀下（CPI 上涨率突破 5% 以后）的 GDP 增长，政府推出宏观调控政策，企业经营困难，居民生活质量下降，股市进入调整阶段。

本书通过对中国居民消费价格指数（CPI）历史数据与中国 A 股市场波动比较，发现两者的峰顶区和谷底区基本具有同步波动的相关性，均呈现 3～4 年的波动周期，高点之间和低点之间均相距 40～42 个月，一个通胀周期低点到高点历时 28～29 月，高点到低点历时 12 个月左右，10 年为一个大周期，见图 4.8、图 4.9、图 4.10。

例如，CPI 的低点：1996 年 1 月 109.0%、1999 年 5 月 97.8%、2002 年 4 月 98.7%、2005 年 9 月 100.9%、2009 年 2 月 98.4%、2012 年 7 月 101.8%、2015 年 10 月 101.3%，各低点之间分别相距 40～42 个月；CPI 高点：2001 年 5 月 101.7%、2004 年 8 月 105.3%、2008 年 2 月 108.7%、2011 年 7 月

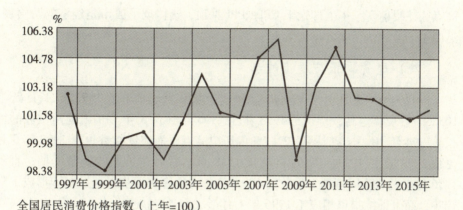

全国居民消费价格指数（上年=100）

图 4.9　中国居民消费价格指数（CPI）20 年走势（来源：国家统计局网站）

图 4.10　中国居民消费价格指数（CPI）2008 年至 2018 年走势

106.5%、2015 年 2 月 101.4%，这些高点之间分别相距 40～42 个月。从大周期波动看，1999 年 5 月 97.8% 与 2009 年 2 月 98.4% 为两重要低点，两者相隔 10 年。

　　CPI 波动以 105% 为警戒线。从历史状况看，CPI 上涨率突破 5%，甚至高达两位数，或 CPI 由低位上涨至 5%，股市逐步见顶，难免出现长期的跌势，直到 CPI 涨幅由两位数回到 1 位数、5% 以下时，通货膨胀得到控制，股市才逐步见底。但宏观经济调控未结束，股市虽然逐步见底回升，但仅是阶段性的收复行情，尚未真正启动大牛市，只有 CPI 回到正常状态形成转折点和进入温和的通胀时期，经济景气度提高，股市大牛市才会形成。

　　另外，从历史走势看，中国 A 股市场往往与 CPI、PPI 同步形成低点或提前 3～4 个月先于 CPI、PPI 见底，但股市一波涨势特别是牛市的启动点尚需等待 CPI、PPI 见底才转折回升，即牛市启动点往往与 CPI、PPI 低点同步，而高点往往提前3～4个月先于CPI、PPI见顶，这体现了股市是经济的晴雨表，见图4.11。

（四）通货膨胀与股市波动

1992年至1995年，中国出现严重通货膨胀，CPI于1992年1月跃上105.5%后反复走高，特别是1993年至1995年长达3年CPI出现两位数的增长，1994年10月CPI达到127.7%的历史高点，而上证指数也于1992年5月见顶1429点和1993年2月再见顶1558点，后展开长期的调整周期；直到1996年1月CPI回落到1位数达109.0%，通货膨胀逐步得到控制和形成下降趋势，而上证综指也相应于1996年1月形成512点转折低点，后升至1997年5月1510点顶部，接着展开两年的箱体整理。

上证综指1996年1月低点512点至1997年5月1510点顶部的涨势，其实并不是真正的大牛市，而只是通货膨胀得到控制下的阶段超跌价值回归行情，对1993年和1994年严重超跌的收复，其并没有创出历史新高。

CPI持续下滑，1999年5月跌到97.8%低点而回稳，同时上证综指也在该年5月形成1047点转折启动点，该月涨幅14%，1999年6月再度拉升并上破1993年2月1558点历史顶部，当月涨幅32%，创出历史新高，这是CPI跌回100%以下形成低点转折后而启动的转折性牛市。作为先行指标，1998年8月上证综指先于CPI见底1043点。

之后CPI逐步回升，2000年5月回升到100%以上，到2001年5月CPI达101.7%见高点，比1999年5月时的97.8%低点已回升了4个百分点，尽管CPI未达到105%，但前两年已有较大涨幅，因而需要有一个消化的过程。上证综指也于2000年8月涨势收敛，开始进入筑顶阶段，2001年6月见牛市顶部2245点。

CPI在2001年5月见高点101.7%后逐步回落，2002年基本在100%以下运行，2002年4月最低见98.7%，后温和回升，直到2003年1月重新回到100%见100.4%，2003年大部分时间CPI在100%～101%间波动，直到2003年10月见101.8%，同年11月一下子跃上103.0%，接着逐步上扬，到2004年6月至9月持续在105%～105.3%波动，后见高逐步回落，到2005年9月见100.9%形成低点。

上证综指2001年6月14日见顶2245点后展开4年的调整周期，期间随着CPI下降于2002年1月见1339点调整低点，后逐步走稳，又回落，多次反复，2003年11月至2004年4月，随CPI从低点回升而展开一波涨幅30%的波段回升行情，后又随CPI逐步回落，直到2005年6月见大底998点。

CPI在2005年9月见100.9%形成低点，之后两年多进入温和的回升阶段，温和的通胀刺激了股市进入大牛市，上证综指在 2005 年 6 月先于 CPI 见大底 998 点基础上，2005 年 12 月形成转折启动点，2006 年和 2007 年出现持续大涨，涨幅达 6 倍，直到 2007 年 10 月见大顶 6124 点。

CPI 在 2007 年 8 月也突破 105% 见 106.5%，之后持续走高进入较严重的通货膨胀阶段，货币政策不断收紧，CPI 于 2008 年 2 月见 108.7% 高点，后几个月维持高企，到 2008 年 8 月才回落到 105% 以下，2009 年 2 月跌破 100% 见 98.4%，之后有所回稳和逐步上升，2010 年 11 月见 105.1%，随后维持高位波动，2011 年 7 月见 106.5%，后逐步回落。

上证综指受较严重通胀和调控紧缩政策影响而在 2008 年展开历史上少有的大跌，直至 2008 年 10 月见底 1664 点，接着反复筑底，并于 2009 年 1 月启动一波翻番的涨势，2009 年 8 月见顶 3478 点，之后展开 1 年多的大箱体波动（见图 4.8、图 4.11）。

图 4.11 消费者物价指数（CPI）、工业品出厂价格指数（PPI）、上证综指历史走势对照

在 CPI 升到 2010 年 11 月 105.1% 之际，上证综指于 2010 年 11 月拉升出高点 3186 点，后展开 1 年的调整。

CPI 后来回落到 2012 年 7 月见低点 101.8%，而略回稳，2012 年 10 月再跌出低点 101.7%，之后回升至 2013 年 2 月见高点 103.2%，后来反复偏软，直到 2015 年 1 月见低点 100.8% 而回升，2015 年 8 月见高点 102.0%。

上证综指走势也基本同步，2012 年 8 月见低点 2032 点，2012 年 11 月再探出低点 1959 点，后出现两个多月的有力反弹，2013 年 2 月见高点 2444 点，之后反复走弱筑底，直到 2014 年 7 月才在权重蓝筹股带动下启动一波涨势，而大部分股票则在 2015 年 1 月才形成转折启动效应（与 CPI 同步），大市涨至 2015 年 6 月才见顶，提前 CPI 两个月见高点。

CPI 于 2015 年 10 月见低点 101.3%，之后有所起落，于 2016 年 8 月再见低点 101.3%，后回升于 2017 年 1 月见高点 102.5%，而 2017 年 2 月急促跌出了低点 100.8%，之后缓慢盘升了 1 年，于 2018 年 2 月冲出高点 102.9%，之后略回落。

上证综指 2016 年 1 月 27 日见低点 2638 点，之后展开 2 年的上行走势，期间 2016 年 11 月 29 日见阶段高点 3301 点，2017 年 1 月 16 日探出低点 3044 点，随后反复盘升，2018 年 1 月 29 日见顶 3587 点，后持续大跌，这两年高低转折点基本与 CPI 波动相应。

第五章　宏观经济评估模型（中）

5-1　宏观经济调控

（一）宏观调控手段

市场经济能带来经济繁荣，但其市场机制的自发作用易造成经济失衡和出现盲目性，打破社会总供给与社会总需求的总体均衡的局面，导致通货膨胀和经济衰退，引发经济周期性的波动，从而对社会资源及生产力构成严重影响，这需要通过宏观调控来调节社会供给与需求，使整体经济维持相对均衡。

宏观调控手段分为经济手段、行政手段和法律手段，其中，经济手段包括财政政策和货币政策。

政府为实现宏观（总量）平衡，综合运用各种手段，包括价格、税收、信贷、汇率等经济手段和法律手段及行政手段，调节与控制货币收支总量、财政收支总量和外汇收支总量，对国民经济总量进行调控，保证经济持续、稳定、协调增长。

在中国，宏观调控的主要任务是：实现社会总供给与社会总需求的平衡，实现经济稳定增长，稳定物价总水平，抑制通货膨胀，促进重大经济结构优化、充分就业、公正的收入分配和国际收支平衡等。

（二）货币政策

货币政策是指政府或中央银行为控制货币供给以及调控利率而实施的各项措施，以达到经济活动的特定或维持政策目标。根据《中华人民共和国中国人民银行法》第三条规定，中国货币政策目标为"保持货币币值的稳定，并以此促进经济的增长"。中国的货币政策工具主要有公开市场操作、存款准备金、再贷款与再贴现、利率政策、汇率政策和窗口指导等。

其中，存款准备金制度、再贴现政策、公开市场业务是常规性货币政策工具，被称为中央银行的"三大法宝"，主要是从总量上对货币供应量和信贷规模进行调节。

存款准备金是指金融机构为保证客户提取存款和资金清算需要而准备的资金，金融机构按规定向中央银行缴纳的存款准备金占其存款总额的比例就是存款准备金率。

存款准备金政策是指中央银行依据法律所赋予的权力，通过调整存款准备金率，影响金融机构的信贷资金供应能力，从而间接调控货币供应量。

再贷款，即中央银行作为"银行的银行"向商业银行提供贷款，以达到控制和调节货币供应量和信贷规模的目的。再贴现是中央银行对金融机构持有的已贴现但尚未到期的商业汇票予以贴现的行为。

在中国，中央银行通过适时调整再贴现总量及利率，明确再贴现票据选择，达到吞吐基础货币和实施金融宏观调控的目的，同时发挥调整信贷结构的功能。再贴现政策的调整不仅可以影响市场中货币的数量，更重要的是再贴现利率的调整会影响市场的利率水平，从而对经济产生重大影响。

公开市场操作是中央银行吞吐基础货币，调节市场流动性的主要货币政策工具，通过中央银行与指定交易商进行有价证券和外汇交易，实现货币政策调控目标。中国人民银行公开市场操作包括人民币操作和外汇操作两部分。1999年以来，公开市场操作已成为中国人民银行货币政策日常操作的重要工具，对于调控货币供应量、调节商业银行流动性水平、引导货币市场利率走势发挥了积极的作用。

从交易品种看，中国人民银行公开市场业务债券交易主要包括回购交易、现券交易和发行中央银行票据。其中回购交易分为正回购和逆回购两种，正回购为中国人民银行向一级交易商卖出有价证券，并约定在未来特定日期买回有价证券的交易行为，正回购为央行从市场收回流动性的操作，正回购到期则为央行向市场投放流动性的操作；逆回购为中国人民银行向一级交易商购买有价证券，并约定在未来特定日期将有价证券卖给一级交易商的交易行为，逆回购为央行向市场上投放流动性的操作，逆回购到期则为央行从市场收回流动性的操作。现券交易分为现券买断和现券卖断两种，前者为央行直接从二级市场买入债券，一次性地投放基础货币；后者为央行直接卖出持有债券，一次性地回笼基础货币。中央银行票据即中国人民银行发行的短期债券，央行通过发行央行票据可以回笼基础货币，央行票据到期则体现为投放基础货币。

（三）存款准备金率与股市波动

存款准备金通常分为法定存款准备金和超额存款准备金，其中法定存款准备金是按央行的比例存放，超额存款准备金率是金融机构除法定存款准备金以外在央行任意比例存放的资金。

实行存款准备金制度的目的是为了确保商业银行在遇到突然大量提取银行存款时，能有相当充足的清偿能力。自20世纪30年代以后，存款准备金制度还成为国家调节经济的重要手段，是中央银行对商业银行的信贷规模进行控制的一种制度。中央银行控制的商业银行的准备金的多少和准备率的高低影响着银行的信贷规模。

中国的存款准备金制度是在1984年建立起来的，实行以来最低的一次是1999年11月，存款准备金率由8%下调到6%，最高一次为由2011年5月的21.0%上调至2011年6月的21.5%。

从走势看，大型商业银行存款准备金率1999年11月见底6%后持续上升，至2008年9月见高点17.5%，后调整至同年12月见低点15.5%，随后止跌回升，2011年6月20日达21.5%的历史高位，之后逐步下调。

2004年，中国人民银行开始实行差别存款准备金率制度。金融机构适用的存款准备金率与其资本充足率、资产质量状况等指标挂钩。金融机构资本充足率越低、不良贷款比率越高，适用的存款准备金率就越高，反之越低。

另外，为高质量发展和供给侧结构性改革营造适宜的货币金融环境，人民银行还实行定向降准政策。例如，为进一步推进市场化法治化"债转股"，加大对小微企业的支持力度，中国人民银行决定，从2018年7月5日起，下调国有大型商业银行、股份制商业银行、邮政储蓄银行、城市商业银行、非县域农村商业银行、外资银行人民币存款准备金率0.5个百分点。鼓励5家国有大型商业银行和12家股份制商业银行运用定向降准和从市场上募集的资金，按照市场化定价原则实施"债转股"项目。支持"债转股"实施主体真正行使股东权利，参与公司治理，并推动混合所有制改革。定向降准资金不支持"名股实债"和"僵尸企业"的项目。同时，邮政储蓄银行和城市商业银行、非县域农商行等中小银行应将降准资金主要用于小微企业贷款，着力缓解小微企业融资难融资贵问题。

多年来，存款准备金率工具的使用还和外汇储备增加或减少所产生的对冲要求有关。根据我国的结汇制度，企业贸易美元收入大多要兑换成人民币，这样的话，央行就必须发行更多的人民币来应对兑换。而人民币的过多发行，无疑会引起流动性过剩，这又对物价、金融市场造成影响。这是央行上调存款准备金率、提高利率的一个重要原因。

为对冲快速增长的外汇占款，应付输入性通胀，央行往往要回笼基础货币，货币政策收紧，而外汇占款出现大降，央行就要适时采取阶段性放松货币政策。2011年下半年后，外汇储备出现自2008年以来首次下降，外汇占款大降，央行不得不进一步降低存款准备金率以及通过公开市场操作向市场释放基础货币，以对冲热钱向外流出。

央行降低存款准备金率尽管在一定程度上释放流动性，但从历史看，股市表现并没有出现立竿见影的效果，这主要是因为货币政策只是一种调节工具，并不是最终的结果。

一般情况下，释放流动性和降低融资成本，包括下调存款准备金率和银行利率，对股市有一定的短期支撑效应，尤其会刺激银行股有所走强，但不会改变整体市场的趋势。在实体经济存在较大下行压力下，下调存款准备金率和银行利率是为稳定实体经济，也说明实体经济的问题较大，企业资金紧张，市场需求不旺，股市持续"走牛"的动力不足，难以形成大牛市，这从历史上的走势可以说明。股市见底有赖于经济底的形成和经济复苏增长。

而存款准备金率下调和银行利率回落到相对低位而止跌回升，市场需求旺盛，经济进入景气阶段，这将刺激着股市大涨，股市牛市总是伴随着存款准备金率和银行利率从低位上调，经济进入景气阶段而展开的。

2006年和2007年A股市场的大牛市就是在这样的背景下产生，而2007年上市公司业绩达到历史最好的水平。

到了市场需求极度旺盛，要控制过度的通货膨胀，流动性不断收紧，更严厉的调控措施出台，股市也就见顶了。

（四）利率政策

利率政策是货币政策的重要组成部分，也是货币政策实施的主要手段之一。中国人民银行根据货币政策实施的需要，适时地运用利率工具，对利率水平和利率结构进行调整，进而影响社会资金供求状况，实现货币政策的既定目标。

中国人民银行采用的利率工具主要有：①调整中央银行基准利率，包括：再贷款利率，指中国人民银行向金融机构发放再贷款所采用的利率；再贴现利率，指金融机构将所持有的已贴现票据向中国人民银行办理再贴现所采用的利率；存款准备金利率，指中国人民银行对金融机构交存的法定存款准备金支付的利率；超额存款准备金利率，指中国人民银行对金融机构交存的准备金中超过法定存款准备金水平的部分支付的利率。②调整金融机构法定存贷款利率。③制定金融机构存贷款利率的浮动范围。④制定相关政策对各类利率结构和档次进行调整等。

（五）货币、利率政策与证券市场

证券市场对中央银行的货币政策和利率政策十分敏感，货币政策和利率的变化可影响证券市场的波动。

一般来说，中央银行可以通过调整法定存款准备金率和公开市场业务调节货币供应量，从而影响货币市场和资本市场的资金供求，引导市场利率，进而影响证券市场。存款准备金率是针对银行等金融机构的，对最终客户的影响是间接的，而利率是针对最终客户的。

当货币政策较为宽松时，存款准备金率和利率水平下行，中央银行通过公开市场业务购进有价证券，将使市场上货币供给量增加。证券市场资金相对充裕，刺激股价走强；反之，市场资金紧缩，股价走弱。

通常的货币政策工具的实施对证券市场的影响是间接的，主要是引导市场利率，而市场利率的变化特别是银行存贷款利率变化对证券市场的影响是直接的。

首先，利率调整影响证券市场资金面的松紧，存款利率上调，会使一部分市场资金或手持货币转化为存款，并增加证券市场投资的机会成本，如果没有其他刺激证券市场的因素，那么市场股价会相应下降，以适应市场收益率维持平衡的要求。相反，存款利率下调，场外资金流入，股价上扬。当然，在开放的市场下，存款利率上调，境外资金流入也使股价走强。

其次，贷款利率上调，企业贷款成本上升，业绩相应降低，贷款利率下调，贷款成本下降，利润相应提升。对金融类股票来说，如果存款利率下调幅度大于贷款利率下调幅度，或存款利率上调幅度小于贷款利率上调幅度，有利于银行等金融机构的业绩提升，其股价自然上升。

另外，股价和利率并不是绝对的负相关的关系，随着市场需求趋旺，利率在历史低位回升，在温和的通货膨胀下，上市公司产品供给增加，物价上扬，公司业绩快速增长，股价自然上升，到了通货膨胀加剧，息口高企，货币政策紧缩，公司业绩下降，股价就出现下跌。

（六）加息周期下的牛市

2006年8月19日中国人民银行上调金融机构存贷款基准利率，这是2004年10月29日新一轮首次加息后央行再次上调存贷款利率，此后，2007年3月18日、2007年5月19日、2007年7月21日、2007年8月22日、2007年9月15日、2007年12月21日持续加息，直到2008年9月16日下调人民币贷款利率，开始进入降息周期，在2008年9月至12月短短4个月内连续降息5次。

中国新一轮加息周期从2004年10月29日开始，而2006年8月19日则开始进入了持续的加息过程。从经济学的角度，通货膨胀导致加息，这反映出经济处于扩张周期，而市场需求旺盛，物价上涨，需要通过加息来抑制市场需求，控制物价上涨，加大企业的融资成本。

在加息周期的前期和中期处于温和的通胀阶段，经济进入扩张周期，上市公司业绩持续增长，例如，处于加息周期下的2006年、2007年是过去10年内中国上市公司盈利最好的时期，而这也推动了股价持续上涨。到了通胀加剧的阶段，特别是经过持续的加息后，上市公司盈利到达顶峰而逐渐回落，我国不少上市公司经过2006年、2007年盈利高速增长之后，2008年业绩已开始见顶回落或增速下滑。

加息往往出现在经济增长强劲、上市公司业绩增长的背景下，股票市场是宏观经济的晴雨表，宏观经济向好股市也形成了"走牛"的基础。在进入新一轮加息周期下，A股市场于2005年6月见底，2006年和2007年展开了历史少见的大牛市，期间持续的加息并没有改变其牛市趋势。美国证券市场历史上的牛市也往往伴随着加息周期而展开。

从历史上看，1996年1月至1997年5月，以及1999年5月至2001年6月，A股市场这两阶段的局部牛市行情，是处于降息周期下形成的，这主要是因为当时中国A股市场还不规范，与宏观经济基本面联系性不紧，容易受非经济性因素的影响，当时随着市场参与主体的广泛性参与，入市资金量不断增加，在股票数量有限情况下形成"供不应求"的状况，从而推动股票价格持续走高。

这两阶段的局部牛市主要是依赖资金面、政策面、消息面去推动。一旦资金面紧缩、股票供应规模扩大或其他因素的触发，将使市场信心受到影响，股价也就出现了较大的波动。由于历史遗留问题，股权分置越来越成为中国证券市场发展的阻碍，2001年6月14日国务院发布了《减持国有股筹集社会保障资金管理暂行办法》，市场应声下跌，当日上证综指形成了2245点顶部，此后展开了近5年的持续调整。2001—2005年这5年，中国经济维持快速平稳发展的态势，但A股市场却因为股权分置改革问题未能解决，而出现了漫漫熊市。

（七）货币政策收紧市场资金面紧张

股市在经过较长时间上升或下跌后，要把握好宏观面、政策面脉搏，如关注宏观经济数据动向、货币政策的松紧情况，以及新股发行节奏的变化等宏观面、政策面，对市场资金面、市场供求、持股信心的影响，从而做出相应的投资决策。

例如，A股市场在2009年上半年走出了一波局部牛市行情，而到了同年8月大盘见顶之后出现大调整，就在2009年8月A股市场大跌前，新股发行重新恢复，中国建筑新股上市当日引发市场暴跌，之后新股扩容速度加快，创业板也推出，政策面的微妙变化，使市场2009年8月出现大跌，之后1年多的时间内大盘总体处于振荡整理之中，股市持续上攻动力不足。

2010年之后，新股发行提速，中小板、创业板新股每周批量发行，2010年全年上市新股数量达到348家，直接从股市融资近5000亿元，创历年新股上市数量新高，而且高价发行。如果加上配股、可转换债券和增发，2010年共有531家公司从市场成功融资超过万亿元。同时，"大小非"、上市公司高管也不断减持，大大打击了市场的持股信心。

2010年上半年，我国分别于1月18日、2月25日和5月10日分3次上调存款类金融机构存款准备金率。货币政策的收紧，明显触痛了市场资金面的神经，A股市场也于2010年1月结束近半年的箱体整理破位而持续走低。

A股直至2010年7月见底，于同年11月中旬回升接近2009年8月初高点。为抑制通货膨胀，货币政策逐步收紧，2010年10月20日起，央行上调金融机构人民币存贷款基准利率，其中，金融机构一年期存款基准利率上调0.25个百分点，由现行的2.25%提高到2.50%，对通胀压力的担忧是央行选择加息的重要原因，而CPI涨幅超出1年期定存利率已持续8个月，同时加息也是深化房地产调控的重要手段。这次是央行时隔近3年后的首度加息。央行之前最近一次加息是在2007年12月，2007年曾先后6次上调存贷款基准利率。2008年9月起，央行又开启了降息空间，5次下调贷款利率，4次下调存款利率。

继2010年10月20日加息后，央行又分别在2010年的11月16日、11月29日、12月20日起，三度上调存款类金融机构人民币存款准备金率。国家统计局数据显示，2010年11月，CPI为5.1%，创下28个月以来的高点。

受货币政策趋于收紧的影响，A股市场2010年11月出现大跌走势，而2010年12月26日起，央行再度上调金融机构人民币存贷款基准利率，金融机构一年期存贷款基准利率分别上调0.25个百分点。2010年12月26日加息次日股市复市后破位下跌，接着展开了一轮跌势，而资金面紧张、不少机构年终结算，也导致大市在2010年年底形成弱势。

2010年第四季度的两次加息，主要是应对通胀，调控物价上涨特别是房价上涨。而央行年内已6次上调存款准备金率，大型银行的存款准备金率已达18.5%的历史新高，这比2007年10月股市见大顶时的13.5%还高，可见货币政策的收紧力度较大，也使市场资金面进一步紧缩，而新股扩容压力仍大，约束了股市上行的动力。

在加息周期和货币政策收紧的过程中，那些受通胀影响较小的非周期行业往往受到市场资金的关注，例如，在2010年10月20日第一次加息后的几周内，A股市场走出了反复振荡的行情，而农业、食品、医药、商业零售、酒类、旅游、交通运输等非周期抗通胀行业板块形成强势，其中不少个股涨幅超过20%。

2011年第一季度央行又多次上调存款准备金率,并且于同年2月9日起再次加息,后来4月6日起又一次加息。央行从2011年4月21日、同年5月18日、同年6月20日起再度上调存款准备金率,2011年6月20日上调后大型商业银行存款准备金率达21.50%的历史高位,这是央行自2010年以来第12次上调存款准备金率。12次上调存款准备金率,冻结的资金达3万亿元以上。2011年6月20日之后,存款准备金率进入了下降周期。

当然,存款准备金率经过持续上调和连创历史新高后,货币政策紧缩状况或逐渐进入到了中后期,这对受紧缩货币政策影响而经历较长时间低迷走势的部分周期性行业个股,特别是其中的权重板块而言,逐步迎来了转折机会。

5-2 货币供应量

(一)影响货币供应量的因素

货币供应量是指一国经济中可用于各种交易的货币总量,包括现金、存款、商业票据、可流通转让的金融债券、政府债券等,它由包括中央银行在内的金融机构供应的存款货币和现金货币两部分构成。货币供应量是中央银行重要的货币政策操作目标。

根据货币理论,影响货币供应量的因素有:

(1) 商业银行的信贷规模与货币供应量。商业银行具有信用货币创造功能,信贷规模的扩大,使得货币供应量扩大。

(2) 财政收支与货币供应量。中央银行作为政府的银行,代理财政金库是它的重要职能,一切财政收支都要经由中央银行的账户实现,是一个财政资金在中央银行账户与商业银行账户之间流动的过程。由于中央银行账户的货币是基础货币或高能货币,商业银行账户的货币是普通货币,所以,财政收入过程实际上就是普通货币收缩为基础货币的过程;财政支出过程实际上就是基础货币扩张为普通货币的过程,从而引起货币供应量的倍数减少或增加。因此,财政收支对货币供应量的最终影响,就取决于财政收支状况及其平衡方法。

(3) 国际储备与货币供应量。国际储备中的黄金外汇储备是中央银行投放基础货币的主要渠道之一。

黄金储备的增减变化主要取决于一个国家黄金收购量与销售量的变化。在一定时期内,黄金收购量大于销售量,黄金储备增加,中央银行投入的基础货币增加;相反,黄金销售量大于收购量,黄金储备减少,中央银行收回基础货币,使货币供应量减少。

外汇储备增减主要取决于一个国家的国际收支状况。一个国家的国际收支如果是顺差，则增加外汇储备，中央银行增加基础货币投放，货币供应量扩张；反之，国际收支如果是逆差，则减少外汇储备，中央银行收回基础货币，货币供应量缩减。

金价和汇率的变动对货币供应量也有较大影响。如果金价和汇率上升，那么，中央银行收购黄金外汇就要相应多投放一些基础货币；相反，金价和汇率下跌，中央银行收购黄金外汇就会少投放些基础货币。

（二）货币供应量三个层次

中国现行的货币供应量统计有以下三个层次：

第一层次为 M0，即流通中现金；

第二层次为狭义货币 M1，即 M0 + 可开支票进行支付的单位活期存款；

第三层次为广义货币 M2，即 M1 + 居民储蓄存款 + 单位定期存款 + 单位其他存款 + 证券公司客户保证金。

另外，还有 M3 = M2 + 金融债券 + 商业票据 + 大额可转让定期存单等。

M3 包括财政存款、同业存款、债券以及金融机构资产方的内容，流动性较 M2 稳定。

中国人民银行从 2001 年 7 月起，将证券公司客户保证金计入广义货币供应量 M2。由于金融工具不断创新，企业与居民投资渠道日渐丰富，分流了企业与居民存款，使货币供应量有所低估，央行逐步扩大 M2 的统计范围。2011 年 10 月央行扩大了货币供应量核算口径，将住房公积金中心存款和非存款类金融机构在存款类金融机构的存款纳入 M2 核算范围之内。此外，央行还指出，银行表外理财资金、境外金融机构在境内的存款也在一定程度上影响货币供应，这意味着央行将这些数据也逐步纳入 M2 中。

央行此次调整是对 M2 的完善修订，将原属于 M3 中的同业存款纳入 M2，加强了对表外业务监管，反映货币供应量。

货币供应量是某个时点上全社会承担流通和支付手段的货币存量。每一层次的货币供应量，都有特定的经济活动和商品运动与之对应。货币供应层次的划分，有利于中央银行掌握不同的货币运行态势，并据此分析整个经济的动态变化。

M1 是流通中现金和可开支票进行支付的单位活期存款，流动性较强，反映着经济活动中的现实购买力，其中的 M0 反映居民消费品的购买力，其余部分反映生产资料市场的购买力；M2 是广义货币，它既包括那些流动性强的现金、活期存款，又包括流动性稍差，但有收益的存款货币，M2 除了反映现实的购买力，还反映着潜在的购买力，它反映的是社会总需求的变化和未来通货膨胀的压力状况。

货币理论认为，M0 是最活跃的货币层次，M1 是经济周期波动和价格波动的先行指标，M2 代表着社会货币供应量。M1 增加表示货币市场流通性增强，若 M1 增长率在较长时间内高于 M2 增长率，说明经济扩张较快，消费和终端市场活跃，市场需求旺盛，投资不足，物价有上涨的风险；若 M2 增速较快，则投资和中间市场活跃。M2 增速过高而 M1 增速过低，表明投资过热、需求不旺，供给大于需求，可能影响到经济的增长。中央银行据此来判定货币政策的取向。

据中国人民银行有关介绍，货币供应量的初始供给是中央银行提供的基础货币，这种基础货币经过商业银行无数次的存入和支取，派生出许多可以用于交易的存款货币和支付工具，出现多倍数的货币扩张。货币供应量的多少与社会最终总需求有正相关的关系，所以把货币供应量作为中央银行货币政策的中介目标，最终可以影响到社会总的经济目标。

货币供应量可以按照货币流动性的强弱划分为不同的层次，即 M0、M1、M2、M3、M4 等。保持货币供应量与货币需求的基本平衡，是中央银行货币政策的基本任务。货币供应量作为内生变量，同经济本身的循环是成正比例的，当经济处于活跃时期，银行系统会减少自身的货币储备，扩大信贷，随着经济的扩张而增大货币供应量；当经济处于低潮时期，银行系统会增加货币储备，减缩信贷，引起流通中货币量的减少。所以，中央银行能够接收到正确的信号，来坚定地实施货币政策。但是，由于政策的和非政策的因素，即外生的因素的影响下，也会引起货币供应量的变化，所以，中央银行要防止接受非经济信号的误导而错误地调整自己的政策。

（三）货币供应量波动周期

从历史看，M1 同比增速形成波浪式的走势（见图 5.1），低点有：1991 年 1 月 20.27%、1992 年 2 月 23.06%、1994 年 4 月 14.28%、1995 年 12 月 16.80%、1996 年 8 月 15.10%、1998 年 6 月 8.70%、1999 年 1 月 9.63%、1999 年 7 月 13.49%、2002 年 1 月 9.50%、2005 年 4 月 10%、2009 年 1 月 6.68%、2012 年 1 月 3.10%、2014 年 1 月 1.20%、2015 年 3 月 2.90%、2018 年 5 月 6.00%。

高点有：1991 年 8 月 26.28%、1993 年 4 月 51.74%、1995 年 1 月 32.00%、1996 年 2 月 26.10%、1997 年 6 月 26.32%、1999 年 2 月 16.03%、2000 年 6 月 23.70%、2003 年 6 月 20.20%、2007 年 8 月 22.77%、2010 年 1 月 38.96%、2013 年 1 月 15.30%、2016 年 7 月 25.40%。

M2 同比增速从历史看（见图 5.2），低点有：1991 年 2 月 26.50%、1996 年 12 月 25.30%、1998 年 6 月 14.34%、2000 年 2 月 12.80%、2001 年 2 月

12.00%、2002 年 2 月 13.00%、2004 年 10 月 13.65%、2008 年 11 月 14.80%、2012 年 1 月 12.40%、2014 年 3 月 12.10%、2015 年 4 月 10.10%、2017 年 12 月 8.20%。

高点有：1993 年 12 月 37.31%、1997 年 1 月 34.67%、1999 年 4 月 17.87%、2000 年 6 月 13.70%、2001 年 11 月 17.63%、2003 年 8 月 21.60%、2006 年 1 月 19.21%、2009 年 11 月 29.74%、2013 年 4 月 16.10%、2016 年 1 月 14.00%。

从上述可见，M1 同比增速的高点在 20% 以上和低点在 10% 以下分别呈现出 3~4 年的波动周期，股市也相应形成顶部或底部。M1 同比增速一般与股市同步见高点或低点，或略领先，而股市又领先于 CPI 指数 3 个月至半年。

在货币供应的各个层次中，M1 是流通中的现金加上各单位在银行可开支票进行支付的活期存款；M2 是指 M1 加上居民储蓄存款、各单位在银行的定期存款、证券客户保证金等。M1 最能反映市场的流动性，而充裕的流动性是股市走牛的推动力。

货币政策的调节弹性较大，政策的实施见效快，并且具有抵消财政政策效应的作用。从整体来说，宽松的货币政策将使得证券市场价格上涨；而紧缩的货币政策将令证券市场价格下跌。

图 5.1　M1 同比增速历史走势

（四）货币供应量波动周期与股市

历史上，M1 同比增速形成 3~4 年的波动周期低点（见图 5.1）分别为：1994 年 4 月 14.28%、1998 年 6 月 8.70%、2002 年 1 月 9.50%、2005 年 4 月 10%、2009 年 1 月 6.68%、2012 年 1 月 3.10%、2014 年 1 月 1.20%、2015 年 3 月 2.90%、2018 年 5 月 6.00%，对应的是股市历史上最重要的底部，其

图 5.2　M2 同比增速历史走势

中 1994 年 4 月 14.28%是 1993 年 4 月 51.74%历史高点后回落后的低点,具有重要的转折意义,其他均在 10%以下,这些转折低点分别对应着上证综指 1994 年 7 月 325 点、1998 年 8 月 1043 点、2002 年 1 月 1307 点、2005 年 6 月 988 点、2008 年 10 月 1664 点、2012 年 1 月 2132 点、2014 年 3 月 1974 点、2015 年 2 月 3049 点、2018 年 7 月 2691 点等低点。

这些股市转折点之后大多数产生了牛市行情,如 1994 年 7 月 325 点形成 7 年的上升,1998 年 8 月 1043 点与 1999 年 5 月形成双底,之后产生著名的"519"行情,两年内股价翻番,2005 年 6 月 988 点底部更是促成 2006 年和 2007 年涨 6 倍的大牛市,2008 年 10 月 1664 点形成转折后至 2009 年 8 月股指涨了 1 倍。另外,股指 2014 年 3 月至同年 7 月反复筑底,最终于 2014 年 7 月下旬启动走出翻番走势,直至 2015 年 6 月 12 日见顶 5423 点。

历史上,M1 同比增速在 20%以上形成 3～4 年的波动周期高点分别为:1993 年 4 月 51.74%、1997 年 6 月 26.32%、2000 年 6 月 23.70%、2003 年 6 月 20.20%、2007 年 8 月 22.77%、2010 年 1 月 38.96%、2013 年 1 月 15.30%、2016 年 7 月 25.40%。这些高点分别对应着上证综指历史上重要的顶部:1993 年 2 月 1558 点、1997 年 5 月 1510 点、2000 年 8 月 2114 点(2001 年 6 月再见顶 2245 点)、2003 年 4 月 1649 点、2007 年 10 月 6124 点、2010 年 1 月 3306 点(形成转折高点启动调整)、2013 年 2 月 2558 点、2016 年 8 月 3287 点。

这些转折高点大多数之后产生了大调整行情,如 1993 年 2 月 1558 点见顶后大跌,至 2004 年 7 月见 325 点;1997 年 5 月见顶 1510 点之后调整了两年,2000 年 8 月见顶 2114 点(2001 年 6 月再见顶 2245 点)后展开近 5 年的大调整;2007 年 10 月 6124 点见历史大顶,2008 年大调整至 2008 年 10 月探出底部 1664 点,2010 年 1 月 3306 点形成转折高点,后调整了 1 年。另外,2003

年4月见高点1649点后也出现大半年的调整，2013年2月见高点2558点后调整了一年多。

资金是股市的血液，是股市上涨的推动力。狭义货币（M1）代表经济中最活跃的货币成分，其拐点往往先于或同步于股市。2012年1月末和同年4月末M1同比增长均为3.10%，创1990年以来历史低点，之后逐渐回升，这两月沪深两市也均形成转折低点。

当然，即使流动性拐点和通胀拐点出现，大牛市也不会马上形成，因为尽管M1同比增速回落到10%以下，但CPI尚有一个回落过程，货币政策仍有一个调整的过程，因而尚未形成牛市启动的条件，只能表明A股市场处于熊市底部构筑区域，以及牛市基础的反复扎实过程。牛市启动往往出现在通胀处低谷并逐步进入温和状态的过程中。

2013年1月狭义货币（M1）同比增长15.3%，形成高点，并反复调整至2014年1月见低点1.2%，为历史最低点，A股也相应于2013年1月和2月冲出高点，后反复走低至2014年1月，后反复盘底，CPI也逐步回落并于2015年1月见100.8%，形成低点。A股最终于2014年7月启动一波持续近一年的大涨势，期间2014年12月至2015年1月整理后，随CPI见低点而回稳，于2015年2月再启动向上，直至2015年6月见顶。当然，2015年上半年的再度大幅拉涨，更多的是体现杠杆资金的推动，而后来随着配资等杠杆资金的规范清理，股市2015年6月见顶后出现持续暴跌。

2018年6月末广义货币（M2）余额同比增长8%，增速创历史最低水平，A股市场也相应跌至低位整理区，而2018年6月末狭义货币（M1）余额同比增长6.6%，比同年5月末高0.6个百分点，这或有一定积极回稳意义。

从货币政策趋向相对宽松看，M2、M1余额增速可望触底回稳，M1代表着现实的购买力，最能代表证券市场的流动性，未来M1余额增速如能回升，甚至超过M2余额增速，形成"黄金交叉"，意味着社会需求大于社会供给，股市也或进入一轮上涨波段。

从历史上看，当M1同比增速在10%以下，沪深两市往往处于底部构筑和形成转折点阶段。

（五）狭义货币与广义货币剪刀差

货币供应量的变化影响着股市中长期的波动趋势，是股市走势的先行或同步指标。上证指数历史走势运行的上升速率，大多与同期货币供应量的增速基本上是一致的。

我国的M1代表了经济中最活跃的货币成分，以企业活期存款为主，当经济景气时，企业存款中的活期存款占比增加，M1同比增速上升。

M1 代表着现实的购买力，反映出市场的流动性，M1 若同比增速持续向上并大于 M2 同比增速时，表明单位资金趋向活期化，资金流动性增强，意味着一些资金投资到市场去，如流动性相对较强的证券市场将吸引增量资金进入，支撑股市的资金面充裕，促使股价走高。

M1 若同比增速大幅向上偏离 M2 时，市场需求过旺，物价上涨过快，货币政策和利率政策可能会调整而收紧流动性，以减少流通中的货币，使资金逐步回流银行，市场资金面紧缩，股市将见顶走弱，最终 M1 同比增速低于 M2 同比增速，市场需求减弱，股市进入调整周期。M2 同比增速如果逐渐上升，并过分偏离 M1 同比增速时，政府刺激经济和社会需求的政策将不断出台，货币政策和利率政策可能调整而放松流动性，促进市场需求，此时 M1 同比增速开始回升，股市也可望逐步见底而结束调整周期。

M1 同比增速的周期性是由经济周期性所决定的，从中国 A 股市场看，作为反映市场流动性的重要标志之一，M1 同比增速基本与股市走势形成同向关系，相关性最强，M1 同比增速从低谷回升，股市也形成底部，M1 同比增速见高峰回落，股市也逐渐形成顶部转为跌势。但这并不能单独来分析，而要结合 CPI、PPI、M1 与 M2 同比增速剪刀差、息口和存款准备金率的情况来综合分析。

从股市历史经验去分析，狭义货币（M1）同比增速从高位回落了一半以上，特别是 M1 同比增速落至 10% 以下，与广义货币（M2）同比增速剪刀差（M1 与 M2 同比增速相比）在负 5 个点以上，表明 A 股市场处于重要底部区域，但如果此时 CPI 较高，息口特别是存款准备金率处于高位或历史高水平，这只能说通胀拐点出现，货币政策可望放松，股市可望见底。而 CPI 尚有一个回落过程，存款准备金率和息口有待下调，此时尚未形成牛市启动的条件，只是可能产生阶段性的超跌收复性涨势，股市总体仍处于筑底过程中。

例如，中国居民消费价格指数（CPI）2010 年之后持续上升，到 2011 年 7 月见 106.5% 高位，之后有所回落，2011 年 10 月 CPI 同比涨 5.5%，近 5 个月来 CPI 首次降至 6% 以下，10 月份全国工业生产者出厂价格（PPI）同比涨 5.0%，9 月为 6.5%；特别是当年 10 月份 M1 与 M2 同比增速均再创 2009 年以来新低，10 月份 M1 同比增长 8.4%，在 10% 以下，M2 同比增长 12.90%，M1 与 M2 同比增速剪刀差 2011 年 1 月以来连续大半年为负，表明两年来货币紧缩政策效果明显，同时 CPI 和 PPI 两者双双降低，通胀有望得到控制，拐点逐步出现，这为货币政策调整提供空间。

上证综指 2011 年 10 月 24 日创下 2009 年 8 月 4 日 3478 点见顶以来新低 2307 点后止跌回升，之后展开阶段性的收复行情，此时银行等权重蓝筹股已严重超跌，市盈率到达 5 倍和市净率为 1.5 倍或以下的水平，处于当时历史底部水平，股市逐步构筑支撑区。当然，即使通胀拐点出现，股市大牛市也不会马上形成，货币政策仍有一个调整的过程。

股市底部往往出现在通胀处低谷，以及息口和存款准备金率处于低位或历史低水平的时候，牛市往往是伴随在开始进入温和通胀状态、息口和存款准备金率逐步上调的过程中，这反映出社会需求不断增长，上市公司利润增加。中国A股市场2006年和2007年的大牛市正是伴随加息和存款准备金率逐步上调中而展开。

M1同比增速回落至10%以下，M1与M2同比增速剪刀差在负5个百分点以上，息口和存款准备金率处于低位或历史低水平，这往往是A股市场大底部出现和大牛市形成起点转折的阶段，因为这时是市场需求处于较大萎缩或经济处于低谷的时期，刺激经济的政策将会陆续推出，股市作为经济的晴雨表，也往往领先逐渐见底。如2005年下半年、2014年，M1与M2同比增速均呈现较大的负剪刀差，结果股市均分别在次年产生持续大牛涨势。

如果M1同比增速与M2同比增速缩小，并超过M2同比增速，形成"黄金交叉"，意味着社会需求大于社会供给，股价也进入加速上涨阶段（见图5.3），直到M1同比增速达到20%以上，M1同比增速与M2同比增速剪刀差在扩大到正5个百分点或以上，CPI不断走高到5%以上，此时经济货币政策不断收紧，息口高企和存款准备金率不断上调后处于高位或历史高水平，股价也见大顶回落，当M1同比增速低于M2同比增速，形成"死亡交叉"，意味着社会需求不旺，股价也进入加速下跌阶段，例如上证综指2000年和2007年的后期走势。

图5.3 M1、M2同比增速历史走势对照（图中标示数据为M1）

5-3　财政政策

财政政策和货币政策是对国民经济进行宏观调控的两大经济手段，用以影响总供给与总需求的平衡。财政政策主要是通过国家预算、税收、补贴、赤字、国债、收入分配和转移支付等手段对经济运行进行调节，以促进经济稳定增长、有效配置资源和收入的公平分配等。

根据各个历史阶段的特点，中国实施了"促进国民经济调整的财政政策""紧缩的财政政策""适度从紧的财政政策""积极的财政政策""稳健的财政政策"等。

在一定程度上，实施积极的财政政策，是保持经济能够平稳较快发展，特别是应对国际金融危机的需要。

在经济过热的情况下，紧缩的财政政策和货币政策将使得经济受到控制，从而也导致证券市场降温；当经济发展放缓，特别是抵御国际经济不利环境，扩张的财政政策和货币政策的放松将刺激经济发展，也可望使证券市场走稳。另外，国家为刺激企业投资增长，也采取税收政策来调节。

2008年全球金融风暴，在世界金融危机日趋严峻的背景下，为抵御国际经济环境对中国的不利影响，2008年11月5日中国国务院常务会议召开，提出实行积极的财政政策和适度宽松的货币政策，出台十项更加有力的扩大国内需求的措施，并在之后两年多时间内安排4万亿元资金强力启动内需，促进经济稳定增长。

在积极的财政政策等影响下，中国经济增长率由2009年第1季跌至6.61%形成低点后，逐步走高，2009年全年为9.4%，2010年全年达10.6%。

中国A股市场也于2008年11月筑底回升，至2009年8月，上证指数涨幅翻番。

为更好发挥财政金融政策对实体经济支持发展，2018年7月23日，国务院召开常务会议，部署更好地发挥财政金融政策作用，支持扩内需调结构促进实体经济发展；确定围绕补短板、增后劲、惠民生推动有效投资的措施。[①]

会议指出，积极财政政策要更加积极。聚焦减税降费，在确保全年减轻市场主体税费负担1.1万亿元以上的基础上，将企业研发费用加计扣除比例提高到75%的政策由科技型中小企业扩大至所有企业，初步测算全年可减税650亿元。对已确定的先进制造业、现代服务业等增值税留抵退税返还的1130亿元在9月底前要基本完成。加强相关方面衔接，加快2018年1.35万亿元地方

---

① 中国政府网（www.gov.cn/guowuyuan/cwhy/20180723c20/index.htm）

政府专项债券发行和使用进度，在推动在建基础设施项目上早见成效。

会议认为，激发社会活力，推动有效投资稳定增长，是推进供给侧结构性改革补短板、巩固经济稳中向好势头、促进就业的重要举措。一要深化投资领域"放管服"改革，调动民间投资积极性。在交通、油气、电信等领域推介一批以民间投资为主、投资回报机制明确、商业潜力大的项目。推进高水平对外开放，完善外商再投资鼓励政策，加快已签约外资项目落地。二要有效保障在建项目资金需求。督促地方盘活财政存量资金，引导金融机构按照市场化原则保障融资平台公司合理融资需求，对必要的在建项目要避免资金断供、工程烂尾。三要对接发展和民生需要，推进建设和储备一批重大项目。加强基础研究和关键领域核心技术攻关。会议通过了石化产业规划布局方案，要求安全环保优先，并支持民营和外资企业独资或控股投资，促进产业升级。

国务院常务会议要求财政政策更加积极，未来将受益于基建相关行业，市场预期基建投资增速将触底反弹。

受此影响，A股市场应声而起，周期行业股票如银行、钢铁、基建、交通、石化油气、电信、化工等板块股票一度呈现较大涨幅。

未来积极财政政策将发力，而在房地产调控政策不变下，加大基建投资或将成为重要突破口。周期、基建等行业股票或成为市场反复关注的对象，在"流动性合理充裕""积极财政政策要更加积极"下，A股市场迎来了结构性机会。

当然，这次"流动性合理充裕"肯定比2008年4万亿元政策要温和得多，官方声明坚持不搞"大水漫灌"式强刺激。

总体上，2017年以来，我国金融风险防控成效初显。尽管外部环境存在复杂性，但我国经济保持总体平稳、稳中向好态势，经济结构持续优化。

5-4 汇率与外汇占款

（一）人民币汇率形成机制改革

汇率是各国货币之间相互交换时换算的比率，即一国货币单位用另一国货币单位所表示的价格。人民币汇率是指单位外币的人民币标值。按国际货币制度的演变划分，汇率可分为固定汇率和浮动汇率。

中国有序推进利率市场化改革，放宽了人民币贷款利率上限和存款利率下限，放开外币存贷款利率，建立货币市场基准利率体系，利率在优化资源配置和货币政策传导中的作用进一步显现。人民币汇率形成机制和利率市场化改革，使人民币国际地位明显提升。随着世界贸易开放程度的不断提高，证券市场受汇率影响的程度也越来越明显。

2005年7月21日,央行宣布人民币汇率不再盯住单一美元,形成更富弹性的汇率机制,按照主动性、可控性、渐进性原则,启动人民币汇率形成机制改革,实行以市场供求为基础,参考一篮子货币进行调节、有管理的浮动汇率制度。

人民币汇率形成机制改革,有力促进了我国外贸结构、产业结构优化升级,促进了国际收支基本平衡,为推进人民币资本项目可兑换奠定了重要基础。

汇率变动对一国进出口贸易有着直接的调节作用。从贸易角度看,在一定条件下,本币升值有利于进口而不利于出口,人民币升值有利于进口较多和以美元计价债务较多的上市公司,特别是进口原材料较多的上市公司,如航空、石油、造纸等行业,对出口导向型企业和劳动密集型出口企业,则相对降低其竞争力;相反,本币贬值,有利于出口导向型企业。

2005年7月21日汇改前人民币兑换美元的汇率比价基本保持在8.2765元人民币兑换1美元的水平,港币兑人民币也一直在1.05以上。汇改后10年多,人民币基本上都是单边上扬,稳步升值。

中国央行发布的2017年《中国货币政策执行报告》称,2005年人民币汇率形成机制改革以来至2017年12月,人民币名义有效汇率升值36.50%,实际有效汇率升值45.67%。2017年末,人民币兑美元汇率中间价为6.5342元,比上年末升值6.16%。2005年人民币汇率形成机制改革以来至2017年末,人民币对美元汇率累计升值26.66%。

有效汇率是一种以某个变量为权重计算的加权平均汇率指数,它指报告期一国货币对各个样本国货币的汇率以选定的变量为权数计算出的与基期汇率之比的加权平均汇率之和,通常可以一国与样本国双边贸易额占该国对所有样本国全部对外贸易额比重为权数。有效汇率是一个非常重要的经济指标,以贸易比重为权数计算的有效汇率所反映的是一国货币汇率在国际贸易中的总体竞争力和总体波动幅度。有效汇率又可分为实际有效汇率以及名义有效汇率,它们是根据购买力平价汇率决定理论派生出来的两个汇率监测指标。

名义有效汇率是用来衡量一国货币相对其他一组货币汇率的加权平均值,通常以本国与其他贸易伙伴国双边汇率的加权平均值表示,该指标的变化称为"名义升值或贬值"。

实际有效汇率是根据价格变化进行调整后的有效汇率。一国实际有效汇率上升意味着本国外部竞争力的下降,反之则表示本国外部竞争力的上升。

(二) 人民币升值推动A股牛市

随着中国经济迅速增长,出口势头迅猛发展,外向型经济快速增长,外资源源不断地流入，外汇储备一再创出新高，使人民币持续保持强势，升值压力越来越大。

2005年7月21日，中国人民银行宣布，对人民币汇率制度进行改革，由此拉开了人民币升值的大幕。汇改前人民币兑美元一直维持在8.27之上，2007年1月11日，中国人民银行授权中国外汇交易中心公布：人民币兑美元中间价报7.7977，为1994年以来首破7.8——这也是港元钉住美元的水准。当日，人民币兑港元中间价报1.00004，人民币汇率自1994年以来首次超越港元。

对于当年人民币兑美元突破7.8，亦即首次超越港币，专家解读为人民币汇率灵活性提高，并更加市场化，充分体现了人民币汇率形成机制改革的目标和原则。

到2007年12月24日，当天人民币兑美元汇率中间价为7.3315，首次突破7.34的关口，再创2005年汇改以来新高。自2007年年初以来，2007年人民币对美元汇率的升值幅度接近6.1%。

2005年下半年，中国A股市场形成了5年调整的底部，上证综指在千点区域反复筑底，2005年12月开始走出2006年和2007年持续两年的大升浪，进入了新一轮的牛市周期，这其中一个动力来自于人民币的升值。人民币升值标志着中国综合国力的增强，以人民币计价的资产全面升值。

人民币升值增强了A股和H股对国际资金的吸引力。境外战略投资者的进入使A股市场进一步活跃，同时H股的上涨也推动了一些核心蓝筹A股的走高，从而对A股市场形成推涨作用。人民币的升值使不少资金流向股市上的房地产板块和银行板块，这些板块的持续走强也成为推动指数上涨的重要动力。

从世界各地本币升值的时间跨度来说，一种货币的升值周期一旦形成，将延续较长的时间。例如日元升值持续了20年，我国台湾地区的台币升值持续了10年，而韩元在8年的时间里出现两波升值浪潮。

本币的升值，往往会推动股市走出一轮长期的大牛市，美元1926年以后经历过快速升值，结果1922—1929年间股票指数上涨了800%！

在1972—1990年的19年间，日元有13年处于升值状态，而日本股市则有15年处于上升状态，17年时间形成了19倍的涨幅。

韩国股市在本币升值的过程中也形成一轮牛市，从1985年至1990年，随着韩元的升值，韩国股市涨幅高达5倍。

我国台湾地区本币的升值也推动股市形成较长期走牛的周期。台币从1985年至1992年的大幅升值，推动台湾股市步入了持续的大牛市。1987年8月，台湾地区放开外汇管制，台币升值19.8%，当年台湾股市加权指数劲升

125.17%，第二年指数再涨 118.78%。台湾股市加权指数从 1985 年的 636 点开始启动上涨，至 1990 年 2 月 28 日，创下了 11983.461 点的历史新高，涨幅高达 17.84 倍。

从较发达国家或地区的历史经验分析，随着中国综合国力的不断增强，人民币的长期升值将使 A 股市场形成较长时间的牛市周期，尽管期间难免出现反复甚至大涨之后出现较大的调整，但长期牛市的趋势不可逆转！

（三）外汇占款

从资金流向角度看，币值有升值潜力和利率偏高的国家或地区往往受到国际游资投机资本，即所谓的热钱的偏好，这些国家或地区的资本市场以及房地产市场往往成为热钱流入的对象。

由于受到境外热钱的流入，境内股市资金面相对充裕，在一定程度上推动了股市涨势，同时币值预期升值和利率高企，也可能导致输入性通货膨胀，国际游资的进出流动也会加剧证券市场的波动。

中国一段时间以来外汇储备高速增长，除部分是出口创汇外，有相当部分是境外热钱流入而造成的，出现一定的输入性通货膨胀。

由于人民币是非自由兑换货币，外资流入后需兑换成人民币才能进入流通使用，国家为了外资换汇要投入大量的资金增加了货币的需求量，形成了外汇占款。

外汇占款显示包括中国央行、国有商业银行、股份制商业银行等在内的金融体系因净结汇而投入的人民币，由该数据可观察出银行体系买入了多少外汇。

外汇占款在扣除贸易顺差和实际使用外资后可以衡量热钱入境的规模。外汇占款是央行收购外汇资产而相应投放的本国货币，外汇占款增多，将直接增加基础货币量，再通过货币乘数效应，造成了货币供应量的大幅度增长，使得流通中的人民币迅速增多，物价上扬，在国内形成输入性通货膨胀。为了对冲外部流动性流入的影响，中央银行往往使用存款准备金率工具，2011 年，为应对通货膨胀，中国人民银行持续上调存款准备金率，创出了历史新高，导致流动性收紧，资本市场出现了持续大跌。

中国外汇占款增加主要缘于两方面，一是外贸和外商直接投资增长较快，二是国际热钱持续流入我国股市、汇市、楼市。为保持汇率稳定，国家必须购买交易市场上溢出的外汇，在外汇管理局账目上的对应反映就是外汇占款。

据有关资料显示，1993 年以前，中国央行基础货币投放的主渠道是中央财政透支和商业银行的再贷款，1994 年外汇体制改革以后，国际收支持续"双顺差"，外汇市场供大于求，央行被动入市干预以维持汇率稳定，导致外汇储备激增，央行外汇占款增加，货币供给量也被动扩张。

一般来说，国际收支顺差，本币必然产生升值趋势。央行以人民币购买多余外汇资产以调节人民币汇率，外汇占款因而增加。外汇占款也成为基础货币供应的重要渠道。

（四）外汇占款下降引发资本市场动荡

分析人士普遍以外汇占款与贸易顺差和实际使用外资（FDI）间的差额作为衡量"热钱"入境规模的主要参数。

中国人民银行 2012 年 1 月 13 日公布的《2011 年四季度金融统计数据表》显示，截至 2011 年 12 月末，我国外汇占款达 253587.01 亿元人民币，较 11 月末的 254590.31 亿元减少 1003 亿元人民币，这是我国外汇占款连续第三个月出现月度减少现象。此前，2011 年 10 月我国外汇占款减少了 249 亿元，为近 4 年来外汇占款首次出现月度负增长，2011 年 11 月外汇占款净减少 279 亿元，2011 年 12 月外汇占款则出现惊人的 1003 亿元环比下降。

在扣除贸易顺差及实际利用外资后可以发现，2011 年 12 月，外汇占款口径热钱流出约 400 亿美元。

央行数据引起了资本市场的震荡，加重了市场对流动性的隐忧，并引发股票市场在 2011 年 11 月和 12 月持续探底，特别是中小市值股票持续大跌。2012 年 1 月 13 日公布 2011 年 12 月份外汇占款数据后，当日上证综指下跌 1.34%，尤其是偏高估值的中小市值股票大跌，其中创业板指数暴跌 6.17%，创下史上第二大单日跌幅。同时，经济增速下行的预期、新股发行节奏不减、新一轮再融资潮接踵而至，解禁洪峰高潮迭起，使得信心极度缺失的 A 股再遭重创。

经济学家指出，根据中国的经济特性，外汇占款减少引起 M0 减少，将进一步引起约 5.93 倍的货币（M1）减少，约 17 倍的货币和准货币（M2）减少。

外汇占款是市场流动性增减的重要监测阀门，也可观察出银行体系买入了多少外汇。而外汇占款的减少，将直接导致本币供应量的减少，由此将进一步触发货币政策放松的市场预期。

中国央行认为，我国汇率形成机制改革的一个主要目标是促进国际收支的平衡，让人民币汇率处于合理均衡水平，届时资本不是只在一个方向流动，而是有流入也有流出。总的来看，资本双向流动是正常的现象，也不会给我国经济造成大的影响。

从中国的整体经济形势来看，热钱出逃的影响仍属可控。中国经济基本面为人民币进一步升值提供了支撑，中国仍然维持外贸投资"双顺差"，外汇储备下滑是暂时性的。

（五）外汇储备的波动变化

2016年1月7日中国央行公布，2015年12月末，中国外汇储备余额为3.33万亿美元，较前月大降1079亿美元。这是可查历史数据以来最大单月降幅。

央行对此回应称，从2002年到2014年，强劲的资本流入和外汇储备的大量积累一直是中国经济运行中的显著特征，2002年年末中国外汇储备余额不足3000亿美元，到2014年年中则接近4万亿美元，储备规模已显偏多。

除了经常项目顺差与外商直接投资以外，也有1/3左右是额外资本流入，应当说，这部分资金会择机掉头并不奇怪。在此过程中，储备规模有所下降是正常的，也是与经济调整和经济趋向更加平衡的增长相匹配的。

外汇储备规模变动受多种因素影响，其中包括外汇储备投资资产的价格波动、交叉汇率变化以及支持"走出去"的资金运用等。比如，汇率、价格等变动会减少外汇储备账面价值千余亿美元，这不同于实际的外汇流出。企业等主体增持外汇存款、提前偿还外汇贷款，也都会减少外汇储备。外汇储备支持"走出去"等方面的资金也会从外汇储备规模中调出，外汇储备这些变动属于正常现象。

当然，也有一部分外汇储备的变动是由于市场参与者基于预期基础上的行为所导致的，如出口商延迟结汇、进口商提前购汇、投资者提前离场、消费者提前消费、民营企业加快海外投资，等等。为此，稳定对人民币汇率的预期更显得特别重要，同时，只要经济基本面健康且汇率接近均衡，预期就会回归理性。

总的来看，外汇储备的变化是必然的，也是正常的，其波动终将回归理性，中国的外汇储备将保持在合理、适度的水平。

2015年12月末，中国外汇储备余额较前月大降，正值2015年12月16日美联储启动近10年来的首次加息，全球金融市场剧烈动荡，投资者对全球经济前景的担忧日渐加重。

全球资本市场2016年开年暴跌，包括中国股市，当时中国外汇储备的大量减少被市场认为是主要影响因素。新年一个月全球股市市值已蒸发6万亿美元，市场担忧以往金融危机将重演，而避险资产受到市场青睐和追捧，国际金价一度出现持续飙涨。

同时受A股市场2015年下半年出现大波动影响，2015年有明显的资本流出。由于过度使用了金融杠杆，A股2015年下半年的大调整都强于以往历史上的任何一次。

中国人民银行公布的外汇储备规模数据显示,截至2018年7月末,我国外汇储备规模为31179亿美元,较6月末上升58亿美元,升幅为0.19%。

国家外汇管理局有关负责人当时表示,2018年以来,国际金融市场波动加大,美元汇率和利率"双升",一些新兴经济体受到较大冲击,全球贸易摩擦加剧,外部环境的复杂性及不确定性均明显上升。在此背景下,我国经济保持总体平稳、稳中向好态势,防范化解金融风险取得初步成效,经济结构持续优化,外汇市场运行总体平稳,人民币汇率弹性明显增强。

(六) 人民币对美元汇率波动

2018年开年一个多月,人民币兑美元从6.5区间快速拉升至6.3区间,升值幅度接近4%。然而,随后中美贸易战开打,人民币汇率升值趋势改变,人民币从2018年4月进入贬值通道至同年7月跌幅已达8%。

这一轮人民币急贬,与过去几年不一样,并未见资金流出压力。央行2018年7月9日公布的数据显示,2018年6月,我国官方外汇储备31121.29亿美元,环比增加15.06亿美元,在2018年6月人民币大幅贬值的背景下,外储反而出现小幅回升,并没有资金流出的压力。

当时央行称,中国经济基本面良好,金融风险总体可控,转型升级加快推进,经济进入高质量发展阶段,国际收支稳定,跨境资本流动大体平衡。央行将继续实行稳健中性的货币政策,深化汇率市场化改革,运用已有经验和充足的政策工具,发挥好宏观审慎政策的调节作用,保持人民币汇率在合理均衡水平上的基本稳定。并认为,中国有基础、有能力、有信心保持人民币汇率在合理均衡水平上的基本稳定。

2018年8月3日16时许,离岸人民币兑美元跌破6.91关口,最低至6.9109,续创2017年5月以来新低。数据显示,人民币兑美元汇率2018年6月大跌3.49%,7月再跌约3%,2018年年初至同年8月初,人民币兑美元汇率跌约4.5%。

为防范宏观金融风险,中国央行2018年8月3日宣布,决定自2018年8月6日起,将远期售汇业务的外汇风险准备金率从0调整为20%。这是2015年"811汇改"以来,中国央行3年内第三次调整外汇风险准备金率。收取外汇风险准备金有助于打击人民币做空。

据央行介绍,2018年以来,外汇市场运行总体平稳,人民币汇率以市场供求为基础,有贬有升,弹性明显增强,市场预期基本稳定,跨境资本流动和外汇供求也大体平衡。近期受贸易摩擦和国际汇市变化等因素影响,外汇市场出现了一些顺周期波动的迹象,此举旨在防范宏观金融风险,促进金融机构稳健经营,加强宏观审慎管理。

央行表示，将继续加强外汇市场监测，根据形势发展需要采取有效措施进行逆周期调节，维护外汇市场平稳运行，保持人民币汇率在合理均衡水平上的基本稳定。

央行选择此时调节外汇风险准备金，可以稳住市场预期。通知的下发立即提振市场信心，离岸人民币汇率自通知下发之后迅速拉升，不到半个小时的时间收复 6.83 关口，报 6.8290，上涨 527 个基点。

远期售汇业务是银行对企业提供的一种汇率避险衍生产品。企业通过远期购汇能在一定程度上规避未来汇率风险，但由于企业并不立刻购汇，而银行相应需要在即期市场购入外汇，这会影响即期汇率，进而又会影响企业的远期购汇行为。这种顺周期行为易演变成"羊群效应"。2015 年 "8·11" 汇改之后，为抑制外汇市场过度波动，人民银行将银行远期售汇业务纳入宏观审慎政策框架，对开展代客远期售汇业务的金融机构收取外汇风险准备金。

市场普遍认为，人民币不存在长期贬值的基础，未来人民币对美元汇率的双向波动将增强。

而中国经济基本面总体稳定，即使美元大幅度走强，人民币仍然有足够的底气稳得住！

（七）人民币纳入 SDR 篮子

为对冲美元走强，在汇率政策上，中国放弃以美元为锚，而改为以特别提款权（SDR）篮子为锚，以防范人民币随美元走强带来的被动。SDR 是国际货币基金组织（IMF）创设的一种储备资产和记账单位。

SDR 亦称"纸黄金"，最早发行于 1969 年，是国际货币基金组织根据会员国认缴的份额分配的，可用于偿还国际货币基金组织债务、弥补会员国政府之间国际收支逆差的一种账面资产。

其价值目前由美元、欧元、人民币、日元和英镑组成的一篮子储备货币决定。会员国在发生国际收支逆差时，可用它向基金组织指定的其他会员国换取外汇，以偿付国际收支逆差或偿还基金组织的贷款，还可与黄金、自由兑换货币一样充当国际储备。因为它是国际货币基金组织原有的普通提款权以外的一种补充，所以称为特别提款权。

发行特别提款权旨在补充黄金及可自由兑换货币以保持外汇市场的稳定。最初发行时每一单位等于 0.888 克黄金，与当时的美元等值。

2015 年北京时间 12 月 1 日凌晨 1 点，国际货币基金组织正式宣布，人民币 2016 年 10 月 1 日加入 SDR。这标志着人民币成为第一个被纳入 SDR 篮子的新兴市场国家货币，成为继美元、欧元、日元和英镑后，特别提款权中的第五种货币。

人民币"入篮"之后，在 SDR 篮子中的比重为 10.92%。其他四种货币的权重则相应减少：美元比重从 41.9% 降至 41.73%，欧元从 37.4% 降至 30.93%，日元从 9.4% 降至 8.33%，英镑从 11.3% 降至 8.09%。

人民币进入 SDR 是中国经济融入全球金融体系的重要里程碑，这意味着人民币被认可为全球储备货币。

人民币纳入特别提款权货币篮子将使得货币篮子多元化并更能代表全球主要货币，从而有助于提高特别提款权作为储备资产的吸引力。国际市场对人民币用于国际贸易结算、金融产品计价和作为储备货币的需求，以及全球投资者对人民币资产配置的需求可望逐步提升。

同时，人民币"入篮"可望为中国 A 股市场带来更多流动性，特别是增加对资产类稳定型蓝筹股的需求。

国际货币基金组织正式宣布人民币加入 SDR 后，A 股市场地产股、银行股、保险股等这些资产类稳定型蓝筹股一度出现大幅走强，在一定程度上体现出利好的预期。

第六章 宏观经济评估模型（下）

6-1 国际经济与金融市场

随着中国经济与外界联系日益增强，中国经济已逐步呈现与全球互相联系的整体性。而中国金融市场对外开放程度不断上升，中国金融市场日益融入国际金融市场。

国际经济和国际金融市场的动荡，也或多或少地对国内的对外贸易和金融市场造成影响。另外，中国内地企业在香港地区发行 H 股，而国际经济和金融市场的波动，以及国际游资的流动对香港股市造成影响，也间接影响到中国内地 A 股市场。

（一）国际金融危机和经济危机大事记

进入工业时代后，经济、金融危机始终伴随着人类经济发展间歇性爆发。20 世纪以来，全球发生的重大经济危机和金融危机主要包括以下事件：

1929 年至 1939 年：大萧条

随着 1929 年 10 月美国华尔街股市崩盘，一场毁灭性的经济大萧条席卷了几乎所有工业化国家，并在一些国家持续 10 年之久。

大萧条期间，美国失业率最高达到 25%，德国、澳大利亚和加拿大的失业率一度接近 30%。美国经济在 1933 年陷入谷底，工业产出下降到衰退前的 65%。

1973 年至 1975 年：石油危机引发的经济危机

1973 年 10 月，第四次中东战争爆发。为打击以色列及其支持者，阿拉伯石油输出国组织宣布对美国等国实行石油禁运，同时联合其他产油国提高石油价格，从而导致石油危机爆发。这场危机在主要工业国引发了"二战"以来最严重的经济危机，美国的工业生产下降了 14%，日本的工业生产下降超过 20%。

20世纪80年代：拉丁美洲债务危机

自20世纪60年代起，拉美国家大举外债发展国内工业，外债总额在80年代初超过3000亿美元。1982年，墨西哥宣布无力偿还外债，触发了震动全球的"债务危机"。债务问题严重阻碍了拉美地区的经济发展，拉美国家1988年的人均国内生产总值只有1800美元，退回到70年代的水平。

20世纪90年代：日本泡沫经济崩溃

1990年，日本的房地产和股票市场在持续数年的过度增长后，开始出现灾难性下跌。由于资产全面缩水，日本在10年中经历了漫长的通货紧缩和经济衰退。20世纪90年代中期，日本经济增长停滞，进入"零增长阶段"。

1997年至1998年：亚洲金融危机

在美国提高利率、美元增值的背景下，货币与美元挂钩的亚洲国家出口不断下降。1997年7月，随着泰国宣布泰铢实行浮动汇率制，亚洲国家普遍出现货币贬值，爆发金融危机。此次危机中，印度尼西亚、泰国和韩国是遭受损失最为严重的国家。这三国GDP在两年内分别缩水83.4%、40%和34.2%。

2007年至2008年：美国次贷危机及全球金融危机

长期以来，美国金融机构盲目地向次级信用购房者发放抵押贷款。随着利率上涨和房价下降，次贷违约率不断上升，最终导致2007年夏季次贷危机的爆发。这场危机导致过度投资次贷金融衍生品的公司和机构纷纷倒闭，并在全球范围引发了严重的信贷紧缩。

美国次贷危机最终引发了波及全球的金融危机。2008年9月，雷曼兄弟破产和美林公司被收购标志着金融危机的全面爆发。随着虚拟经济的灾难向实体经济扩散，世界各国经济增速放缓，失业率激增，一些国家开始出现严重的经济衰退。

（注：资料来源：新华网北京2009年4月1日电）

（二）1997年亚洲金融危机

1997年夏，亚洲爆发了罕见的金融危机。在素有"金融强盗"之称的美国金融投机商索罗斯等一帮国际炒家的持续猛攻之下，自泰国始，菲律宾、马来西亚、印度尼西亚等东南亚国家的汇市和股市一路狂泻，一蹶不振，甚至对日本、韩国等国家的经济也产生了严重影响。

当时德国《图片报》发表"今日焦点人物"文章说：一个人倚仗自己的资金来对付整个国家及其货币并获得了成功。此人就是66岁的亿万富翁乔治·索罗斯。这个国家是泰国，它的货币是铢。

索罗斯主导的量子基金大量卖空泰国铢，目的就是等待泰国铢落到最低点，然后便大量买进泰铢和泰国股票。全世界投机倒把分子都在等待索罗斯发出信号。把泰国铢打到最低点后，他一购买，大家都跟着购买，泰铢和股票也跟着上涨。行市上升，交易所的交易赢利便滚滚流入他的私囊。

索罗斯量子基金是全球规模较大的对冲基金，创建于20世纪60年代末期，由美国金融家乔治·索罗斯旗下经营。该基金设立在纽约，但其出资人皆为非美国国籍的境外投资者，以避开美国证券交易委员会的监管。该基金注册资金仅400万美元，经过30年经营，1997年年末资产总值已增为近60亿美元。

在1997年亚洲金融危机以前，东南亚国家的经济已经连续10年高速增长。伴随着经济的高速增长，这些国家的银行信贷额以更快的速度增加，短期外债也达到前所未有的水平。当时泰国国内存款利率高达12%，远远高于国际市场的3%左右。在自由金融制度下，泰国人纷纷通过各种途径从国外大量贷款后在国内放贷谋利或用于不理智的过度投资，其中大部分资金流向了早已存在泡沫的房地产市场和股市。

据媒体报道，当时的泰国和许多亚洲国家一样，不断从海外银行和金融机构中借入大量的中短期外资贷款，外债曾高达790亿美元。在一片表面繁荣之下，泰国修建起许多空无一人而锃光发亮的办公大楼。韩国也建立起了年产500万辆小汽车生产能力的投资项目，这是当时韩国国内汽车市场容量的10倍。

1997年，泰国经济疲弱，出口下降，资产泡沫堆积，银行短期外债高筑，开发商勉力支撑但已开始摇摇欲坠，而汇率偏高并维持与美元的固定汇率，汇率制度缺乏弹性也使得大量外债没有考虑汇率风险，这些都为危机的发生埋下了伏笔，给国际投机资金提供了一个很好的捕猎机会。

由美国"金融大鳄"索罗斯主导的量子基金乘势进军泰国，开始大量卖空泰铢，泰国政府不甘示弱，不惜血本以强硬手段进行对抗，在短短几天内耗资100多亿美元吸纳泰铢，但却徒劳无益。

1997年7月2日，苟延残喘的泰铢终于崩溃，最终泰国放弃维持已久的与美元挂钩的固定汇率，实行泰铢浮动汇率制，造成泰铢狂跌。当天，泰铢兑换美元的汇率即一路狂跌18%，接着菲律宾、马来西亚和印度尼西亚三国的货币也狂跌。

当时，泰国外汇市场及其他金融市场一片混乱。金融危机的正式爆发，对那些依赖外国资金进行生产并用泰铢偿还外债的泰国企业带来的，无疑是一个晴天霹雳。泰国的老百姓也如惊弓之鸟，挤垮了56家银行，泰铢贬值60%，股票市场狂泻70%，泰国人民的资产大为缩水。

1997年7月11日，菲律宾对比索的大规模干预宣告失败，决定放开比索与美元的比价，比索开始大规模贬值。同年8月，马来西亚放弃保卫林吉特的努力。一向坚挺的新加坡元也受到冲击。印度尼西亚虽是受"传染"最晚的国家，但受到的冲击最为严重，同年8月23日，印度尼西亚盾贬值至历史低点，甚至不得不向国际货币基金组织提出财政援助。

东南亚国家货币贬值影响到其股市，大多数东南亚国家的股票市值至1997年10月底都下跌了20%以上。不久，这场风暴扫过了日本和韩国等地。

1997年11月中旬，韩国爆发金融风暴，11月17日，韩元对美元的汇率跌至创纪录的1008∶1。韩元危机也冲击了在韩国有大量投资的日本金融业。1997年下半年，日本一系列银行和证券公司相继破产。于是，东南亚金融风暴演变为亚洲金融危机。

1997年10月，国际炒家首次冲击香港市场，造成香港银行同业拆息率一度狂升至300%，恒生指数和期货指数下泻1000多点。

1998年8月初，国际炒家对香港发动新一轮进攻，在外汇市场大手抛出投机性的港元沽盘，同时在股市抛售股票来压低恒生指数。

当时恒生指数跌至6600多点，香港特别行政区金融管理局动用外汇基金进入股市和期货市场，吸纳国际炒家抛售的港币，将汇市稳定在7.75港元兑换1美元的水平上，结果国际炒家在1998年8月28日期货结算日被迫以高价平仓，损失严重。

从1998年8月14日起，香港政府连续动用港币近千亿，股市、期市、汇市同时介入，力图构成一个立体的防卫网络。

在此一役，香港政府动用了大量外汇储备投入股市，一度占有港股7%的市值，更成为部分公司的大股东，因为一旦股市下挫联系汇率将有可能崩溃。到1999年11月，港府把购买的港股以盈富基金上市，分批售回市场。

1998年上半年，金融危机给东亚经济造成的巨大杀伤力不断显现，大多数东亚国家或地区的经济跌入谷底。香港楼市也遭受重创一路下跌，到2003年"非典"时期累计跌幅已达65%，一下子退回到10年前的水平。危机也造成部分国家严重的通货膨胀：1998年6月，菲律宾的通货膨胀率达10.7%，泰国1998年6月通胀率亦为10.7%，1998年5月一个月，印度尼西亚的通胀率就达5.24%。

由于出口不振、投资乏力和大量企业破产、倒闭，失业已成为不少东亚国家严重的经济和社会问题。

1998年8月，亚洲金融危机也严重影响到俄罗斯等国，俄罗斯股市、汇市猛泻。之后不久，巴西金融市场出现持续动荡，汇市和股市大泻。俄罗斯和巴西的金融动荡表明，亚洲金融危机已对世界金融市场产生破坏性影响。

1998年8月28日，香港股市当日总成交金额达790亿港元，创历史最高纪录，恒生指数报收7829点，香港特区政府打击国际投机者的行动初战告捷。

1999年7月，东南亚已经开始摆脱金融危机的阴影，1999年金融危机结束。

在整个亚洲金融危机中，唯一顶住了索罗斯的进攻而没有经济崩溃的就只有回归后的香港。

在香港抵御金融风暴的整个过程中，中央政府给予了大力的支持，首先是中央政府坚持人民币不贬值。

（三）亚洲金融危机的启示

中国在1997年亚洲金融危机中未受到直接的冲击，这与中国加强宏观调控，抑制"泡沫经济"的政策分不开。

中国早在1993年就开始针对国内金融秩序混乱等情况坚决实施宏观调控，有效地抑制了"房地产热""开发区热""股票热"等可能导致"泡沫经济"情况的发展。

1997年1月，全国金融工作会议提出要"切实整顿金融秩序，防范和化解金融风险，深化金融体制改革，明显提高金融企业的经营管理和服务水平"，并提出将1997年作为防范金融风险年。

由于中国实行比较谨慎的金融政策和前几年采取了一系列防范金融风险的措施，在危机中未受到直接冲击，金融和经济继续保持稳定。

在亚洲金融风暴中，中国承受了巨大的压力，坚持人民币不贬值，此举对亚洲乃至世界金融、经济的稳定和发展起到了重要作用。

1997—1998年亚洲金融危机严重损害了部分亚洲经济体的经济，大量企业破产，员工失业。亚洲金融危机的起因是汇率被高估的币种纷纷崩溃，资本突然外逃导致货币危机，主要是东南亚国家和日韩等国都为外向型经济的国家，一旦受到冲击，出口下降，必然影响到经济不稳。泰国于1997年首季有19亿美元的净资金流入，第2季变成62亿美元的净资金外流，马来西亚、泰国、韩国、印度尼西亚与菲律宾于1996年共获得478亿美元的资金净流入，而1997年却变成300亿美元的资金净流出。

另外，其中不少国家投资结构不合理，出现严重过热的泡沫经济（特别是房地产泡沫），以及宏观经济调控不力，外汇政策不当，在没有足够实力的情况下，资本和外汇市场过度对外开放，当面对国际金融投机家的恶性炒作，经济就会不堪一击。当然，亚洲各国持有的大量外汇储备也是较快消化金融危机阴影的一个原因。

经济日益全球化所带来的影响不能低估，一个国家只有经济实力强大、经济结构合理、宏观经济调控得当，才能有效抵御危机冲击。

附：1997年亚洲金融危机大事记[①]

1997年亚洲金融危机首先从泰国爆发。1997年3月至6月期间，泰国66家财务公司秘密从泰国银行获得大量流动性支持。此外，还出现了大量资本逃离泰国。泰国中央银行将所有的外汇储备用于维护钉住汇率制度，但仍然以失败告终。

1997年

7月2日，泰国财政部和中央银行宣布，泰币实行浮动汇率制，泰铢价值由市场来决定，放弃了自1984年以来实行了14年的泰币与美元挂钩的一揽子汇率制。这标志着亚洲金融危机正式爆发。很快，危机开始从泰国向其他东南亚国家和地区蔓延，从外汇市场向股票市场蔓延。

7月9日，马来西亚股市指数下跌至18个月来最低点。菲律宾、马来西亚等国中央银行直接干预外汇市场，支持本国货币。

7月11日，印度尼西亚、菲律宾扩大本国货币的浮动范围。

8月4日，泰国央行行长被迫辞职，新的央行行长猜瓦特上任。

8月13日，印度尼西亚财政部和印度尼西亚银行联合宣布，放弃钉住美元的汇率政策，实行自由浮动汇率制度，印度尼西亚盾大幅下跌55%。

随着危机的发展，以国际货币基金组织为首的国际社会开始向危机国家提供了大量援助。但这些国家的金融市场仍在恶化，并波及中国香港地区和美国市场。危机国家和地区在采取措施稳定金融市场和金融体系的同时，也开始进行经济和金融改革。

8月11日，由国际货币基金组织主持的援助泰国国际会议在日本东京举行。经过协商，确定对泰国提供约为160亿美元的资金援助，以稳定泰国的经济和金融市场秩序。香港特别行政区政府首次动用外汇基金，提供10亿美元参与泰国的贷款计划。

9月1日，菲律宾股票市场继续下跌，菲股综合指数击穿2000点防线，最后以1975.20点收盘，是4年来最低记录。

9月4日，韩元对美元汇率跌到了韩国自1990年3月实行市场平均汇率以来的最低点，收盘价是906韩元兑换1美元。

10月7日，菲律宾比索跌至历史新低点，全天平均交易价首次跌破1美元兑换35比索大关，达到1美元兑换35.573比索。

10月24日，泰国颁布支持金融部门重组的紧急法令。

10月28日，这是当年世界股市最黑暗的一天，美国股市、中国香港股市

[①] 资料来源：《财经》杂志2002年第10期。

均跌破历史记录。香港恒生指数下跌 1438 点，以 9059 点收市，这是自 1996 年以来恒生指数首次跌破 10000 点。

10 月 31 日，印度尼西亚宣布银行处置一揽子计划，关闭 16 家商业银行，对其他银行的存款实行有限担保。

11 月 1 日，国际货币基金组织总裁康德苏宣布，国际社会将向印度尼西亚提供 280 亿美元的紧急援助贷款，以帮助其稳定国内金融市场。

11 月中旬，泰国政府更迭。

11 月 18 日，韩国中央银行宣布，央行通过回购协议向商业银行和证券公司提供 2 万亿韩元，以缓和资金短缺情况。

12 月 23 日，世界银行批准向韩国提供 30 亿美元的贷款，作为 IMF 财政援助的一部分，帮助韩国摆脱危机。

1998 年

在经过最初的动荡后，一些国家的金融市场开始趋于稳定。多数危机国家的政府加大了改革经济和金融系统的努力。但在印度尼西亚，经济危机已经演化为社会和政治危机，最终导致总统苏哈托的下台和政府更迭。马来西亚实行了外汇管制，受到西方国家的批评和指责。

1 月，韩国政府与国外债权人达成重新调整短期债务的协议。

1 月 26 日，印度尼西亚银行重组机构成立并宣布实行全面的担保。

2 月，印度尼西亚总统苏哈托解除了印度尼西亚中央银行行长吉万多诺的职务，任命中央银行董事萨比林为新行长。

3 月 31 日，韩国政府决定向外资全面开放金融业。

5 月 4 日，泰国中央银行行长猜瓦特宣布辞职。

5 月 17 日，印度尼西亚雅加达 14 日发生暴动后，所有银行都停止营业。

5 月 21 日，苏哈托总统下台。

6 月 5 日，国际贷款人和印度尼西亚公司就债务重组达成协议。

6 月 29 日，韩国金融监督委员会宣布，关闭 5 家经营不善的银行。

8 月 14 日，泰国宣布全面的金融部门重组计划，包括公共部门对银行资本充足率的干预。

9 月，马来西亚开始实行外汇管制。

12 月 31 日，由新桥资本公司牵头的国际财团购买了韩一银行 51% 的股权，成为韩国首家由外资控股的商业银行。

1999 年

伴随着外部环境的改善，多数国家的经济开始出现增长，但是经济结构的调整和金融体系的改革仍然滞后。

2 月 9 日，韩国银行业 1998 年因金融危机而遭受的损失达到创纪录的

14.48万亿韩元。

3月13日,印度尼西亚政府宣布,关闭38家经营不善的私营银行,并对另外7家银行实行接管。

3月23日,韩国1998年经济增长率为-5.8%,为近45年来最大幅度经济衰退。

7月,东南亚开始摆脱金融危机的阴影。上半年各国国内生产总值增速为:新加坡1.2%、菲律宾1.2%、马来西亚1.6%、泰国-3.5%、印度尼西亚-10.3%。

2000年至2002年

危机国家在经济稳定的背景下继续推进经济结构调整,但是除韩国和马来西亚,其他国家结构调整进展缓慢。银行系统的不良资产率出现不同程度的下降,但是这不包括已经剥离出去的不良资产。印度尼西亚不良资产处置缓慢,而泰国在2001年才开始从商业银行中剥离不良资产。

2001年6月,泰国成立国有资产管理公司(TMAC)。

2002年3月,印度尼西亚将全国最大的零售银行中亚银行出售给美国一家投资公司。

2002年4月,韩国银行业告别连续4年的亏损,实现净利润39.9亿美元。

2002年5月,韩国宣布将提前向亚洲开发银行和世界银行等机构归还38亿美元贷款。

(四) 美国次贷危机

美国次贷危机,全称是"美国房地产市场上的次级按揭贷款的危机"。顾名思义,次级按揭贷款是相对于给资信条件较好的按揭贷款而言的。因为相对来说,按揭贷款人没有(或缺乏足够的)收入或还款能力证明,或者其他负债较重,所以他们的资信条件较"次",这类房地产的按揭贷款,就被称为次级按揭贷款。这种贷款的利率通常比一般抵押贷款高出2~3个百分点。

次级抵押贷款是一个高风险、高收益的行业,体现为一些贷款机构向信用程度较差和收入不高的借款人提供贷款服务。

美国的次级抵押贷款大多是前几年住房市场高度繁荣时贷出的。在住房市场降温后,房价下跌和利率上升使很多次级抵押贷款市场的借款人无法按期偿还借款,终于到了走投无路的一天,把房子甩给了银行,此时违约就发生了。不少次级抵押贷款机构因此陷入严重财务困难,甚至破产。

次贷危机引发了美国和全球范围的又一次信用危机,而从金融信用和信任角度来看,它被有的经济学者视为"美国可能面临过去76年以来最严重的金融冲击"。由美国次贷危机所引发的金融风暴主要经历了以下几个冲击波:

第一波：2007年8月开始，不少与次贷相关的金融机构破产，美联储累计向金融系统注资1472.5亿美元，并于9月18日决定降息0.5个百分点，开始进入了"降息周期"。

第二波：2007年底至2008年初。主要金融机构出现严重亏损，花旗、美林、瑞银等因次级贷款出现巨额亏损，美国政府和六大房贷商提出"救生索计划"。

第三波：2008年3月。美国第五大投资银行贝尔斯登濒临破产，美联储紧急注资，并大幅降息75个基点。

第四波：2008年7月至9月初。7月23日，美国财政部宣布斥资3000亿美元救助"两房"，9月7日宣布接管"两房"。

第五波：2008年9月中下旬。雷曼兄弟宣布申请破产保护，美国政府公布7000亿美元金融救援计划，美国最大保险公司AIG被政府接管。后来，美参议院投票表决的救市方案总额从原来的7000亿美元提高到了8500亿美元，增加了延长减税计划和将银行存款保险上限由10万美元提高到25万美元的条款，目的是安抚紧张的美国公众及支持经济增长。

2008年10月8日全球各大央行同时行动，对金融市场的动荡做出明确的回应，接连宣布降息。美联储宣布降息50个基点至1.5%，欧洲央行、英国央行、加拿大央行、瑞典央行和瑞士央行也纷纷降息50个基点。10月9日，步美国的后尘，韩国、日本、中国香港特区、中国台湾地区和印度尼西亚等有关当局，纷纷采取措施放松了货币政策，向银行注资。2008年10月10日，冰岛因次贷危机基本冻结了外汇资产，并将三大银行国有化，但因债务问题与英国等国发生外交纠纷。

第六波：2009年1月14日，北美最大电信设备制造商北电网络公司申请破产保护。2009年1月16日欧洲央行再度降息至历史低点，2009年2月5日，英格兰银行再次宣布降息，这是英国连续第五个月降息，也是自2007年12月以来的第八次降息。2009年3月2日，美国道琼斯工业股票平均价格指数收于6763.29点，创下1997年4月以来的最低收盘水平，这也意味着道琼斯指数的市值在短短一年半时间内已缩水过半。美国国际集团（AIG）2009年3月2日宣布的历史性季度亏损，成了压在美国股市身上的最后一根稻草。2009年6月1日，通用公司破产。

另外，美国次贷危机引发了全球性的金融海啸，并导致之后欧债危机的发生。因为金融海啸，冰岛成为全世界第一个破产国家。2008年年初，冰岛GDP达194亿美元，人均收入全球排名第四，还长期跻身"世界最幸福国家"之列，多次被联合国评为"最宜居国家"。但好景不长，2008年金融海啸爆发，银行业首当其冲受到影响，最终冰岛全国最大的3家银行全部宣布破产，被政府接管。这3家银行所欠外债已达1380多亿美元,将近达到冰岛国内生产总值(GDP)的7倍,再加上其他负债,冰岛的总外债高达GDP的9倍!冰岛金融业在这次全球信贷危机中损失惨重,冰岛克朗对欧元汇率缩水3成。

2010年3月6日,冰岛通过全民公决,否决了赔偿英国和荷兰储户损失的议案——人民选择了让国家信用破产的道路!这意味着冰岛将拒绝偿还其所有欠款,欠款不还,以后将不能在国际上得到借款,冰岛成了金融危机爆发以来第一个倒在债务面前的国家!

(五)次贷危机引发全球股市暴跌

在信贷危机和经济形势恶化引发的恐慌情绪笼罩下,不少国家或地区的股市在2008年10月遭遇了史上罕见的跌幅。日股10月份跌幅高达24%,创历史最大跌幅。中国香港股市10月份跌幅扩大到22%,为2008年以来最大月跌幅。中国内地股市上证综指10月份累计下跌了24.6%,创14年跌幅之最。韩国股市10月份累计下挫23%,为有史以来第二大单月跌幅。欧洲斯托克600指数10月份累计跌16%,为1987年股灾以来最大跌幅。美股道指10月份累计跌幅在15%左右。

覆盖亚太地区主要市场的MSCI亚太指数2018年10月份累计跌幅达19%,为该项指数创立21年来的最大月跌幅。覆盖23个发达市场的MSCI世界指数10月份累计跌幅达到20%,为该指数1970年开始编制以来最大跌幅。

全球股市在2007年几乎同步到达历史高点,不少国家或地区的股市在2007年10月见了大顶,而2008年愈演愈烈的金融危机又使全球股市同步大幅下跌,多个国家或地区的主要股指被"腰斩"之后仍跌势不止,并创下多年新低,至一年后的2008年10月大多超过50%的跌幅,有个别甚至跌幅超过90%!

冰岛股市2008年10月14日开盘暴跌76%及此前9个交易日股指累计下跌30%,并以1年以内累计跌幅超过90%登上全球股指的跌幅榜首。

俄罗斯股市RTS指数从2008年5月底的历史高点2498点到同年10月下旬累计跌幅达到78%,RTS指数也创下了自2004年12月以来的近4年新低。

美国股市道琼斯指数从2007年10月11日的历史高点14279点到2008年10月24日收盘的8378.95点,跌幅达到40.5%,股指位于逾5年低位,2008年11月21日再跌至7449点(见图6.1)。

香港股市恒生指数从2007年10月的历史高点30468点到2008年10月27日的11015.84点,跌幅达到63.84%,恒生指数也创下逾5年新低。

中国A股市场上证综指从2007年10月的历史高点6124.04点到2008年10月28日1664点,对前两年升幅回吐了80%以上,股指创下近两年来的新低。

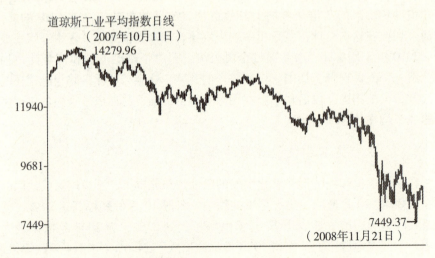

图 6.1　美国道琼斯指数 2007 年 10 月见顶后 1 年跌幅近半

(六) 次贷危机的起因

美国"次贷危机"是从 2006 年春季开始逐步显现的，2007 年 8 月开始席卷美国、欧盟和日本等世界主要金融市场。

美国次贷危机不仅重创美国经济，还造成了全球金融市场的剧烈震荡。美国房地产市场的危机是信贷史上"最大的泡沫"之一。危机的深化使欧美金融市场出现流动性中断迹象，为缓解局势，欧盟、美国和日本的中央银行紧急向金融系统注入巨资。整体上，美国次贷问题尚未引发全球性金融危机，形势的发展仍在掌控之中。

美国人喜欢花"明天的钱"，信用消费膨胀，一定程度上推动了美国经济发展。在 2006 年之前的 5 年里，美国住房市场持续繁荣，加上那时贷款利率水平也较低，次级抵押贷款市场得到发展。美国有的金融机构为了自身赚钱，也纵容次贷过度扩张，但一旦信贷环境改变，利率上升，房价持续下降，使借款人还款压力增大。

在新经济泡沫破裂和"9·11"事件后，美国实行了较宽松的货币政策，从 2000—2004 年，连续 25 次降息，联邦基金利率从 6.5%一路降到 1%，次贷跟着风行美国。

为防止市场消费过热，2004—2006 年，美联储先后加息 17 次，利率从 1%提高到 5.25%。于是贷款的成本逐步超过了房价的上涨幅度，导致次级按揭贷款违约事件发生和规模扩大，而银行收回房屋后却不能在高价或原价卖出，导致出现大面积亏损，于是引发了危机。到 2006 年年末，次贷涉及 500 万个美国家庭，次贷规模达到 1.1 万亿～1.2 万亿美元。

对于美国次贷危机的发生，经济学者认为，这场危机主要是金融监管制度的缺失造成的，一个根本原因在于美国近 30 年来加速推行的新自由主义经济政策。美联储在加息上过于谨慎，应变迟缓，对于全球流动性过剩难辞其咎，当过剩的流动性纷纷涌向证券市场和房地产市场，资产泡沫就逐渐形成，成为此轮金融动荡的根源。

另外，除了美国，欧亚包括中国在内的全球主要商业银行和投资银行，均参与了美国次级房贷衍生产品的投资，金额巨大，这使美国"次贷危机"波及全球金融市场。

美国"次贷危机"与亚洲金融危机产生的原因一样，是由于泡沫经济，特别是房地产泡沫的影响所导致，而归结于过分强调自由主义经济政策的弊端。虚拟的金融体系和金融监管不力，最终使次贷危机发生。

当然，美国向世界输送美元，美元成为许多国家的外汇储备，美国可以通过发行美元，使美元贬值，向全球转嫁和缓解危机，这与美国在全球的经济地位和美元的"霸主"地位是分不开的。

美元贬值使持有大量美元外汇储备的国家国际购买力可能缩水，而美国次贷危机导致发达国家经济陷入困境，发达经济体进口需求下降，将对发展中国家出口造成负面影响。美元贬值也导致之后油价、金价的上涨。

附：美国次贷危机全球金融危机大事记①

2007 年

4 月 2 日，美国第二大次级抵押贷款机构新世纪金融公司向法院申请破产保护。

9 月 18 日，美联储决定降息 0.5 个百分点，从此美联储进入"降息周期"。

10 月 30 日，全球最大券商美林证券公司首席执行官斯坦·奥尼尔成为华尔街第一位直接受次贷危机影响丢掉饭碗的 CEO。

11 月 4 日，全球最大金融机构花旗集团董事长兼首席执行官查尔斯·普林斯宣布辞职。

2008 年

2 月 7 日，美国国会参众两院通过了约 1680 亿美元的经济刺激法案。

---

① 资料来源：《经济参考报》2009 年 9 月 14 日。

3月11日，美联储、欧洲央行等5家西方主要央行宣布，将采取联合措施向金融系统注入资金。

3月14日，美联储决定，让纽约联邦储备银行通过摩根大通银行向美国第五大投资银行贝尔斯登公司提供应急资金。

7月13日，美财政部和美联储宣布救助房利美和房地美，并承诺必要情况下购入两公司股份。

7月26日，美国参议院批准总额3000亿美元的住房援助议案，授权财政部无限度提高"两房"贷款信用额度，必要时可不定量收购"两房"股票。

9月7日，美国联邦政府宣布接管房利美和房地美。

9月15日，有着158年历史的美国第四大投行雷曼兄弟公司宣布申请破产保护，美国第三大投行美林证券公司被美国银行收购。

9月16日，美联储、欧洲央行和日本央行等西方主要央行再次同时向金融系统注入大量资金，美国政府接管全球保险业巨头美国国际集团。

9月18日，美联储、加拿大银行、欧洲央行、英格兰银行、瑞士国民银行和日本银行同时在各自总部所在地宣布联手救市。

9月19日，日本银行再向短期金融市场注资3万亿日元，欧洲央行以及英国和瑞士的中央银行共向金融系统注资900亿美元。

9月20日，美国政府提出7000亿美元的金融救援计划，10月1日和3日，美国国会参众两院分别通过了经过修改的大规模金融救援方案，该方案随即获总统签署并生效。

10月8日，美联储、欧洲央行、英国央行以及加拿大、瑞士和瑞典等国的央行联合大幅降息0.5个百分点。

10月12日，欧元区15国首脑在欧元区首次峰会上通过行动计划，同意各成员国为银行再融资提供担保并入股银行。

10月30日，日本政府公布约2730亿美元的一揽子经济刺激方案。

11月9日，中国政府宣布实施积极的财政政策和适度宽松的货币政策，并出台进一步扩大内需、促进经济增长的十项措施，两年投资约4万亿元人民币。

11月15日，二十国集团领导人金融市场和世界经济峰会在美国首都华盛顿召开。

11月25日，美联储宣布投入8000亿美元，用于解冻消费信贷市场、住房抵押信贷以及小企业信贷市场，美国财政部也从7000亿美元金融救援计划中拨出200亿美元，支持美联储的上述行动。

11月26日，欧盟出台总额达2000亿欧元的大规模经济刺激计划。

12月4日，欧洲央行、英国央行、瑞典央行分别降息0.75个百分点、1

个百分点和 1.75 个百分点。

12 月 16 日,美联储将联邦基金利率从 1% 降至历史最低点——零至 0.25% 区间,这意味着美国已进入"零利率"时代。

2009 年

1 月 19 日,英国首相布朗再次宣布推出大规模金融救援计划,以促进银行发放贷款。

2 月 4 日,美国总统奥巴马宣布为今后接受政府救援的困难金融企业高管设立 50 万美元的年薪上限。

2 月 17 日,美国总统奥巴马签署了总额为 7870 亿美元的经济刺激计划。

3 月 3 日,美国财政部和美联储公布了一项总额为 2000 亿美元的刺激消费信贷计划。

3 月 5 日,英国央行宣布将基准利率从 1% 降至 0.5% 的历史最低点。

3 月 23 日,美国财政部宣布将设立一个"公共—私人投资项目",以处理金融机构的"有毒资产"问题。

3 月 26 日,美国政府公布了金融体系全面改革方案。

4 月 2 日,二十国集团伦敦金融峰会召开。

4 月 6 日,美联储、欧洲央行、英国央行、日本央行和瑞士央行等五大央行宣布总额近 3000 亿美元的货币互换协议。

4 月 10 日,日本政府宣布了总额为 56.8 万亿日元的经济刺激新方案,这是日本历史上规模最大的经济刺激方案。

4 月 16 日,美国第二大购物中心运营商共同发展房地产公司向联邦破产法庭申请破产保护,成为金融危机爆发以来倒下的最大一家非金融企业。

4 月 30 日,美国第三大汽车厂商克莱斯勒公司发表声明宣布申请破产保护。

5 月 7 日,欧洲央行宣布将欧元区主导利率下调 0.25 个百分点至 1 个百分点。

6 月 1 日,美国通用汽车公司申请破产保护,这是美国历史上第四大破产案,也是美国制造业最大的破产案。

7 月 1 日,国际货币基金组织(IMF)执行董事会通过了发行债券框架方案,这是 IMF 首次对外发行债券。

7 月 2 日,欧洲央行宣布,将于 6 日启动 600 亿欧元资产担保债券购买计划,这标志着欧洲央行在应对金融危机的过程中也开始诉诸"量化宽松"这一非常规手段。

8 月 25 日,美国总统奥巴马宣布提名本·伯南克连任美联储主席,以保持经济决策的连续性。

(七) A股"530"崩盘和2008年暴跌

中国A股市场2006年和2007年上半年的持续上涨,比2006年年初涨了5倍,特别是2007年前5个月一些题材股、绩差股过分疯狂炒作,使市场笼罩着投机气氛。鉴于此,2007年5月14日中国证监会发布《关于进一步加强投资者教育、强化市场监管有关工作的通知》。在中国证监会发布该"通知"不久,经国务院批准,财政部决定从2007年5月30日起,调整证券(股票)交易印花税税率,由现行千分之一调整为千分之三。

受消息影响,2007年5月30日当日大盘出现大跌,出现了著名的"530"大崩盘,5月30日至6月5日,上证综指从4335点跌至3404点,7成股票连续5天跌停,尽管不久股指逐步反复走稳和创出新高,但大部分之前持续拉升的个股当时却形成顶部而后出现较长时间的调整,未能随指数创出新高。

对不少个股来说,2006年和2007年的牛市在"530"时已实质见顶。尽管经过短暂下跌之后大盘再创新高直到2007年10月才见顶,但这期间指数的拉升是没有成交量配合的,是"虚涨",而且多数股票是下跌的,股指主要靠部分权重股的杠杆效应去拉动,而不少个股股价的历史高位仍在2007年"530"的时候。因而从市场总体看,2007年5月30日前后的高位应是市场顶部构筑的区域。

经过两年的持续大涨后,A股于2007年10月见了大顶,之后展开了长期的调整过程。上证综指从2007年10月16日的历史高点6124点跌到2008年10月28日1664点,对前两年升幅回吐了80%以上,股指创下近两年来的新低(见图6.2)。

A股市场由于2006年和2007年出现令市场意想不到的巨大涨幅,2008年出现调整是情理之中,但其跌幅之巨大同样令人吃惊,沪深交易所统计显示,截至2008年年底,两市总市值为121366.44亿元,较2007年年底减少205774.45亿元。

沪综指2007年最后交易日收报5261.56点,2008年最高5522.77点,最低1664.93点,2008年最后交易日收报1820.81点,比2007年下跌3440.75点;深证成指2008年最后交易日收报6485.51点,比2007年下跌11215.11点,两市均收出史上最长年阴线。

这轮在短短一年内出现如此大的跌幅,除了大盘2006年和2007年过分上涨,严重超买外,还与基本面因素的变化特别是周边市场的影响有较大关系,例如A股市场"大小非"解禁高潮带来的抛售套现压力和预期,上市公司业绩逐渐见峰顶并有下降迹象,通胀压力加大,货币政策从紧,美国次贷风波带来全球股市波动以致后来爆发全球"金融海啸",等等。随着美国金融危机的不断深化和蔓延，全球经济下滑明显。

2007年10月，大盘指数见顶后市场展开了持续的大幅下跌，而过分的下跌也引发了各方面的忧虑，管理层也适时推出救市的举措，如2008年4月20日，证监会发文规范"大小非"减持，2008年4月23日晚公布经国务院批准从4月24日起，证券（股票）交易印花税税率由现行的千分之三调整为千分之一。

在利好消息刺激下，上证综指2008年4月下旬至5月上旬出现了超跌大反弹行情，但不久又回落，毕竟下跌趋势形成下，利好只能缓和跌势而已。

2008年9月19日，三大利好齐发，包括即日起证券交易印花税只向出让方征收，国资委支持央企增持或回购上市公司股份，汇金公司将在二级市场自主购入工、中、建三行股票等利好"组合拳"亮相。证监会新闻发言人表示，上述措施对于资本市场稳定健康运行具有重要作用，表示积极支持。但这些利好也仅促成股市1周左右的反弹行情，2018年10月市场又重陷跌势之中。

图6.2　上证综指2007年10月见顶后持续大调整

（八）全球联合降息抵御经济下滑

2008年世界经济增速明显放缓，对中国经济的影响不断显现。中国经济在2008年碰到了国际金融危机，出口大受影响，企业利润萎缩，经济也开始放缓下来。

面对金融风暴，各国政府纷纷出手救市，全球联合降息抵御经济下滑。为应对美国次贷危机继续恶化、外需减弱带来的负面影响，减缓外部因素对中国经济的冲击，中国人民银行持续放松货币政策，2008年9月至12月短短4个月内连续降息 5 次。

2008 年 9 月 15 日中国人民银行（以下简称央行）宣布，从 9 月 16 日起，下调一年期人民币贷款基准利率 0.27 个百分点，其他期限档次贷款基准利率按照短期多调、长期少调的原则做相应调整，存款基准利率保持不变。另外，同年 9 月 25 日起，除中国工商银行、中国农业银行、中国银行、中国建设银行、交通银行和邮政储蓄银行暂不下调外，其他存款类金融机构人民币存款准备金率下调 1 个百分点，四川汶川地震重灾区地方法人金融机构存款准备金率下调 2 个百分点。这是央行近 4 年来首次下调一年期贷款利率，存款准备金率更是近 9 年来首次下调。央行称，此举旨在为解决当前经济运行中存在的突出问题，落实区别对待、有保有压、结构优化的原则，保持国民经济平稳较快持续发展。

此后不到一个月，央行宣布，从 10 月 9 日起，下调一年期人民币存贷款基准利率各 0.27 个百分点，其他期限档次存贷款基准利率做相应调整；从 10 月 15 日起下调存款类金融机构人民币存款准备金率 0.5 个百分点。与 9 月 15 日央行宣布结构性下调存款准备金率、贷款利率不同，此次是央行近 9 年来首次下调所有存款类金融机构人民币存款准备金率，也是央行自 2004 年以来首次齐降存贷款利率。同时国务院决定自 2008 年 10 月 9 日起，对储蓄存款利息所得暂免征收个人所得税。据测算，这相当于给居民储蓄存款带来加息 0.2 个百分点的收益。

2008 年 10 月 29 日晚，央行宣布从 10 月 30 日起下调金融机构人民币存贷款基准利率 0.27 个百分点。这是自 2008 年 9 月 15 日以来，央行第三次宣布降息。

为了贯彻落实适度宽松的货币政策，保证银行体系流动性充分供应，促进货币信贷稳定增长，发挥货币政策在支持经济增长中的积极作用，2008 年 11 月 26 日晚央行宣布，从 2008 年 11 月 27 日起，下调金融机构一年期人民币存贷款基准利率各 1.08 个百分点，其他期限档次存贷款基准利率做相应调整；同时，下调中央银行再贷款、再贴现等利率。另外，从 2008 年 12 月 5 日起，下调大型存款类金融机构人民币存款准备金率 1 个百分点，下调中小型存款类金融机构人民币存款准备金率 2 个百分点。

根据央行历年利息调整数据可知，2008 年 11 月 27 日此次降息为央行 1997 年以来一年期人民币贷款基准利率最大降幅，上一次人民币贷款基准利率最大降幅是在 1997 年 10 月 23 日，当时央行下调人民币贷款基准利率 144 个基点，人民币存款基准利率 180 个基点。

2008 年 11 月 27 日降息不到一个月，央行决定再度降息，从 2008 年 12 月 23 日起，下调一年期人民币存贷款基准利率各 0.27 个百分点，其他期限档次存贷款基准利率做相应调整；同时，下调中央银行再贷款、再贴现利率。

从A股市场看，2008年11月26日晚，央行宣布决定大幅降低存贷款基准利率和大幅降低金融机构存款准备金率，11月27日沪深大盘大幅高开后却逐步回落，11月28日再度走低。2008年12月23日央行再度降息，但当日沪深股市却破位大跌。

2008年的多次降息并未能扭转A股市场弱势，这主要是世界金融危机的影响还在不断蔓延，央行连续降低利息和存款准备金率，对实体经济形成的效应不可能起到立竿见影的作用。同时，降息的举措也加剧了市场对经济增速继续下滑的忧虑，在一定程度上抑制市场的做多信心。

如果处于经济下滑的初期，货币政策的放松只能对经济下滑起缓解作用，但是难以扭转其趋势，政策具有"时滞"效应。经济回升前中期的加息体现了经济需求旺盛，股市反而形成强劲的上涨动力；而经济见顶回落的前中期，即使是不断降息，也难以扭转股市弱势，只能使股市形成阶段性的抵抗支撑或延缓跌势，因为降息意味着经济需求不旺，需要通过货币政策的调整来刺激经济增长，这阶段上市公司经济效益增长缓慢甚至出现倒退。

当然，随着经济政策不断产生良性效应，特别是到了不断降息的中后期，经济也逐步着陆，而股市作为经济的"晴雨表"往往先于经济指标而筑底回升。

（九）中国出台扩大内需促增长措施

在全球金融危机日趋严峻下，为抵御国际经济环境对中国经济发展带来的不利影响，采取灵活审慎的宏观经济政策，"大规模出台刺激经济的政策"被业界视为拯救中国经济的唯一解药。

在外需疲软不断加剧、内需潜力亟待挖掘的情况下，2008年11月5日，国务院召开常务会议，研究部署进一步扩大内需促进经济平稳较快增长的措施。会议认为，近两个月来，世界经济金融危机日趋严峻，为抵御国际经济环境对我国的不利影响，必须采取灵活审慎的宏观经济政策，以应对复杂多变的形势。当前要实行积极的财政政策和适度宽松的货币政策，出台更加有力的扩大国内需求措施，加快民生工程、基础设施、生态环境建设和灾后重建，提高城乡居民特别是低收入群体的收入水平，促进经济平稳较快增长。会议确定了当前进一步扩大内需、促进经济增长的十项措施。根据初步匡算，到2010年年底，约需投资4万亿元。

国务院常务会议推出扩大内需促增长十大措施消息于2008年11月10日公布，当日沪深股市放量大涨，两市有200家个股涨停，市场出现久违了的报复性反弹，反弹力度最大的是券商、机械、煤炭、石油、建材等板块，其中机械、建材两大板块明显受到利好政策的刺激。

接着,2008年12月3日,国务院研究部署当前金融促进经济发展的9项政策措施,其中第一条就是要落实适度宽松的货币政策,促进货币信贷稳定增长,追加政策性银行2008年度贷款规模1000亿元。会议指出,应对国际金融危机,保持经济平稳较快发展,必须认真实行积极的财政政策和适度宽松的货币政策,进一步加大金融对经济发展的支持力度。要通过完善配套政策措施和创新体制机制,调动商业银行增加信贷投放的积极性,增强金融机构抵御风险能力,形成银行、证券、保险等多方面扩大融资、分散风险的合力,更好地发挥金融支持经济增长和促进结构调整的作用。

紧接着,2008年12月13日,国务院办公厅下发关于当前金融促进经济发展的若干意见,意见包括9方面内容,共30条。在"加快建设多层次资本市场体系,发挥市场的资源配置功能"方面,意见指出,采取有效措施,稳定股票市场运行,发挥资源配置功能。完善中小企业板市场各项制度,适时推出创业板,逐步完善有机联系的多层次资本市场体系。支持有条件的企业利用资本市场开展兼并重组,促进上市公司行业整合和产业升级,减少审批环节,提升市场效率,不断提高上市公司竞争力。

另外,意见还指出,推进上市商业银行进入交易所债券市场试点。研究境外机构和企业在境内发行人民币债券,允许在内地有较多业务的香港企业或金融机构在港发行人民币债券。完善债券市场发行规则与监管标准。

国务院接连出台刺激经济的政策,对股市基本面和走势形成良好的支撑。2008年11月开始A股市场筑底回稳,有效地稳定了市场的信心。

虽然股市要展开新一轮反转形成大牛市的条件尚未成熟,仍需较长时间的修复过程,但从估值和风险已得到较大释放等角度来看,上证综指在1800点以下,特别是历史上重要的密集成交区1300~1750点区域,已经具备重要支撑回稳甚至逐步构筑局部熊市底部的条件。

截至2008年11月上旬,上证综指1700点左右的水平,沪深股市的静态市盈率分别为14倍和13倍,均已处于历史相对较低的水平。

后来A股市场走出了一波大反弹,上证综指从2008年10月28日底部1664点涨至2009年8月4日3478点。

2008年A股市场出现持续大幅的下跌,其原因是多方面的,除了股市2006年和2007年大幅上涨,"大小非"对市场形成较大的套现压力外,主要有全球金融风暴乃至陷入经济危机的影响、我国经济面临转型等。由于外需疲软,出口市场萎缩,中国沿海省份以出口产品制造和加工为主的大小企业,日子越来越难过。因此,救股市关键是要稳定和刺激经济发展。

尽管中国在过去20多年里创造了年均9%的高速经济增长,但长期以来这种增长主要是依赖资源、资本和劳动力等要素的不断投入来驱动，这种主要由劳动密集型产业带动的经济增长，不仅能耗大，而且成本较高。随着国内经济规模的不断扩大，资源、生态环境等对经济增长的制约和约束影响也逐渐加大，中国的经济增长再也不能过于依赖低技术含量的劳动密集型产业去推动。

提高创新能力，实现经济结构的调整和经济增长方式的转变，已成为中国经济发展面临的迫切要求。大力发展第三产业，发展高科技、新能源、新材料等产业，推动产业结构升级，促进经济转型，使外向型经济向内向型经济进行战略大转移，全球金融危机的到来使这一战略显得更加迫切。国务院常务会议推出的扩大内需促增长十大措施和 4 万亿元的投资就是稳定发展经济、促进经济转型的重大举措。

（十）产业资本入市促成局部牛市

国务院常务会议推出的扩大内需促增长十大措施，和 4 万亿元投资稳定发展经济、促进经济转型的重大举措，是证券市场长远稳定发展的"强心针"，对股市基本面和走势形成良好的支撑，而产业资本成功对接金融资本，则使资本市场跌势逐步收敛而见底或筑底回稳。

在 2005 年下半年，宝钢股份等大股东纷纷出巨资增持二级市场流通股份，最终引发 A 股市场之后进入长达 2 年的牛市。2008 年年底，不少上市公司大股东不但不减持反而增持的行为减轻了市场对"大小非"限售股解禁后对股市形成较大抛压的预期，并由此提振了市场的持股信心，促使大盘逐步脱离底部而在 2009 年走出一波较大的超跌修复性行情。

1. 中国石油大股东宣布增持

A 股市场经过 2008 年的大幅下跌，一些股票的市盈率已经接近或创出了历史新低，股价接近或低于净资产的个股也不断出现。

随着股价的大幅下降，上市公司大股东增持行动也不断出现并逐步升级，因为不少公司的收购成本已明显低于重置成本，尤其是抗通胀的非周期性防御行业股票，更成为被大股东增持的对象。

2008 年 9 月 22 日，中国石油（601857）大股东宣布增持 6000 万股。随后 5 天左右时间，两市一下子涌现出了 50 多笔增持，再配合当时印花税改为单边征收等利好，大盘迅速做出反应，短短 6 个交易日上证指数便从 1802 点位置急拉到了 2333 点。其后的 1 个月尽管大盘在 2008 年 10 月下探至 1664 点，但 1664 点成为 A 股重要大底。后来，在提振经济的 4 万亿元投资政策出台后，大盘出现持续性的大幅反弹。

据统计，2008 年 10 月份被增持的 96 家公司股票中，房地产股有 12 家，商业贸易、机械设备、化工行业分别有 11 家、10 家、7 家，有色金属、医药生物、交运设备、信息设备、建筑建材等行业的股票均分别有5家以上。

2008年11月开始，A股市场筑底回稳，有效地稳定了市场的信心，2009年1月市场逐步回升，伴随着企业景气指数的攀升，2009年上半年A股市场走出了一波局部牛市行情，上证综指从2008年10月28日1664点上涨到2009年8月4日3478点。

事实上，当时A股市盈率水平已到了历史较低的水平，历史数据显示，上证综指1996年1月19日处于512点的历史底部时，当时A股加权平均市盈率水平为17倍；2005年6月6日上证综指跌至998点底部，对应的市盈率水平为17.93倍；到2008年11月上旬上证综指1700点区域时市盈率水平回落到14倍附近。截至2008年年底，沪市市盈率水平为14.85倍，深市市盈率水平为16.72倍。

从历史底部和顶部的市盈率数据看，A股市盈率水平20倍以下是低风险的底部区，50倍或60倍以上是高风险价区。由于优质新股的不断加盟，市场总体投资价值得以提高，以及上市公司业绩不断增长，因而即使市盈率水平不变，但股价总体水平提升，这使处于相同市盈率水平的底部价区或顶部价区也不断得到抬高，如上证综指1996年1月19日512点底部与2005年6月6日998点底部，市盈率水平同为17～18倍，而到2008年11月上旬回落到1700点区域时，静态市盈率为14倍，处于历史相对较低的水平。

另外，从作为熊市估值重要安全边际的市净率水平来看，上证综指2005年大底的最低收盘价为2005年6月3日1013.64点，以当时财务指标衡量的全部A股市净率水平为1.61倍，在当时可以获得数据的1324家A股公司里，有207家公司股价跌破净资产值，占比15.6%。而从本轮调整至国家出台大规模经济刺激计划前的收盘低点2008年11月6日1717.72点时的数据来看，全部A股的市净率水平为1.97倍，在可以获得数据的1573家A股公司里，有223家公司股价跌破净资产值，占比14.18%，可以说当时市净率水平处于历史低位。

全球遭受金融风暴乃至陷入经济危机，加速了中国经济的转型，给中国经济带来了挑战和机遇。中国经济特立独行引领全球，持续稳定发展，将给予资本市场强有力的支撑。

2. 中央汇金公司两波增持潮

随着A股市盈率水平和市净率水平的降低，国家刺激经济政策的不断出台，A股的长线投资价值也逐渐浮现，这无疑为先知先觉的战略投资者创造了难得的入市机遇。中央汇金公司成为A股2008年大跌尾段进行战略增持的先知先觉者。

中央汇金公司是依据《中华人民共和国公司法》由国家出资设立的国有

独资公司。2003年12月中央汇金公司成立，代表国家依法对国有商业银行等重点金融企业行使出资人权利和履行出资人义务。2007年9月，财政部发行特别国债，从中国人民银行购买中央汇金公司的全部股权，并将上述股权作为对中国投资有限责任公司出资的一部分，注入中投公司。

中央汇金公司第一波首次增持发生在2008年9月18日，为确保国家对工商银行、中国银行、建设银行三行等国有重点金融机构的控股地位，支持国有重点金融机构稳健经营发展，稳定国有商业银行股价，中央汇金公司宣布将在二级市场自主购入工、中、建三行股票，并从即日起开始有关市场操作。2008年9月23日，工、中、建行发布公告，中央汇金公司已通过上交所增持了三大行各200万股A股。

后来，工、中、建三大行发布的公告显示，截至2009年9月22日，汇金公司在一年内通过上海证券交易所证券交易系统累计增持三大行A股股份数量分别为：工行28056.85万股、中行8160.74万股以及建行12860.82万股。

第二次增持发生在2009年10月9日，工商银行、中国银行、建设银行分别发布公告称，三行均于10月9日收到股东汇金公司通知，汇金公司于近日通过上交所交易系统买入方式增持三行A股股份，并拟在未来12个月内以自身名义继续在二级市场增持三行股份。当日上证指数大涨4.76%。对此次增持银行股票，中央汇金公司表示，此举为支持国有重点金融机构的稳健经营和发展，稳定国有商业银行股价。

第二波增持潮发生在上证指数自2009年8月见顶3478点后振荡整理，并于2010年4月中下旬再度见顶和击穿3000点重要心理关口的时候。当时，受到IPO发行提速、创业板密集申购及工商银行迎来全流通限售股解禁等利空打击影响，市场信心不足。就在此时，中央汇金公司再度出手增持，截至2010年10月8日，中央汇金公司对工商银行、建设银行、中国银行分别增持了3007.35万股、1613.92万股以及512.6万股。市场受此激发，于2010年10月8日起启动了一个月的涨势，上证指数重返3000点上方。

（十一）欧债危机的发生

2008年国际金融危机发生后，希腊等欧盟国家发生了债务危机。在欧元区17国中，以葡萄牙、爱尔兰、意大利、希腊与西班牙等五个国家的债务问题最为严重。

债务危机的根源是2007年爆发的美国次贷危机，美国次贷危机所引发的全球金融危机导致各国政府为稳定刺激经济而实施积极的财政政策，从而带来财政赤字和债务扩大。特别是部分欧盟国家为维持高福利的政策而长期实施的举债和赤字行为，在全球金融危机影响下导致了巨额政府财政赤字和负债。

欧盟《稳定与增长公约》规定，政府财政赤字不应超过国内生产总值的3%，2009年10月20日，希腊政府宣布当年财政赤字占国内生产总值（GDP）的比例将超过12%，远高于欧盟允许的3%上限。

2009年，希腊外债占GDP比例已高达115%，失去了继续借贷的资本，也转化为主权债务危机。

主权债务是指一国以自己的主权为担保向外，不管是向国际货币基金组织还是向世界银行，或者是向其他国家借来的债务。任何主权债务引发的风险，都会引起投资市场恐慌情绪的蔓延。

截至2010年年底，意大利公债占国内生产总值比重达119%，远高于《马斯特里赫特条约》规定的60%上限，在欧盟各国中仅次于希腊的142.8%。此外，意大利经济增长乏力，出口增长趋势微弱，进口商品价格高涨，恶劣的经济环境使得意大利的危机雪上加霜。

2009年12月全球三大评级公司下调希腊主权评级，惠誉将希腊信贷评级由"A-"下调至"BBB+"，前景展望为"负面"，希腊的债务危机随即愈演愈烈。后来，欧洲其他国家也开始陷入危机，整个欧盟都受到债务危机困扰，并导致欧元大幅下跌，欧洲股市暴挫。2011年7月4日，国际主要信用评级机构标准普尔公司（以下简称"标普"）将希腊长期评级进一步下调至"CCC"。

2012年1月13日，标普发表声明，宣布对除希腊以外的所有16个欧元区国家的信用评估结果，一口气调降了9个国家的主权信用等级。其中，法国、奥地利、马耳他、斯洛伐克、斯洛文尼亚被下调一个等级，意大利、西班牙、葡萄牙、塞浦路斯被下调两个等级。法国和奥地利是首次丧失AAA评级，而欧元区17个国家中，只有德国、荷兰、芬兰、卢森堡四国还保持着AAA等级。

标普当天还宣布维持德国等7个国家的主权信用评级不变，理由是这些国家的经济状况较好，应对危机的能力相对较强。标普在声明中说，除德国和斯洛文尼亚外，其他14个欧元区国家的信用评级展望均为负面，即在未来两年内这些国家的信用评级最少有三分之一的可能性被进一步下调。

在标普做出降级决定后，欧美股市应声而落。欧元区国家财长联合做出回应，发表声明称已在应对欧债危机方面做出了"长足的努力"，并且正在朝着建设更强有力的经济同盟方向加速改革。

经济学者认为，降级会增加欧元区借贷成本，加剧债务困境。欧元区多国评级遭降将对欧洲银行业评级带来负面影响，进而冲击欧洲实体经济。欧债危机应对不力在于欧元区统一的货币政策与各自分散的财政政策的矛盾，使欧元区缺乏协调一致的领导力。

全球股市 2011 年的市值缩水了 12.1%，近 6.3 万亿美元蒸发，2011 年年底总市值为 45.7 万亿美元。由于欧债危机在 2011 年持续发酵，欧洲地区股市成为表现最为糟糕的"重灾区"，欧洲股市全年大幅下跌约 12%，意大利股市领跌，全年跌幅超过 24%。

统计数据显示，亚洲股市 2011 年为 3 年来首次年度收跌，平均跌幅约 18%。A 股、港股等跌幅居全球前列。相比之下，2011 年美国股市较为抗跌，其中道琼斯指数收涨 5.53%，为全球表现最好的股指。

（十二）欧债危机的成因

欧元区 17 个成员国的国内生产总值占全球经济总量的五分之一，欧元是世界第二大流通货币，如果欧洲经济出现萧条，在全球化时代，将对全球经济造成冲击，对全球金融市场形成负面影响。

在欧元区，各国既希望享受统一货币带来的好处，又不愿放弃各自的政治经济权力，没能形成统一的财政政策，而统一的货币政策与分散的财政政策之间存在着矛盾，这使欧洲经济难以出现整体较大的持续发展空间，这也是欧债危机难以完满解决的主要因素。另外，欧洲人口日益老龄化，而民众又不愿意削减自己的收入和福利，这成为欧元区有效解决危机和经济持续快速发展的一大软肋。欧债危机的爆发，反映出部分国家脆弱的经济基础和对外依赖性。

欧债危机发生后，包括美国国债、美股及其他机构债券在内的美元资产大受追捧。有经济专家指出，欧债危机背后掺杂的是更深层的较量，那就是美国与欧洲正在展开一场货币主导权与债务资源的大战。过去 20 年，欧洲的良好发展使得欧洲各国过度自信、过度消费，而高消费的格局必须由高水平的社会福利和社会保障体系来维持，国家一半以上的财政收入都用于转移支付，维持社会福利制度。但产业结构不平衡，实体经济空心化，一旦遭遇外来冲击，将使欧债危机得以爆发。

为应对欧债危机对经济的影响，2012 年 1 月 30 日，欧盟各国领导人就欧洲新财政协议及永久性援助基金达成共识，总额为 5000 亿欧元的"欧洲稳定机制"将在当年 7 月份正式生效，该基金将为债务负担沉重的欧盟国家提供支持，该协议将旨在加强除英国外的成员国预算以及债务的纪律性。基于该项协议，成员国基本赤字必须被控制在国内生产总值（GDP）的 0.5% 以内，并寻求对于那些赤字占 GDP 比重超过 3.0% 的国家进行"自动性裁"。

另外，欧盟领导人还承诺采取更多措施来让欧洲摆脱危机，所采取的措施必须是持续性的、广泛的。欧盟领导人同意必须解决欧盟各国经济增长不均衡的问题，并承诺在青年失业问题和信贷流动上采取行动。

从发展的角度看，朝着加强欧洲一体化方向改革发展，建设更强有力的经济同盟和强大的政治意愿，才能为欧债危机找出路，欧洲未来才能有效抵御外来的冲击，才能更有前途。

从长期来看，一个财政稳健的欧洲，一个在国际货币体系中能与美元抗衡的欧元符合中国的利益。打破美国和美元一统天下的垄断地位，有利于世界的多极化趋势。

附：欧债危机大事记

2009 年

10 月 20 日，希腊政府宣布当年财政赤字占国内生产总值的比例将超过 12%，远高于欧盟允许的 3% 上限。随后，全球三大评级公司相继下调希腊主权信用评级，欧洲主权债务危机率先在希腊爆发。

2010 年

4 月 27 日，国际评级机构标准普尔把希腊信用评级从 BBB 下调为 BB +。同日，同样存在严重债务问题的葡萄牙也遭降级。西班牙的信用评级第二天也被下调。

5 月 2 日，欧元区成员国财政部长召开特别会议，决定启动希腊救助机制，和国际货币基金组织一道在未来 3 年内为希腊提供总额 1100 亿欧元贷款。希腊同日宣布了大规模财政紧缩计划。

5 月 10 日，欧盟 27 国财长决定，联手国际货币基金组织设立一项总额高达 7500 亿欧元的稳定机制，帮助可能陷入债务危机的欧元区成员国，阻止希腊债务危机蔓延。

6 月 7 日，受欧洲主权债务危机拖累，欧元对美元汇率一度跌破 1 比 1.19，创下自 2006 年 3 月以来的最低水平。

7 月 13 日，国际信用评级机构穆迪把葡萄牙的信用评级降至 A1。

9 月 30 日，爱尔兰宣布，由于救助本国五大银行最高可能耗资 500 亿欧元，预计 2010 年财政赤字会骤升至国内生产总值的 32%，实属史上罕见。

10 月 28 日至 29 日，欧盟领导人通过经济治理改革方案，决定从强化财政纪律、新建宏观经济风险监测机制、加强经济政策协调和建立永久性危机应对机制等方面堵住债务危机所暴露出的欧元体制性漏洞，由此开启了欧元有史以来最重大的改革。

11 月 21 日，爱尔兰政府正式请求欧盟和国际货币基金组织提供救助，成为在欧债危机中倒下的第二个欧元区成员国。

11 月 28 日，欧盟成员国财政部长决定与国际货币基金组织一道向爱尔兰提供 850 亿欧元资金支持，以遏制债务危机蔓延。

2011 年

5月5日，欧元区财长同意和国际货币基金组织一道向葡萄牙提供780亿欧元的援助贷款。葡萄牙成为在欧债危机中倒下的第三个欧元区成员国。

7月21日，欧元区领导人同意对希腊实施第二轮救助，并决定私人投资者需将手中持有的希腊国债减记21%。

10月17日，穆迪发布报告说，法国主权债务状况恶化，债务负担进一步加重。在目前AAA评级国家中，法国的债务指标表现最弱。

10月27日，欧元区领导人达成一揽子协议，同意通过杠杆化扩大现有救助工具即欧洲金融稳定工具（EFSF）的规模，私人投资者对希腊国债减记50%，欧洲主要银行的核心一级资本充足率需提高到9%。

11月9日，意大利10年期国债收益率升至7.48%，为1997年以来最高纪录。

11月10日，欧盟委员会发布经济预测报告说，欧洲经济增长恐将陷于停滞，2012年欧元区经济增长率预计仅为0.5%。

11月17日，法国10年期国债收益率攀升至3.81%，与德国同期国债收益率之差扩大至204个基点，创下欧元面世以来最高纪录，显示出欧债危机向欧元区核心国家蔓延的趋势。

12月5日，标普将包括德国和法国在内的15个欧元区国家的主权信用评级列入负面观察名单。

12月6日，标普将欧洲金融稳定工具信用评级列入负面观察名单，意味着短期内有50%可能性下调其AAA的信用评级。

12月9日，除英国以外的欧盟26个成员国同意另立"财政契约"，通过强化财政纪律和政策协调来应对债务危机，并决定提前一年启动欧元区永久性救助机制，即欧洲稳定机制。

2012 年

1月13日，标普宣布下调9个欧元区国家的长期信用评级，将法国和奥地利的AAA主权信用评级下调一个级别至AA＋，同时将葡萄牙、意大利和西班牙评级下调两个级别。

（资料来源：新华网巴黎2012年1月13日电）

（十三）七大央行释放流动性救市

2011年11月30日，包括美联储、欧洲央行、日本央行、瑞士央行、英国央行、加拿大央行在内的全球六大央行发布声明，将采取联合行动支持全球金融体系，同意将现有的临时美元流动性互换安排的成本下调50个基点，以向各国的国内银行提供充分的流动性。六大央行的上述举措自2011年12月5

日生效，海外金融机构有望获得必要的美元流动性，缓解压力。消息发布后，欧美股市全线上扬。

以美联储为首的全球六大央行联手降低美元融资成本的大背景是：欧债危机冲击欧洲银行业，欧元区美元融资成本飙升至3年来高点。不少欧洲金融机构根本无法借到美元资金，这种紧张局面也令人回想起美国雷曼兄弟破产前后的情形。多国央行措施旨在缓解欧洲银行业面临的融资困境，防止欧元区主权债务危机演变成全球新的流动性枯竭。

六大中央银行罕见联手出招，意图稳定金融市场，缓解债务危机的冲击。美欧股市当天疯狂飙涨，涨幅大多超过4%。2011年11月30日，纽约股市收盘时，道琼斯30种工业股票平均价格指数比前一个交易日暴涨488.92点，收于12044.55点，重上12000点大关，涨幅达4.23%。这也是2009年3月以来道指表现最好的一个交易日。

当时不少市场分析认为，尽管此举有助于缓解银行体系所面临的资金压力，但六大央行联手释放流动性，只是为欧洲的领导人处理债务危机争取解决问题的更多时间，而这一行动本身并非解决欧元区债务问题的"良方"，欧债的问题最终还需由欧洲人自己来解决。

很多经济学家认为，要从根本上解决欧债问题，要么建立更为紧密的财政联盟，要么让欧洲央行成为所谓的"最终贷款人"，无限制地买入欧元区国债。

与全球六大央行联手释放流动性相应，2011年11月30日晚上，中国人民银行决定，从2011年12月5日起，下调存款类金融机构人民币存款准备金率0.5个百分点，这是2008年12月之后近3年来，央行首次下调存款准备金，释放出放松货币政策的信号。存款准备金率下调有助于在当时复杂形势下稳定和促进国内经济增长，该消息提振了投资者信心。

中国央行上次下调存款准备金率是在2008年12月，之后从2010年1月起，连续12次上调存款准备金率，通过对金融机构准备金率共计600个基点的上调，来回收市场过多流动性以抑制物价的过快上涨。

此次调整后，中国大型金融机构存款准备金率为21%，中小型金融机构存款准备金率为17.5%。

受此影响，中国A股市场2011年12月1日一度涨4%，后回落，以涨2%左右收市。

在一定时期内，国内外复杂的经济形势，以及经济增速预期下降，以经济转型实现高质量的增长为主要任务，使A股市场大底部的构筑有一定复杂性。

（十四）中央汇金第三轮增持国有银行股份

在欧债危机持续恶化、国内通胀压力犹存、房地产调控、银根收紧、经济增速下滑、"大小非"减持，以及新股IPO接连登场等诸多因素的内外影响下，2011年A股市场展开了持续的调整，2011年10月股指创出了两年半以来的新低。银行股市净率、市盈率更是跌到历史低位水平，估值水平比2008年10月上证综指1664点时还低。

中央汇金公司（简称"汇金"）2011年10月10日下午收市时宣布，自10月10日起已在二级市场自主购入工、农、中、建四大行股票，并继续进行相关市场操作。当日晚间，四大行披露的信息显示，汇金分别增持了工、农、中、建A股14584024股、39068339股、3509673股、7384369股，其中增持农行的力度最大。值得注意的是，汇金此次增持四大行股票的数额要远远大于此前两次。根据2011年10月10日四大行的A股收盘价计算，汇金此次共耗资逾1.97亿元。本次增持后，汇金持有工、农、中、建四大行的股份比例分别达至35.43%、40.0374%、67.55%、57.09%。

同时，四家银行发布的公告都表示，汇金公司拟在未来12个月内以自身名义继续在二级市场增持各行股份。这是继2008年9月和2009年10月之后，汇金宣布的第三轮增持行动。

受汇金增持消息影响，金融股展开有力反弹。汇金2011年10月10日宣布增持后，根据工商银行的一则可转债转股公告发现，汇金在随后两个多月再买入工行3847万股，显示汇金对四大行的增持操作仍在有条不紊地推进，且力度不断加大。

历史上，汇金由于其"国家队"的特殊身份，历次在二级市场增持银行股之时都被认为是市场的阶段性底部。比较典型的是2008年9月和2009年10月，汇金两次增持均成为一轮上涨行情的起点。

从历史上看，产业资本涌现增持潮基本都出现在股市底部区域，究其原因，在于金融资本与产业资本对接，产业重置资本等于甚至低于金融资本。

本次汇金宣布增持与之前其增持时大幅调整的市场行情背景相同，这是具有政策救市的意义，纠正非理性下跌。

汇金作为大股东宣布增持四大国有银行，主要体现的是一种战略投资意义，符合自身利益要求，其增持的目的就是"为支持国有重点金融机构的稳健经营和发展，稳定国有商业银行股价"。

银行股市净率、市盈率已跌到历史低位水平，尽管银行有内部流动性偏紧、地方债务平台问题等影响，但维护银行系统的稳定性，确保银行业拥有充足资本，甚至在有需要时向银行提供流动性，以确保银行业能够获得资金应对当前风险，是十分重要的，因为这关乎社会经济稳定和持续增长的问题。

宝钢股份控股股东也于 2011 年 9 月 27 日增持公司股份，并拟继续增持。据有关统计，截至 2011 年 12 月 19 日，2011 年以来，A 股市场上共有 292 家上市公司被产业资本增持，共增持交易达到了 1095 起，增持交易的净买入股份数达到了 11.59 亿股，增持市值达到了 114.89 亿元。产业资本增持的 292 家公司中，有 111 家上市公司公布年度业绩预告，其中，年度业绩预喜的公司高达 95 家，占比 85.59%；而 2011 年产业资本累计在二级市场增持的 114.89 亿元，其中主要流向公用事业、商业贸易、家用电器、建筑建材、房地产、医药生物、化工等七大行业，这七大行业累计被增持 80.68 亿元，占产业资本增持总金额的 70.22%。

（十五）2015 年中 A 股市场大调整

2014 年下半年至 2015 年中国股市出现了异常波动，经历了快速上涨和下跌的变化过程。2014 年 7 月上证综指最低为 2033 点，由多种因素共同影响，到 2015 年 6 月 12 日达到 5178 点，累计上涨 154%，不少股票翻了几倍，远超 2007 年 10 月大顶 6124 点时的高位。

上证综指见顶 5178 点后随即开始狂跌调整，从千股涨停到千股跌停，在不到一个月时间里大盘重挫 30%，一度探至 2850 点附近。这主要是受清查场外配资影响，市场违规资金持续杀跌，加剧了市场跌势（见图 6.3）。

2015 年下半年的这轮大调整比以往历史上任何一次破坏力都强，主要是 2015 年 6 月见顶前近一年的涨升过度使用了金融杠杆，正是杠杆效应导致了后来较大的破坏力。

大跌缘自融资盘和配资盘的平仓，以及两融去杠杆、产业资本减持、新股发行等因素，同时也是前期过快上涨的自然调整所致。

由资金的杠杆放大效应所拉动的这轮涨势，在经济下行压力较大的形势下，来得快，去得也快。特别是 2015 年上半年，缺乏业绩支撑的个股非理性炒作，见顶后自然形成非理性的下跌。

股市是经济的先行指标和晴雨表，这是经济学常识。脱离经济基本面过分上涨的股市和炒作过分脱离其内在投资价值的股票，就成为赌场。

在见顶而经历了 14 个交易日的粗暴打击后，A 股终于迎来一系列实质性利好。2015 年 7 月 4 日，中国股市历史少见的救市大行动展开。

当日午后，21 家证券公司宣布，决定出资不低于 1200 亿元，用于投资蓝筹股 ETF，并承诺上证综指 4500 点以下自营股票不减持。而晚间传来更大的利好，IPO 暂停。

另外，中国证券金融股份有限公司将在继续维护蓝筹股稳定的同时，加大对中小市值股票的购买力度，缓解市场流动性紧张状况。111家中央企业也于2015年7月8日联合发布承诺书，承诺在股市异常波动时期，不减持所控股上市公司股票。

特别是2015年7月9日公安部会同证监会排查当时恶意卖空股票与股指的线索，显示监管部门要出重拳打击违法违规行为。

2015年8月底，证监会、财政部等部门联合出台文件《关于鼓励上市公司兼并重组、现金分红及回购股份的通知》，积极推进上市公司并购重组，鼓励现金分红并支持上市公司进行回购。其中关于回购表述如下：大力支持上市公司回购股份。对上市公司股票价格低于每股净资产，或者市盈率或市净率低于同行业上市公司平均水平达到预设幅度的，可以主动回购，并鼓励国有控股股东和实控人推动上市公司回购。

在A股2015年8月下旬再度暴跌探底之际，中国人民银行决定，自2015年8月26日起，下调金融机构人民币贷款和存款基准利率，以进一步降低企业融资成本。其中，金融机构一年期贷款基准利率下调0.25个百分点至4.6%；一年期存款基准利率下调0.25个百分点至1.75%；其他各档次贷款及存款基准利率、个人住房公积金存贷款利率相应调整。同时，放开一年期以上（不含一年期）定期存款的利率浮动上限，活期存款以及一年期以下定期存款的利率浮动上限不变。另外，自2015年9月6日起，下调金融机构人民币存款准备金率0.5个百分点，以保持银行体系流动性合理充裕，引导货币信贷平稳适度增长。同时，为进一步增强金融机构支持"三农"和小微企业的能力，额外降低县域农村商业银行、农村合作银行、农村信用社和村镇银行等农村金融机构准备金率0.5个百分点。额外下调金融租赁公司和汽车金融公司准备金率3个百分点，鼓励其发挥扩大消费的作用。

受降息降准消息影响，2015年8月26日当日上证指数探出低点2850点，在一系列利好维稳措施推出影响下，终于止跌反弹至同年12月底。

2015年9月6日晚间，中国证监会负责人以答新华社记者问的形式发表谈话，表示要把稳定市场、修复市场和建设市场有机结合起来。该负责人称，目前股市泡沫和风险已得到相当程度的释放。今后当市场剧烈异常波动、可能引发系统性风险时，证金公司仍将继续以多种形式发挥维稳作用。

证监会负责人还表示，所谓市场内在稳定性增强，主要体现在以下几个方面：一是市场估值中枢明显下移；二是杠杆融资风险得到相当程度的释放；三是助涨助跌的规则性因素得到有效抑制；四是投资者流动性状况良好。

证监会负责人认为，股票市场有波动，时而上涨，时而下跌，是必然现象。但近几个月来，我国股市出现了异常波动，经历了快速上涨和下跌的变化过程。股市过快过大上涨并产生泡沫，随之而来的回落和调整是不可避免的，但股市快速回落甚至出现恐慌性下跌，杠杆融资在助涨后加速助跌，部分金融产品触及止损线强制平仓，现货、期货市场交互下跌，市场流动性风险和金融系统性风险凸显。面对这种局面，各有关方面统一行动、协同配合，迅速果断采取多种措施，维护股市稳定，避免了可能发生的系统性风险。

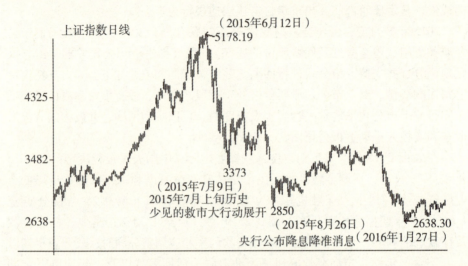

图 6.3　A 股 2015 年下半年展开大调整

（十六）美联储加息全球金融市场动荡

1. 美联储加息及影响

美国联邦储备委员会（简称"美联储"）2015 年 12 月 16 日宣布将联邦基金利率上调 25 个基点到 0.25%～0.5% 的水平，这是美联储自 2006 年 6 月以来首次加息。这次宣布加息，意味着美国进入加息周期，同时也意味着美国货币政策结束量化宽松之后回归常态化的政策周期。

时隔一年后，北京时间 2016 年 12 月 15 日凌晨 3 时，美联储再度宣布将联邦基金利率目标区间上调 25 个基点到 0.5%～0.75% 的水平，这是美联储时隔一年后再度加息。

美联储利率决策的依据主要是美国经济走势。一般情况下，美联储的政策目标主要是保持物价稳定和促进就业两项。如果它预期未来经济可能趋于疲软、物价存在下行压力，就很可能采取更宽松的货币政策，如降息等；反之，则可能采取加息等政策收紧银根。

美联储加息有其国内因素，美联储之所以坚持要加息，因为美国经济转好。对美国来说，如果再不加息，经济刺激过甚，可能影响到可持续发展，甚至陷入新的危机。

联邦基金目标利率上次提高是在2006年6月29日，当时提高之后的联邦基金目标利率是5.25%。2007年开始，联邦基金目标利率持续下降，一直到2008年12月16日，降至零利率。降无可降之后，美国货币政策进入一段量化宽松的非常宽松时期，通过非常规手段向市场注入更多流动性。

美联储加息导致美元走强，给全球市场造成了剧烈冲击。2008年以来，由于美国利率持续接近零利率水平，大量美元资产涌向新兴市场以寻求高回报率。在美元刺激下，不少新兴经济体市场出现了繁荣，特别是那些资本项目管制较为宽松的国家。

然而，在美元走强以后，美元资产纷纷回流，对于一些新兴经济体来说，这可能意味着资金的流出，进而可能导致本币汇率下滑，如果外汇储备等应对手段不足，可能意味着风险，由此导致部分新兴经济体本币贬值，市场剧烈动荡，经济走向阶段性衰退。

布雷顿森林体系崩溃以来，美国每次进入加息周期都会或多或少引发全球或区域性的金融危机，只在于"剪羊毛"的对象不同，引发如1982年拉美债务危机、1997年东南亚金融危机、2007年美国次贷危机，等等。

美国在全球经济处于重要地位，美联储的货币政策也是全球各大央行模仿和跟进的风向标。为了不被"剪羊毛"，一些国家或地区也跟随着加息。

美国多年以来一直奉行量化宽松政策，当美元息口较低时，美元"热钱"流向一些国家，然后换成这些国家的货币，抢夺优质资产，特别是新兴市场缺乏资金，对国际资本当然是求之不得，而随着经济不断升温，并且房地产和股市资产价格被推高，当初的"热钱"获取了高额回报。待这些国家资产价格泡沫吹大后，加上美联储加息，美元升值，热钱于是获利了结，美元回流美国，进入美国的实体经济层面或者金融层面。

由于国际热钱被抽走，一些国家房地产市场和股票市场暴跌，甚至引发经济危机，然后，这些美元资本再以极低的价格收购这些国家的核心资产。就这样，美元利用其世界货币的地位，"剪"了一轮"羊毛"。当年的日本汇市、股市和房市就是被美国华尔街资本"先捧后摔"的。

2. 人民币是强势货币

2015年12月16日，美联储启动近10年来的首次加息，受美联储加息影响，人民币汇率2016年伊始连续多日贬值，后在央行干预汇市下才有所企稳，人民币汇率基本稳定，有助于缓解资金跨境流动压力。同时，中国资本项目还未完全放开，有助于控制资金流出的规模。

2016年2月4日，当日人民币兑美元汇率中间价报6.5419，较前一交易日大幅调升102个基点，创2015年12月4日以来最大单日调升幅度。

有关专家表示，虽然过去一年主要非美货币兑美元都发生了贬值，但由于人民币兑欧元、日元等货币保持升值，所以其对"一篮子"货币仍然呈现温和升值态势。从这个角度来看，人民币是强势货币，反映了中国经济发展的基本面是好的。

美国经济快速增长，中国对美出口前景也看好。贬值并不就是坏事，中国是主要出口大国，对于劳动密集型企业而言，将有利于增强其国际竞争力，扩大出口，进而为自身转型升级创造出更加有利的条件。

另外，美联储加息，国际油价应声暴跌近5%，跌破了国际金融危机时期的最低水平。美国 NYMEX 3 月原油期货价格 2016 年 2 月 11 日收盘下跌 1.24 美元，跌幅 4.5%，报 26.21 美元/桶，美国原油下跌触及 12 年低位。

美元走强使大宗商品价格进一步延续了低迷态势，而中国是全球大宗商品的买家，成本由此降低。

3. 全球股市出现一轮大跌

2015 年 12 月 16 日，美联储启动加息之后，全球金融市场呈现剧烈动荡，投资者对全球经济前景的担忧日渐增长。同时，当时中国外汇储备的大量减少也是全球资本市场 2016 年开年暴跌的主因。

2016 年新年一开始中国股市就大跌，美国股市也遭遇了史上最差的开盘，之后持续走低。

2016 年 1 月 20 日国际油价大幅下跌，美国原油期货价格重挫 6.7% 跌破了每桶 27 美元，纽约油价跌至 2003 年 5 月以来的最低水平，令市场承压。当时令油价持续走低的主要负面因素包括：市场供过于求，全球经济增速放缓，产油国为了争夺市场展开价格战以及全球股市走低。

2016 年 1 月 20 日全球市场普遍下跌，美股道指收盘下跌 1.56%，但已远离盘中最低点，欧股重挫 3.2% 创一年多新低，日本股市日经 225 指数收盘大跌 3.7%，收报 16416.19 点，自 2015 年 6 月高点以来下跌接近 21%，正式跌进"熊市"。与此同时，韩国首尔综合指数收跌 2.3%，一度创下自 2012 年以来的新低。此外，印度和澳大利亚股市跌幅均超过 1%。

中国 A 股当日形成反弹高点而回落，次日大跌 3%。当日，中国香港股市、汇市同时走软，呈现股汇双杀格局，港股重挫近 4%，美元对港元汇率突破 2007 年以来新高水平，稳居 7.82 之上，恒指收跌 3.82% 创下三年半以来新低。

另外，明晟指标全球股指进一步下跌进入了技术性"熊市"，从 2015 年 4 月的高位下跌 20%，金融股和金融债券连遭重创，欧洲银行业成为暴风中心。

欧洲斯托克 600 指数中的欧债金融机构板块 2016 年 2 月 8 日重挫 5.6%，创欧债危机以来第二大单日跌幅，2016 年 1 月至同年 2 月 8 日已经下跌了24%。

欧洲股市2016年2月9日延续下跌趋势，连续7个交易日下挫。

受欧美股市大跌的影响，日本股市2016年2月9日暴跌，日经225指数收盘重挫5.4%，报16085.44点。日股追随欧美股市的大跌之势，进一步刺激避险情绪升温，日内日元兑美元大涨超过1.2%，并自2014年11月来首次跌破115大关，其他避险货币如欧元及瑞郎均上涨。

2016年2月12日，日经225指数再度大跌，跌穿15000点大关，最低下探至14865.77点，最终收盘重挫4.84%，收报14952.61点。

同时，日本10年期国债收益率2016年2月9日有史以来首次跌破零值，创下了七国集团经济体国债收益率前所未见的低位，促使全球风险厌恶情绪进一步升温，令避险性质的日本国债以及日元成为市场受广泛热捧的"香饽饽"。

在股市下跌和油价重挫，以及上市公司业绩可预见性低的情况下，投资者将资金转移至黄金与国债等安全投资品种，令现货黄金和黄金期货价格走高。

4. "熔断"机制实施引发A股暴跌

继2015年第三季度展开调整和第四季度反弹后，A股市场2016年1月又展开一轮持续大跌，沪市2016年1月27日跌至2638点才止跌。

除了2015年12月美联储加息给全球市场造成影响外，2016年1月初，A股筹划近半年的熔断机制首次实施，但在实施的4天内，4度触发熔断，引发千股跌停，最后暂停实施。而在市场信心不足的情况下，沪指在2016年1月连续跌破多个整数关口，从月初的3536.59点，直跌近千点，最低至2638点。

2015年6月份，中国股市出现了一次"股灾"，股市仅用了两个月就从5178点一路下跌至2850点，下跌幅度近45%。为了抑制投资者可能产生的羊群效应，抑制追涨杀跌，防止价格剧烈波动，中国证监会出台熔断机制。根据发布指数熔断相关规定，熔断基准指数为沪深300指数，采用5%和7%两档阈值。

2016年开年第一周，熔断机制首次实施，沪市暴跌11.96%，深市跌幅超过15%，创造史上最差开局。2016年1月4日，A股遇到史上首次"熔断"。早盘，两市双双低开，随后沪指一度跳水大跌，跌破3500点与3400点，各大板块纷纷下挫。午后，沪深300指数在开盘之后继续下跌，并于13时13分超过5%，引发熔断，三家交易所暂停交易15分钟，恢复交易之后，沪深300指数继续下跌，并于13时34分触及7%的关口，三家交易所暂停交易至收市。

2016年1月7日，早盘9时42分，沪深300指数跌幅扩大至5%，再度触发熔断线，之后两市在9时57分恢复交易，开盘后仅3分钟，沪深300指数再度快速探底，最大跌幅7.21%，二度熔断触及阈值。这是2016年以来的第二次提前收盘，同时也创造了休市最快纪录。

2016年1月7日晚间，上海证券交易所、深圳证券交易所、中国金融期货交易所发布通知，为维护市场稳定运行，经证监会同意，自2016年1月8日起暂停实施指数熔断机制。

证监会新闻发言人表示，熔断机制不是市场大跌的主因，但从近两次实际熔断情况看，没有达到预期效果，而熔断机制又有一定"磁吸效应"，即在接近熔断阈值时部分投资者提前交易，导致股指加速触碰熔断阈值，起了助跌的作用。权衡利弊，负面影响大于正面效应。因此，为维护市场稳定，证监会决定暂停熔断机制。

市场认为，市场在5%～7%这段时间很短，比如有些优质的小股票跌停了，在没有熔断机制的作用下，可能会有价值投资者抄底，但存在熔断机制时，买盘会考虑可能触及熔断机制，次日存在不确定性，所以买盘就不会急于抄底，宁愿等到明天，造成的结果就是当大盘跌到5%时，再向7%走是很容易的。在这种熔断制度下，相当于会将很多卖盘的压力一天一天往后推，大家都会想等卖方的力量出清为止，可能会造成市场的进一步下跌。

第一次熔断门槛5%到第二次熔断门槛7%之间仅有2%的幅度，这个幅度太小，太容易达到。且一旦达到，在当天便停止交易直到休市。这会给人很强的对于第二次熔断的预期。

A股的熔断机制5%、7%的触发线，相较于美国标普500实施7%、13%和20%的三道槛要窄很多，所以即使要实施熔断机制，熔断触发线也应设置高一些。美国股市在1988年实施熔断机制，却在1997年才首次触发。

1987年10月19日，纽约股票市场爆发了史上最大的一次崩盘事件，道琼斯工业指数一天之内重挫508.32点，跌幅达22.6%，由于没有熔断机制和涨跌幅限制，许多百万富翁一夜之间沦为贫民，这一天也被美国金融界称为"黑色星期一"。

1988年10月19日，美国商品期货交易委员会与证券交易委员会批准了纽约股票交易所和芝加哥商业交易所的熔断机制。

美国历史上的熔断机制触发的情况也不多，美国股市是实行T+0，买入后当天可卖出，同时没有涨跌幅限制，A股既有涨跌幅限制，又有熔断机制，同时又是T+1，买入后第二个交易日才能卖出，熔断机制应合理设计好才有利于市场。

5. A股创史上最大1月跌幅

2016年1月，上证综指跌幅达22.65%，超过了此前2009年8月单月下跌21.81%的纪录，创下近七年来单月跌幅最大，以及创史上最大1月跌幅，也是A股历史上第6大月度跌幅。在1月份20个交易日中，11个交易日收跌，跌幅超过5%的交易日就达4个。而在市值缩水上，单月A股蒸发市值约12.62万亿元，这一数字与意大利2015年全年GDP相当。

当时公布的数据显示，中国股票市场投资者数量于2016年1月21日突破1亿，截至2016年1月28日，市场投资者数量共计10038.85万。这意味着2016年1月份股民平均亏损约12.7万元。

统计数据显示，截至2016年1月末，沪深两市持股市值在百万元以上的投资者共计108.06万户。这一数字在2015年年末，则为152.71万户。短短1个月，便有44.65万百万元大户消失，锐减29.24%。

低迷的行情也让投资者的投资热情大减，截至2018年1月末，持仓投资者数为5127.59万个，持仓投资者数占投资者数的比重为51.04%，较上月下降0.59个百分点，空仓投资者占48.96%。

沪深交易所数据显示，2016年2月29日收盘，沪市总市值为22.632万亿元，平均市盈率为13.52倍；深市总市值为17.0706万亿元，平均市盈率37.61倍；沪深两市合计总市值39.7万亿元，相比2015年5月底70万亿元的总市值，A股市值缩水逾40%。同时，相比2015年6月12日沪指最高点5178.19点，沪指下跌了48%。

中国结算最新数据显示，截至2016年2月19日，A股期末持仓投资者数量为5016.92万人。照此粗略计算，2016年以来，A股持仓投资者人均亏损26.5万元。

6. 香港股市形成一轮股灾

2016年2月11日香港股市迎来猴年首个交易日，受到假期外围股市集体暴跌的影响，恒生指数收跌3.8%，跌742.37点，报18545.80点，再创三年半新低。次日（2月12日），恒生指数又下跌了226.22点，最低点位探至18278.80点，恒指两日累计下跌968.59点，创出2012年6月以来的新低。

2015年4月27日，恒指见到阶段性高点28588.52点，至2016年2月12日最低18278.80点，最大跌幅为36.06%，堪称"股灾"，但不及史上4次股灾的最大跌幅，见图6.4。

回顾港股史上堪称"股灾"时段的数据：

1973年，在经历此前5年的牛市之后，恒生指数从当年3月9日最高1774.96点跌至1974年12月10日最低150.11点，跌幅91.5%；

1987年10月16日，美国道琼斯工业指数突然大跌，10月19日（周一）亚太股市迅速跟跌，恒指跌逾400点，香港联交所宣布休市4天，10月26日一开市，恒指跌逾1100点。恒指以1987年10月1日高点3949.73点到同年12月7日低点1876.18点计算，跌幅52.5%。

1997年,香港股市因为亚洲金融危机出现又一轮股灾,恒指从1997年8月7日最高16820.31点跌至1998年8月3日最低6544.79点,跌幅61.09%。

2008年,受累于美国次贷危机,全球股市下跌,恒指从2007年10月30日最高31958.41点跌至2008年10月27日最低10676.29点,跌幅66.59%。

图6.4　恒生指数2015年4月27日见顶后仅10个月跌去36%

7. 德银业绩巨亏引发市场忧虑

2016年在美股等多个市场遭遇最差新年开局后,新年一个月全球股市市值蒸发了6万亿美元,市场对股市牛市终结、2008年金融危机重演的担忧越来越重。

据当时《每日经济新闻》报道,环球股市集体大挫,欧洲银行业的问题被市场认为是一大重要原因,而德意志银行(以下简称"德银")的问题尤为突出。市场甚至一度担心德银会成为第二个雷曼兄弟,并引发多米诺骨牌效应及造成更大的金融危机。

雷曼兄弟2008年的破产,促使美国次贷危机演变成了一场全球性金融风暴。而华尔街曾经的五大投行仅高盛和摩根士丹利生存了下来,其他的不是破产就是被收购。

相比雷曼兄弟,德银无疑"个头"更大,影响力更深远。如果德银倒闭,对全球经济的伤害无疑更大。

但就是这个"大到不能倒"的德银在2015年第三季度的税后亏损达到了60.24亿欧元,远超雷曼兄弟2008年二季度亏损的39亿美元。而就在2016年1月28日,德银宣布公司2015年第四季度继续亏损21亿欧元,整个2015年德银亏损68亿欧元。

另外，早在 2015 年年底，美国《华尔街日报》就以封面报道警示金融市场，随着油价重挫，一些财政收入依赖石油出口国家的主权财富基金的规模开始缩水。诸如挪威、沙特阿拉伯、科威特等国家的主权财富基金在过去几个月从财富管理公司和全球股市大规模撤资，油价长期徘徊在低位对产油国财政收入的威胁巨大，其不得不动用主权财富基金以维持财政，而这些主权财富基金很少甚至从不披露资产情况，给全球金融市场造成的潜在动荡令人担忧。

低油价成全球股市难以承受之重，也成为股市持续暴跌的主要杀手，造成汇率大幅波动的主要原因。

8. 避险情绪助推金价飙涨

2016 年中国春节期间，受到市场对德意志银行"雷曼时刻"的忧虑影响，以及对日本量化宽松政策能否持续的担忧，全球主要股市均遭遇大跌，避险资产再次受到市场青睐和追捧。国际金价在市场风险情绪的助推下，出现持续飙涨态势。

期间国际金价自 1180 美元/盎司上方大幅走高，跨越了此前难以逾越的 1200 美元/盎司的关口，大幅上涨近 65 美元，涨幅达 5.5%，创下一年来的高点。

2016 年开年 2 个月以来，黄金是表现最好的资产之一，累计涨幅超过了 16%。

2016 年初，世界黄金协会（World Gold Council）发布的 2015 年全年《黄金需求趋势报告》称，黄金需求在以金条及金币为主的个人零售投资领域表现尤为明显。中国与欧洲市场领跑金条与金币需求，美国市场亦不甘落后。这是由于在经济疲软、市场动荡，以及地缘政治冲突持续的大背景下，投资者抓住了金价走低的机遇。

黄金被投资者视为一种安全资产，在经济和股市不确定性较高的时期拥有很大吸引力。正因如此，黄金市场当时出现了 10 多年以来最好的买盘，这在很大程度上是由于投资者对全球经济的健康性以及日本和欧洲部分国家所采取的负利率政策感到担心。

（十七）中国央行降准 A 股大逆转

2016 年 2 月 15 日（猴年首个交易日）A 股三大股指均大幅低开约 3%，随后 A 股反攻走高，沪指收复 5 日均线，但受制于量能低迷，沪指在平盘下方弱势波动，最终没能收红。

受外围股市大跌影响，黄金价格大涨，刺激了 A 股黄金概念股当日逆势大涨超 6%；煤炭、有色金属股票接力大涨带动蓝筹股企稳走强。

2016 年 2 月 12 日油价创七年最大涨幅，欧美股市也强劲反弹，也推动市场风险情绪回升。离岸、在岸人民币双双涨破6.50，创十年最大涨幅。

2016年2月29日，中国人民银行决定，自2016年3月1日起，普遍下调金融机构人民币存款准备金率0.5个百分点，这也是2016年的第一次降准。2016年1月末，人民币存款余额137.75万亿元，以此计算，降准0.5个百分点，能够一次性释放资金近7000亿元。

降准对股市形成正面维稳作用，尤其是对金融地产蓝筹形成利好效应。当时降准是在大盘处于非常关键的点位上，2016年2月29日沪指再度低探跌至2016年1月27日低点2638点位置，处于2015年6月见顶调整以来的最低点水平。

该重要关口较为关键，如有效跌破则或再度形成新一轮探底。所以，沪指2016年2月29日跌到关键关口的敏感时刻，央行2016年3月1日降准，可以说是在关键点位挽救了大盘。

2016年3月1日降准当日，A股低探后引发抄底盘的介入，特别是资产类、资源类股票反复走强。次日大盘放量上行，沪市大涨4.26%。从地产、银行、黄金、有色、资源等周期行业股走强看，降准对相关行业所产生的效果较为明显，这些股票也对大盘形成重要支撑基础。

2016年2月16日中国央行发布2016年1月金融统计数据，报告显示2016年1月末，广义货币（M2）余额141.63万亿元，同比增长14.0%，增速分别比上月末和2015年同期高0.7个和3.2个百分点；狭义货币（M1）余额41.27万亿元，同比增长18.6%，增速分别比上月末和2015年同期高3.4个和8.1个百分点；流通中货币（M0）余额7.25万亿元，同比增长15.1%。当月净投放现金9310亿元。

流动性宽松和通胀预期引发资产类、资源类的保值升值预期效应，大量资金往往追逐房地产、基础资源和各种金融资产。

A股蓝筹股估值已达历史低位区，而低估值蓝筹股的较高股息率，对长线投资资金存在一定吸引力。中国经济继续保持中高速增长，蓝筹股业绩相对稳定性仍存在，低估值蓝筹股在当时迎来了战略性的投资机会。

中国领导层2016年春节后强调，在保持就业形势稳定的同时，必须要高度警觉，维护金融市场的稳定，并指出："2015年针对股市、汇市异常波动，采取稳住市场的方针政策是正确的，符合国际惯例，而且在一段时间内拆掉了一些'炸弹'，避免了系统性金融风险的发生""中国经济仍有巨大的潜力：我们有这么高的储蓄率，这么大的回旋空间，一旦经济真的出现滑出合理区间的苗头，该出手时我们会果断出手。"

该出手时果断出手，经济能够稳住了，增强了市场持股的信心，股市也能够稳住。

（十八）美联储再加息引"股债汇三杀"

2016年12月12日A股市场出现暴跌，沪指跌近百点，创业板指更大跌5.5%，两市近2700只个股飘绿，其中跌停近200只；一同下跌的还有债市和汇市，形成"股债汇三杀"。2016年12月15日，之前两个月较为强势的上证50指数大跌2.14%，创下了2016年2月以来的最大单日跌幅，继"八"类股票持续大跌后，银行等蓝筹股补跌。

保险资金是上轮反弹的重要推手之一，而保险万能险业务和举牌行为监管从严，对市场产生一定影响。

保险资金举牌特别是举牌部分蓝筹股激发市场价值"发现"，而推动2016年10月份后市场走强，但保监会后来分别对"举牌专业户"前海人寿及恒大人寿做出不同处罚，险资举牌监管政策的密集出台使得市场资金面受到影响，相关概念股出现调整压力。

2016年12月12日"股债汇三杀"和同年12月15日银行等蓝筹股补跌，除加强监管、流动性趋向紧张等外，或主要是对美联储时隔一年后再度加息的提前和即时反应。

北京时间2016年12月15日凌晨3时，美国联邦储备委员会宣布将联邦基金利率目标区间上调25个基点到0.5%~0.75%的水平，符合市场普遍预期，这是美联储时隔一年后再度加息。

美联储加息导致美元走强，而给全球市场造成了一定冲击。

（十九）美联储"缩表"以收紧货币政策

美国联邦储备委员会2017年9月20日宣布，将从2017年10月开始缩减总额高达4.5万亿美元的资产负债表（"缩表"），以逐步收紧货币政策。

所谓"缩表"，是指美联储缩减自身资产负债表规模，这将推升长期利率，提高企业融资成本，从而令美国金融环境收紧。可以说，"缩表"和加息一样，都是收紧货币政策的一种政策工具。同时，自2015年12月启动金融危机后首次加息以来，美联储已累计加息4次共100个基点，进入加息周期。

据当时新华社报道，2008年金融危机后，美联储不仅将联邦基金利率降至接近零的超低水平，又先后通过3轮量化宽松货币政策购买大量美国国债和机构抵押贷款支持证券，大幅压低长期利率，以促进企业投资和居民消费，刺激美国经济复苏。美联储资产负债表的规模也从危机前的不到1万亿美元膨胀至当时约4.5万亿美元。

随着美国经济回到稳步复苏轨道，美联储的超宽松货币政策也逐步回归常态，除了加息之外，美联储资产负债表也要收缩到相对正常水平。经济学家警告，长期过度宽松的货币政策会导致美国经济过热、金融风险升高，还可能加大资产泡沫和通胀飙升风险。

按照计划，美联储主要通过逐步减少对到期证券本金再投资来被动收缩资产负债表，并不主动出售目前持有的国债和抵押贷款支持证券。因此，分析人士普遍认为，"缩表"步伐相对缓慢和可预期。同时，由于美联储最终仍将维持高于危机前水平的较大资产负债表规模，预计"缩表"对金融市场的影响将较为温和可控。在美联储当天宣布决策前后，纽约股市波动幅度不大。

6-2 英国脱离欧洲联盟

英国当地时间2016年6月23日上午7时（北京时间6月23日下午3时）开始，英国公投决定放弃拥有了40多年的欧盟成员国身份。此次投票持续15小时，最终的计票结果显示，支持脱欧选民票数17176006票，占总投票数52%。支持留欧选民票数15952444票，占总数48%。

英国于1973年加入欧盟，此次投票结果意味着英国和欧盟长达43年的"婚姻"宣告结束。

当地时间2017年12月8日，在比利时首都布鲁塞尔，英国首相特雷莎·梅会晤欧盟主席唐纳德·图斯克以及欧盟委员会主席容克，为脱欧谈判寻求突破。当天，英国与欧盟达成历史性脱欧协议，从而为贸易谈判铺平了道路。

2018年6月26日，英女王批准英国脱欧法案，允许英国退出欧盟。

（一）英国脱欧基于自主经济政治体系

1. 欧盟是世界重要经济体

欧洲联盟（简称"欧盟"），总部设在比利时首都布鲁塞尔（Brussel），是由欧洲共同体发展而来的，创始成员国有6个，分别为德国、法国、意大利、荷兰、比利时和卢森堡。该联盟正式官方语言有24种，拥有28个会员国，即奥地利、比利时、保加利亚、塞浦路斯、捷克、克罗地亚、丹麦、爱沙尼亚、芬兰、法国、德国、希腊、匈牙利、爱尔兰、意大利、拉脱维亚、罗马尼亚、立陶宛、卢森堡、马耳他、荷兰、波兰、葡萄牙、斯洛伐克、斯洛文尼亚、西班牙、瑞典、英国。

1950年5月9日，法国外长舒曼发表声明（史称"舒曼计划"），建议法德两国建立煤钢共同体。1952年7月，法国、西德、意大利、荷兰、比利时和卢森堡正式成立欧洲煤钢共同体。1958年1月，六国成立了欧洲经济共同体和欧洲原子能共同体。1967年7月，3个共同体的主要机构合并，统称"欧洲共同体"。

1993年11月,《欧洲联盟条约》(又称《马斯特里赫特条约》)生效,欧洲共同体演化为欧洲联盟。2002年1月欧元顺利进入流通。2009年《里斯本条约》生效后,欧盟具备了国际法主体资格,并正式取代和继承欧洲共同体。《里斯本条约》首次就成员国退出欧盟相关程序做出了规定。

欧洲中央银行(ECB)于1998年6月1日成立。1999年1月1日,欧洲中央银行承担起在欧元区制定货币政策的责任,实现了实施单一货币欧元和在欧元区国家实行统一货币政策的目标。

2010年3月,欧盟提出了对外行动署组建方案,次年行动署主要职位任命和机构组建工作初步完成。欧债危机爆发后,欧盟进一步推动相关改革,包括大力推进并建成银行联盟,积极推动资本市场联盟、能源联盟和单一数字市场建设等。目前,欧盟是世界上地区一体化程度最高的国家集团。

欧盟是世界重要经济体,2015年欧盟国内生产总值16.22万亿美元,人均3.43万美元。

2. 英国脱欧顾及本国长期经济利益

英国是由大不列颠岛上的英格兰、威尔士、苏格兰和爱尔兰岛东北部的北爱尔兰,以及一系列附属岛屿共同组成的一个西欧岛国。除本土之外,其还拥有14个海外领地,总人口超过6500万,其中以英格兰人(盎格鲁-撒克逊人)为主体民族,占全国总人口的占83.9%。

英国是一个高度发达的资本主义国家,欧洲四大经济体之一,其国民拥有较高的生活水平和良好的社会保障制度。

英国是欧盟28个成员国中对欧盟持怀疑态度最强烈的国家,在地缘政治上,隔着一条海峡,很多英国人完全没有欧洲人的感觉。由于历史与地理原因,19世纪晚期以来,英国一直奉行对欧洲大陆事务不干预政策。

同时,英国并非欧元区国家,可以发行自己独立的货币,拥有自主的财政政策,但这使英国很难真正地加入欧洲大陆的事务处理,不少英国人认为英国向来比欧洲其他国家更依赖全球市场。而作为欧盟成员国,其公民可以通过欧盟的劳动力自由流动政策轻松进入英国,所产生的难民、人口流动等问题激起了不少英国人的负面情绪。

而欧债危机关键时期,英国不积极参与欧盟的危机救助,也使欧盟其他国家民众对英国日渐不满。

英国脱欧后,英国难以依托欧盟在欧洲和世界事务中发挥重要作用,而对欧盟以及欧洲一体化进程来说尽管不一定逆转,但也是一个打击。当然,由于英国与欧盟间的货币本来就是独立的,英国脱离欧盟体系后,两者间的经济和金融政策不会改变,经济层面影响相对有限。

基于自主的经济政治体系应是英国脱欧的主要原因,由于庞大的欧盟管制体系限制了英国与其他国家如中国、印度、美国等国和新兴市场签订自由贸易协议以及英国行业发展，脱欧后英国可以避开这些规定，更好地顾及本国长期经济利益。

（二）英国脱欧引发全球金融海啸

英国脱欧这一令人震惊的举措引发了全球金融海啸，美国国债和黄金等避险资产需求旺盛。

2016年6月24日全球股市录得历史上最大单日跌势之一，英镑暴挫，在此期间，英镑跌至1985年以来最低水平，投资人寻求在美债等资产中避险。MSCI世界指数下跌4.8%，是2011年8月份以来最大跌幅。美国股市成交量超过130亿股，是2016年最高纪录，道琼斯指数重挫611.21点，跌幅3.4%，报17399.86点，创2015年8月以来最大收盘跌幅，抹去2016年涨幅，银行、科技、原材料及工业板块均录得逾4年来最大单日跌幅；纳斯达克综合指数重挫4.12%，报4707.98点，创2011年以来最大收盘跌幅；标普500指数收跌3.60%，报2037.30点，回吐2016年以来的涨幅。

当日欧洲股市下跌7%，是2008年以来最惨重的损失。英国FTSE100指数大跌7.99%，法国CAC指数暴跌10.09%，德国DAX指数暴跌9.22%。

日本股市日经指数期货触发熔断机制，暂停10分钟。日股日经225指数收盘跌7.9%，至14952.02点。

6月24日A股开盘后一路震荡下行，沪指盘中一度逼近2800点，个股呈现普跌态势，黄金股逆势大涨。午后，抄底资金蜂拥而入，股指跌幅收窄，截至收盘，沪指下跌1.3%报2854点，深成指下跌1.05%报10147点，创业板下跌0.47%报2127点。

受英国公投脱欧推动，金价2016年6月24日大幅攀升，美市主力期金8月合约大涨59.30美元，涨幅4.7%，收于1322.40美元/盎司，创下2014年7月以来的近两年新高。市场恐慌导致黄金作为较安全投资目标的吸引力大增。日元兑美元短暂升破100大关。美国国债收益率创下4年多来最大跌幅。

七国集团（G7）财长和央行行长们表示，G7国家央行已经采取措施，确保流动性充足，并且能够支持市场运转。

英国"脱欧"公投结果引发全球投资者寻求避险，全球主要股票市场大跌，这主要是对未来的担忧，害怕其他欧盟国"脱欧"，最后导致欧盟解体，并担心外资企业会减少在英国的投资，甚至导致英国银行系统出现风险。

6-3 中美两国贸易摩擦

(一) 美国进入加息长周期

美国联邦储备委员会在北京时间 2018 年 3 月 22 日凌晨再度宣布加息 25 个基点，本次是美联储自 2015 年 12 月宣布加息以来的第六次加息，也是美联储"新掌门"鲍威尔上任以来的首次加息。

鲍威尔声称，最近几个月以来，美国劳动力市场持续走强，经济活动以稳定速度增长，就业增长强劲，失业率保持在低位。与 2017 年四季度相比，近几个月来美国家庭消费和企业固定资产投资增长趋于温和，通货膨胀率仍然维持在 2% 以下，美联储对美国经济前景的信心得到增强。

受美联储加息影响，美国三大股指当日收跌，A 股也有所下跌，银行、保险、家电、白酒等蓝筹白马板块走弱。

在美国经济出现复苏后，国际投资者对新兴市场的资产兴趣开始减弱，加上美国抛出巨额减税措施，尤其在美联储持续加息的预期下，美元可望进入上升周期，资本逐渐撤出新兴市场，转而投向美国市场。

北京时间 2018 年 6 月 14 日凌晨，美联储宣布将联邦基金利率目标区间上调 25 个基点到 1.75%～2% 的水平，符合市场普遍预期。美联储迎来年内第二次加息，而中国央行公开市场操作利率按兵不动。

美联储当天在结束货币政策例会后发表声明说，5 月份以来的信息显示，美国就业市场继续保持强劲，经济活动稳步扩张。近期数据显示美国家庭消费增长回升，企业固定资产投资继续强劲增长。美国整体通胀和剔除食品与能源的核心通胀水平都已接近美联储 2% 的目标。

金融危机后的数年，美国一直是全球经济复苏中的亮点，在这一背景下，ICE 指数显示，美元 2014 年升值了近 13%，2015 年升值 9%，2016 年再升值 3.5%。

在美国持续加息和大规模减税以后，全球流动性不断涌入美国，美元有所走强，但美元过于强势，对于美国的出口也不利，而随着其他经济体逐渐追赶上来，不少国家货币也逐渐获得升值动力，从而使美元在经历数年上涨后 2017 年进入下行态势。2017 年，ICE 美元指数跌了近 10%，创下自 2003 年以来的最大年度跌幅。

另外，欧元区实现了 10 年来最好的经济表现，2017 年欧元区 GDP 增速也超过美国，2017 年全年欧元区 GDP 增长 2.5%，且实现了连续 19 个季度的扩张。

伴随着欧洲经济的强劲复苏，欧元形成上升趋势，2017年美元兑欧元跌逾12%，欧元强势也是2017年美元疲软的一个重要原因。而其他国家央行也在寻求推升基本利率，削弱了美元的吸引力。

（二）美元对新兴市场"剪羊毛"

当然，对新兴市场特别是经济问题较多和外债负担沉重的国家来说，美元走强导致资金外流仍是一种打击，甚至产生被"剪羊毛"效应。

近几十年来，每隔10年就会爆发一场新兴市场危机，甚至是全球性的金融危机，而每次危机都与美元回流对新兴市场"剪羊毛"有关。

1. 每隔10年爆发一场新兴市场危机

据有关报道，第一次全球性的金融危机是1987—1988年，其标志性事件是"黑色星期一"。1987年10月19日，全球股市发生了金融史上著名的"黑色星期一"，在这一天，道指下跌22.6%，一夜间全球蒸发14000多亿美元，相当于第一次世界大战全部损失的3倍。

1998年是第二次，东南亚被国际炒家攻击，引爆货币危机，紧接着中国香港被袭，在中央政府支持下，成功将国际炒家击退，是历史上有名的"香港金融保卫战"。

2008年是第三次，次贷危机在美国爆发，进而蔓延至全球，影响了几十亿人，直到现在，世界经济也没有完全恢复过来。

巧合的是，在1988年、1998年和2008年，美元均处于一个阶段性上行的拐点期。

2. 美元走强"冲击波"在2018年上演

2018年美债收益率进一步走高，2018年5月15日美国10年期国债收益率一度涨超3.09%，报3.0705%，达到2011年以来最高水平，5年期报2.9151%，2年期报2.5724%，比欧洲和日本的债券收益率高得多。

受美联储持续加息和进一步加息预期影响，美元不断走强，2018年5月刷新了半年来新高。相对利差的扩大，更进一步提升了美元吸引力。

在美元持续强势的情况下，投资者加快从新兴市场的债券基金撤离步伐，引发新兴市场资产更大规模的抛售。

美元加息的"冲击波"给新兴市场带来"地震"式影响，在抛售美元、疯狂加息、削减赤字之后，2018年阿根廷和土耳其经历"汇债双杀"，墨西哥、印度、巴西等新兴市场也纷纷提高了市场利率水平。进入2018年，阿根廷比索是全球表现最糟糕的货币，4月26日到5月8日，不过两周时间就贬值了10%。

当时有关报道称，为了稳住比索，阿根廷不惜动用外汇储备，大量抛售美元，同时自2018年4月27日以来连续3次大幅加息，将基准利率（关键的7天回购利率）从27.25%上调至令人咋舌的40%。阿根廷当局使出了浑身解数，但收效甚微。据有关数据，2018年5月8日，阿根廷比索兑美元一度单日贬值超过5.4%，最低至23.1比索兑1美元，再创历史新低。

阿根廷比索的持续贬值，源于阿国经济积弊已久和沉重的外债负担，而美元走强则成为"压垮骆驼的最后一根稻草"。

阿根廷的经济危机既有美元走强，美债收益率上涨的因素，也有阿政府自身的失误，但根本原因在于阿根廷自身的经济基础薄弱。

当时"21世纪经济报道"称，阿根廷至今都未能找到一个可持续的经济增长路径。在全球大宗商品上行时，阿根廷享受了全球宏观经济的红利，而一旦红利退潮，缺乏内在增长机制的阿根廷就立刻陷入被动局面。同时，阿根廷的福利支出非常高，政府相当大一部分财政收入用于各项补贴。

除了阿根廷，当时土耳其里拉、俄罗斯卢布、巴西雷亚尔、印度卢比的跌幅都不小，即使是英镑、日元、欧元等发达经济体货币也未能幸免。土耳其里拉兑美元从2018年初开始持续走弱，5月后跌势加重，两周跌去了6%，5月23日，土耳其里拉对美元一度暴跌5.2%，创历史新低；5月8日，伊斯坦布尔股指跌穿10万点大关，创9年以来新低；5月21日，土耳其10年期国债收益率达14.58%，创造历史新高。

截至2018年5月6日，欧元兑美元的汇率在半年内下跌了5%；而日元之前的反弹走势也被终结，兑美元汇率始终无法突破120。值得一提的是英国，2018年5月10日的英国央行利率决议公布后，英镑兑美元立刻跳水了60点，原因是英国央行没有选择跟随美联储加息。

由于美元追随美国国债收益率上涨，并且市场对地缘政治的担忧升温，新兴市场货币2018年5月15日创出一年来最大跌幅，令一些发展中国家本已经脆弱的经济前景雪上加霜。

2018年4月初，俄罗斯遭遇"股汇双杀"，卢布大幅贬值，兑美元汇率跌破60大关，最低至64卢布兑1美元；2018年5月中旬在63卢布兑1美元左右，较2017年末贬值9.4%。

作为拉美第一大经济体，巴西的法定货币雷亚尔自2018年年初以来，至5月中旬对美元贬值了9.5%。

俄罗斯卢布、阿根廷比索、土耳其里拉、巴西雷亚尔、菲律宾比索等货币相继大幅贬值，引发资本剧烈流出和股市震荡。

2018年6月14日，美联储迎来年内第二次加息，当日新兴市场国家本币进一步下挫。阿根廷比索兑美元暴跌6.4%，达到28.44的历史低点；巴西雷亚尔兑美元跌逾2%，一度跌破3.8关口；墨西哥比索兑美元日内最深跌1%，至 20.91；土耳其里拉跌 1.6%，至 4.7228；南非兰特和俄罗斯卢布兑美元也均小幅下跌。

自 2018 年年初至 6 月，投资者从印度、印度尼西亚、菲律宾、韩国、泰国等国家的股票市场撤出资金达到 190 亿美元，创下 2008 年金融危机以来最快资金外逃速度。

本次新兴市场货币震荡的直接导火索是 2018 年 4 月 17 日之后开始的美元急剧升值。在此后短短一个半月时间内，美元指数大幅走高 6.2%。

从历史上看，美元指数的每一轮走高，都导致了新兴经济体资金外流、货币贬值，对债券、股票等其他资产价格造成一定冲击，甚至是引发金融危机。

当然，美国对世界"剪羊毛"，自身或会受伤。美国上轮加息周期是 2004 年 3 月 31 日至 2006 年 6 月 29 日，而连续加息之后，美国房地产泡沫被刺破，不久便引发次贷危机。

美元霸权地位逐步受到动摇，要"大打出手"，但美国"损人"也不会"利己"，甚至可能引发其一些资产泡沫被刺破，如美股涨了 9 年就积聚了庞大的泡沫以及一定程度的产业空心化、巨额外债等，一旦某个环节出问题，其泡沫就或会被刺破。例如，2018 年 9 月 26 日美联储加息 25 个基点，将联邦基金目标利率区间上调至 2%～2.25%，创 2008 年以来最高，而美股于同年 10 月 3 日创出历史新高 26951 点后见顶回落，同年 10 月 10 日道指大跌逾 3%，次日再跌 2%。

分析人士表示，从历史数据看，每次新兴市场发生规模性的货币贬值时，不仅对应着强势美元，也往往对应着高油价。剖析发生汇率波动的新兴市场国家，高油价仍然是导致危机的重要推手。

3. 土耳其货币里拉"崩"了

2018 年 8 月 10 日，土耳其货币里拉彻底"崩"了，大跌逾 15%，而同年 8 月 13 日土耳其里拉开盘再次崩跌 10%，再创历史新低。面对里拉连续大跌，土耳其央行无奈之下出招资本管制。土耳其央行于当日发布声明称，将支持国内金融市场有效运作及银行在流动性管理方面的灵活性。声明称，通过此次调整，将为金融系统提供约 100 亿里拉、60 亿美元以及 30 亿美元等值黄金流动性。

土耳其里拉对美元汇率出现大幅下跌，引发了新兴市场货币遭遇抛售潮，美元指数则触及阶段高位。

从 2018 年年初至 8 月中旬，土耳其里拉兑美元汇率下跌幅度已经超过 30%。而里拉的下跌也给人民币带来新的下跌压力。截至 2018 年 8 月 13 日 19 时 30 分，境内在岸市场人民币兑美元汇率徘徊在 6.8859，较前一个交易日下跌 393 个基点，不断逼近此前创下的年内低点 6.8935；境外离岸市场人民币兑美元汇率则触及6.8949，较前一个交易日下跌431个基点，再度逼近6.9整数关口。

面对外部环境变化，中国的香港金融管理局也无法坐视不管。由于港元在北京时间8月15日凌晨纽约交易时段触发了联系汇率机制下7.85港元兑1美元的"弱方兑换保证"，香港金融管理局向市场沽出美元买入了总值21.6亿的港元。

土耳其里拉大幅下跌可以归因于土耳其和美国的外交关系恶化。土耳其以涉嫌支持恐怖主义和2016年的未遂政变为由，将美籍牧师布伦森拘押，土耳其法院2018年4月中旬开始审理这一案件，美国多次要求土方释放布伦森，但遭拒绝。

同年8月初，美国财政部宣布对土耳其内政部长和司法部长采取制裁措施，土耳其方面也宣布采取同等报复措施。另外，土耳其欲购买俄罗斯S-400防空系统，也引起美国极大不满，美国最终停止向土耳其销售F-35战机。

同年8月10日，美国政府升级了对土耳其钢铝关税的征收，将铝关税调整为20%，钢关税调整为50%，令土耳其里拉暴跌，创下该国银行业危机以来的最大跌幅。

经过里拉汇率大跌的危局后，土耳其出拳反击美国。土耳其总统批评说，这是对土耳其发动的"经济战争"，美国"企图从背后捅土耳其一刀"。2018年8月15日土官方发布公告宣布，大幅提高对美国汽车、烟酒等部分进口产品的关税，以回应此前美国政府把对土耳其的钢铝关税提高一倍的做法。受此影响，北京时间8月15日晚间，土耳其里拉对美元汇率大幅反弹超过3%。

分析人士认为，里拉汇率大跌的根本原因在于土耳其的"大水漫灌+投资驱动"的经济模式，简单来讲就是大量发行货币，然后通过房地产和基建拉动经济增长，固定资产投资增速保持高位。房地产的火热使得土耳其房价持续上涨——从2010年1月至2018年6月，土耳其新房价格上涨82%。

2017年以来土耳其的通货膨胀渐渐失去控制，2018年6月CPI增速高达15.9%。另外，土耳其的企业、银行和国家的外币债务已相当于国内生产总值（GDP）的55%，接近1998年亚洲金融危机时的危险门槛。该国严重依赖短期美元贷款来填补占GDP 6.5%的经常项目赤字。

同时，2017年土耳其外汇储备相对2013年高点下降了24%，外汇储备流失使得汇率脆弱性加大，而一旦遇到美国加息周期和美元反弹，就很容易演变成货币危机，并面临保汇率还是保地产的问题。

当时，国际清算银行说，新兴市场的美元债务已经飙升至7.2万亿美元，这是一个前所未有的数字。美国市场分析人士称："任何一个经济严重失衡的新兴市场国家,都可能受到美联储紧缩政策的冲击。这正是1998年发生过的事。一切看起来都非常相似。"

美国特朗普政府除了对加拿大、墨西哥和欧盟征收钢铝关税,已经至少对伊朗、土耳其、俄罗斯等11个国家实施了经济制裁。

除了利用制裁把美元"武器化",美国还根据自己的经济周期进行"开闸放水"和"关闸断流"的转换,来剪全世界的"羊毛"。这种情况下,依赖外资、债务庞大的新兴市场国家往往是最大的受害者。

德国《法兰克福汇报》称,美国过度使用美元霸权,等于提醒其他国家不要依赖美元,长远看将让美元的影响力下降。

4. 俄罗斯减持美债

2018年当地时间7月17日美国财政部公布的数据显示,俄罗斯已从美国财政部每月公布的33家主要美国国债持有者名单中消失,不再是美债主要持有者。

2018年1月到3月,俄罗斯分别减持美债53亿美元、93亿美元、160亿美元,同年4月,俄罗斯美债持仓规模由960亿美元大减474亿美元至487亿美元,降至2018年以来最低。俄罗斯正以7年来最快速度抛售美国国债,降至2008年以来最低点。同年5月,俄罗斯继续减持美债,削减规模接近400亿美元,最终持仓仅为90亿美元,短短两个月,俄罗斯减持规模达到870亿美元,降幅高达90%!

市场分析认为,由于美债制度本身存在一定流通、通货膨胀问题,再加上特朗普上任来的"我行我素",激发了早已对美元霸权越来越不满的俄罗斯去美元化的决心,加速了去美元化的进程。

俄罗斯在大规模抛售其所持有的美国国债的同时,则大举扩增黄金储备,俄罗斯央行2018年7月初发布的报告显示,其外汇储备中美元占比下降,而黄金的占比超过17%。

(三) 中国市场获外资"独家青睐"

尽管人民币对美元汇率从2018年6月起连续走低,但中国央行口径外汇占款依旧实现了环比增长。中国人民银行2018年8月15日公布数据显示,7月央行口径外汇占款余额增加108.17亿元,至215301.95亿元,这是央行口径外汇占款连续第7个月实现环比增长。外汇占款是指央行因收购美元等外汇资产而相应投放的本国货币。

这表明尽管2018年7月人民币贬值,但跨进资金流动保持基本稳定,尚未出现大规模资本外流,未出现明显贬值预期。

2018年8月,土耳其里拉暴跌导致悲观情绪蔓延至全球金融市场,特别是让不少新兴市场国家的金融市场深受动荡,资金迅速从新兴市场撤离,但是中国市场却吸引外资资金涌入!沪深300等指数的估值处于历史低位,而相对宽松的货币政策和财政政策,利好经济增长,外资对中国市场前景看好。

据全球跟踪体量最大的基金研究机构EPFR向中国证券报提供的数据显示,截至2018年8月13日的最近1周,5.2亿美元从新兴市场净流出,其中债券市场净流出量为6.8亿美元;过去1个月,新兴市场资金净流出量为4.6亿美元,其中权益市场的净流出量为14亿美元。二季度的数据显示,新兴市场资金净流出量高达150.94亿美元,其中权益市场的净流出量为183亿美元。

相比之下,中国市场则呈现完全不同的状况。过去1周,EPFR跟踪的基金中,1.75亿美元净流入中国市场,其中权益基金净流入3.75亿美元;过去一个月,中国市场资金净流入5.4亿美元,其中权益市场净流入5.03亿美元。更长的二季度数据显示,中国市场净流入37.3亿美元,其中权益市场净流入50亿美元。

另一组数据也印证了这一点。2018年8月10日,中国证监会发言人在回复"外资持续流出中国资本市场"相关言论时称,2018年以来,境外资金通过互联互通等渠道持续流入A股。2018年1月至7月,境外资金累计净流入A股市场1616亿元。6月以来外资投资A股的势头并未减弱。6月、7月两个月,净流入A股市场的境外资金为498亿元。

外资持续流入A股市场,一定程度上是因为A股市场在全球的重要性提升。

2018年8月14日凌晨,全球第一大指数编制公司MSCI宣布,将实施纳入A股的第二步,把现有A股的纳入系数从2.5%提高至5%,此外,还有10只A股将以5%的纳入因子新加入,使得纳入MSCI的A股股票增加至236只。

根据测算,A股纳入系数从2.5%提高至5%,将使得A股在MSCI中国指数中的整体权重从1.3%上升至约2.4%,在MSCI新兴市场中的权重会上升至0.8%左右,进而带来约75亿至100亿美元的资金流入。另外,据有关机构测算,长期来看MSCI完全纳入有望带来2.3万亿元人民币增量资金。

另外,2018年9月27日全球第二大指数提供商富时罗素宣布,将A股纳入其全球股票指数体系,分类为"次级新兴"。

(四)人民币走向国际化

2017年是中国经济持续6年放缓后的首次提速,全年国内生产总值首次突破80万亿元大关,按可比价格计算,比2016年增长6.9%。

中国经济表现优异说明发展的内生动力和势头依然强劲,已经成为世界经济复苏的重要推动力量。

大量国际资本由于看好中国经济进入中国，中国成为从全球吸引和获得投资最多的国家。尽管美联储持续加息，但不会引发热钱从中国大规模流出，而在一定程度上还能对中国一些投资过热的领域起到一定降温作用。

从中长期基本面看，人民币汇率有条件保持在合理均衡水平上的基本稳定，主要是中国外汇储备充裕，中国仍保持一定规模的贸易顺差；同时，人民币纳入国际货币基金组织"特别提款权"货币篮子后，境外持有的人民币资产规模将逐步增加。

值得注意的是，人民币在全球外汇储备的份额连续录得增长，美元在全球货币储备中的份额下滑。

北京时间2017年6月15日凌晨，美联储宣布加息25个基点，而在美联储加息之前，2017年6月13日，欧洲央行突然宣布：增持价值5亿欧元的人民币作为外汇储备。这是欧洲央行首次持有人民币外汇储备。

或许欧洲央行看到，在美元加息周期，人民币可能会是非美元货币中，最为坚挺的主要货币。

当时英国《金融时报》称，虽然5亿欧元的金额对欧洲央行680亿欧元的外汇储备规模来说并不算多，但其购入人民币资产，反映出欧洲正越来越多地接受中国的"全球经济超级大国"地位，也流露出希望与中国建立更广泛、更密切合作伙伴关系的意图。

欧洲央行此次对人民币的投资，也是迄今为止对人民币投资力度最大的中央银行。此外，这也是欧洲央行首次将人民币纳入其外汇储备。这说明欧洲央行认可了人民币越来越重要的国际货币角色。

另外，随着中国的"一带一路"和"亚投行"的推动，人民币国际化条件已趋成熟。

（五）美国对中国挑起贸易争端

美国多次加息和要开打贸易战，以及不时对中东军事干预，主要想保的是石油美元"世界货币"霸权地位，并对新兴市场"剪羊毛"。

近几十年来，每隔10年就会爆发一场新兴市场资金外流并引发资产价格波动冲击，而每次冲击都与美元走强回流对新兴市场"剪羊毛"有关。

美国周期性对世界"剪羊毛"的效应在中国碰了钉子，人民币国际影响力在扩大和中国经济实力不断增强的情况下，美国经济霸主地位受到动摇，于是对全球第二大经济体的中国要开打贸易战，这或是要进行另一种形式的"剪羊毛"。

在美联储加息的同一时刻，美国总统特朗普2018年3月22日签署总统备忘录，依据"301调查"结果，将对从中国进口的商品大规模征收关税，并限制中国企业对美投资并购。特朗普在白宫签字前对媒体说，涉及征税的中国商品规模可达600亿美元。

美国贸易代表办公室于美国东部时间2018年4月3日，依据"301调查"结果公布拟加征关税的中国商品清单，涉及每年从中国进口的价值约500亿美元商品。

美国贸易代表办公室当天在一份声明中说，建议对来自中国的1300种商品加征25%的关税，主要涉及信息和通信技术、航天航空、机器人、医药、机械等行业的产品。

中美这次远超之前规模的贸易摩擦是在特朗普政府通过多个战略报告将中国确定为"战略竞争对手"的背景下发生的。之前美国总统特朗普对进口钢铁和铝征收高额关税的计划引发全球金融市场震荡。

美国贸易代表办公室2017年8月宣布对中国发起"301调查"。所谓"301调查"源自美国《1974年贸易法》第301条。该条款授权美国贸易代表可对他国的"不合理或不公正贸易做法"发起调查，并可在调查结束后建议美国总统实施单边制裁，包括撤销贸易优惠、征收报复性关税等。这一调查由美国自身发起、调查、裁决、执行，具有强烈的单边主义色彩。

关于"301调查"，中方已经多次明确表明立场，中方不希望打贸易战，但绝不害怕贸易战，我们有信心、有能力应对任何挑战，希望美方悬崖勒马，慎重决策，不要把双边经贸关系拖入险境。

2018年6月15日，美国政府发布了加征关税的商品清单，将对从中国进口的约500亿美元商品加征25%的关税，其中对约340亿美元商品自2018年7月6日起实施加征关税措施，同时对约160亿美元商品加征关税开始征求公众意见。

对世界来说，这是一个十分突然的消息。而中国第一时间宣布同等规模的反击措施，中国国务院关税税则委员会发布公告决定，对原产于美国的659项约500亿美元进口商品加征25%的关税，其中对农产品、汽车、水产品等545项约340亿美元商品自2018年7月6日起实施加征关税，对其余商品加征关税的实施时间另行公告。中国对美部分进口商品加征关税措施已于北京时间7月6日12：01开始正式实施。

欧盟委员会2018年6月20日表示，将从6月22日起，对进口自美国的28亿欧元产品征收25%的额外关税，包括橙汁、波本威士忌酒、蓝色牛仔裤、摩托车和各种钢铁产品。这是欧盟针对美国钢铝关税采取的反制措施。

2018年7月6日，俄罗斯经济部当天在一份声明中表示，该国总理梅德韦杰夫已经签署了一项决议：俄罗斯对部分从美国进口的产品加征25%～40%的关税，产品包括道路建设设备、油气设备、金属加工仪器等。俄罗斯经济部称，此举是回应华盛顿方面的关税政策。

美国特朗普政府连续采取单边"高强度"贸易保护措施，已经引发美国西部和中西部的农业界人士对美国与世界主要贸易伙伴或将爆发贸易战的担忧。美国大豆协会负责人发表声明，中国宣布的计划针对美国大豆等产品加征25%的关税，将给美国的每一位豆农带来"灾难性影响"。以美国2018年大豆预计产量43亿蒲式耳计，美国豆农因此损失17.2亿美元，而这本是可以避免的。

就在美国对中国发动贸易战几个小时后，美国贸易代表处却在2018年7月7日北京时间凌晨3时宣布说，那些会被贸易战影响的从中国进口产品的美国企业，可以有90天的时间向美国政府申请有效期为1年的"关税豁免"。

可为何这贸易战才刚开打，又允许申请"关税豁免"呢？

这或许与美国《华盛顿邮报》提到的另一件事有关，即美国这次对中国发动贸易战所波及的中国产品中，有不少其实并不是中国自己的企业生产的，而是美国或其他西方国家在华的分部的产品。

用《华盛顿邮报》的话说就是："因为特朗普那些贸易官员的失策，这些制裁性关税并不会打击到多少中国企业，反而把美国等其他非中国的跨国公司的在华分部当作了打击对象"。

美国官方紧急颁布的这一"关税豁免"的通知，便可能是用来补救这一"搬起石头砸自己的脚"的尴尬局面的。

2018年7月7日，新华社发表评论员文章《坚决反击贸易霸凌主义》，文章指出："美国为一己之私，违反世贸规则，发动迄今为止经济史上规模最大的贸易战。美国这种贸易霸凌主义，严重危害全球产业链和价值链安全，将引发全球市场动荡，还将波及全球更多企业和普通消费者。对这种保护主义、单边主义的倒行逆施行为，中国坚决反对，将与世界各国一道，共同维护自由贸易和多边体制。""美方公布的对340亿美元中国产品征税清单中，有59%涉及在华外资企业，其中美国企业占有相当比例。在世界范围内，欧盟、加拿大、墨西哥、印度、土耳其等纷纷向贸易霸凌主义说不，采取反击措施。"

当时英国《金融时报》报道认为，近期特朗普政府不断通过加征关税等方式对中国、欧盟、加拿大等施压，其背后的目的是通过此举造成全球贸易体系不稳定性增加，从而使美国受益。

《日本经济新闻》报道称，由美国挑起的贸易战正扩至全世界范围，给全球经济带来巨大的下行风险。经济合作与发展组织预测，如果美国、欧盟、中国都上调关税、贸易成本增加一成的话，世界经济将下降1.4%。美国全国商会的内部资料显示，美国也将因为美欧中贸易战减少60万个以上的工作岗位。

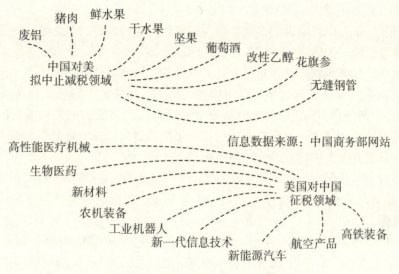

图 6.5 中美贸易争端涉及的领域

(六) 美国制裁中兴通讯事件

美国商务部在美东时间 2018 年 4 月 16 日，发布对中国中兴通讯公司出口权限禁令禁止美国公司向中兴通讯销售零部件、商品、软件和技术 7 年，直到 2025 年 3 月 13 日，理由是中兴通讯违反了美国限制向伊朗出售美国技术的制裁条款。这是继 2016 年后美国商务部二度对中兴通讯出手实施制裁。美国商务部发表声明称，中兴通讯在 2016 年至 2017 年间曾向美国商务部产业安全局做出虚假陈述，涉及"该公司当时声称其正在采取的，以及已经采取的、针对高级雇员的纪律处分"。

据有关报道，中兴通讯被制裁可以追溯到 2016 年。当年 3 月 7 日，中兴通讯公告美国商务部拟对公司实施出口限制措施。历时 1 年后，中兴通讯于 2017 年 3 月 8 日公告称，公司与美国商务部工业与安全局（简称"BIS"）等达成协议，鉴于公司违反了美国出口管制法律，并在调查过程中因提供信息及其他行为违反了相关美国法律法规，公司同意支付合计 8.92 亿美元罚款。此外，BIS 还对公司处以暂缓执行 3 亿美元罚款，在公司于 7 年暂缓期内履行与 BIS 达成的协议要求的事项后将被豁免支付。

中兴通讯公司有 20%～30% 的元器件由美国公司供应，比如高速的 AD/DA、高性能锁相环、中频 VGA 等产品。根据 BIS 的连锁无限规定，美国公司的这些产品不能通过客户的客户出口到中兴通讯。而这些基础的高性能元器件恰恰是中国的软肋，一旦被禁，中兴通讯既没有国产替代的方案，也无法从友商处转买此类元器件。

消息一出，中兴通讯的多家美国供应商股价应声而落，"受伤"的还有A股的科技板块。2018年4月17日A股市场大跌，当日收盘，安防、人工智能、家电、计算机软硬件、电子元件、器件等诸多板块跌幅居前。

中兴通讯事件可视为美国对中国挑起贸易争端的一部分，是美国限制"敏感技术海外出口"，美国在对从中国进口商品大规模加征关税的同时，对中国高端制造领域崛起进行打压。这在中美两国贸易摩擦的背景下，给人以贸易摩擦升温并遏制中国高端产业发展的感觉。

当时有评论指出，在美国逐步加大对中国贸易摩擦的重要关口，作为全球5G技术领先的中兴通讯被出口管制，暴露了美国阻击我国科技进步和产业升级的意图。

经过20多年的追赶，我国已经从"2G陪跑"到"3G跟跑"再到"4G并跑"，如今在"5G"上将有望实现领跑。经过激烈竞争后，剩下的4家全球性的4G/5G设备供应商中，有两家是中国企业，其中就包括中兴通讯。

美国挑起贸易争端，直指"中国制造2025"，中兴通讯作为中国5G大战略的核心代表，在技术、标准、市场和产业多个维度引领。

在以通讯业为代表的中国科技业崛起的背景下，在美国政府看来，中国是未来唯一可能在科技领域给它们带来威胁的最大竞争对手。

研发人士强调，制裁再次显示了芯片国产替代的重要性。不过，芯片国产替代是一个长期的过程，尤其是前端的材料、设备、元器件，需要长期的技术积累和工艺验证。而现在最需要做的是重视上游设备、原材料的研发和产业化，踏实地将基础元器件做到"高端"。

随着经济全球化迅速发展，传统跨国公司成长为全球型公司，企业竞争从过去单个企业间的竞争上升到全球价值链的竞争，企业竞争方式发生了重大变化。与此同时，面对各国政府监管加强和国际组织的推动，越来越多的企业强化合规管理，合规竞争成为全球化企业新的竞争规则。

禁售7年对应的正是2025年，正如《纽约时报》所说，美国的真正考量是要遏制中国制造业升级，拖慢"中国制造2025"这一强国战略。

这些年来，中国通信产业发展迅速，芯片自给率不断提升。华为的麒麟芯片不断追赶世界先进水平，"龙芯"可以和"北斗"一起飞上太空，而蓝牙音箱、机顶盒等日用品也在大量使用国产芯片。但也要看到，在稳定性和可靠性要求更高的一些领域，国产芯片还有较大差距。

数据显示，2016年中国进口芯片金额高达2300亿美元，花费几乎是排在第二名的原油进口金额的两倍。此次事件让我们再次认识到：互联网核心技术是我们最大的"命门"，核心技术受制于人是我们最大的隐患。

核心技术靠化缘是要不来的，也是花钱买不来的。中国经济发展的下半场重点是实现高质量发展，实现核心技术的自主创新。

后来，中兴通讯与美国商务部工业与安全局（BIS）达成和解协议，中兴通讯2018年6月13日发布复牌公告称，BIS已于2018年6月8日（美国时间）通过《关于中兴通讯的替代命令》批准协议立即生效。根据协议，中兴通讯将支付合计14亿美元民事罚款，包括在BIS签发2018年6月8日命令后60日内一次性支付10亿美元，以及在BIS签发2018年6月8日命令后90日内支付至由中兴通讯选择、经BIS批准的美国银行托管账户并在监察期内暂缓的额外的4亿美元罚款（监察期内若中兴通讯遵守协议约定的监察条件和2018年6月8日命令，监察期届满后4亿美元罚款将被豁免支付）。

虽然美国商务部将按照协议解除之前的禁令，但新的和解协议中却增添了一项新的10年期禁令——在未来10年时间里，中兴通讯一旦出现新的违规行为，美方将再次祭出封杀令。

中兴通讯A、H股于2018年6月13日复牌，当日中兴通讯A股集合竞价跌停，开盘报28.18元人民币；H股开盘报16港元，跌37.5%。

中兴通讯A股2018年4月16日收盘价是31.31元，同年6月13日复牌后连续8个跌停，直至2018年7月2日跌至12元才有所回稳，可谓跌幅巨大（见图6.6）。

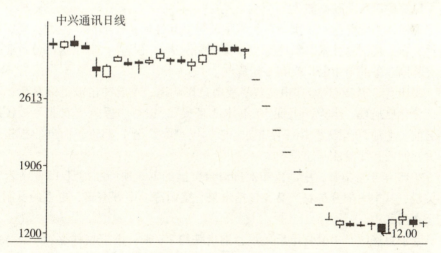

图6.6 2018年6月13日中兴通讯A股复牌后连续8个跌停，跌至12元才有所回稳

当时市场评论认为，对于中兴通讯而言，新的处罚协议就像是10年死缓一样，虽然不会快速要命，甚至还可以为中兴通讯迎来喘气的机会，但却会让中兴通讯失去自由，甚至是不堪重负。作为一家市值千亿级别的跨国企业，因

违犯契约而遭受处罚,中兴通讯作为5G规划较早的企业,曾一度被以为是中国开展5G的一枚重要棋子,由于目前处于5G规范制定的关键节点,中兴通讯的停摆会直接影响到产业链上下游的上千家企业。

(七) 贸易摩擦令全球股市重挫

2018年3月23日凌晨,特朗普宣布对价值600亿美元的中国商品征收关税引发了全球市场恐慌。隔夜美股道指暴跌逾700点。

贸易战阴影令亚太股市纷纷重挫,2018年3月23日,日本股市日经225指数低开近2%后一路走低,午后跌幅一度逼近5%。截至收盘,日经225指数收跌4.5%,报20617.86点;东证指数收跌3.6%,报1664.94点。韩国、澳大利亚股市亦受到冲击,澳大利亚S&P/ASX200指数收盘大跌1.98%,报5819.70点;韩国首尔综指大跌2.93%,报2422.81点。

美股和亚太股市受消息影响大跌,给本就脆弱的A股市场造成重击,2018年3月23日收盘,上证综指报3152.76点,跌3.39%;深证成指报10439.99点,跌4.02%;创业板指报1726.02点,跌5.02%。盘面上,沪深两市普跌,上涨个股不足200只,3000多只个股下跌。黄金股逆势走强,西部黄金和荣华实业涨停,赤峰黄金涨9%。农业概念同样涨幅领先,敦煌种业、农发种业、登海种业等个股涨停。而通信设备、计算机、半导体、船舶制造、计算机等行业跌幅较大。

市场认为,美国对中国征税领域主要包括高性能医疗器械、生物医药、新材料、新一代信息技术、新能源汽车等高端制造相关行业。对于这部分行业中具有跨国业务的上市公司受到一定影响。

2018年3月26日,在中美贸易战消息影响下,A股冲击波继续蔓延,不过,分化已显现。当天,上证50集体"哑火",银行、保险、农业等板块跌幅居前,上证50全天跌幅一度超过2%,尾盘收跌至1.88%,而创业板指数却大幅回暖,尾盘涨幅超过3%。

2018年4月2日,中国宣布对进口自美国的128项产品加征15%或25%的关税,其中大部分是农产品,包括水果、猪肉等。中方透露,更多的反制措施还在酝酿中。

受消息影响,美股复市后暴跌,纳指跌约2.7%,道指收跌超450点,盘中一度跌超700点,跌幅1.90%,报23644.19点,标普跌超2%,油价跌超2%,黄金涨超1%。亚马逊、特斯拉等龙头科技股重挫约5%。现货黄金4月2日再度迎来大涨,上涨逾10美元,美市盘中最高上探至1338.14美元/盎司。

2018年4月17日晚间,中国央行公告称,决定从2018年4月25日起,下调大型商业银行、股份制商业银行、城市商业银行、非县域农村商业银行、外资银行人民币存款准备金率1个百分点；同日，上述银行将各自按照"先借先还"的顺序，使用降准释放的资金偿还其所借央行的MLF。加大对小微企业的支持力度正是此次央行降准的重要目的。总体来看，此次降准释放的长期资金，能降低银行负债成本，从而传导至对实体经济的支持。

2018年4月18日复市，金融等蓝筹股受消息刺激回稳，高科技行业股票拉涨，大盘止跌反弹。在芯片国产替代刻不容缓的预期下，2018年4月18日芯片等进口替代概念飙升，当时科技电子类股票不少反复形成上升趋势，显示题材配合性的主题概念是市场反复追逐的对象。

2018年6月15日，美国政府发布了加征关税的商品清单，将对从中国进口的约500亿美元商品加征25%的关税，其中对约340亿美元商品自2018年7月6日起实施加征关税措施，同时对约160亿美元商品加征关税开始征求公众意见。

中国在第一时间宣布同等规模的反击措施，后美国又威胁将制定2000亿美元征税清单。

全球市场再迎抛售潮，继隔夜欧美股市大跌之后，恐慌情绪在2018年6月19日继续传导，亚太市场收盘普遍大跌，欧洲股市盘中普跌，美股开盘大跌，道指跌超300点。

2018年6月19日A股三大股指复市后全线重挫，沪指收盘下跌3.78%，失守3000点大关，退守至2900点上方，收报2907.82点；深成指与创业板指跌幅都超过5%，分别为5.31%、5.76%。两市合计成交4737亿元，行业板块全线下跌，再现"千股跌停"惨状。

数据显示，剔除2015年之后上市的股票，2018年6月19日盘中有1039只个股创下2015年6月12日见顶调整以来的新低，其中深圳主板196只，中小板277只，创业板148只，上海主板418只。

分行业看，这类个股主要集中在机械设备、化工、电气设备、公用事业、传媒等行业。其中机械设备行业分布最广，有107只，其次是化工行业，有84只。

统计显示，6月19日盘中创下2015年6月12日以来新低的个股中，有1003只累计跌幅超过50%，其中15只个股累计跌幅在90%以上。

A股市场非理性下跌引起了产业资本入场增持，2018年6月19日晚，有30余家公司发布了控股股东或高管增持动作及增持计划。此外，还有公司发布了回购计划以及提前终止减持股份的计划。

2018年7月10日，特朗普政府发布了一份针对中国2000亿美元商品加征关税的计划，目标产品清单涉及服装、电视零件和冰箱，加征的关税约为

10%。这扩大了卷入两国贸易争端的商品的类型。

发布称,这份计划不会立即生效,将在8月20日至8月23日举行听证会,并可能在8月30日公众咨询结束后生效。受此消息影响,离岸人民币兑美元盘初下跌超过350点,再度失守6.68的关口,离岸人民币兑美元报6.6839。

该则新闻引起了全球股市震荡,2018年7月11日全球各大指数集体下挫,当日沪指跳空下行,收盘大跌1.76%,再度失守2800点关口,收报2777.77点;深成指大跌1.97%,险守9000点关口,收报9023.82点。两市合计成交3411亿元,行业板块全线下跌。

2018年8月3日,中国国务院关税税则委员会发布公告,决定对原产于美国的部分进口商品(第二批)加征关税。

中方认为,2018年7月11日美国政府发布了对从中国进口的约2000亿美元商品加征10%关税的措施,同年8月2日美国贸易代表声明称拟将加征税率由10%提高至25%。美方背离了双方多次磋商共识,单方面再次升级了贸易摩擦,严重违反世界贸易组织规则,破坏全球产业链和自由贸易体制,实质性损害了我国国家和人民利益,也将对包括美国在内的世界经济发展造成负面影响。

针对美方上述措施,中方被迫采取反制措施。经国务院批准,国务院关税税则委员会决定对原产于美国的5207个税目约600亿美元商品,加征25%、20%、10%、5%不等的关税。如果美方一意孤行,将其加征关税措施付诸实施,中方将即行实施上述加征关税措施。

北京时间2018年9月18日早晨,美国总统特朗普宣布,将从9月24日起执行对2000亿美元中国产品加征关税,第一阶段税率为10%,从2019年1月1日起增加为25%。他同时威胁说,如果中国采取报复行动,他将立即要求对另外2670亿美元中国产品加征关税。那意味着将涵盖所有中国输美产品。面对美方的压力和威胁,国务院关税税则委员会当日发布关于对原产于美国约600亿美元进口商品于2018年9月24日12时01分起实施加征关税的公告。

(八)中国央行持续"降准"

中国央行2018年6月24日公告,通过定向降准支持市场化法治化"债转股"和小微企业融资。此次降准力度超出预期,可释放资金约7000亿元。

央行表示,此次定向降准有两方面内容:一是2018年7月5日起,下调工行、农行、中行、建行、交行五家国有大型商业银行和中信银行、光大银行等十二家股份制商业银行人民币存款准备金率0.5个百分点,可释放资金约5000亿元,用于支持市场化法治化"债转股"项目,同时撬动相同规模的社会资金参与；二是下调邮政储蓄银行、城市商业银行、非县域农村商业银行、外资银行人民币存款准备金率 0.5 个百分点，可释放资金约 2000 亿元，主要用于支持相关银行开拓小微企业市场，发放小微企业贷款，进一步缓解小微企业融资难融资贵问题。

央行特别提到，金融机构使用降准资金支持"债转股"和小微企业融资的情况将纳入人民银行宏观审慎评估。此次定向降准资金不支持"名股实债"和"僵尸企业"项目。

2018 年 4 月 25 日的定向降准净释放资金近 4000 亿元，这次定向降准释放的资金量大幅增加，达到约 7000 亿元。

继 2018 年年初定向降准、同年 4 月"置换降准"后，央行第三次动用准备金率工具，与前两次相比，本轮降准更具"普降"意味。值得注意的是，这也是央行首次通过降准支持"债转股"。此次的定向降准，除了规模超过前两次之外，还强调了对债转股和对小微企业的支持，反映央行正努力平衡国企去杠杆和民企融资难的矛盾。

根据央行数据，这次降准后大型金融机构和中小型金融机构的存款准备金率分别为 15.5% 和 13.5%，仍处于相对高位。

2018 年 6 月 27 日，央行货币政策委员会 2018 年第二季度例会在北京召开，会议指出，要继续密切关注国际国内经济金融走势，加强形势预判和前瞻性预调微调。稳健的货币政策保持中性，要松紧适度，管好货币供给总闸门，保持流动性合理充裕，引导货币信贷及社会融资规模合理增长。

对比上一次货币政策定调，可以发现出现了微调。此前，央行发布的《中国货币政策执行报告》（2018 年第一季度）指出，实施好稳健中性的货币政策，注重引导预期，保持流动性合理稳定，为供给侧结构性改革和高质量发展营造中性适度的货币金融环境。

前后变化在于，这次在稳健中性货币政策表述后明确提出"松紧适度"，这在上次是没有的。关于流动性表述的变化也正式从"保持流动性合理稳定"变为"保持流动性合理充裕"。

结合央行持续"降准"，并未对美联储加息做相应反应，以及政策定调的微调，当时分析人士指出，央行中性偏松的货币政策取向更为明确。国内经济目前还处于结构调整和转型升级过程中，在新的经济动能未形成良好支撑之前，需要合理的流动性来呵护经济发展。

6-4 中美将发展成竞争性大国关系

(一) 美国关税措施锚定《中国制造2025》

美国对从中国进口商品大规模加征关税,主要针对中国信息技术、新能源、生物科技、高端装备等方向,包括人工智能、机器人、量子计算等。从美国关税措施的矛头来看,主要领域直指《中国制造2025》的重点产业,本质上反映了美国对中国高端制造领域崛起的担忧,以及对中国经济转型威胁美国全球霸主地位的担忧。

自从入主白宫以来,特朗普高举"美国优先"旗帜,一切以美国利益为第一,已经退出或者至少威胁要退出若干个国际协议,让盟友更多地承担责任义务,让更多的资源回到美国,以重振美国的制造业,维护美国霸权。

特朗普称贸易需执行美国优先政策,这将损害了其他国家利益。"美国优先"碰上了"中国制造",这其实是一场与中国争夺未来主导权划时代的斗争。

从长远来看,此次中美贸易冲突将推动中国进一步加大国内科技创新的投入力度,提高自主品牌竞争力,短期内或对相关行业有影响,长期却不能阻挡中国制造全面崛起。

《中国制造2025》,是中国政府实施制造强国战略第一个十年的行动纲领。《中国制造2025》由国务院于2015年5月19日发布①,文中提出,坚持"创新驱动、质量为先、绿色发展、结构优化、人才为本"的基本方针,坚持"市场主导、政府引导,立足当前、着眼长远,整体推进、重点突破,自主发展、开放合作"的基本原则,通过"三步走"实现制造强国的战略目标:第一步,到2025年迈入制造强国行列;第二步,到2035年中国制造业整体达到世界制造强国阵营中等水平;第三步,到中华人民共和国成立100年时,综合实力进入世界制造强国前列。

《中国制造2025》提出实行五大工程和大力推动十个领域突破发展,五大工程包括制造业创新中心建设的工程、强化基础的工程、智能制造工程、绿色制造工程和高端十个领域装备创新工程。

十个领域包括新一代信息技术产业、高档数控机床和机器人、航空航天装备、海洋工程装备及高技术船舶、先进轨道交通装备、节能与新能源汽车、电力装备、农机装备、新材料、生物医药及高性能医疗器械等十个重点领域。

---

① 中国政府网 (www.gov.cn/zhengce/content/2015-05/19/content_9784.htm)

自2011年以来，中国已成为全球最主要的高新技术产出国，截至2016年中国高新技术产出规模占全球比重高达32%，高新技术工业增加值远超美国，而民间和政府的科研投入还在快速提升。

伴随着中国人才红利逐步释放、对科技创新的支持政策不断落地以及改革开放的不断深化，贸易战难挡中国高端制造崛起的步伐。

（二）石油美元体系的动摇

1. 布雷顿森林体系的崩溃

1944年7月，在第二次世界大战结束前夕，44个同盟国国家的代表团在美国新罕布什尔州的布雷顿森林进行谈判，达成了一系列旨在确立战后国际货币金融体系的协议，这一系列协议所规定的国际货币金融体系后来被称为"布雷顿森林体系"。其核心是：美元与黄金挂钩，其他各国货币与美元挂钩。世界银行、国际货币基金组织也是在那次谈判中确立筹建的。

在第二次世界大战，美国不但最后打赢了战争，而且在经济上发了"战争财"。据统计，当时美国拥有的黄金占当时世界各国官方黄金储备总量的75%以上，几乎全世界的黄金都通过战争这个机制流到了美国。

布雷顿森林体系基本内容就是美元与黄金挂钩，其他国家货币与美元挂钩，实行固定汇率制度。任何国家都可以随时按35美元1盎司的官价向美国兑换黄金。

后来，美国由于对外扩张和侵略战争，使财政赤字庞大，消耗了大量黄金，便依靠发行货币来弥补，造成通货膨胀，而随着西欧各国经济的增长，出口贸易的扩大，美国国际收支由顺差转为逆差，导致美元大量流出美国，使美元过剩，美国的黄金储备日益减少，美元实际贬值加剧。

在美元贬值下，各国开始陆续兑换黄金，1970年，美国的黄金储备减少了超过一半，1971年8月，美国的黄金储备只剩下102亿美元，而短期外债为520亿美元，黄金储备只相当于积欠外债的1/5。美国完全丧失了承担美元对外兑换黄金的能力。

1971年8月15日，美国不得不宣布："美元与黄金脱钩"，停止美元兑换黄金，这就使西方货币市场更加混乱。1973年美元危机中，美国再次宣布美元贬值，各国纷纷放弃本国货币与美元的固定汇率，采取浮动汇率制，布雷顿森林体系正式崩溃。

2. "石油美元"体系的确立

美元与黄金脱钩成为"二战"结束之后国际货币金融体系最重要的事件，不可避免地对美元的信誉带来负面冲击。

为了挽救美元，同时也是为保障美国的能源和财政安全，美国政府开始以国际石油贸易作为突破口，寻求解决之策。

最终，在1974年美国与全球最大的产油国沙特阿拉伯达成了一项"不可动摇"的协议，美国同意向沙特提供军火和设备，条件是将美元作为石油交易的唯一计价、结算货币。作为回报，沙特将石油美元收入用于购买美国国债，支持美国财政，这等于是美国与沙特一起，给世界下了一个名为"美元－石油－美国国债"的经济连环套。

由于沙特是石油输出国组织（OPEC）中最大的产油国，其他成员国也很快采用美元进行石油交易。自此，美元与石油紧密挂钩，任何想进行石油交易的国家必须拥有足够的美元储备。而石油的开采在很长一段时间似乎是"无穷无尽的"，并不像黄金那样有限开采，所以美元似乎也可以"无穷无尽"地印出来。

由于原油、黄金贸易大多以美元计价和结算，多数国家不得不储备大量美元，这进而有效支撑了美元的货币价值。

另外，石油国家通常将它们石油出口换来的美元购买更多美元资产，增强储备货币的金融实力，从而推高资产价格，甚至促使更多国家购买美元资产。

至此，全球性"石油美元"体系正式确立，并有助于将美元作为全球货币的地位重新合法化，因为它将美元与石油挂钩，取代了金本位制度，美元再度重返"世界货币"霸权地位。

自石油美元体系建立以来，美国通过与石油输出国组织（OPEC）之间的石油交易，以及持续不断的军事干预，并且舰队在各个石油运输航线巡航，从而控制中东地缘政治。控制中东就是控制了世界石油，就是控制了世界经济的咽喉！同时让本国货币美元垄断了国际贸易结算，维持石油美元霸权地位。

2018年4月13日晚美国总统特朗普宣布，已下令美军联合英国、法国对叙利亚军事设施进行"精准打击"。美国国防部发言人怀特说，打击叙利亚的目的是向叙利亚政权传递明确的消息，美国坚决反对使用化学武器；对叙利亚的打击是精准、有效且极具震慑力的；此次打击将使叙利亚的化学武器项目进程倒退数年。同时，美国此举试图降低俄罗斯在中东的影响力。

特朗普政府于2017年底发布其首份《美国国家安全战略报告》，报告清晰、明确地表述了美国中东战略目标，即："防止中东成为恐怖分子避难天堂和滋生地""防止中东被任何敌视美国的力量控制"以及"让中东为稳定能源市场发挥作用"，简言之，也就是反恐、防止敌视美国的地区强国坐大以及保障能源安全。

20世纪80年代以来，历届美国政府中东战略的一个重要概念，就是强调能源安全仍然是美国在中东维持军事存在、加大介入力度的重要动因。

由于石油美元体系而建立美元"世界货币"霸权地位，全世界都不得不向美国白白地输出商品，以便换取美元外汇来进口其他国家的商品技术和劳务，美国只依靠印钞就可以消费全球物资，而美国从来不打算向世界其他国家输出尖端技术商品、战略资源等，所以构成巨大的贸易逆差。

美国贸易逆差的根本原因是由美国以内需为主的经济结构，或者说是总需求大于总供给的状况决定的。近20年来，美国一直处于高消费、低储蓄状态。进入21世纪以来，美国的居民净储蓄率，即居民净储蓄在国民总收入中所占比重，一直低于5%，有些年份甚至为负数。

中国作为全球最大的实体经济体，谋求让世界贸易接受以人民币结算的方式，摆脱美元中间盘剥是势所必然的。

3. 美元"世界货币"霸权地位动摇

石油美元是维持美元地位的基础，但这种基础被逐步动摇。

2016下半年，中国原油进出口贸易总额正式超越美国，成为全世界最大的石油进口国。中国作为"全世界最大原油买家"，俨然成为原油生产国眼中的"必争之地"，见图6.7。

2016年，俄罗斯开始接受人民币结算交易方式，因此而成为中国最大的原油合作伙伴。同时俄罗斯已深受美元石油的坑害，不仅带头跟中国实现了人民币石油结算，还通过与中国签订长期贸易协定使得俄罗斯成为中国首要石油供应国，这对石油美元体系是一个打击。2017年9月15日，委内瑞拉总统宣布，将原油计价货币由美元转为人民币，以此反击美国的经济制裁。

英国《金融时报》曾报道称，俄罗斯第三大石油生产商目前所有与中国的石油贸易都采用人民币结算，这显示出西方制裁俄罗斯而推动了中国货币在俄罗斯企业中使用量的增加。

中国从俄罗斯、伊朗、伊拉克和阿曼等产油国的原油进口比例逐渐上升，沙特阿拉伯的原油供应量在中国原油进口总量中占比开始下降。

俄罗斯通过用人民币结算这种方式抢走了沙特阿拉伯曾经拥有的巨大原油市场份额，沙特阿拉伯不得不出售一些股权给中国，包括中石油、中石化在内的中资财团。这意味着，中国可借其股权，在一定程度上控制原油供应线，也许在未来，沙特阿拉伯的石油定价不再由美元垄断。

值得关注的是，随着中国和俄罗斯，以及其他金砖国家逐渐边缘化美元，全球贸易越来越多地通过双边安排来进行，而完全绕过石油美元。

中国在推出人民币计价的上海原油期货合约之后，进一步加快了原油国放弃美元的步伐。合约显示，任何接受人民币作为石油结算的石油出口国，可以在上海黄金交易所直接将石油兑换为黄金。可以说，"上海原油期货合约"正面挑战了美元"定价货币"的地位。

这一采用人民币计价结算的石油贸易体系，不仅改变了国际原油贸易格局,更触及全球货币体系、金融秩序体系的大变动。

从1974年以来,石油以美元结算的系统就统治了整个全球金融系统,如果中国与沙特阿拉伯之间建成以人民币取代美元的贸易系统,这将意味着石油美元的国际格局将进一步被削弱。

美元作为全球范围内广泛使用的储备货币的国际影响力正在下滑。当然,美元在国际金融市场中影响力衰退的过程可能会持续较长的时间,而中国拿人民币直接购买石油的贸易结算系统将加速美元衰落的速度。

同时,新能源的发展十分迅猛,而油价的暴跌更是加速了石油美元体系的瓦解。非常规石油(一般是指超重原油、油砂油和页岩油)和可再生能源的崛起推动全球能源市场转型。

维护美元几十年霸权地位的石油美元体系正在逐渐瓦解,而美元作为全球储备货币地位的丧失将会抹去很多人的财富,这将引发政治和社会动荡。

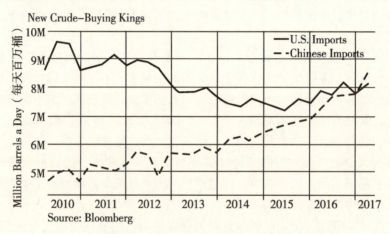

图6.7　中美两国单日原油进口贸易额2010—2017年走势

(三) 美国力保美元和经济主导权之战

美国要开打贸易战,是美国保美元和经济在国际上主导权的一环,先是英国脱欧,令欧元的强势地位或受影响,美元等货币特别是人民币国际地位或进一步得到提升。英国脱欧后,美国腾出手来对中国和人民币下手,于是产生了要对中国开打贸易战。中美贸易摩擦事件,说明美国对中国经济特别是制造业要赶超上来的忧虑。

另外,由于石油美元体系给美元带来好处,美国需要保卫美元和经济在国际上的主导权,才能使"海量"债务得到维持。

美国财政部发布的数据显示,联邦债务水平2018年3月15日首次触及21

万亿美元。分项数据显示，特朗普2017年1月20日出任美国总统时，被公众持有的联邦债务达到14.4万亿美元，各政府机构持有的联邦债务达到5.54万亿美元；截至2018年3月15日，共有15.36万亿美元的联邦债务被公众持有，5.67万亿美元的联邦债务被各政府机构持有。在特朗普执政的一年多时间中，美国联邦债务增长了超过1万亿美元。

由于财政收支前景不佳，美国政府被迫"海量"发债。据美国有关机构估算，到2027年，美国公共债务占GDP的比例将达到99%。若将其他因素考虑在内，这一比例最高或将升至109%的历史最高水平，超过"二战"后创下的106%的纪录，而这可能为其下一次的财政危机甚至经济衰退埋下伏笔。

从长期看，美元的影响力将是下降的趋势，因为美元最终会屈从于"双赤字"的力量。

中国经济由高速增长转向高质量发展阶段，经济增长由原来更多依赖出口转向消费主导，抵御外部冲击的能力不断增强。从长远来看，贸易战并不能阻挡中国制造全面崛起，中美之间需要寻找新的互利共赢的合作基础。

（四）吸取日本"广场协议"的教训

博鳌亚洲论坛理事长、日本前首相福田康夫在2018年4月9日《人民日报》上撰文称，"如今，中国在很多领域进步飞速，直逼美国，令美国颇有压力感。这与日本曾经经历过的情形非常相似。20世纪80年代，日本对美国有很大的贸易顺差，在被迫与美国签订'广场协议'后，日元在短时间内迅速升值。这种剧烈变化对日本的市场、产业、经济等各个方面产生了巨大的负面影响。中国应该吸取日本的惨痛教训，提高警惕，谨慎行事。"

据有关报道，"二战"后，随着日本经济的恢复和增长，日本与美国之间于1955年在纺织品领域首次出现贸易摩擦。1965年，日本对美贸易开始出现顺差，1968年日本跃居世界第二经济大国，随之日美贸易摩擦日益增多。

20世纪70年代以后，日本经济大国的地位不断巩固，美国在一些领域受到挑战，日美贸易摩擦趋于频发并不断升级，摩擦的领域从纺织品逐渐扩大到钢铁、家电、船舶、汽车、半导体等。特别是经历了两次石油危机后，日本节能省油的汽车对美出口大幅增长，1980—1984年，日本对美出口在其总出口中的比重上升到35.2%，4年间提高11个百分点，加之美国里根政府实行高利率政策，导致日本对美贸易顺差急剧扩大。

在这种情况下，日美在汽车领域的贸易摩擦愈演愈烈，美国开始将汇率作为缓解贸易收支失衡的手段。1985年9月，美国、日本、联邦德国、法国和英国达成《法国、德国、英国、日本以及美国财政部长和中央银行总裁的声明》，因协议在美国纽约广场饭店签署，故该协议又被称为"广场协议"。之后五国开始联合干预外汇市场，大量抛售美元，形成市场抛售潮，导致美元持续大幅贬值，日元兑美元也大幅升值。

随后直到1988年度，日元升值幅度高达90%。当日元升值难达预期效果后，美国继续打出一套组合拳：一是1988年出台新的贸易法，启用"超级301"条款。1989年老布什执政后，在对日钢铁、汽车、半导体等贸易摩擦中，都曾动用过该条款。二是要求日本解决美国产品的市场准入问题，开放农产品、高技术产品、服务业等市场。三是迫使日本进行制度性改革，1989年日美开始"日美结构协议"谈判，就经济政策、制度及企业行为等进行磋商，促使日本在流通体制、商业惯例等方面进行开放性改革。

伴随着实体经济的衰退，日本炒房团、炒地团开始崛起，那个时候，日本处于癫狂的状态，没有人相信房价会暴跌。但进入20世纪90年代，日本"泡沫经济"崩溃，经济和股市陷入长期低迷，产业竞争力下降，日美贸易摩擦逐渐消退。同时，摩擦中美国广大的消费者也是受害者，限制日本产品进口，使美国国内消费者的商品选择余地减小，难以享用到质量高、实用性强的日本产品。

日本股市也先捧后跌，日经225指数1989年12月29日见顶38957点后进入近30年的长期调整，仍未能创出历史新高，见图6.8。

有专家认为，日本经济进入十多年低迷期的罪魁祸首就是"广场协议"，广场协议后，受日元升值影响，日本出口竞争力备受打击。但也有专家认为，日元大幅升值极大地提高了日元的购买力，为日本企业走向世界、在海外进行大规模扩张提供了良机，日本人开始在美国和欧洲大量进行房地产投资，购买土地、办公大楼、宾馆，修建豪华娱乐场所等，日本收购了美国10%资产，欧洲的也差不多这个数字。这促进了日本产业结构调整，最终有利于日本经济的健康发展。因此，日本泡沫经济的形成不应该全部归罪于日元升值。

总体上看，"广场协议"对日本经济影响是较大的。当前，中国作为最重要的产品输出国，外汇储备庞大，人民币面临较大的升值压力，与美国存在贸易摩擦，这一局面与20个世纪80年代中期的日本极为相似。但中国不是日本，在美国威胁对中国进口商品加征关税后不到24小时，中国就宣布对等报复措施，进行大力度反击。

（五）中美需寻找新的互利共赢合作基础

中国国家统计局国民经济综合统计司新闻发言人2018年4月17日在新闻发布会上表示，中美贸易摩擦难不倒中国经济，更改变不了中国经济持续健康发展的良好态势。中国经济韧性好，调整适应能力强，通过供给侧结构改革，通过创新驱动，经济结构发生了重大的变化。特别是党的十八大以来，经济增

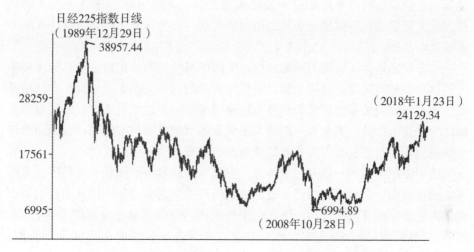

图6.8 日经225指数1989年12月见顶后展开近30年调整

长从主要依靠工业带动转向工业和服务业共同拉动，从主要依靠投资转向投资和消费共同带动，从出口大国转向了出口和进口一起发展。

发言人表示，2008年至2017年，中国内需对经济增长的贡献率达到了105%，通过内需对冲了外需减弱的影响。特别是国际金融危机对中国冲击最严重的2009年，中国内需对经济增长的贡献率超过了140%。

对于中美贸易为什么会出现不平衡的问题，中国商务部有关官员表示，"首先是美国经济结构问题，美国储蓄不足，储蓄小于投资，消费比较多，这决定了它一定在全球贸易上有逆差，所以美国不只是和中国有贸易逆差，和其他许多国家都有贸易逆差。第二，美元作为国际支付货币，也决定了美国必须要保持比较大的贸易逆差，才能维持美元国际支付货币的地位。"

2018年4月6日，美国彭博社刊发耶鲁大学高级研究员、经济学家史蒂芬·罗奇的评论文章，指出特朗普大大高估了美中贸易逆差的数额，其实，真正造成美国巨大贸易赤字的是其严重的国内储蓄不足，这使得特朗普抨击中国的理由根本站不住脚。

文章指出，与中国需要美国相比，美国更需要中国。不可否认，中国依然是出口导向经济体，而美国消费者是其最大客户。但是，出口份额在中国GDP中的占比已从2007年的37%下降到如今的不足20%，这是10年（经济）再平衡的重要结果。依靠内需的更多支持，中国能更好地扛住那些针对其出口商的关税及其他行动带来的压力。

另外，美方专家认为，中美贸易摩擦加剧的深层次原因是中美经贸和政治关系发生了根本性变化，中美将从互补性的贸易关系走向竞争性的大国关系。

美国的企业也都期待中国的市场会越来越开放，从而分享中国经济发展的红利，中国需要通过制度改进来解决他国的关切，并为中美之间寻找新的互利共赢的合作基础。

中方专家认为，如果美国能放松对中国的高科技产品出口，有可能缓解中美间贸易失衡的问题。长期来看，需要为两国的经济关系发展寻找一个政治基础。中美间经贸关系的蜜月期已经不可逆转地结束了，中美注定要发展成更为成熟的、竞争性的大国关系。这种大国关系不可避免要产生摩擦，会经历边打边谈的阶段，双方领导人需要寻找新的互利共赢的基础。

而中美两个大国一旦开打贸易战，将危及国际经济秩序和贸易秩序。亚洲其实现在存在一个上下游的产业链，中国出口美国的同时，中国的出口里面也包含大量从亚洲各国的进口。现在中国和美国其贸易总量占全球的25%左右，经济总量占全球的40%左右，人口总量占23%左右，货币在SDR篮子里面，美元和人民币占到52%。

中方专家指出，中美合则两利，斗则双输。中国是美国出口商品增长速度最快的国家，如果失去了中国这个巨大的市场，对美国的出口将是重创。当然，打贸易战我们也会有损失，但随着"一带一路"建设的推进，中国与周边国家的经济关系日益紧密，逐步形成了全球市场多元化的布局，使我们不会因为在贸易上缺少美国而走上绝路，而美国则会因为缺少了中国而受到重创。

中方权威人士指出，中国经济的发展已经进入更加注重质量的阶段，出口对中国经济拉动仅有9%，而消费和投资的拉动率分别是59%和32%。未来20年至21世纪中叶，亚洲是全球经济中表现最为强劲的地区。

2018年9月24日，中国国务院办公室发布《关于中美经贸摩擦的事实与中方立场》白皮书[①]，其中指出，中美两国经济发展阶段、经济制度不同，存在经贸摩擦是正常的，关键是如何增进互信、促进合作、管控分歧。白皮书指出，中美经贸关系事关两国人民福祉，也关乎世界和平、繁荣、稳定。对中美两国来说，合作是唯一正确的选择，共赢才能通向更好的未来。中国立场是明确的，一贯的，坚定的。

6-5 "一带一路"构建人类命运共同体

（一）推动共建"一带一路"的愿景与行动

2015年3月28日，中国国家发展改革委、外交部、商务部联合发布了

---

① 《人民日报》2018年9月25日01版。

《推动共建丝绸之路经济带和 21 世纪海上丝绸之路的愿景与行动》①，提出以政策沟通、设施联通、贸易畅通、资金融通、民心相通为主要内容，坚持共商、共建、共享原则，积极推动"一带一路"建设，得到国际社会的广泛关注和积极回应。

"一带一路"（The Belt and Road，缩写 B&R）是"丝绸之路经济带"和"21 世纪海上丝绸之路"的简称。"一带一路"旨在借用古代丝绸之路的历史符号，高举和平发展的旗帜，积极发展与沿线国家的经济合作伙伴关系，共同打造政治互信、经济融合、文化包容的利益共同体、命运共同体和责任共同体。

"一带一路"贯穿亚欧非大陆，一头是活跃的东亚经济圈，一头是发达的欧洲经济圈，中间广大腹地国家经济发展潜力巨大。"丝绸之路经济带"重点畅通中国经中亚、俄罗斯至欧洲（波罗的海）；中国经中亚、西亚至波斯湾、地中海；中国至东南亚、南亚、印度洋。"21 世纪海上丝绸之路"重点方向是从中国沿海港口过南海到印度洋，延伸至欧洲；从中国沿海港口过南海到南太平洋。

据国家信息中心"一带一路"大数据中心 2018 年 5 月 6 日发布的《"一带一路"贸易合作大数据报告 2018》②显示，2017 年中国与"一带一路"相关参与国家的贸易增速以高于整体外贸增速的势头，推动外贸加速回暖，成为我国外贸的新亮点。

报告称，从总体上看，中国与"一带一路"参与国家进出口总额实现较快增长，进口增速首超出口。2017 年，中国与"一带一路"相关国家的进出口总额达到 14403.2 亿美元，同比增长 13.4%，高于我国整体外贸增速 5.9 个百分点，占中国进出口贸易总额的 36.2%。其中中国向"一带一路"相关国家出口 7742.6 亿美元，同比增长 8.5%，占中国总出口额的 34.1%；自"一带一路"相关国家进口 6660.5 亿美元，同比增长 19.8%，占中国总进口额的 39.0%，近 5 年来进口额增速首次超过出口。从商品结构看，机电类是我国对"一带一路"最主要的出口商品，电机电气设备和矿物燃料类是我国自"一带一路"相关国家最主要的进口商品。

截至 2017 年年底，中国已经同 80 个国家和组织签署"一带一路"合作协议，同 30 多个国家开展了机制化产能合作，在沿线 24 个国家推进建设 75 个境外经贸合作区，中国企业对沿线国家投资累计超过 500 亿美元，创造了近 20 万个就业岗位。

---

① 中国商务部网站（zhs.mofcom.gov.cn/article/xxfb/201503/20150300926644.shtml）
② 国家信息中心网站（www.sic.gov.cn/News/553/9207.htm）

（二）秉持"世界大同、和合共生"理念

丝绸之路是起始于古代中国，连接亚洲、非洲和欧洲的古代陆上商业贸易路线，最初的作用是运输古代中国出产的丝绸、瓷器等商品，后来成为东方与西方之间在经济、政治、文化等诸多方面进行交流的主要道路。

丝绸之路从运输方式上，主要分为陆上丝绸之路和海上丝绸之路。

陆上丝绸之路是指西汉（公元前202年—8年）汉武帝派张骞出使西域开辟的以首都长安（今西安）为起点，经甘肃、新疆到中亚、西亚而达地中海，以罗马为终点，全长6440公里的路线。这条路被认为是联结亚欧大陆的古代东西方文明的交汇之路，而丝绸则是最具代表性的货物。

海上丝绸之路是指古代中国与世界其他地区进行经济文化交流交往的海上通道，最早开辟也始于秦汉时期。这是从广州、泉州、宁波、扬州等沿海城市出发，从南洋到阿拉伯海，甚至远达非洲东海岸的海上贸易的通道。

随着时代发展，丝绸之路成为古代中国与西方所有政治经济文化往来通道的统称。除了"陆上丝绸之路"和"海上丝绸之路"，还有北向蒙古高原，再西行天山北麓进入中亚的"草原丝绸之路"等。

2015年3月28日国家有关部门联合发布的《推动共建丝绸之路经济带和21世纪海上丝绸之路的愿景与行动》指出，当今世界正发生复杂深刻的变化，国际金融危机深层次影响继续显现，世界经济缓慢复苏、发展分化，国际投资贸易格局和多边投资贸易规则酝酿深刻调整，各国面临的发展问题依然严峻。共建"一带一路"顺应世界多极化、经济全球化、文化多样化、社会信息化的潮流，秉持开放的区域合作精神，致力于维护全球自由贸易体系和开放型世界经济。共建"一带一路"旨在促进经济要素有序自由流动、资源高效配置和市场深度融合，推动沿线各国实现经济政策协调，开展更大范围、更高水平、更深层次的区域合作，共同打造开放、包容、均衡、普惠的区域经济合作架构。共建"一带一路"符合国际社会的根本利益，彰显人类社会共同理想和美好追求，是国际合作以及全球治理新模式的积极探索，将为世界和平发展增添新的正能量。

天下大同，是中国古代先贤们期盼的理想社会。与之相对应，中国传统文化一直倡导"大道之行也，天下为公"，坚持"和为大道"，谋求"万邦和谐""万国咸宁"。

中国秉持世界大同、和合共生等理念，以实际行动阐释着人类命运共同体的内涵。构建人类命运共同体是一个宏大的愿景，而"一带一路"倡议就是这一愿景在现实社会的投射和具象化，是实现这一愿景的具体化的行之有效的措施。

"一带一路"建设、构建亚洲和人类命运共同体等方式，推动区域一体化、全球化，实现共享共赢共建，共同和谐发展（图6.9）。

图6.9 "一带一路"经济走廊及其途径城市分布地势（来源：国家测绘局网站）

（三）"一带一路"经济走廊

"一带"，指的是"丝绸之路经济带"，是在陆地。它有三个走向，从中国出发，一是经中亚、俄罗斯到达欧洲；二是经中亚、西亚至波斯湾、地中海；三是中国到东南亚、南亚、印度洋。

"一路"，指的是"21世纪海上丝绸之路"，重点方向有两条，一是从中国沿海港口过南海到印度洋，延伸至欧洲；二是从中国沿海港口过南海到南太平洋。

"一带一路"有六大经济走廊，是指中国正与"一带一路"沿线国家积极规划中蒙俄、新亚欧大陆桥、中国—中亚—西亚、中国—中南半岛、中巴、孟中印缅六大经济走廊建设。

《中华人民共和国国民经济和社会发展第十三个五年规划纲要》[①] 中指出，畅通"一带一路"经济走廊。推动中蒙俄、中国—中亚—西亚、中国—中南半岛、新亚欧大陆桥、中巴、孟中印缅等国际经济合作走廊建设，推进与周边国家基础设施互联互通，共同构建连接亚洲各次区域以及亚欧非之间的基础设

---

① 新华网（www.xinhuanet.com/politics/2016lh/2016-03/17/c_1118366322.htm）

施网络。加强能源资源和产业链合作,提高就地加工转化率。支持中欧等国际集装箱运输和邮政班列发展。建设上合组织国际物流园和中哈物流合作基地。积极推进"21世纪海上丝绸之路"战略支点建设,参与沿线重要港口建设与经营,推动共建临港产业集聚区,畅通海上贸易通道。推进公铁水及航空多式联运,构建国际物流大通道,加强重要通道、口岸基础设施建设。建设新疆丝绸之路经济带核心区、福建"21世纪海上丝绸之路"核心区。打造具有国际航运影响力的海上丝绸之路指数。

《推动共建丝绸之路经济带和21世纪海上丝绸之路的愿景与行动》提出:发挥新疆独特的区位优势和向西开放重要窗口作用,深化与中亚、南亚、西亚等国家交流合作,形成丝绸之路经济带上重要的交通枢纽、商贸物流和文化科教中心,打造丝绸之路经济带核心区。

利用长三角、珠三角、海峡西岸、环渤海等经济区开放程度高、经济实力强、辐射带动作用大的优势,加快推进中国(上海)自由贸易试验区建设,支持福建建设21世纪海上丝绸之路核心区。充分发挥深圳前海、广州南沙、珠海横琴、福建平潭等开放合作区作用,深化与港澳台合作,打造粤港澳大湾区。

根据21世纪海上丝绸之路的重点方向,"一带一路"建设海上合作以中国沿海经济带为支撑,密切与沿线国的合作,连接中国—中南半岛经济走廊,经南海向西进入印度洋,衔接中巴、孟中印缅经济走廊,共同建设中国—印度洋—非洲—地中海蓝色经济通道;经南海向南进入太平洋,共建中国—大洋洲—南太平洋蓝色经济通道;积极推动共建经北冰洋连接欧洲的蓝色经济通道。

推动"一带一路"经济走廊建设,秉持亲诚惠容,坚持共商共建共享原则,开展与有关国家和地区多领域互利共赢的务实合作,打造陆海内外联动、东西双向开放的全面开放新格局。

(四)海上丝绸之路文化

《中华人民共和国国民经济和社会发展第十三个五年规划纲要》中指出,共创开放包容的人文交流新局面。办好"一带一路"国际高峰论坛,发挥丝绸之路(敦煌)国际文化博览会等作用。广泛开展教育、科技、文化、体育、旅游、环保、卫生及中医药等领域合作。构建官民并举、多方参与的人文交流机制,互办文化年、艺术节、电影节、博览会等活动,鼓励丰富多样的民间文化交流,发挥妈祖文化等民间文化的积极作用。联合开发特色旅游产品,提高旅游便利化。加强卫生防疫领域交流合作,提高合作处理突发公共卫生事件能力。推动建立智库联盟。

在推进"一带一路"倡议实施的过程中,中华文化特别是岭南文化有着重要的历史使命。

岭南文化是悠久灿烂的中华文化的有机组成部分，广东文化是岭南文化的主体。岭南文化以农业文化和海洋文化为源头，在其发展过程中不断吸取和融汇中原文化和海外文化，逐渐形成自身独有的特点，即务实、开放、兼容、创新。

在新时代，岭南文化有着更为重要的历史使命和发展机遇。

党的十九大报告[①]指出："中国特色社会主义文化，源自于中华民族五千多年文明历史所孕育的中华优秀传统文化，熔铸于党领导人民在革命、建设、改革中创造的革命文化和社会主义先进文化，植根于中国特色社会主义伟大实践。发展中国特色社会主义文化，就是以马克思主义为指导，坚守中华文化立场，立足当代中国现实，结合当今时代条件，发展面向现代化、面向世界、面向未来的，民族的科学的大众的社会主义文化，推动社会主义精神文明和物质文明协调发展。要坚持为人民服务、为社会主义服务，坚持百花齐放、百家争鸣，坚持创造性转化、创新性发展，不断铸就中华文化新辉煌。"

"坚守中华文化立场，立足当代中国现实，结合当今时代条件"，这是中华优秀传统文化在当今时代传承的强大推动力，这也是文化创新、发展、光大的重要现实意义。

在推进"一带一路"倡议实施的过程中，岭南文化将迎来新的更大的发展机遇，这就是将岭南文化乃至中华优秀传统文化与当代中国现实、当今时代条件相结合，与"一带一路"相结合，发展"中华根文化"。

文化是软实力，是内在驱动力。在推进"一带一路"倡议实施的过程中，作为21世纪海上丝绸之路的重要支点，广东更要把握这个重大机遇，并充分利用岭南文化中丰富的古代海上丝绸之路资源，在"一带一路"沿线国家或地区中，传播岭南文化和中华文化，提升"一带一路"中华文化所发挥的软实力，实现中外文化交流。

岭南文化在一定程度上体现的是海上丝绸之路文化。1400多年前，达摩从古印度沿着海上丝绸之路，远渡印度洋，历经三载，最终抵达如今的广州华林禅寺一带登岸并建西来庵，可以说，达摩祖师是海上丝绸之路的文化先驱。

1400多年后的今天，岭南文化或将开创21世纪海上丝绸之路文化拓展的先河，这在与当代中国现实、当今时代条件相结合中更显重要意义。

广东是中国改革开放先行地和试验田。广东作为经济大省和沿海地区，可望在"一带一路"共建中发挥更大的作用，包括在文化传承、传播、发扬光大方面。

---

① 中国政府网（www.gov.cn/zhuanti/2017-10/27/content_5234876.htm）

"弘扬中华优秀传统文化、推动中华文化创新发展",为世界发展贡献中国智慧、中国方案。传统文化是与我们生活中息息相关的,中华传统文化包括思想、文字、语言和"六艺"(礼、乐、射、御、书、数),以及衍生出来的书法、音乐、武术、曲艺、棋类、节日、民俗等。中华根脉文化经典包括"四书五经"和《史记》《老子》《庄子》《唐诗三百首》等,以及中国传统蒙学读物如《三字经》《百家姓》《千字文》等。

中华根脉,世界互连。岭南文化结合时代特点进一步发扬光大,与中华文化根脉的传承、发展是分不开的,特别是结合"一带一路"沿线国家或地区大众喜爱的方式。

6-6 地方债风险防范化解

一段时期以来,我国地方债务风险问题日益严重,持续困扰我国经济,需要有效处理以防止引发大规模的政府债务危机。

(一) 地方政府性债务的种类

所谓地方政府性债务,分为政府负有偿还责任的债务、负有担保责任的或有债务、可能承担一定救助责任的其他相关债务3种类型。这3种类型做出进一步细分如下:

地方政府负有偿还责任的债务,一是地方政府债券、国债转贷、外债转贷、农业综合开发借款、其他财政转贷债务中确定由财政资金偿还的债务;二是政府融资平台公司、政府部门和机构、经费补助事业单位、公用事业单位及其他单位举借、拖欠或以回购等方式形成的债务中,确定由财政资金(不含车辆通行费、学费等收入)偿还的债务;三是地方政府粮食企业和供销企业政策性挂账。

地方政府负有担保责任的债务,一是政府融资平台公司、经费补助事业单位、公用事业单位和其他单位举借,确定以债务单位事业收入(含学费收入)、经营收入(含车辆通行费收入)等非财政资金偿还,且地方政府(含政府部门和机构)提供直接或间接担保的债务;二是地方政府(含政府部门和机构)举借,以非财政资金偿还的债务,视同政府担保债务。

其他相关债务,指的是政府融资平台公司、经费补助事业单位和公用事业单位为公益性项目举借,由非财政资金偿还,且地方政府(含政府部门和机构)未提供担保的债务(不含拖欠其他单位和个人的债务)。需要指出的是,虽然此债务政府在法律上不承担偿债责任,但当债务人出现债务危机时,政府可能需要承担救助责任。

其中，地方政府融资平台指的是，地方政府发起设立，通过划拨土地、股权、规费、国债等资产，包装出的一个资产和现金流均可达融资标准的公司，必要时再辅之以财政补贴作为还款承诺，以实现承接各路资金进而将其运用于市政建设、公用事业等项目，各类城投公司是其主要形式，银行贷款则是其主要资金来源。

截至 2017 年年末，参照财政部数据，我国地方政府债务余额达到 16.47 万亿元，其中政府债券达 14.74 万亿元，非政府债券形式存量政府债务有 1.73 万亿元，地方政府债券规模在这一年首次超越国债。

2018 年 3 月 26 日，财政部公布了《关于做好 2018 年地方政府债务管理工作的通知》，用 13 项举措来加强地方债全链条管理，妥善化解累积的债务风险。设置地方债总额天花板，2018 年限额约为 21 万亿元。

2018 年 3 月 30 日，财政部财金司发布 23 号文《关于规范金融企业对地方政府和国有企业投融资行为有关问题的通知》，要求金融企业除了购买地方政府债券外，不得直接或间接为地方政府提供融资。

地方政府本级财政收入一直低于本级财政支出，地方财政赤字的弥补，主要依靠中央财政转移支付和地方基金收入中的土地出让金收入。而土地出让金收入占比一直稳定在一半左右，成为许多地方政府的主要可支配财力。显然，地方政府资金来源受约束之后，当地房地产状况对于地方政府的偿债能力非常关键。这也为"冻楼"提供了更强动因。

（二）地方债风险的成因与防范

多年来，地方政府通过举债融资，促进了地方经济社会发展，对应对世界金融危机发挥了一定积极作用。30 多年来，地方通过自身经济发展和财力增长，偿债能力不断提高，偿债条件不断改善，逾期违约率一直处于较低水平。

从偿债条件看，除财政收入外，我国地方政府拥有固定资产、土地、自然资源等可变现资产比较多，可通过变现资产增强偿债能力。

地方融资平台出现的债务，与应对金融危机时的财政刺激政策有关，如与应对 1998 年亚洲金融危机和 2008 年国际金融危机，以及抗击自然灾害、改善民生和保护生态环境等相关。在 2008 年国际金融危机肆虐之际，中国政府推出 4 万亿元人民币积极的财政政策，相当一部分则由地方政府来买单。由于地方政府没有发债的权力，那么，只能通过建立地方融资平台向银行借款。

2014 年 8 月 31 日，全国人大常委会审议通过的《预算法》修正案规定，地方政府债务通过发行地方政府债券举借。另外，国务院印发的《关于加强地方政府性债务管理的意见》明确，纳入预算管理的地方政府存量债务可以发行地方政府债券置换。

2015年3月12日,经国务院批准,财政部下达了1万亿元地方政府债券置换存量债务额度。财政部表示,发行地方政府债券置换存量债务,只是债务形式变化,不增加债务余额。

2018年3月26日,财政部发布《关于做好2018年地方政府债务管理工作的通知》,部署规范地方政府债务限额管理和预算管理、完成存量地方政府债务置换工作、加强债务风险监测和防范、强化地方政府债券管理等工作。财政部要求,地方各级财政部门要严格落实属地管理责任,将防范化解地方政府债务风险作为当前财政管理工作的重中之重,依法健全规范的地方政府举债融资机制,硬化预算约束,坚决制止和查处各类违法违规或变相举债行为。

尽管我国地方债务风险问题较为突出,但我国经济增长总体上保持着持续高增长的势头,中国的储蓄率高达50%,能够为经济增长提供充裕资金,内生动力依然强劲,债务风险问题也将得到逐步化解,而且地方政府为促进经济社会发展和民生改善而举债融资,主要是用于基础设施建设,已经投入的基础设施建设等项目,不少形成了优质资产,为地方经济和政府收入增长打下了基础,因而地方债务也不完全是"负债",而是在一定程度上带来社会和经济效益。

据报道,按照财政部有关人士介绍,2018年新增地方政府专项债券1.35万亿元,比2017年增加了5500亿元,主要支持京津冀协同发展、长江经济带等重大战略以及精准扶贫、生态环保、棚户区改造等重点领域,优先用于在建项目平稳建设。

随着国家财政部会同有关部门积极做好加强地方政府性债务管理,我国地方债务风险将得到有效防范和化解。金融体制改革也正在推进,中国不会发生区域性、系统性的金融风险。

据财政部网站2018年8月2日消息,在财政部负责人题为《充分发挥财政职能作用 坚决支持打好三大攻坚战》文章中指出,当前,地方政府债务风险总体可控。截至2017年年末,全国地方政府债务余额16.47万亿元,控制在全国人大批准的2017年地方政府债务限额18.82万亿元之内,债务率低于国际通行的100%~120%警戒线。同时,有的地方继续违法违规变相举债,风险隐患不容忽视。

文章指出,应对地方政府债务风险,财政部门必须坚持底线思维,坚持稳中求进,抓住主要矛盾,开好"前门"、严堵"后门",坚决刹住无序举债之风,牢牢守住不发生系统性风险的底线。一是严控法定限额内地方政府债务风险。地方政府依法一律采取发行政府债券方式规范举债。合理确定地方政府债务限额,稳步推进专项债券管理改革,保障地方合法合理融资需求。二是着力防控地方政府隐性债务风险。一方面,坚决遏制隐性债务增量;另一方面,积极稳妥化解存量隐性债务。

（三）地方债置换和债转股政策促银行股走强

地方债加强管理和风险化解的预期刺激了证券市场回暖，从2014年提出地方债置换计划算起，上证综指一年内迎来了3000点大反弹；即使从2015年3月12日财政部发文确认置换1万亿元地方债算起，上证综指几个月内也反弹了近2000点。特别是有关"债转股"的预期，大大减轻了投资者的担忧，促进市场回稳走强。

2016年10月10日，国务院发布《关于市场化银行债权转股权的指导意见》[①]（以下简称《指导意见》），强调要遵循法治化原则、按照市场化方式有序开展债转股，建立债转股对象企业市场化选择、价格市场化定价、资金市场化筹集、股权市场化退出等长效机制，严禁将"僵尸企业"、失信企业和不符合国家产业政策的企业作为债转股对象。

《指导意见》中指出，实施机构对股权有退出预期的，可与企业协商约定所持股权的退出方式。债转股企业为上市公司的，债转股股权可以依法转让退出，转让时应遵守限售期等证券监管规定。债转股企业为非上市公司的，鼓励利用并购、全国中小企业股份转让系统挂牌、区域性股权市场交易、证券交易所上市等渠道实现转让退出。

《指导意见》强调，市场化债转股对象企业应当具备以下条件：发展前景较好，具有可行的企业改革计划和脱困安排；主要生产装备、产品、能力符合国家产业发展方向，技术先进，产品有市场，环保和安全生产达标；信用状况较好，无故意违约、转移资产等不良信用记录。鼓励面向发展前景良好但遇到暂时困难的优质企业开展市场化债转股，包括：因行业周期性波动导致困难但仍有望逆转的企业；因高负债而财务负担过重的成长型企业，特别是战略性新兴产业领域的成长型企业；高负债居于产能过剩行业前列的关键性企业以及关系国家安全的战略性企业。

《指导意见》同时指出，确保银行转股债权洁净转让、真实出售，有效实现风险隔离，防止企业风险向金融机构转移。

在债转股政策下，商业银行可通过筛选出其中相对优质的企业的债权置换为股权，此举意在帮助银行抑制正在上升的不良资产率，一方面降低了银行不良贷款率，改善银行资产状况；另一方面减轻了高负债企业的财务压力，通过"债转股"，银行可以获得更加灵活的不良资产处置手段，等企业经营状况逐步改善，银行可以通过上市、转让或者企业回购等方式收回借款。

---

① 中国政府网（www.gov.cn/zhengce/content/2016-10/10/content_5116835.htm）

据当时媒体统计，自《指导意见》发布以来，不足 3 个月的时间内，债转股合作协议签约额已经至少达到 3270 亿元，涉及煤炭、钢铁、有色、交通运输等领域的 27 家国有企业。

另外，2013 年 11 月 30 日国务院印发了《关于开展优先股试点的指导意见》，优先股是指依照公司法，在一般规定的普通种类股份之外，另行规定的其他种类股份，其股份持有人优先于普通股股东分配公司利润和剩余财产，但参与公司决策管理等权利受到限制。

发行优先股对商业银行是较大政策利好，因为商业银行普遍存在不良贷款、不良贷款率"双升"压力，损失拨备也较多，对资本充足率的补充有迫切的需求。据统计，自 2012 年以来，上市银行的不良贷款余额已经连续 4 年上升，不良贷款率连续 3 年上升，资产质量进一步下降。截至 2016 年 3 月 31 日，16 家上市银行不良贷款高达 10674 亿元，较上年末的 9945 亿元增加 729 亿元；不良率为 1.69%，较上年末的 1.64% 增加 0.05 个百分点。

对于绝大多数上市银行来说，发行优先股"补血"已经是其再融资的首要选择。据统计，当时 16 家 A 股上市银行中，共有 13 家在 2015 年发行了总规模约 2500 亿元的优先股。

地方债置换、"债转股"预期及之后政策出台，以及"开展优先股试点"，对商业银行和相关企业构成重要利好，银行可获得更加灵活的不良资产处置手段，并可望抑制正在上升的不良资产率。

在这些政策出台和预期下，A 股市场 2014 年下半年至 2015 年 6 月在银行股等带动下走出了一波牛市行情。银行股更是提前至 2014 年 3 月形成转折点止跌回升，展开长上升周期，直至 2018 年 2 月才形成重要顶部。如工商银行（601328）股价从 2014 年 3 月 12 日 2.22 元底部启动，涨至 2018 年 2 月 5 日 7.77 元，涨幅 200% 以上（图 6.10）。

6-7 调控股价、房价抑制"泡沫经济"

回顾亚洲金融危机、美国次贷危机以及欧债危机的出现和起因，产业结构不平衡，实体经济空心化，经济过分强调自由经济，投机泡沫，寅吃卯粮过分负债，缺乏有效监管等是造成危机的原因。抑制"泡沫经济"，加强宏观调控，防范和化解经济上存在的风险性是非常重要的。

（一）经济转型促使资本市场转型

中国 A 股市场 2006 年和 2007 年出现大牛市，比 2005 年下半年涨了 6 倍，全民炒股，形成股市资产价格的泡沫，于是 2007 年年中和下半年市场监管强

图 6.10　工商银行从 2014 年 3 月 12 日底部启动，涨了近 4 年

化，调控政策不断推出，加上国际金融危机出现，2007 年 10 月上证综指见 6124 点大顶，之后展开了一年的大调整，至 2008 年 10 月跌至 1664 点，跌去 70%，形成"股灾"，这就是"泡沫"的结果。

2009 年上半年 A 股市场在政府推出 4 万亿元人民币积极财政政策影响下，走出了一波翻番的行情，至 2009 年 8 月见顶，之后展开大区间的波动，2011 年 4 月后走出单边下跌，2012 年 1 月 6 日上证综指跌至 2132 点而见底，创出近 3 年新低，2011 年的下跌与欧洲主权债务危机影响、经济周期性回落、抑制国内房价、实施宏观调控抑制通胀，以及对国内地方债务风险担忧有关。

A 股市场 2008 年之后的低迷局面，正是应对境外金融危机，我国进行经济转型影响的结果，以及处在通过大量新股发行和场内融资支持经济转型要求的背景下，这体现为个股结构性大调整和新股发行源源不断，造成 A 股市场 2011 年持续走低。

中国经济结构的转型，不少周期性和传统行业产能面临过剩，2010 年下半年 A 股市场所产生的部分个股结构性牛市行情，与市场资金追逐新兴行业股票有关。而不少公司"大小非"的产业资本也趁股市回升抽出资金，以便以后投入到新兴行业把握新的盈利增长点。

长期来看，"大小非"和产业资本的投资取向，对资本市场未来长期的个股结构性行情产生较大的影响，例如有的股票将产生长期的牛市行情，但有的股票走势停滞不前，甚至长期走弱，因而把握好产业资本的投资取向和个股结构性行情的投资特点才能成为未来的大赢家。

另外，经济发展速度调低主要是为了结构调整，要真正使经济增长转移到依靠科技进步和提高劳动者素质上来，真正实现高质量的增长，真正使中国经济的发展摆脱过度依赖资源消耗和污染环境，走上一条节约资源能耗、保护生态环境的正确道路上来。

经济存在下行压力，经济面的影响在股市上已提前反映出来。在经济发展方式转变、经济转型成功前，股市整体难产生反映经济面的大牛市。

2014年下半年和2015年上半年大涨后，A股市场2015年下半年开始展开长期的调整，特别是不少股票持续走低，到2018年10月跌回到了2014年7月的水平，甚至跌破，而不少大消费类的股票从2014年下半年起涨了4年，股价翻番甚至翻几番。这反映出经济转型下的A股市场所产生的结构性调整和机会。

较长时间以来，不少经济数据处于"临界点"的反复波动状态之中，这是中国经济增长总体反复筑底过程中的波动现象。

在推动国家经济转型和战略性新兴产业发展过程中，资本市场起着至关重要的作用，这也是新股发行停不了的原因，只能从制度上去完善，但也因为有着这一重大任务，股市反而会受到大力扶持。

作为新兴经济体，尽管问题多多，但中国经济总体上仍保持着相对持续中高速增长的势头，内生动力依然强劲，因而股市也有底线。

发达国家的经验表明，资本市场在推动国家经济转型和战略性新兴产业发展过程中，起着至关重要的作用。过去30年全球最重要的四大新兴产业即计算机、通信、互联网和生物制药，都是通过资本市场推动而成长起来的。

大力发展高科技、新能源、新材料等产业，推动产业结构优化升级，促进经济转型，使外向型经济向内向型经济进行战略大转移，这一战略显得更加迫切。

中国A股市场成立之初，肩负起计划经济向市场经济的转变、国有企业改革的重大任务，未来中国股市较长时间内仍将承受着支持经济转型的任务。在经济转型过程中，股市大幅波动不可避免，个股结构性调整不可避免，部分缺乏增长潜力、落后产业的个股可能面临较长时间的价值回归到合理价位的过程，并受到产业资本的不断减持，部分符合产业升级要求、可持续成长性的产业将形成上升趋势，并受到产业资本的不断增持。而长远看，经济逐渐成功转型后股市的前途是光明的和具较大发展潜力的。

经济发展速度调低，经济结构调整和发展方式的转变，真正实现高质量的增长，这是影响股市未来较长时间发展的重要因素，长远看有利股市总体价值的提升，形成质的变化。未来股市将在经济大转型中将脱胎换骨，得到重生，为大牛市打好坚实的基础。

（二）"负债狂欢"到质押平仓

2018年2月1日晚间，某上市公司发布公告称控股股东部分质押股票跌破平仓线，2日公司股票应声跌停。而这，仅仅是当时股票质押风险逐渐暴露的一个缩影。一段时间内，"质押""平仓""补充质押""延期购回"成为上市公司公告的热门关键词，也成为市场最终见顶下跌的导火索。

同时，当时不少个股突现闪崩，包括一些持续创新低的低价股，这或与不少闪崩股基本面不佳、估值偏高，特别是大股东股权质押比例较大，触发了平仓线，投资降杠杆，以及部分个股盘子小成交不活跃等情况有关，个股出现集体闪崩潮，反映出市场流动性不佳。另外，受中兴通讯复牌连续跌停影响，2018年6月网络科技等股票呈较大跌幅，一些高位个股大幅调整，更有一些个股直接闪崩跌停。

据有关统计数据，剔除2016年以来上市的个股，截至2018年6月13日，短短9个交易日，两市共有1792只个股6月以来的最低价跌破了2016年1月27日沪指2638点时的最低价，市场占比为63.95%。以2016年1月27日收盘价与2018年6月13日收盘价比较，有27只个股较前期低点下跌超过50%。

2018年6月的半个月时间内，已有10余家上市公司公告其股东及董事、高管质押股份触及平仓线，部分甚至已被强行平仓导致被动减持。市场认为，平仓警报四处响起的背后，是相关公司基本面不振、并购重组不力、股东榜杠杆资金扎堆等风险点的放大。

当时，药明康德、工业富联等大型独角兽公司在A股市场上市，融资和挂牌后都吸纳了一定的二级市场资金，导致其他股票相对失血。如在2018年6月13日工业富联成交额就达到158.1亿元，超过了沪市的1/10，而药明康德在开板日的成交金额也接近百亿元。

2015年6月中下旬，市场呈现一轮连续的规模性的闪崩潮令人记忆犹新，而2018年6月中旬大盘再走出一轮破位下跌，再现闪崩潮，这对于已连续多年长期下跌的不少股票来说如同灾难。

2018年上半年的A股市场动荡不已，上市公司股票质押业务虽总体风险可控，但部分公司股东仍被平仓，仅2018年6月，就有数十家公司提示股东质押股份触及平仓线。且2018年上半年，个别大型企业集团也遭遇了债务危机，甚至引发连锁反应。种种现象，使市场震惊，也引人深思。

据媒体披露，危机暴发之前，它们大多有着相似的资本轨迹——流动性充裕时大肆对外扩张，谓之"加杠杆"；流动性不足时，举债扩张与现金回流上的高比例错配，直接导致企业经营"失速"，乃至引发质押平仓等一系列连锁反应。

有关评论认为,在防风险、去杠杆的大背景下,相比"资产荒"的时期,企业融资渠道收紧、融资难度上升,尤其是对中低资质的企业而言,更是如此。但是,彼时"资产荒"的"负债狂欢",恰在当下到了还钱的高峰。当时也有评论人士指出,产业拓张和深耕的战略方向固然没错,但实施中绝不能依赖激进的杠杆和超高的负债,企业需从根本上扭转偏重市场份额、追求扩张规模的思路,真正做到风险防范和高质量发展。

由于去杠杆,一些机构开始着手清理旗下的信托产品,出于回笼资金、产品到期或是顺应监管政策等原因,它们会主动或被动抛售所持个股。这时,幕后操盘人的减持举动就容易引发股价闪崩。加上部分闪崩个股的基本面也不太理想,公司盈利能力处于下降通道甚至出现亏损。

2018年6月20日早盘,随着大盘下挫,中弘股份股价一度跌破1元面值,历史上A股个股"破面"(跌破面值)的情况很少见,破发、破净、破定增价,相比"破面"而言,就显得太平常了。

历史上,总共有18只A股曾出现"破面"的情况。从其"破面"的时间来看,有2只"破面"的时间为1996年,有14只"破面"的时间为2005—2006年的大底时期;另外就是自2007年以来的近12年间,在未曾退市的所有A股中,仅有2只A股曾一度跌破面值,分别是2018年2月1日跌破面值的﹡ST海润和同年6月20日早盘盘中"破面"的中弘股份。

(三)房地产去库存一线城市热

经过2003年和2004年的最低谷后,2005—2009年,国内房价持续上涨,几年之间,部分城市翻了几倍,2010—2011年政府不断出台房地产调控政策,包括住房多套限购、加大保障性安居工程建设力度、加强税收征管、强化差别化住房信贷政策、严格住房用地供应管理等措施,有力地打击了房产炒作,使房价过分上涨的部分地区出现下跌。

统计数据显示,2011年之前的10年,多数年份商品房销售面积同比增幅均在10%以上,特别是楼市繁荣的2005年和2009年,增幅更是高达40%以上。而2011年全国商品房销售面积为10.99亿平方米,仅增长4.9%。

后来,政府推出严格执行并逐步完善抑制投机投资性需求的政策措施,促进了房价逐步合理回归。而银行对房地产项目的贷款审批苛刻,贷款额度明显缩小,房地产行业逐渐陷入了全面"缺钱"的地步。越来越多的房地产企业被迫退出,或转型。

另外,严厉的限购、越来越高的购房门槛以及风险意识的逐渐提高,让不少人对楼市望而却步。2010年前全民炒房、"只赚不赔"时代得到了终结。

楼市经过一段低迷期后,2015年12月中国领导层分析研究2016年经济工作,"化解房地产库存"再成议题。这说明高库存压力之下的房地产业已拖累经济增长,中央层面也正寻求破解之道。

国家把"加快农民工市民化"作为房地产去库存的着力点。城镇化是现代化的必由之路。化解房地产库存,通过加快农民工市民化,推进以满足新市民为出发点的住房制度改革,扩大有效需求,稳定房地产市场。

据有关数据,截至2015年10月,中国商品房待售面积68632万平方米,比同年9月末增加2122万平方米,相比上年同期增加了1亿多平方米。这种情况是我国房地产市场建立20多年来从未有过的。更为严峻的是,这只是竣工后未售出的现房面积,还不包括大量的在建未竣工及未开工的潜在库存。

2016年2月2日,央行、银监会发布房贷新政,调整首套房和二套房商贷最低首付比例;2016年2月19日,财政部、税务总局、住建部联合发文,调整房屋交易契税和营业税征收标准。此外,各地也紧锣密鼓地出台了相应措施。

2016年春节后一线城市楼市火爆,房价持续上涨。这里面固然有一线城市需求相对旺盛等因素影响的缘故,但价格短时间内暴涨,其中的非理性因素也存在。

国家统计局2016年2月26日公布的70个大中城市房价显示,1月份,同比价格变动中,最高涨幅依然为深圳,达52.7%,已连续14个月领涨全国。"北上广"也都跻身前五,涨幅均为双位数。

政策方面,虽然围绕去库存展开的行业政策大多针对二三线城市,但2016年3月1日,央行降准等货币宽松政策仍然对限购城市形成利好。

降准利好楼市和股市,助推了一线城市和部分二线城市房地产价格上涨,而2016年3月初A股市场房地产股票也持续大涨。

"京沪广深"等一线城市因地理位置、产业结构、教育环境以及公共资源的优越性对外地居民具有强烈的吸引力,人口净流入量长期处于高位,基本面对楼市构成显著支撑。再加上由于经济下行压力加大,使货币政策相对宽松,一线城市楼市回暖符合市场需求。

去库存的主角应是三四线城市,其库存压力较大,但北上广深等一线城市却占尽了风头,房价增幅最大。如果房价上涨仅限于一二线城市,而房价上涨无法带动投资,那么资产价格泡沫的风险将增加,特别是利用金融杠杆投机炒房,一旦泡沫破灭,就会对实体经济造成较大的冲击。

从实际情况看,2016年部分大城市的房价已处于"过热"区间,这加大了地方对楼市政策的收紧。

(四) 房地产步入"租购并举"理性轨道

较长时间以来,中国房地产业成为经济发展的拉动力。在固定资产投资中,房地产业占四分之一强。而在地方财政来源中,土地出让金能占到四五成之多。这种投资结构和经济结构不太合理,需要降低经济对房地产的依赖度,促进国民经济健康可持续发展。

在庞大的外汇储备、相对健康的中央财政收支、国有经济占主导地位、宏观经济加强调控下,我国爆发欧洲式主权债务危机的机会不大,地方债务风险也将得到有效防范和化解,但对"泡沫经济"问题仍需要高度正视,特别是对过高的股价、房价及时进行有力的调控,有效抑制"泡沫经济"的发生。实体经济才是经济发展的基础。

在"房子是用来住的,不是用来炒的"总体基调下,政府从严控制个人购房贷款增量,严格落实差别化的房地产信贷调控政策。

自2016年10月开始,一线城市以及部分热点二线城市出台严控政策,使得一二线城市的购买需求开始外溢,环一线周边城市及部分热点城市的量价得以升温,环比涨幅全国居前。面对这一动向,又一轮房地产调控悄然开启。自2016年10月严控以来,深圳新房每月成交均价均呈现环比下降,连跌了17个月。

过去10多年中国城市化进程加快,房地产业出现高速增长,尽管从长远看,2015年中国城镇化率仅55%,未来仍有巨大内需空间,但房地产业的高速增长时期已过去,如果通货膨胀不失控,那么房价总体大幅上涨的潜力有限。

党的十九大报告指出:"坚持房子是用来住的、不是用来炒的定位,加快建立多主体供给、多渠道保障、租购并举的住房制度,让全体人民住有所居。"

在"促进房地产市场平稳健康发展"的调控目标和实施相关措施下,房价涨幅得到明显抑制,去库存成效显著,投机炒房空间被大幅压缩,自住型需求稳步释放。

从"北上广深"等一线城市,到南京、杭州、青岛、厦门等热点二线城市,及到合肥、武汉、郑州、成都、西安等中西部城市,再到环京、环沪、环深等一线城市的都市圈,"调控升级""政策加码"成为房地产市场的"主旋律"。

一线城市全部执行"认房又认贷"政策,且非户籍人口购房门槛均提高至连续缴纳社保5年以上。多个城市通过出台离婚1年内申请房贷按二套算等政策,"剑指"通过"假离婚"成为"首次购房者"的钻政策空子行为。南京、厦门、广州、海口等城市提出，新购住房 2 年或 3 年内不得再上市等政策，珠海个别地块将"限售"延长到了 10 年。

2017 年 7 月 21 日，住建部会同发改委等九部门联合印发《关于在人口净流入的大中城市加快发展住房租赁市场的通知》，通知明确各地要搭建住房租赁交易平台，选取了广州、深圳、南京、杭州、厦门、武汉、成都、沈阳、合肥、郑州、佛山、肇庆等 12 个城市，首批开展住房租赁试点。

随着房地产供给侧改革的加快推进、"商品房 + 保障房"供应体系的日益完善，以及地方财税体制和收入分配改革走向深入，我国房地产有望逐渐步入"租购并举、理性开发、持续发展"的理性轨道。

6-8 区域经济

（一）拓展区域发展空间

一个国家中，区域的地理、自然资源、土地、灾害频率、人口、社会经济条件、经济政策等要素影响着不同区域的经济发展状况。在一定区域内经济发展的内部因素与外部条件相互作用而产生了区域经济综合体。

中国东部、中部、西部发展不平衡，东部经济发展明显高于中部、西部，这有历史的原因，也有地理、经济的原因，而西部和中部的自然资源则大大优于东部地区。

20 世纪 90 年代末期起，中国陆续出台了西部大开发、促进中部崛起和东北老工业基地振兴等区域发展战略。未来较长时间，中西部的资源开发和经济崛起可望成为中国经济长远保持中高速发展的重要基础。

拓展区域发展空间是培育发展新动力之一，《中华人民共和国国民经济和社会发展第十三个五年（2016—2020 年）规划纲要》提出，优化提升东部地区城市群，建设京津冀、长三角、珠三角世界级城市群，提升山东半岛、海峡西岸城市群开放竞争水平。培育中西部地区城市群，发展壮大东北地区、中原地区、长江中游、成渝地区、关中平原城市群，规划引导北部湾、山西中部、呼包鄂榆、黔中、滇中、兰州—西宁、宁夏沿黄、天山北坡城市群发展，形成更多支撑区域发展的增长极。促进以拉萨为中心、以喀什为中心的城市圈发展。建立健全城市群发展协调机制，推动跨区域城市间产业分工、基础设施、生态保护、环境治理等协调联动，实现城市群一体化高效发展。

在深入实施区域发展总体战略方面，深入实施西部开发、东北振兴、中部崛起和东部率先的区域发展总体战略，创新区域发展政策，完善区域发展机制，促进区域协调、协同、共同发展，努力缩小区域发展差距。

在推动京津冀协同发展方面,坚持优势互补、互利共赢、区域一体,调整优化经济结构和空间结构,探索人口经济密集地区优化开发新模式,建设以首都为核心的世界级城市群,辐射带动环渤海地区和北方腹地发展。

在推进长江经济带发展方面,坚持生态优先、绿色发展的战略定位,把修复长江生态环境放在首要位置,推动长江上中下游协同发展、东中西部互动合作,建设成为我国生态文明建设的先行示范带、创新驱动带、协调发展带。

在扶持特殊类型地区发展方面,加大对革命老区、民族地区、边疆地区和困难地区的支持力度,实施边远贫困地区、边疆民族地区和革命老区人才支持计划,推动经济加快发展、人民生活明显改善。

在拓展蓝色经济空间方面,坚持陆海统筹,发展海洋经济,科学开发海洋资源,保护海洋生态环境,维护海洋权益,建设海洋强国。

(二)雄安新区:疏解北京非首都功能

2017 年 4 月 1 日,中共中央、国务院决定设立国家级新区河北雄安新区。雄安新区规划范围涉及河北省雄县、容城、安新 3 县及周边部分区域,地处北京、天津、保定腹地。其区位优势明显,交通便捷通畅,生态环境优良,资源环境承载能力较强,现有开发程度较低,发展空间充裕,具备高起点高标准开发建设的基本条件。

《河北雄安新区规划纲要》(以下简称《纲要》)于 2018 年 4 月 21 日全文发布。《纲要》对雄安新区未来的空间布局、城市风貌、产业发展、生态环境、交通路网、市政基础设施、城市公共服务体系等各个方面的规划方向进行了明确。雄安新区作为北京非首都功能疏解集中承载地,被定位为绿色生态宜居新城区、创新驱动发展引领区、协调发展示范区、开放发展先行区。专家表示,雄安新区的定位体现了中央提出的创新、协调、绿色、开放、共享五大新发展理念,雄安新区的探索和建造将为新时代美好城市建设提供样板和经验。

《纲要》显示,雄安新区启动区面积为 20~30 平方公里,起步区面积约为 100 平方公里,中期发展区面积约为 200 平方公里。

设立河北雄安新区,是继深圳经济特区和上海浦东新区之后又一具有全国意义的新区,是千年大计、国家大事。

雄安新区总体为首都圈的范围,雄县、容城、安新一带距离北京市中心 110~150 公里,三地环绕着华北地区最大的淡水湖——白洋淀。

雄安新区选址在雄县、容城、安新 3 县,一个很重要的考量就是白洋淀。有"燕赵最美的湿地""北国江南"之称的白洋淀,由 143 个大小淀泊组成,总面积 366 平方公里,在普遍干旱缺水的华北平原,是极其稀缺的生态资源。这片天然的大湿地被誉为华北之肾,对调节河北平原及京津地区气候、改善温湿状况有重要作用。新区囊括了白洋淀整个水域，从某种意义上说，新区正是因"淀"而生。

北京一带面临"水荒"，设立"水"旺的雄安新区，并构成"京津冀协同发展"三角，可望给北京乃至全国带来新的气象。

从战略布局高度看，规划建设通州北京城市副中心和河北雄安新区，形成北京破解"大城市病"问题的"两翼"。

雄安新区之所以被认为是"千年大计、国家大事"，原因就在于它是一项旨在推进京津冀协同发展的历史性工程，把首都北京消化不了的"非首都功能"资源送到雄安，以最终带动整个京津冀发展。

雄安新区设立消息出台后，A股市场相关概念股出现涨停潮，特别是"京津冀协同发展"题材股持续大涨，此外还带动了环保、建材、建筑、地产、钢铁、水泥、工程机械等板块上涨。

作为一项重大的历史性战略选择，具有全国意义的新区的设立，将带来新的气象。这也给A股市场带来新气象，相关概念的关注度或将持久不息。

（三）粤港澳大湾区：世界四大湾区之一

粤港澳大湾区是指由广州、深圳、佛山、东莞、惠州、珠海、中山、江门、肇庆等9市和香港、澳门两个特别行政区组成的城市群，与美国纽约湾区、旧金山湾区和日本东京湾区并肩的世界四大湾区之一，国家建设世界级城市群和参与全球竞争的重要空间载体。其中香港、广州被全球最为权威世界城市研究机构GaWC评为世界一线城市。

2017年中国政府提出，要推动内地与港澳深化合作，研究制定粤港澳大湾区城市群发展规划，发挥港澳独特优势。

2018年5月16日，国家发展和改革委员会召开新闻发布会表示，关于粤港澳大湾区规划，目前规划纲要正在制定过程中，很快会出台实施。其他相关的政策措施，也大多处于制定过程中，将会成熟一项推出一项。

粤港澳大湾区城市群的提出，应该说是包括港澳在内的珠三角城市融合发展的升级版，从过去30多年前店后厂的经贸格局，升级成为先进制造业和现代服务业有机融合最重要的示范区；从区域经济合作，上升到全方位对外开放的国家战略。这为粤港澳城市群未来的发展带来了新机遇，也赋予了新使命。

据了解，全球60%的经济总量集中在入海口，75%的大城市、70%的工业资本和人口集中在距海岸100公里的地带，其中湾区占有绝对主导地位。实践也证明，湾区不仅是一个国家经济发展的核心动力引擎，区域发展的范本，更是国家经济融入全球经济的重要区域，进而成为全球发展的核心区域。

粤港澳大湾区有望成为中国重要的经济增长极之一，成为中国经济版图中最具活力与创新精神的一分子，高端服务业、新兴科技产业和高端制造业高度融合，引领中国经济在第四次工业革命浪潮中一路向前。

在 A 股市场涉及粤港澳大湾区概念的个股，具体来看有以下多种：

基建相关标的：粤高速 A、盐田港、珠海港、深高速、白云机场、广州港、广深铁路、深赤湾 A、深圳机场；

科技类相关标的：比亚迪、宝莱特、广日股份、美的集团、广汽集团、格力电器、航新科技；

金融相关标的：平安银行、越秀金控、招商银行、招商证券、广发证券、中信证券、国信证券、中国平安；

地产相关标的：格力地产、珠江实业、招商蛇口、华发股份、沙河股份、世荣兆业、岭南控股、华侨城 A、香江控股、南山控股。

粤港澳大湾区是作为 21 世纪海上丝绸之路的起点之一，也是"一带一路"建设重要区域，地产、交通运输、基建等三领域的投资机会最受机构推崇。

粤港澳大湾区凭借强大的综合实力，完全具备成为世界级湾区的条件，也将成为新的经济增长极。对于投资者而言，这会是一个具有巨大吸引力的主题投资机会。

（四）海南建设自贸区和自贸港

2018 年 4 月 13 日党中央决定支持海南全岛建设自由贸易试验区，支持海南逐步探索、稳步推进中国特色自由贸易港建设，分步骤、分阶段建立自由贸易港政策和制度体系。并要求，以供给侧结构性改革为主线，建设自由贸易试验区和中国特色自由贸易港，发挥自身优势，大胆探索创新，着力打造全面深化改革开放试验区、国家生态文明试验区、国际旅游消费中心、国家重大战略服务保障区，争创新时代中国特色社会主义生动范例，让海南成为展示中国风范、中国气派、中国形象的靓丽名片。①

2018 年 10 月 16 日，国务院发布关于同意设立中国（海南）自由贸易试验区的批复，海南自贸区建设迎来实质性突破。

受该消息影响，当日海南板块股票大幅高开，海航创新涨停。

所谓自由贸易试验区，一般是指一国或地区"境内关外"的单独隔离区域，区内可进行仓储、贸易、加工等业务，在关税和配额等方面有优惠规定，货物储存期限一般不受限制。

自由贸易港通常被视为开放程度最高的自贸区，在自贸港里海关一线真正

---

① 新华网（www.xinhuanet.com/2018-04/13/c_129850395.htm）

放开，货物自由流动，取消或最大程度简化入港货物的贸易管制措施，简化一线申报手续。作为绝大多数商品免征关税的特定区域，是目前全球开放水平最高的特殊经济功能区。香港、新加坡、鹿特丹、迪拜都是比较典型的自由港。

自由贸易试验区和自由贸易港的特色是"自由"，不仅仅是税收和贸易方面的自由，也是制度安排的自由，因此，赋予自由贸易试验区更大改革自主权，探索建设自由贸易港，会进一步激发所在地区的主动性和活力，推动对外开放进程。

海南若建成自由贸易港，按照海南全岛3.5万平方公里的面积来算，将远超约1000平方公里的香港和新加坡，以及约4000平方公里的迪拜，成为全球最大的自由贸易港。

专家指出，新加坡、中国香港这些岛屿经济体的发展经验表明，岛屿经济体只有通过更大程度的开放，吸引各种投资、企业、人才进入，才会有活力。而且，岛屿经济体需要的不是一般性的开放，而是全面的产业开放、区域开放，资本、人才等要素资源才能自由进出入，按照国际规则和国际惯例办事。

这无疑就是自由贸易试验区和自由贸易港所应具备的开放程度。

2013年7月3日，国务院常务会议通过《中国（上海）自由贸易试验区总体方案》，强调建设自贸区是顺应全球经贸发展新趋势，更加积极主动对外开放的重大举措，有利于培育我国面向全球的竞争新优势，构建与各国合作发展的新平台，拓展经济增长的新空间，打造中国经济"升级版"。此后，自贸试验区又陆续发展到11个，包括天津、广东、福建自贸试验区等，再加上海南自贸区，我国的自贸区数量达到12个。

海南作为中国最南端的省份，海域广阔，资源丰富，地理位置非常重要。其作为面向东南亚国家的窗口，也是"一带一路"的重要节点，可充分发挥贸易"窗口"的作用。早在古代，海口就是中国"海上丝绸之路"从东南沿海到东南亚的商贸枢纽，如今依托于"生态环境、经济特区、国际旅游岛"几大优势，也已成为21世纪海上丝绸之路战略支点城市。

自1988年海南建省办特区以来，历经30年发展发生了翻天覆地的变化。据公开资料显示，1988—2017年，海南省GDP实际增长了20倍以上，2017年城镇化率和第三产业比重均已经超过50%，地方公共财政收入超过650万亿元。

作为海上丝绸之路经济带的桥头堡，海南岛内的基础设施建设及经济发展潜力仍有着较大的空间，重点发展的产业包括现代服务业、信息产业、农业、科研和创新、旅游、海洋经济、生态、科教、人才等。

作为离岛，在发展离岸金融、免税贸易、旅游、医疗、农业、教育、服务业等方面都具有很大的潜力。在证券市场上，海南板块中的基建生态、旅游娱乐、交通运输等几大题材概念值得关注。

海南自贸区概念股有：海南瑞泽、海南高速、罗顿发展、海南橡胶、海峡股份等。

（五）战略性新兴产业发展集聚区

国务院于 2016 年 11 月 29 日发布的《"十三五"国家战略性新兴产业发展规划》①（以下简称《规划》）提出，立足区域发展总体战略，围绕推进"一带一路"建设、京津冀协同发展、长江经济带发展，根据各地产业基础和特色优势，坚持因地制宜、因业布局、因时施策，加快形成点面结合、优势互补、错位发展、协调共享的战略性新兴产业发展格局。

该《规划》提出，壮大一批世界级战略性新兴产业发展集聚区。依托城市群建设，以全面创新改革试验区为重点，发展知识密集型战略性新兴产业集群，打造 10 个左右具有全球影响力、引领我国战略性新兴产业发展的标志性产业集聚区，推动形成战略性新兴产业发展的体制机制创新区、产业链创新链融合区、国际合作承载区。

在东部地区打造国际一流的战略性新兴产业城市群，围绕京津冀协同发展，加强京津冀经济与科技人才联动，形成辐射带动环渤海地区和北方腹地发展的战略性新兴产业发展共同体；发挥长三角城市群对长江经济带的引领作用，以上海、南京、杭州、合肥、苏锡常等都市圈为支点，构筑点面结合、链群交融的产业发展格局；以广州、深圳为核心，全面提升珠三角城市群战略性新兴产业的国际竞争力，延伸布局产业链和服务链，带动区域经济转型发展；推动山东半岛城市群重点发展生物医药、高端装备制造、新一代信息技术、新材料等产业和海洋经济；围绕福州、厦门等重点城市，推动海峡西岸地区生物、海洋、集成电路等产业发展。

《规划》指出，依托中西部地区产业基础，大力推进成渝地区、武汉都市圈、长株潭城市群、中原城市群、关中平原城市群等重点区域战略性新兴产业发展，积极创造条件承接东部地区产业转移；支持昆明、贵阳等城市发展具有比较优势的产业，促进长江经济带上中下游地区产业协同发展。对接丝绸之路经济带建设，促进天山北坡、兰州—西宁等西北地区城市群发展特色产业。

推动东北地区大力发展机器人及智能装备、光电子、生物医药及医疗器械、信息服务等产业，以沈阳、大连、哈尔滨、长春为支点，支持东北地区城市群打造国内领先的战略性新兴产业集群，带动区域经济转型升级。

---

① 中国商务部网站（www.mofcom.gov.cn/article/b/g/201704/2017042558088.shtml）

（六）区域格局与证券市场

地域特色对于区域经济发展的重要性相当显著。证券市场上往往形成区域板块的炒作，A 股市场长期反复活跃的区域板块有：浦东板块、重庆板块、武汉板块、深圳板块、东北板块、福建板块、西藏板块等。

在选择同行业的股票时，可选择其中具有区域优势的股票，如矿产资源股可选择具有资源优势的中西部、东北部股票。

国家推动区域经济发展，对相关地区的经济发展加大马力支持时，就孕育较大商机，也会给资本市场带来更多的投资机会，成为股市反复热捧的题材。因而把握相关地区的区域规划发展动向，可抢得投资先机。

每一次区域经济发展规划的公布和规划的实施，都会带来相应上市公司的业绩增长和形成利润增长点的预期，并受益于政策而享受到较低的发展成本，而资本市场也将对此类公司给予更高的估值，从而刺激相应区域概念股的走强。例如，海南国际旅游岛、安徽皖江城市带、重庆两江新区、西藏区域等区域振兴规划的出台，成为 2010 年以来资本市场反复受追捧的题材。

2017 年 4 月 1 日，中共中央、国务院决定设立国家级新区河北雄安新区，雄安新区的设立一度引发市场对相关概念股的疯狂追捧。概念炒作初期，若是某上市公司能在雄安新区有固定资产或投资，或是与雄安新区有业务往来、战略合作等，便会被冠以"雄安新区"概念的头衔，市场资金一哄而上，股价水涨船高。其中基建、能源、公用事业和交通运输是主线，也是市场认为政策受益最大、最明确的板块。

A 股市场涉及雄安新区概念的个股主要扎堆在雄安基建、雄安环保、雄安金融、雄安地产、雄安能化等五大细分领域。

其中，基建行业涉及雄安新区概念股有：弘高创意、中化岩土、冀东装备、嘉寓股份、天业通联、鼎汉技术、冀凯股份、北新建材、北京利尔、世纪瑞尔、江河集团、森特股份、东方雨虹、首钢股份等。

环保行业涉及雄安新区概念的个股有：先河环保、渤海股份、京蓝科技、长青集团、首创股份、清新环境、棕榈股份、博天环境、碧水源、雪迪龙、中持股份、天壕环境、东江环保、启迪桑德等。

另外，雄安新区概念与京津冀板块有大量重合，河北、北京、天津的上市公司股票也受到市场关注，并因叠加了股权转让、险资举牌等概念，京津冀板块一度大涨，催生了廊坊发展、金隅股份、冀凯股份、北辰实业、华夏幸福、万方发展等多只大牛股。

地缘政治也是区域发展的影响因素。2018 年自 4 月 21 日起，朝鲜宣布弃核，将集中全部力量发展经济，提高人民生活水平。同年 4 月 27 日朝韩领导人成功举行会晤，就改善双方关系，缓解朝鲜半岛军事紧张，推动实现半岛无核化和持久和平达成重要共识，发表了共同宣言。

朝鲜集中力量发展经济，引发了全球对朝鲜"对外开放"的期待，以及对中国东北地区经济振兴的憧憬。

在朝鲜政策发布的一周时间里，A股市场的东北板块反复走强，如吉林高速、奥普光电、长白山、曙光股份强势涨停，中钢国际、长春经开、亚泰集团等个股跟随上涨。

与此同时，处于中朝边境的城市丹东其房价即时飙升，2018年4月24日丹东新区的房子销售价格还在3500元每平方米左右，但是在2天之后，相同的房源的销售价格就飙升到了每平方米5500元，涨幅让人惊讶。

为防丹东新区房子被热炒，2018年5月14日，丹东市政府及时出台《关于促进我市房地产市场平稳健康发展的意见》。从即日起，对丹东新区区域实行房地产调控措施。意见对非本地户籍人员在限制区域内购买住房做了详细规定。

第七章 行业与企业竞争力评估模型

7-1 行业与企业竞争力评估模型的要素

行业与企业竞争力评估模型主要由产业结构、行业经济与行业周期、企业竞争力3个要素构成,而这3个要素可细分成8个相关的要素,分别为:产业结构与规划、新兴产业、抗通胀行业、垄断行业、周期行业、非周期行业、行业生命周期、企业竞争力,见表7.1、图7.1。

股票市场整体上受到国家宏观经济状况,特别是经济周期的影响,以及受到国际经济与金融市场等影响,而在具体的行业和个体证券上,国家产业结构以及行业经济与行业周期,特别是新兴产业的发展,这些因素都将影响着行业和个股的发展潜力。

表7.1 行业与企业竞争力评估模型的要素

产业结构与规划	企业竞争力	行业生命周期
新兴产业	**行业与企业竞争力**	非周期行业
抗通胀行业	垄断行业	周期行业

7-2 产业结构与规划

产业结构是指各产业的构成及各产业之间的联系和比例关系,世界各国通常把各种产业划分为三大类:第一产业、第二产业和第三产业。产业规划就是对产业发展布局,对产业结构调整进行整体布置和规划。

合理的产业结构有利于限制和淘汰落后生产能力,实现资源优化配置。科技创新对于促进产业结构的高度化、合理化及可持续发展都具有重要意义。

2008年和2011年的国际金融危机,根源在于经济结构问题,特别是发达经济体解决产业升级和产业空心化问题迫在眉睫。每一次大的经济危机的产生

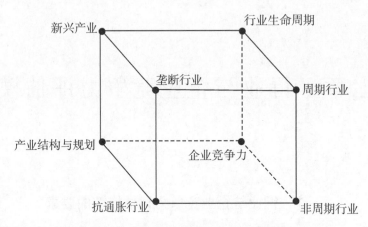

图7.1 行业与企业竞争力评估模型

和解决,都伴随着新科技、新能源的突破,以及发展战略性新兴产业,推动产业结构的调整,形成新一轮产业革命。

(一) 三次产业的划分

世界上较为通用的产业结构分类方法是三次产业分类法。这种分类法是根据社会生产活动历史发展的顺序对产业结构的划分。产品直接取自自然界的部门称为第一产业,对初级产品进行再加工的部门称为第二产业,为生产和消费提供各种服务的部门称为第三产业。

中国的三次产业划分是:第一产业是指农、林、牧、渔业;第二产业是指采矿业,制造业,电力、燃气及水的生产和供应业,建筑业;第三产业是指除第一、二产业以外的其他行业。

第三产业包括:交通运输、仓储和邮政业,信息传输、计算机服务和软件业,批发和零售业,住宿和餐饮业,金融业,房地产业,租赁和商务服务业,科学研究、技术服务和地质勘查业,水利、环境和公共设施管理业,居民服务和其他服务业,教育,卫生、社会保障和社会福利业,文化、体育和娱乐业,公共管理和社会组织,国际组织。

从世界大多数国家来看,第一产业、第二产业的增加值和就业人数在国民生产总值和全部劳动力中的比重形成下降趋势,第三产业的比重呈上升趋势。这主要是高技术产业和服务业日益成为国民经济发展的主导产业。

据国家统计局统计,30多年来,中国坚持巩固和加强第一产业,提高和改造第二产业,积极发展第三产业,促进了三次产业结构不断向优化升级的方向发展。从构成看,第一产业所占比重明显下降,第二产业所占比重基本持平，第三产业所占比重大幅上升。

（二）推进产业结构优化升级

加强产业技术创新，走新型工业化道路，发展战略性新兴产业是全球的重要课题，再工业化、再制造化是经济持续发展的基础。利用信息技术提升传统产业，推进新能源、新材料、生物医药、高端制造等领域发展，将是发达经济体抢占的新的经济增长点。

根据2005年12月中国国务院发布实施《促进产业结构调整暂行规定》的决定，产业结构调整的目标为：推进产业结构优化升级，促进一、二、三产业健康协调发展，逐步形成农业为基础、高新技术产业为先导、基础产业和制造业为支撑、服务业全面发展的产业格局，坚持节约发展、清洁发展、安全发展，实现可持续发展。

对于产业结构调整的原则，该规定指出要坚持走新型工业化道路，以信息化带动工业化，以工业化促进信息化，走科技含量高、经济效益好、资源消耗低、环境污染少、安全有保障、人力资源优势得到充分发挥的发展道路，努力推进经济增长方式的根本转变。促进产业协调健康发展。发展先进制造业，提高服务业比重和水平，加强基础设施建设，优化城乡区域产业结构和布局，优化对外贸易和利用外资结构，维护群众合法权益，努力扩大就业，推进经济社会协调发展。

（三）强化科技创新引领作用

《国家中长期科学和技术发展规划纲要（2006—2020年）》（以下简称《纲要》)[①] 指出，科学技术是第一生产力，是先进生产力的集中体现和主要标志。

进入21世纪，新科技革命迅猛发展，正孕育着新的重大突破，将深刻地改变经济和社会的面貌。信息科学和技术发展方兴未艾，依然是经济持续增长的主导力量；生命科学和生物技术迅猛发展，将为改善和提高人类生活质量发挥关键作用；能源科学和技术重新升温，为解决世界性的能源与环境问题开辟新的途径；纳米科学和技术新突破接踵而至，将带来深刻的技术革命。基础研究的重大突破，为技术和经济发展展现了新的前景。科学技术应用转化的速度不断加快，造就新的追赶和跨越机会。

该《纲要》提出，根据全面建设小康社会的紧迫需求、世界科技发展趋势和我国国力，必须把握科技发展的战略重点。一是把发展能源、水资源和环

---

① 中华人民共和国科学技术部网站（www.most.gov.cn/kjgh/）

境保护技术放在优先位置,下决心解决制约经济社会发展的重大瓶颈问题;二是抓住未来若干年内信息技术更新换代和新材料技术迅猛发展的难得机遇,把获取装备制造业和信息产业核心技术的自主知识产权,作为提高我国产业竞争力的突破口;三是把生物技术作为未来高技术产业迎头赶上的重点,加强生物技术在农业、工业、人口与健康等领域的应用;四是加快发展空天和海洋技术;五是加强基础科学和前沿技术研究,特别是交叉学科的研究。

《纲要》认为,我国科学和技术的发展,要在统筹安排、整体推进的基础上,对重点领域及其优先主题进行规划和布局,为解决经济社会发展中的紧迫问题提供全面有力支撑。

重点领域,是指在国民经济、社会发展和国防安全中重点发展、亟待科技提供支撑的产业和行业。优先主题,是指在重点领域中急需发展、任务明确、技术基础较好、近期能够突破的技术群。

重点领域包括能源、水和矿产资源、环境、农业、制造业、交通运输业、信息产业及现代服务业、人口与健康、城镇化与城市发展、公共安全、国防。

另外,《中华人民共和国国民经济和社会发展第十三个五年(2016—2020年)规划纲要》中提出:

强化科技创新引领作用。发挥科技创新在全面创新中的引领作用,加强基础研究,强化原始创新、集成创新和引进消化吸收再创新,着力增强自主创新能力,为经济社会发展提供持久动力。

坚持战略和前沿导向,集中支持事关发展全局的基础研究和共性关键技术研究,更加重视原始创新和颠覆性技术创新。聚焦目标、突出重点,加快实施已有国家重大科技专项,部署启动一批新的重大科技项目。加快突破新一代信息通信、新能源、新材料、航空航天、生物医药、智能制造等领域核心技术。加强深海、深地、深空、深蓝等领域的战略高技术部署。围绕现代农业、城镇化、环境治理、健康养老、公共服务等领域的瓶颈制约,制定系统性技术解决方案。强化宇宙演化、物质结构、生命起源、脑与认知等基础前沿科学研究。积极提出并牵头组织国际大科学计划和大科学工程,建设若干国际创新合作平台。

7-3 行业分类和证券市场板块

(一) 国民经济行业分类

《国民经济行业分类》国家标准于1984年首次发布,分别于1994年和2002年进行修订,2011年第三次修订,2017年第四次修改。2017年版标准

(GB/T 4754—2017)由国家统计局起草,国家原质量监督检验检疫总局、国家标准化管理委员会批准发布,并于 2017 年 10 月 1 日实施。

2017 年版《国民经济行业分类》共有 20 个门类、97 个大类、473 个中类、1380 个小类。

其中 20 个门类包括:A 农、林、牧、渔业;B 采矿业;C 制造业;D 电力、热力、燃气及水生产和供应业;E 建筑业;F 批发和零售业;G 交通运输、仓储和邮政业;H 住宿和餐饮业;I 信息传输、软件和信息技术服务业;J 金融业;K 房地产业;L 租赁和商务服务业;M 科学研究和技术服务业;N 水利、环境和公共设施管理业;O 居民服务、修理和其他服务业;P 教育;Q 卫生和社会工作;R 文化、体育和娱乐业;S 公共管理、社会保障和社会组织;T 国际组织。

(二)证券市场的概念、板块

上市公司行业分类基本可按《国民经济行业分类》划分,在证券市场上,行业股票往往受到政策、业绩、消息等因素的影响而成为联动的概念、板块。此外,具有相同类别或某种特别内涵的股票,可视为同一概念、板块,通常会被当作一种题材,当其受到利好刺激时往往成为市场追逐的热点。相较于绩优股而言,概念股往往只是以依靠相同题材而构成一种组合,有些概念股当题材不存在,那么,概念就不存在了。

概念、板块、题材是市场资金反复炒作的对象,例如,按不同的类别,历史上形成了以下概念、板块、题材种类:

区域开发:上海本地、深圳本地、区域经济规划、滨海新区、海峡西岸经济区、天水经济区、成渝特区、珠三角区、江苏沿海地区、长三角区、东北振兴、横琴新区、图们江区域、陕甘宁区、鄱阳湖经济区、皖江区域、黄三角经济区、舟山群岛新区、西安世园会、高新区概念、首都经济圈、环首都经济圈、海南离岛免税概念、大运会概念、三通概念、迪士尼概念、珠港澳大桥概念。

行业题材:酿酒、机械、农业龙头、水务、猪肉概念、上海国资重组、海洋经济、水利建设、建筑施工、物流概念、高校概念、核安全概念、核污染、其他抗辐射、抗辐射药、医药、生物产业、疫苗类、中药类、种业类、医药抗生素、农药化工、杀虫剂。

新兴产业和规划:循环经济、新能源汽车、智能电网、铁路基建、物联网、云计算、触摸屏概念、高铁、移动互联网、车联网、平板概念、新一代信息技术、4G、5G、数字电视、三网融合、信息化、网络游戏、低碳经济、CDM 概念、超级细菌概念、软件产业受益股、机器人、文化传媒。

城市改造："三旧"改造概念、智慧城市、环保概念、大气治理、环保监测、固废治理、水治理、智能交通、脱硝概念、保障房概念。

资源和节能：稀缺资源、黄金股、类稀土概念、新材料、新能源、核能、乙醇汽油、太阳能、氢能、垃圾发电、锂电池、风能、节能照明、稀土永磁、多晶硅、页岩气、磷矿石、钛白粉、石墨烯、煤层气、节能环保、垃圾处理、海水淡化、工业节能、建筑节能。

国防航空：航天军工、航母概念、战略资源、信息系统、卫星导航定位系统、机电设备、高性能纤维及复合材料、武器装备、动力系统、航空铸锻件、舰载机、曲轴、合金、舰体建造、安防概念。

此外，还有国际板概念、新三板、中小企业板、创业板、权重指标板块、蓝筹股、行业龙头、绩差股、重组股、央企控股、外资并购、发行可转债公司、发行可分离债公司、融资融券、基金重仓股、社保重仓股、QFII 持股、券商重仓股、信托重仓股、保险重仓股、股指期货概念、次新股、预盈预亏、预盈预增、预亏预减、参股金融、创投、股权激励、资产注入、税收优惠股、出口退税、股东承诺、增持承诺、破净股、分红概念、高转送概念、分拆上市、摘帽预期概念、跌破发行价股、举牌概念股、整体上市、增发股、定向增发、公募增发、跌破增发价股、人民币升值概念、大消费概念、抗通胀行业等。

(三) 概念、板块的联动性

股市中有一些股票具备某种同质性而被市场认同时，就会形成概念、板块。当概念、板块中的一二只股票领先大幅涨跌时，同类其他股票往往也会跟随涨跌。利用这种联动效应，可挖掘同一概念、板块中有补涨潜力的个股。例如工商银行启动往往带动其他大银行股上涨，并可能使其他蓝筹股产生联动效应。而概念、板块的涨跌联动往往与消息面影响有关。

又如，在 5G 进入落地期利好预期背景下，进入 2018 年第一个交易周，5G 概念板块一度大涨，在武汉凡谷涨停等带动下，其他同概念板块股票联动上涨，如信维通信、亨通光电、光迅科技、新易盛、烽火通信、中国联通、立讯精密等个股涨幅均在 4% 以上。

5G 时代中国厂商话语权提升，在政策、技术、市场等因素的持续助力下，5G 领域前景可期。受益于 5G 与工业互联的主设备、光通信、专网通信等三大领域的概念板块，也成为较长时间反复受捧的对象。

2018 年 7 月 20 日，中国人民银行发布《关于进一步明确规范金融机构资产管理业务指导意见有关事项的通知》以及说明，进一步明确金融机构资产管理业务有关事项，明确公募资产管理产品的投资范围、过渡期内相关产品的估值方法和宏观审慎政策安排等,以促进资管新规平稳实施。

随着该资产管理新规细则出台,市场将迎来提高理财产品相对吸引力、缓解实体企业再融资压力、提振市场流动性三大利好。资产管理新规细则将在一定程度上缓解商业银行面临的压力,降低资产回表过程对于市场的影响,适度缓解实体经济面临的信用紧缩压力。市场将受益于流动性修复和风险偏好的有效提振。

市场人士认为,此次资产管理新政表面上是为信托、银行、基金等金融机构松绑,终极目的还是为实体经济"输血",因为银行理财和非标等金融产品是当前不少中小企业的融资来源。

此次资产管理细则出台给市场吃下一颗大定心丸,于是在消息影响下,2018年7月23日复市,上证50指数股联动走强,工商银行带动银行股大幅拉涨,钢铁等板块也持续走强,长期处于低位的军工股以及中国建筑、中国国航、中国铁建等"中字头"股票大幅飙升。

而一些突发性负面消息也造成板块联动下跌。2018年7月22日国家药监局负责人通报长春长生生物科技有限责任公司违法违规生产冻干人用狂犬病疫苗案件有关情况。这位负责人说,国家药监局已责令企业停止生产,收回药品 GMP 证书,同时会同吉林省局已对企业立案调查,涉嫌犯罪的移送公安机关追究刑事责任。国家药监局将组织对所有疫苗生产企业进行飞行检查,对违反法律法规规定的行为要严肃查处。

长春长生"疫苗造假事件",在医药板块上演了"一颗老鼠屎坏了一锅粥"的剧情。2018年7月23日复市后,生物制药板块在长春长生疫苗事件的拖累下出现跌停潮。长生生物当日午后复牌再跌停,已连续第6个交易日跌停,市值蒸发超百亿元。

当日除长生生物、长春高新、康泰生物、智飞生物、沃森生物几大疫苗股集体跌停、巨额卖单压顶外,中证医药行业分类中274只个股仅有20只收盘处于上涨状态,数百家医药企业合计千亿元市值灰飞烟灭。

2018年10月16日,长春长生疫苗案处罚终于落地,有关部门对长春长生做出相应处罚,其中吉林省食品药品监督管理局吊销其《药品生产许可证》,罚没款共计91亿元。

7-4 行业生命周期

每个产业或行业都要经历一个由初创、成长、成熟到衰退的发展演变过程,这个过程便称为产业或行业的生命周期。产业生命周期、行业生命周期理论是在产品生命周期理论基础上发展而来的。

（一）产品生命周期理论

产品生命周期理论是美国哈佛大学教授雷蒙德·弗农1966年在其《产品周期中的国际投资与国际贸易》一文中首次提出的。

产品生命周期（product life cycle，PLC）是产品的市场寿命，即一种新产品从开始进入市场到被市场淘汰的整个过程。

产品生命周期理论认为：产品生命是指市场上的营销生命，产品和人的生命一样，要经历一个开发、引进、成长、成熟、衰退的阶段。

产品开发期：从开发产品的设想到产品制造成功的时期。此期间该产品销售额为零，公司投资不断增加。

引进期：新产品新上市，销售缓慢。生产者为了扩大销路，不得不投入大量的促销费用，对产品进行宣传推广。初期通常利润偏低或为负数，但此时没有或只有极少的竞争者。

成长期：产品经过一段时间已有相当知名度，销售快速增长，生产成本大幅度下降，利润也显著增加。但由于市场及利润增长较快，容易吸引更多的竞争者，使同类产品供给量增加，价格随之下降，行业利润增长速度逐步减慢。

成熟期：此时市场成长趋势减缓或饱和，产品已被大多数潜在购买者所接受，需求增长率不高，技术上已经成熟，利润在达到顶点后逐渐走下坡路。此时市场竞争激烈，公司为保持产品地位需投入大量的营销费用。在竞争中生存下来的少数大厂商逐渐垄断了整个行业的市场。

衰退期：这期间产品销售量显著衰退，利润也大幅度滑落，市场竞争者越来越少。行业生产能力会出现过剩现象，随着科学技术的发展，新产品或新的代用品出现，将使顾客的消费习惯发生改变，企业由于无利可图而陆续停止生产，该类产品的生命周期也就陆续结束。

（二）行业兴衰的影响因素

一个行业的兴衰和实际生命周期主要受到产品需求的稳定性、政府产业政策、技术进步、市场占有率、社会习惯的改变和国际分工等因素的影响。

1. 产品或服务需求的稳定性

产品或服务需求的稳定性是决定一个行业企业兴衰的重要影响因素，如国家的基础产业、公共服务行业、经济枢纽行业等，其成长期和成熟期具有较长的稳定性，基础产业包括煤炭、石油、电力、钢铁、机械设备、有色金属、石油、化工、铁路、公路、航空、航运、机场、港口等，公共服务行业包括煤气、电力、排水、排污、邮电通信、广播电视等，经济枢纽行业包括银行与非银行金融机构等。特别是公共事业、经济枢纽的金融行业是政府管理影响的行业。

政府通过产业政策的制定扶持和限制某一行业的发展，对某些行业的兴衰和生命周期有着重要影响。

2. 技术进步和产品创新

技术进步对大多数行业特别是制造业来说是重要影响因素，技术进步将产生更优良的产品和替代品，使落后的产业、行业、技能遭到淘汰。

一个行业只有通过技术创新，采用新技术、新工艺、新材料、新设备，改造和提升传统工艺，研制出新产品，在成本、节能、性能、效用等方面更胜一筹，才能保持其成长性。

例如，相机行业的兴衰史反映出技术进步和社会习惯的改变所导致的行业的兴衰过程。据《每日经济新闻》等对相机行业的有关报道，21世纪初，存储方式和成像质量等方面具有显著优势的数码相机崛起，埋葬了一批传统胶卷相机大厂，转型或关门退出成为当时业界的普遍现象。柯尼卡美能达影像株式会社这样的大品牌于2006年第一季度终止了照相机的业务。

在数码摄影开始发展之后，美国柯达却还是坚守自家的传统胶片业务，没能及时跟上时代发展步伐，最终这家百年胶片行业巨头于2012年1月申请破产保护，后来经历重组后而变身为一家小型的数码影像公司。

而柯达的昔日竞争对手日本富士则于2000年开始进行全面转型，执行"绿富士"计划，即在将传统胶片业务压缩到收入的1%的同时，在医疗器械等生命科学领域（含化妆品）、打印设备生产制造等相关领域，延续其在光学领域的技术储备。

目前，功能丰富且具有实时社交功能的智能手机横扫市场，在成像质量方面与智能手机鲜有差异的卡片机（消费级数码相机）面临着逐步被取代的巨大威胁。

数码相机彻底取代传统光学相机，迎来全盛时代不过十余年，却又面临被追赶上的危险，竞争者正是智能手机等新一代手持照相设备。

同时，智能手机与大多数卡片机一样，其拍照的辅助软件功能也正在迅速完善，自动对焦、人脸识别、去红眼、防抖功能、支持连拍功能和滤镜等方面正发展得更具竞争力。

当年数码相机击败并完全取代传统胶卷相机，最主要是从机身的轻便性、成像的高质量以及存储方式的长久性和极易编辑等方面取胜。现在从这些角度来看，智能手机无一不能胜任。

卡片机遭遇智能手机挑战，迫使其将事业重心转向更专业、利润更高的单反相机已成趋势。同时，卡片机往高端功能走的趋势似乎已经越来越明显，如光学变焦、可拆卸的镜头等功能的强化将是其继续领先于智能手机的有利武器，在接下来一段时间的对抗中尽可能维持市场份额。

3. 电商创新模式与侵权假冒问题

互联网自诞生起越来越深刻地改变着人们的学习、工作以及生活方式，甚至影响着整个社会进程，网民规模呈现持续快速发展的趋势，网络经济也得到快速增长，尤其是电子商务的兴起改变了人们的生活方式和购物方式。1998年3月，我国第一笔互联网网上交易成功。

所谓电子商务，就是利用电子为手段从事的商业商务活动，而狭义的电子商务概念指的是网络销售和网络购物的概念，即通过网络完成支付和下单的商业过程。

电子商务将传统的商务流程电子化、数字化，一方面以电子流代替了实物流，可以大量减少人力、物力，降低了成本；另一方面突破了时间和空间的限制，使得交易活动可以在任何时间、任何地点进行，从而大大提高了效率。电子商务所具有的开放性和全球性的特点，为企业创造了更多的贸易机会。

围绕新兴的网络经济、电子商务领域，产生了较多的知名企业，如天猫、京东等大电商平台等，而拼多多仅用3年时间成为中国电商界20年来冒出的"最大的黑马"，3年积累超3亿用户。

2018年7月26日，拼多多登陆美国纳斯达克，发行价19美元，按发行价计算总市值达240亿美元，上市首日开盘价26.50美元，较发行价涨39.5%。

拼多多公司成立于2015年9月。在阿里巴巴和京东两强争霸的电商领域，拼多多仅用3年时间崛起令人刮目相看，主要是其避开其他电商平台的同质化正面竞争，定位于三四线城市以下收入不高的群体，通过用户发起和朋友、家人、邻居等进行拼团，可以以更低价格购买优质商品，快速闯出一块属于自己的天地。

创新，是一个行业兴旺的重要因素。拼多多之所以能够获得快速的发展，其中一个很重要的原因就在于它借助微信、QQ等社交平台的流量红利，再借助人与人之间的社交关系链条实现了对于传统电商模式的全新赋能。拼多多3年成就"新电商第一股"，积累了3亿多买家的同时，更瞩目的是也积累了百万商家。

当然，有人说拼多多抓住了三四线以下的人口红利，也有人说拼多多充斥着假货问题多多。据报道，2018年7月31日，上海市区两级工商和市场监管部门约谈拼多多平台经营者，要求其立即开展自查自纠，对媒体反映的以及消费者、商标权利人投诉举报的问题进行整改，切实维护消费者合法权益。

拼多多将其核心竞争力表述为"创新的模式和优质低价的商品"，抓住了最大的目标用户群体，但赴美上市也将拼多多的问题进一步放大。

拼多多上市才1周，IPO首日暴涨40%后，在国内媒体对其"山寨假货"

的质疑声中，随后5个交易日拼多多股价累计下跌约27%。2018年8月1日，国家市场监督管理总局网监司表示，对拼多多侵权假冒商品等问题进行调查。拼多多随后发表声明称，将全力配合工商、市场监管部门开展调查。受此消息影响，拼多多当日美股股价再度下挫，盘中一度跌至18.62美元，击穿19美元的发行价。

事实上，假货问题一直是整个行业的痛点，2018年8月3日，为切实解决拼多多等购物平台上的侵权假冒问题，国家知识产权局发布《关于深化电子商务领域知识产权保护专项整治工作的通知》，加大重点区域整治力度，加大重点案件打击和曝光力度，加大线下源头追溯和打击力度。

经过10多年的发展，当今社会的法制环境、消费者的法制意识早已不同于电商的初创期。如何将"创新"与"法制"相结合，成为未来创业者需要思考的问题。

未来看，经过多年来的全速前行，传统电商由于互联网和移动互联网终端大范围普及所带来的用户增长以及流量红利正逐渐萎缩，所面临的增长"瓶颈"开始显现，而线上服务、线下体验以及现代物流进行深度融合的零售新模式逐渐形成。

2016年11月11日，国务院办公厅印发《关于推动实体零售创新转型的意见》（以下简称《意见》），在调整商业结构、创新发展方式、促进跨界融合、优化发展环境、强化政策支持等方面做出具体部署。《意见》在促进线上线下融合的问题上强调："建立适应融合发展的标准规范、竞争规则，引导实体零售企业逐步提高信息化水平，将线下物流、服务、体验等优势与线上商流、资金流、信息流融合，拓展智能化、网络化的全渠道布局。"

（三）行业投资

处于产品开发期和引进期的企业由于利润偏低，投资有一定的风险性，但这类企业往往是新兴行业，未来不排除出现较好的成长性，因而适合在证券市场上热衷炒题材的资金参与。

处于成长期的行业、企业，其增长速度往往比国民经济增长速度要快或同步。这些行业、企业，由于产品被大众认可，销售快速增长，利润增加，未来扩大经营和增长潜力具有可预测性，并定期支付股利，股东获得较好的回报。投资成长阶段的企业能带给投资者良好的收益。

处于成熟期的行业、企业，由于产品、技术上已经成熟稳定，市场需求稳定，成长性有限，但盈利也相对稳定，如一些基础产业、公用行业、经济枢纽行业，在股价跌到历史低位水平、估值较低时，也成为稳健战略性投资的对象。

处于衰退期的行业、企业，由于新产品或新的代用品出现，企业无利可图甚至亏损，对于这类行业、企业，投资者需要回避。

7-5 周期行业与非周期行业

行业是由许多同类企业构成的群体。行业特征是反映公司投资价值的重要因素之一，行业分析是上市公司分析的前提。

行业在经济结构上可分为完全竞争型（产品同质）、垄断竞争型（产品同种不同质）、寡头垄断型（少量生产者生产某种资金密集型、技术密集型、资源性等产品）、完全垄断竞争型（国家垄断或特许经营某种特殊产品、服务、行业）。

在一个相对自由竞争的市场，如果某一个行业利润率较高，特别是行业产品无差别，品牌相对弱化，在追逐高回报下，令较多人去投资，产品供过于求，产品价格就下降，投资回报就降低，于是行业收缩。

在与经济周期的相关性上，行业分为增长型行业、周期性行业、非周期性行业。

(1) 增长型行业，是指其经营业绩并不受经济周期同步变化影响的行业，例如一些新兴行业、高科技行业，主要依靠技术的进步、新产品推出等，特别是由科学技术革命所产生的主导性行业，保持较快增长，并拉动经济增长。这种公司通常规模不大，或规模逐渐扩大，而成长性好，在新兴经济体，这类公司年均净利润增长率远远高于GDP，增速往往在50%，甚至100%以上。在一个经济体工业化过程中，一些高增长行业往往成为拉动经济增长的主导力量，看一个国家能否保持较高的增长速度，很大程度上要看有没有一批高增长行业。在投资市场上，把握好国家的产业规划，便能抢占投资的先机。

例如在欧美国家工业化过程中，铁路业、汽车产业、房地产业等成为主导产业，甚至能带动整个国家经济快速发展。

中国改革开放以来的经济高速增长，在不同时期也是对应着不同的高增长行业。20世纪80年代初中期，对经济起带动作用的高增长行业主要是轻工、纺织等行业。经过80年代末的调整后，从1992年开始，经济进入新一轮快速增长，期间的高增长行业主要是基础设施和基础产业（公路、港口、电力、钢铁等）、新一代家电产品（彩电、冰箱、洗衣机、空调机等）和商业性房地产等。

2010年10月18日，中国国务院发布了《国务院关于加快培育和发展战略性新兴产业的决定》。包括节能环保、新一代信息技术、生物、高端装备制造、新能源、新材料、新能源汽车等七大产业，成为中国战略性的新兴产业，这对经济社会全局和长远发展具有重大的引领带动作用。其中节能环保、新一代信息技术、生物、高端装备制造产业成为国民经济的支柱产业，新能源、新材料、新能源汽车产业成为国民经济的先导产业。

（2）非周期性行业，是指提供生活必需品或服务的行业，其不受宏观经济周期衰退影响，公司盈利相对稳定，主要有医药、粮食类、糖业、食品、烟酒类、服装、商业零售、交通运输、公用事业等日常消费和服务性行业。其中食品以及家用电、煤气、自来水等公用事业，其需求相对稳定，属于防御性行业。

（3）周期性行业，是指行业的景气度、利润等变化，跟随国内或国际经济周期性波动的行业，国民经济的基础性行业，包括提供生活非必需品的行业，往往属于周期性行业。

它们与GDP、固定资产投资、利率等高度正相关，当经济处于上升时期，财政和货币利率政策较宽松，国家展开大规模的基础建设时，这些产业会紧随着扩张；当经济衰退时，财政和货币利率政策收紧，基础建设萎缩，这些产业也相应衰退。

周期性行业分为工业类周期性行业和消费类周期性行业。工业类周期性行业主要指资源类、大宗工业原材料等，包括钢铁、有色金属、石油、化工、煤炭、水泥，以及房地产、工程机械设备、机床、造船、重型卡车、装备制造等资金密集型基础性行业，这些是强周期性行业。

消费类周期性行业包括汽车、奢侈品、航空、港口、航运、银行、证券等，其兼具了周期性行业和消费行业的特性，是弱周期性行业。

当经济高速增长时，市场对周期性行业产品或服务需求高涨，刺激着这些行业企业的业绩快速发展，其股价相应提升较快。完全垄断竞争型的行业大多属于弱周期性行业或非周期性行业。

从产业链角度，周期性行业分为上游、中游与下游三类，上游行业处在整个产业链的开始端，提供生产中下游企业所必需的原材料和初级产品等，行业进入壁垒较高，如矿产资源类，包括有色金属、铁矿、煤炭等；中游行业为对采掘物等原材料进行粗加工和零部件制造类，如石油、化工、化纤、冶金、建材、水泥、钢铁、电力等行业；下游行业对原材料进行深加工和改性处理，并将原材料转化为生产和生活中的实际产品，包括汽车、机械设备、房地产、工程机械、铁路设备、船舶制造等。当然，在现代产业链中，上游、中游与下游是相对的概念，一种产品从某个角度看是另一产品的上游，而在另一角度看又是其他产品的下游。

周期性行业的景气循环按着产业链顺序，通常在下游行业开始复苏，然后传导至中游的加工制造业，最后传导至上游行业。衰退也从下游行业开始，依次传导至中游、上游行业。例如，下游的房地产行业受到调控影响，进入低迷不景气状态，这将导致中游、上游的建材、水泥、钢铁、采矿等行业也随之收缩。

由于中国仍处于工业化的发展中，长期以来，中国的经济周期不明显，而主要体现为经济增速的快慢，如经济增速在10%以上可以视为景气高涨期，增速在8%以下则为经济相对下行期。

7-6 周期性行业股票大起大落

寡头垄断型、完全垄断竞争型企业，凭着资金、技术、资源等优势，生产某种资金密集型、技术密集型、资源性等产品，或特许经营某种特殊产品、服务，形成产品或服务占有很大的市场份额。这样的企业在市场上较具竞争力，业绩能够保持稳定或增长，在证券市场上成为中流砥柱，在股市波动的低谷阶段是战略性长期投资的对象，特别是其股价与每股净资产相比（市净率）跌至2倍以下，甚至1.5倍以下时是长线逐步买入的好时机。

增长型行业特别是新兴产业中的国家主导产业成长性好，它是以重大技术突破和重大发展需求为基础，在其高速发展阶段业绩往往不受经济周期变化影响。未来节能环保、新一代信息技术、生物、高端装备制造、新能源、新材料、新能源汽车等行业将进入快速发展期，其中的优势企业，其业绩可望随着社会需求的不断扩大而出现跳跃式增长，股价也将形成长期上升的趋势。

周期性行业的盈利状况在经济上升时期，特别是在积极的财政政策和宽松的货币利率政策影响下，得到快速扩张甚至成倍数增长，业绩远远高于日常消费品等稳定增长行业，在证券市场上其股价表现也相当突出。如2007年A股市场上，钢铁、有色金属、房地产、石油、化工、煤炭、工程机械、汽车、航空、港口、航运等周期性行业股票涨幅较大，大多远远超越大盘指数的涨幅；其经营业绩也创出历史最好的水平，市净率水平高达4～5倍，市盈率高达50～60倍，甚至更高，但风险也逐渐形成。非周期性行业和防守型行业如消费、零售行业、公用事业等股票在2007年的表现逊于大盘指数，但2008年的跌幅较周期性行业股票跌幅为小。

历史走势上，周期性行业股票往往大起大落，在经济回升的牛市阶段，其涨幅远远超越大市、非周期性行业和防守型行业股票的涨幅。而在经济衰退的熊市阶段，非周期性行业股票相对抗跌，成为防御性配置的品种，周期性行业股票跌幅则远远超越大市的跌幅，在受到紧缩的财政政策和货币利率政策影响下，业绩出现较大滑坡，其市净率跌至2倍以下，市盈率跌至15倍以下，甚至10倍以下，特别是一些强周期行业的股票如钢铁股跌幅更大，不少跌破每股净资产，在 A 股市场上 2008 年和 2011 年这类股票的走势便是如此，但也逐步形成重要买入机会。

根据历史经验，在经济调整和低谷时期，防通胀行业股票和防守型行业股票走势往往较为坚挺，成为资金回避市场风险的防守对象。

随着经济政策的刺激，固定资产投资拉动经济并成为经济增长点，于是经济在低谷现拐点逐渐复苏，上游、中游和下游行业依顺序受益。上游和中游强周期性基础产业，如有色金属、铁矿、煤炭、石油、化工、化纤、水泥等基础行业，以及银行、地产等行业最先受益，其作为一二线蓝筹股也率先见底启动上涨，特别是金融、地产、有色金属，它们是国民经济的支柱产业，这三大权重板块是推动股市的"三驾马车"，起到一线领头羊作用。在经济景气高峰阶段，它们也最先筑顶见顶，这也意味着股市的主要做多能量收敛，而其他个股特别是估值偏高的题材股、中小市值股票则进入最后疯狂拉升阶段，股市也进入最后上升而逐步见顶。例如以工商银行、万科 A 为代表的金融、地产股经过 2009 年上半年的上涨后，2009 年 7 月初见顶，而到同年 8 月初大盘也见顶。

在经济复苏和增长阶段，下游行业股票和一些资金密集型行业、部分零部件行业股票接上一棒，在经济景气高峰阶段，商业零售、轿车、消费类电子产品、旅游、高档服装、奢侈品，以及一些非周期性行业，受到消费热的影响业绩提升，也成为炒作对象。到最后，一些业绩较差的股票、重组题材股、概念炒作股补涨拉升，也就结束了板块轮动的节奏，一波上升行情或牛市行情就完结。

在一轮经济周期所引发的牛市行情中，一个行业板块或概念炒过头后，另一行业板块或概念会接上一棒，在所有股票都轮炒一片后，而一二线蓝筹股也无力继续引领上涨，特别是"三驾马车"金融、地产、有色金属等一线权重板块反而缩量调整，甚至带头破位下行，那么一波牛市行情就结束了。

在熊市中，金融、地产、有色金属等一线权重板块往往最先筑底见底，特别是金融、地产板块逐步走稳，市场做空下跌的能量收敛，而其他个股尤其是估值偏高的题材股、中小市值股票进入最后恐慌杀跌阶段，那么股市也进入最后下跌而逐步见底阶段。例如，以工商银行、万科 A 为代表的金融、地产股经过长期下跌后，于 2011 年 9 月底 10 月上旬见底回稳，而上证综指到 2011 年 12 月 28 日创出 3 年来的新低 2134 点后才回稳。

把握好板块轮动的节奏，在不同阶段配置不同行业的股票和热点品种，可使投资利润最大化。

总体上，中国经济未来较长时间仍维持中高速增长，周期性行业股票长远看投资回报仍较大，尤其是在经济低谷时买入，在经济高峰时卖出，将会有惊人的回报。

7-7 垄断行业

垄断行业分为多种，一种是企业在充分竞争条件下、不完全竞争条件下，以竞争优势形成垄断地位，在政策扶持或保护下形成品牌垄断，如一些电器连锁经营、饮食连锁经营，形成强大的竞争优势和品牌效应；一种是某些产品凭借技术等优势使业绩保持稳定增长，形成行业的相对垄断和核心竞争力，如具有全国驰名商标的个别酿酒、药品；一种是寡头垄断或寡头联合垄断，少数生产者凭着资金、技术、资源等优势，生产资金密集型、技术密集型产品，如钢铁、汽车、飞机等行业企业，形成产品占有很大的市场份额；一种是自然资源垄断，如景点旅游等。

还有一种是由国家控制下的完全垄断行业，如能源（水、电、石油、煤气、天然气、核电）、通信（有线、无线通信）、重要交通（航空、铁路、高速公路、水运）、公共交通（公交、地铁）、重要资源（煤、贵金属、铁）、军工、邮政、烟草、金融、新闻行业（电视媒体、报纸媒体、广播媒体），这些由于存在规模效应、进入门槛、公共性等都不同程度带有相对或完全垄断的垄断地位。有些属于公共服务性质，如公共交通、电网等。

市场中权重指标股往往属于垄断性行业，其业绩较为稳定和具有持续增长潜力。在历史长期成本区，特别是股价与每股净资产相比（市净率）跌至2倍以下，甚至动态市净率（如季报、半年报等）在1.5倍以下及1倍的情况下，战略性重仓买入指标股和相对垄断性行业龙头，未来往往获得丰厚的收益。

指标股包括：工商银行（601398）、中国银行（601988）、建设银行（601939）、农业银行（601288）、交通银行（601328）、光大银行（601818）、招商银行（600036）、中国石油（601857）、中国石化（600028）、中国平安（601318）、中国人寿（601628）、宝钢股份（600019）、长江电力（600900）、华能国际（600011）等。

行业龙头除上述外还有：万科A（00002）、保利地产（600048）、上海机场（600009）、白云机场（600004）、贵州茅台（600519）、张裕A（000869）、五粮液（000858）、古井贡酒（000596）、泸州老窖（000568）、片仔癀（600436）、云南白药（000538）、东阿阿胶（000423）、吉林敖东（000623）、三一重工（600031）、柳工（000528）、中国神华（601088）、格力电器（000651）等。

这类股调整到历史的低位、历史长期成本区、较低的市盈率或市净率水平，以及形成周期性启动点，就是中长期的买入点。

当然，如果能选择买到成长性好的个股更能获得巨大收益，而对于不善于捕捉市场热点和波段操作的投资者，其实也不用盲目多选择股票，只要把握长期调整后的机会，买入上述具有相对垄断地位的指标股、行业龙头（可结合其业绩的成长性来选择），以及业绩稳定增长的股票，往往在未来大牛市中能赚上大钱。

7-8 抗通胀行业

在通胀时期，买入通胀概念股和抗通胀概念股是资金保值的手段。持有其相关的股票，尤其是黄金、有色金属、煤炭、农产品等资源类股票是抵抗通胀的有效武器。通胀预期下，农业股与 CPI 数据紧密相关，能够将物价上升压力成功转嫁。

（一）通胀预期下的投资品种

在以通胀为炒作题材的背景下，资源矿产类如有色金属、黄金等的股票炒得最早最疯狂，国际有色金属商品均以美元为计价单位且全球市场交易活跃，其对全球通胀的敏感度较高，故有色金属股票往往在通胀预期下最先炒作，之后，逐渐延伸至其他资源类（如钾肥等），以及石油煤炭、天然气、农产品、制糖类、酒类、商业零售等股票。

2007 年中国 A 股市场伴随通胀和加息而上升，其中涨幅最大的几个板块依次是采掘、有色金属、家用电器、交运设备、纺织服装、黑色金属和化工，涨幅分别为 331%、277%、214%、205%、203%、194% 和 189%。这些板块涨幅均是同期上证指数的 1 倍或接近 1 倍。

在通胀背景下，资源类、消费类、农业类等行业最容易受价格影响，而成为股市的领涨板块。在通胀预期下，股市投资可关注以下几类：

（1）在通货膨胀下，大宗商品价格不断走高将提升相关股票的投资价值，形成了通货膨胀概念股。例如，农产品、肥料、饲料、糖、酒、有色金属（包括铜、铅、锌、铝、锡等）、贵金属（如黄金、白银）、石油煤炭、天然气、水泥、建材、化工等行业股票，在通货膨胀因素影响下，这些品种的期货市场和现货市场价格上升，上市公司利润得到提升。

农产品类相关股票：罗牛山（000735）、福成五丰（600965）、新五丰（600975）、顺鑫农业（000860）、高金食品（002143）、登海种业（002041）、万向德农（600371）、冠农股份（600251）、敦煌种业（600354）、新农开发（600359）、隆平高科（000998）、金健米业（600127）、北大荒（600598）、丰乐种业（000713）等；

制糖类：南宁糖业（000911）、贵糖股份（000833）等；

有色金属和贵金属类：铜陵有色（000630）、云南铜业（000878）、江西铜业（600362）、西部矿业（601168）、驰宏锌锗（600497）、宏达股份（600331）、中金岭南（000060）、中国铝业（601600）、新疆众和（600888）、豫光金铅（600531）、中金黄金（600489）、山东黄金（600547）、辰州矿业（002155）、紫金矿业（601899）等；

铁矿石类：方大特钢（600507）、鞍钢股份（000898）等；

煤炭类：靖远煤电（000552）、盘江股份（600395）、安源股份（600397）、开滦股份（600997）、永泰能源（600157）等；

天然气资源类：陕天然气（002267）、大通燃气（000593）、长春燃气（600333）等；

钾肥资源类：中信国安（000839）、盐湖钾肥（000792）等；

酒类：泸州老窖（000568）、古井贡酒（000596）、酒鬼酒（000799）、五粮液（000858）、金种子酒（600199）、贵州茅台（600519）、沱牌曲酒（600702）、水井坊（600779）、山西汾酒（600809）、张裕A（000869）、伊利股份（600887）、承德露露（000848）、青岛啤酒（600600）等。

（2）消费品及商业零售，包括农林牧渔、食品饮料、生物医药、电器、商业连锁等，在通胀环境下，对其消费需求大增。

商业零售类股票向来较为活跃，而经济增长、消费升级、政策促进等多因素，更成为推动商业零售企业景气提升的"马车"。在通胀下，商业零售类企业能够将涨价因素顺利传导至终端消费者，而很多商业零售企业持有所在城市核心地段商业物业，通胀和人民币升值对商业物业价值也有提升作用。

从历史走势看，与大盘相比，商业零售业平均享有50%以上的估值溢价水平。商业零售类股票包括：苏宁电器（002024）、步步高（002251）、人人乐（002336）、武汉中百（000759）、华联综超（600361）、新华都（002264）、王府井（600859）、百联股份（600631）、大商股份（600694）、广州友谊（000987）、合肥百货（000417）等。

生物医药行业是较为稳定的抗通胀行业，人口老龄化、农村城镇化、收入水平的提高和居民保健意识的增强，都将支持生物医药行业的长期增长。生物医药类股票包括：双鹤药业（600062）、同仁堂（600085）、天坛生物（600161）、复星医药（600196）、浙江医药（600216）、健康元（600380）、康美药业（600518）、哈药股份（600664）、华北制药（600812）、东阿阿胶（000423）、云南白药（000538）、吉林敖东（000623）、新和成（002001）、华兰生物（002007）等。

2018年上半年医药股为最为强势的板块，业绩也不负众望。截至2018年

8月14日，共有61家医药企业披露半年报，其中八成以上公司实现业绩增长，更有半数公司净利润增长达30%以上，而板块被资金看好、机构增持的现象也愈发明显。

（3）资产类股票，包括银行、保险类股票，以及房地产类股票。银行股上涨得益于经济繁荣和加息预期，在加息下，由于对活期存款利率的提高幅度一般低于基准利率，且银行活期存款比例很大，因而加息往往会提高银行信贷息差水平，从而提升其盈利能力。其龙头有：工商银行（601398）、农业银行（601288）、中国银行（601988）、建设银行（601939）、招商银行（600036）等。

房地产抵御通胀能力也比较强，而且是人民币升值的受益品种，房地产股票的龙头包括：万科A（000002）、保利地产（600048）、招商地产（000024）、金地集团（600383）、华发股份（600325）等。

长期以来，金融、地产、有色金属三大权重板块是推动股市的"三驾马车"。

（二）有色金属股票敏感性强

有色金属是稀有的不可再生的资源，是A股市场中股性最活跃的板块之一，黄金、铅、锌、铝、铜、稀土等是其重要组成部分。由于其资源的垄断性，在通胀预期背景下，有色金属股票是敏感性最强的品种之一。在通胀期，黄金股更有惊人的表现，A股市场黄金类品种股票包括：中金黄金、山东黄金、紫金矿业、辰州矿业、恒邦股份等。

在牛市中，有色金属板块以及稀缺资源板块往往有着突出的表现，如2007—2008年这轮大牛市里，云南铜业从3.37元涨到98元，宏达股份从3.80元涨到83元，锡业股份从5元涨到102元。

2010年10月8日至11月2日，上证综指累计涨幅14.68%，深证成指涨幅18.99%，而稀土永磁板块涨幅38.81%，稀缺资源板块涨幅38.35%，有色金属板块涨幅35.92%，分别位列沪深两市板块涨幅第二、三、四名。2010年10月，中色股份、厦门钨业和广晟有色等近10家有色金属类个股涨幅超过50%，而整个有色金属板块84%的个股涨幅都跑赢了上证综指，还有10余家有色金属类个股的阶段性涨幅实现短期快速翻番。

A股市场有色金属板块以有色金属矿产开采、冶炼、加工为主营业务的上市公司为板块成员，有色金属板块龙头股包括：中国铝业、山东黄金、中金黄金、驰宏锌锗、宝钛股份、宏达股份、厦门钨业、吉恩镍业、包头铝业、中金岭南、云南铜业、江西铜业、铜陵有色、株冶火炬、兰州铝业、云铝股份、锡业股份、吉恩镍业等。

从长期而言，稀土、钨、锑是我国具有储量优势的金属矿产资源，稀缺性决定其具有极高的战略价值。随着国家储备和产业整合的推进，稀土、钨、锑将拥有更为充分的定价权。同时，新经济（新能源汽车、太阳能、大型风机、变频空调、航空航天等）的增长引擎，将拉动稀土、钨、铟、锗等小金属下游呈爆发性增长。

稀有金属包括：稀土、钨、锑、钼、锡、铟、锗、镓、钽和锆等，A股中其股票包括：厦门钨业（钨、钼）（600549）、章源钨业（钨）（002378）、云南锗业（锗）（002428）、金钼股份（钼）（601958）、东方钽业（钽、铌）（000962）、东方锆业（锆）（002167）、辰州矿业（锑）（002155）、赣锋锂业（锂）（002460）、株冶集团（铟）（600961）、贵研铂业（铂）（600459）、宝钛股份（钛）（600456）、包钢稀土（稀土）（600111）等。

另外，煤炭、矿石（包括铁矿石）、石油、气体等与有色金属板块一样，都同属不可再生资源，在走势上往往与有色金属板块形成联动效应。

有色金属有多重属性，包括资源属性、金融属性、通胀属性。其金融性体现在，有色金属期货价格与美元指数之间具紧密的反向联系，全球经济的回暖与美元贬值刺激其价格上扬。

通常情况下，有色金属价格上涨在初中期，铜、铝、铅、锡、锌的表现较好，中后期稀有金属表现较好，这个先后次序在股市炒作上也体现出来。

作为不可再生资源，有色金属板块包括其他资源概念股，在牛市中是涨幅最大的板块之一，而在熊市的末期，也往往成为主力机构提前布局吸纳的对象，因而在通常情况下都是值得投资者反复关注的品种。

7-9 新兴产业和朝阳产业

（一）战略性新兴产业

2016年12月19日，国务院发布了《"十三五"国家战略性新兴产业发展规划》[①]（以下简称《规划》），《规划》指出，紧紧把握全球新一轮科技革命和产业变革重大机遇，培育发展新动能，推进供给侧结构性改革，构建现代产业体系，提升创新能力，深化国际合作，进一步发展壮大新一代信息技术、高端装备、新材料、生物、新能源汽车、新能源、节能环保、数字创意等战略性新兴产业，推动更广领域新技术、新产品、新业态、新模式蓬勃发展，建设制造强国，发展现代服务业，为全面建成小康社会提供有力支撑。

---

① 中国政府网（www.gov.cn/zhengce/content/2016-12/19/content_5150090.htm）

《规划》确定了几大方面发展任务:一是推动信息技术产业跨越发展,拓展网络经济新空间。二是促进高端装备与新材料产业突破发展,引领中国制造新跨越。三是加快生物产业创新发展步伐,培育生物经济新动力。四是推动新能源汽车、新能源和节能环保产业快速壮大,构建可持续发展新模式。五是促进数字创意产业蓬勃发展,创造引领新消费。六是超前布局战略性产业,培育未来发展新优势。七是促进战略性新兴产业集聚发展,构建协调发展新格局。八是推进战略性新兴产业开放发展,拓展国际合作新路径。

《规划》还提出了发展目标:到2030年,战略性新兴产业发展成为推动我国经济持续健康发展的主导力量,我国成为世界战略性新兴产业重要的制造中心和创新中心,形成一批具有全球影响力和主导地位的创新型领军企业。

战略性新兴产业是引导未来经济社会发展的重要力量,发展战略性新兴产业已成为世界主要国家抢占新一轮经济和科技发展制高点的重大战略。从战略层面确定新兴产业,并从先导性和支柱性高度强调新兴产业,有利于推进产业结构升级和经济发展方式转变。

战略性新兴产业发展前景好,也是股市上产生"千里马"的摇篮。战略性新兴产业将成为中国下一轮经济增长的新动力,可以预料其中将会产生一批具有优秀技术和快速成长的企业,而战略性新兴产业良好前景所带来的投资机会,也成为资本市场投资行为提前布局的对象。

选择新兴产业股票,要注意在合适的机会,选择保持高成长而拥有核心技术竞争优势的个股,新兴产业股票如果布局得好,将会带来高额的收益。

(二) 新材料产业和新一代能源

1. 新材料产业规模不断壮大

新材料产业是我国的朝阳产业,新材料涉及领域广泛,一般指新出现的具有优异性能和特殊功能的材料,或是传统材料改进后性能明显提高和产生新功能的材料,主要包括新型功能材料、高性能结构材料和先进复合材料,其范围随着经济发展、科技进步、产业升级不断发生变化。

"十二五"期间,我国新材料产业总产值由2010年的0.65万亿元增加到2015年的近2万亿元,年均增速超过24%,较世界平均水平高出15个百分点,2016年更是达到2.65万亿元,增速达35%。高性能钢铁材料、轻合金材料、工程塑料等产品结构不断优化,有效地支撑了高速铁路、载人航天、海洋工程、能源装备等国家重大工程顺利实施。

我国新材料产业发展迅速,稀土功能材料、先进储能材料、光伏材料、有机硅、超硬材料、特种不锈钢、玻璃纤维及其复合材料等产能居世界前列。

部分关键技术取得重大突破。我国自主开发的钽铌铍合金、非晶合金、高磁感取向硅钢、二苯基甲烷二异氰酸酯（MDI）、超硬材料、间位芳纶和超导材料等生产技术已达到或接近国际水平。新材料品种不断增加，高端金属结构材料、新型无机非金属材料和高性能复合材料保障能力明显增强，先进高分子材料和特种金属功能材料自给水平逐步提高。

2. 石墨烯是一种新型碳纳米材料

在新材料产业中，石墨烯是一种新型碳纳米材料，是最有前景的新材料之一。

石墨烯具有优异的电学、热学、结构和力学性能，以及完美的量子隧道效应、从不消失的电导率等一系列特殊性质。因为这些性能，它在下一代晶体管、透明导电膜、储能技术、化学传感、功能复合材料等与人类生产生活息息相关的领域应用前景广阔，被认为是一种有可能改变世界的新材料。

石墨烯具有非同寻常的导电性能、超出钢铁数十倍的强度和极好的透光性，它的出现有望在现代电子科技领域引发一轮革命。未来，石墨烯材料还将在电子书、电脑、家用电器等更多的电子产品领域进行广泛应用。可以预见，这一新材料将会成为电子产业界竞争的焦点。

石墨烯低成本规模化制备技术的突破为其在动力锂电池中的应用奠定了坚实的基础，并有望使锂电池驱动的电动车跑得更快、更远、更安全。

石墨烯产业发展迅速，在国家战略的大力支持和资本投入下，石墨烯拥有的巨大的应用潜力与商业价值有望进一步释放。

在证券市场上，石墨烯概念股反复受到资金追捧，如宝泰隆（601011）、方大炭素（600516）、杭电股份（603618）、珈伟股份（300317）、华丽家族（600503）、道氏技术（300409）、中国宝安（000009）、中泰化学（002092）、中超控股（002471）、康得新（002450）、江海股份（002484）、南风化工（000737）、南都电源（300068）、佰利联（002601）、新纶科技（002341）、佛塑科技（000973）、华西能源（002630）、德尔未来（002631）、大富科技（300134）等。

3. 新一代大功率石墨烯超级电容

2015年10月9日，中国中车株洲电力机车有限公司对外发布，中国新一代大功率石墨烯超级电容问世，代表了目前世界超级电容单体技术的最高水平。

超级电容器是一种新型储能装置，它具有功率密度高、充电时间短、使用寿命长、温度特性好、节约能源和绿色环保等特点。

超级电容是物理式储能装置的典型，具有传统充电装置无可比拟的优势。传统充电装置充电次数在10000次以内，充电时间长达数小时，存在爆炸与污染环境的风险，而超级电容充电100万次、数十秒，并且无污染以及无爆炸风险。超级电容可广泛运用于消费电子、轨道交通、城市公交系统、国防与航天、起重机械势能回收、发电与智能电网等领域。

随着国家扶持政策的进一步出台，电动车产业链再获市场关注。充电桩超级电容板块股票一度受追捧，如新宙邦（300037）等。

4. 新一代能源——页岩气

页岩气是蕴藏于页岩层可供开采的天然气资源，中国的页岩气可采储量较大。页岩气是指赋存于富有机质泥页岩及其夹层中，以吸附和游离状态为主要存在方式的非常规天然气，成分以甲烷为主，是一种清洁、高效的能源资源和化工原料，页岩气的开发和利用有利于缓解我国油气资源短缺，增加清洁能源供应。

与常规天然气相比，页岩气开发具有开采寿命长和生产周期长的优点，大部分产气页岩分布范围广、厚度大，且普遍含气，这使得页岩气井能够长期地以稳定的速率产气。

世界页岩气资源量为457万亿立方米，同常规天然气资源量相当，其中页岩气技术可采资源量为187万亿立方米。全球页岩气技术可采资源量排名前5位的国家依次为：中国（约占20%）、美国（约占13%）、阿根廷、墨西哥和南非。

中国页岩气资源丰富，技术可采资源量为36万亿立方米，是常规天然气的1.6倍，在开采技术成熟、经济性适当时，将会产生巨大的商业价值。

国土资源部2011年12月31日在其官网发布新发现矿种公告，称页岩气已被正式列为新发现矿种，将对其按单独矿种进行投资管理，至此我国已发现172种矿产。

在美国"页岩气革命"引领下，中国页岩气产业开始起步，"十三五"有望迎来爆发式增长。页岩气作为新兴替代能源，它的开发前景和市场商业价值一直备受外界高度关注。

在证券市场上，页岩气开发概念股有：道森股份（603800）、神开股份（002278）、杰瑞股份（002353）、海油工程（600583）、中海油服（601808）等。

（三）信息技术产业

《中华人民共和国国民经济和社会发展第十三个五年（2016—2020年）规划纲要》（以下简称《纲要》）中提出：要拓展网络经济空间，牢牢把握信息技术变革趋势，实施网络强国战略，加快建设数字中国，推动信息技术与经济社会发展深度融合，加快推动信息经济发展壮大。

1. 发展现代互联网产业体系

《纲要》第六篇"拓展网络经济空间"中提出：在构建泛在高效的信息网络方面，加快构建高速、移动、安全、泛在的新一代信息基础设施，推进信息网络技术广泛运用，形成万物互联、人机交互、天地一体的网络空间。

在发展现代互联网产业体系方面，实施"互联网+"行动计划，促进互联网深度广泛应用，带动生产模式和组织方式变革，形成网络化、智能化、服务化、协同化的产业发展新形态。

在实施国家大数据战略方面，把大数据作为基础性战略资源，全面实施促进大数据发展行动，加快推动数据资源共享开放和开发应用，助力产业转型升级和社会治理创新。

在强化信息安全保障方面，统筹网络安全和信息化发展，完善国家网络安全保障体系，强化重要信息系统和数据资源保护，提高网络治理能力，保障国家信息安全。

A股市场互联网类公司包括：金智科技（002090）、国脉科技（002093）、生意宝（002095）、三维通信（002115）、卫士通（002268）、焦点科技（002315）、广联达（002410）、达实智能（002421）、启明星辰（002439）、荣之联（002642）、立思辰（300010）、网宿科技（300017）、同花顺（300033）、天源迪科（300047）、三五互联（300051）、东方财富（300059）、数字政通（300075）、高新兴（300098）、乐视网（300104）、顺网科技（300113）、迪威视讯（300167）、科大智能（300222）、上海钢联（300226）、银信科技（300231）、初灵信息（300250）、紫光华宇（300271）、梅安森（300275）、大智慧（601519）等。

2. 第五代移动通信技术是发展方向

物联网尤其是互联网汽车等产业正快速发展，其对网络速度有着更高的要求，这无疑成为推动5G网络发展的重要因素。

5G为第五代移动电话行动通信标准，也称为第五代移动通信技术，是新一代移动通信技术发展的主要方向，是未来新一代信息基础设施的重要组成部分。目前，我国5G技术研发试验走在世界前列，5G进入落地期，5G与物联网仍是行业发展大方向。

与4G相比，5G不仅将进一步提升用户的网络体验，同时还将满足未来万物互联的应用需求。

从用户体验看，5G具有更高的速率、更宽的带宽，预计5G网速将比4G提高10倍左右，只需要几秒即可下载一部高清电影，能够满足消费者对虚拟现实、超高清视频等更高的网络体验需求。

从行业应用看，5G具有更高的可靠性、更低的时延，能够满足智能制造、自动驾驶等行业应用的特定需求，拓宽融合产业的发展空间，支撑经济社会创新发展。

5G建设已进入大提速阶段，随着2020年大规模商用，车联网、物联网等相关产业也将迎来大发展。推进5G全面建设和商用，从而培育新动能和促进消费升级已经成为共识。

5G发展前景可期，相关运营商、芯片商、终端产品制造商等都在"踩油门"，而资本市场上，受益概念股也有望实现"业绩+主题"双轨加速。

在利好预期持续发酵的背景下，5G概念板块在资本市场成为反复炒作的对象，如中石科技（300684）、长江通信（600345）、信维通信（300136）、亨通光电（600487）、光迅科技（002281）、新易盛（300502）、烽火通信（600498）、中国联通（600050）、立讯精密（002475）等一度较为活跃。

而受益于5G与工业互联的主设备、光通信、专网通信等三大领域的个股也一度有所联动上涨，如中兴通讯（000063）、中天科技（600522）、东山精密（002384）、中际旭创（300308）、亿联网络（300628）、特发信息（000070）等。

在中国经济和产业面临转型的今天，中国在下一代互联网关键技术及产业上的突破，必将为中国的经济和产业转型产生重要而深远的意义，为后续发展提供重要的推动力。

（四）文化传媒旅游生态健康产业

改革开放以来，人民的物质性需要不断发展，温饱问题基本解决后，人们便追求舒适、高层次的物质享受。同时，人民群众不仅对物质文化生活提出了更高要求，对美好生活的向往也更加强烈。

党的十九大报告中指出，中国特色社会主义进入新时代，我国社会主要矛盾已经转化为人民日益增长的美好生活需要和不平衡不充分的发展之间的矛盾。

1. 文化传媒产业快速发展

文化传媒产业为快速发展的朝阳产业，2009年9月《文化产业振兴规划》发布，其中指出，要发展重点文化产业。以文化创意、影视制作、出版发行、印刷复制、广告、演艺娱乐、文化会展、数字内容和动漫等产业为重点，加大扶持力度，完善产业政策体系，实现跨越式发展。文化创意产业要着重发展文化科技、音乐制作、艺术创作、动漫游戏等企业，增强影响力和带动力，拉动相关服务业和制造业的发展。影视制作业要提升影片、电视剧和电视节目的生产能力，扩大影视制作、发行、播映和后产品开发，满足多种媒体、多种终端对影视数字内容的需求。出版业要推动产业结构调整和升级，加快从主要依赖传统纸介质出版物向多种介质形态出版物的数字出版产业转型。

长期看，新的传播媒介和传播技术，电影、动漫游戏、数字内容、广告营销等领域，大集团化趋势所引发整合重组、业态转型和多元化等，将反复成为市场的主题炒作概念。

A股市场传媒板块个股有：粤传媒（002181）、时代出版（600551）、新华传媒（600825）、博瑞传播（600880）、皖新传媒（601801）、出版传媒（601999）、中南传媒（601098）、天舟文化（300148）、电广传媒（000917）、歌华有线（600037）、中视传媒（600088）、浙报传媒（600633）、广电网络（600831）、东方明珠（600832）、天威视讯（002238）、北巴传媒（600386）、中信国安（000839）、华闻传媒（000793）、奥飞动漫（002292）、华谊兄弟（300027）、鹏博士（600804）、蓝色光标（300058）、东方财富（300059）、华谊嘉信（300071）、省广股份（002400）、华策影视（300133）等。

2. 旅游业面临重大发展机遇

旅游业是以旅游资源为凭借，以旅游设施为条件，向旅游者提供旅行游览服务的行业。传统意义上的旅游产业要素就是人们经常提到的"食住行游购娱"，通过游客产生餐饮、住宿、游乐、购物、会议、养生、运动等综合性、多样化的终端消费，带来"出游型消费经济"。

旅游产业具有三大动力效应：直接消费动力、产业发展动力、城镇化动力，在此过程中，旅游产业的发展将会为地区带来价值提升效应、品牌效应、生态效应、幸福价值效应。

旅游业是第三产业的重要组成部分，是世界上发展最快的新兴产业之一，被誉为"朝阳产业"。一段时间以来，我国旅游投资呈现持续强劲增长，旅游业带动性强、乘数效应大、综合效益高，已成为促进经济增长的新动力，特别是2015年8月出台的《国务院办公厅关于进一步促进旅游投资和消费的若干意见》，首次提出实施旅游投资促进计划，推动了旅游投资快速增长。随着我国全面建设小康社会不断推进，旅游业面临重大发展机遇，中国经济持续快速增长，也必将对旅游需求增长发挥基础性的支撑作用。

涉足旅游的上市公司主要有：宋城演艺（300144）、众信旅游（002707）、凯撒旅游（000796）、腾邦国际（300178）、国旅联合（600358）、张家界（000430）、桂林旅游（000978）、丽江旅游（002033）等。

3. "美丽中国"和"健康中国"战略

随着社会发展，我国面临着工业化、城镇化、人口老龄化以及疾病谱、生态环境、生活方式不断变化等带来的新挑战。

党的十八大报告提出："建设生态文明，是关系人民福祉、关乎民族未来的长远大计。面对资源约束趋紧、环境污染严重、生态系统退化的严峻形势，必须树立尊重自然、顺应自然、保护自然的生态文明理念，把生态文明建设放在突出地位，融入经济建设、政治建设、文化建设、社会建设各方面和全过程，努力建设美丽中国，实现中华民族永续发展。"这体现了实施美丽中国战略。

《"健康中国2030"规划纲要》指出，把健康摆在优先发展的战略地位，立足国情，将促进健康的理念融入公共政策制定实施的全过程，加快形成有利于健康的生活方式、生态环境和经济社会发展模式，实现健康与经济社会良性协调发展。

该规划纲要指出，发展健康服务新业态。积极促进健康与养老、旅游、互联网、健身休闲、食品融合，催生健康新产业、新业态、新模式。发展基于互联网的健康服务，鼓励发展健康体检、咨询等健康服务，促进个性化健康管理服务发展，培育一批有特色的健康管理服务产业，探索推进可穿戴设备、智能健康电子产品和健康医疗移动应用服务等发展。

由此可见，促进包括文化传媒、旅游、生态环境、食品健康等产业的大力发展，是为满足人们对物质文化生活更高要求的需要。

"美好生活需要""美丽中国""健康中国"可望成为资本市场持续关注的投资主题，其中体现有文化旅游、消费升级、医疗保险、美丽中国、健康中国、科技与先进制造、品牌消费、现代服务、环保与新能源等概念。

"美丽中国"在证券市场上有几大概念股，包括资源节约概念股：大禹节水（300021）、合康变频（300048）等；生态治理、环保、植树造林概念股：蒙草抗旱（300355）、铁汉生态（300197）、碧水源（300070）、格林美（002340）、维尔利（300190）、永清环保（300187）、迪森股份（300335）、创业环保（600874）、万邦达（300055）、天立环保（300156）、升达林业（002259）、永安林业（000663）、吉林森工（600189）、福建金森（002679）、威华股份（002240）、丰林集团（601996）等；美丽园林概念股：东方园林（002310）、棕榈园林（002431）、普邦园林（002663）等。

"健康中国"概念股也成为资本追逐的焦点，如上海医药（601607）、宜华健康（000150）、和而泰（002402）、宜通世纪（300310）、乐普医疗（300003）、九州通（600998）、荣泰健康（603579）、通化东宝（600867）、爱尔眼科（300015）、鱼跃医疗（002223）、片仔癀（600436）、云南白药（000538）、泰格医药（300347）、思创医惠（300078）、一心堂（002727）、迪安诊断（300244）、美康生物（300439）等一度较为活跃。

（五）加快工业机器人技术开发

在中美贸易冲突背景下，先进制造受到国外技术封锁，国家战略支持的力度将更大，先进制造技术设备的国产化和进口替代有望加速。

制造业是中国经济第一大产业，也是立国之本、兴国之器、强国之基。自 2010 年起，中国就已跃居为全球制造第一大国。2010—2017 年，我国制造业增加值呈现逐年增长的趋势，但增速逐渐趋于平缓，而产业整体呈现"大而不强"特征，产业附加值低，在全球制造业产业链中处于中低端位置。由低端制造向先进制造转型是中国的现实需求。

中国制造业面临着向高端转变，承接国际先进制造、参与国际分工的巨大挑战。加快工业机器人技术的研究开发与生产是中国抓住这个历史机遇的主要途径。

工业机器人的发展和应用，是我国制造业走向高端化和智能化的重中之重。目前我国工业机器人产业呈现"快速成长"和"国产替代"的双重重要特征。

智能化、仿生化是工业机器人的最高阶段，随着材料、控制等技术不断发展，实验室产品逐步走向市场，应用于各个场合。伴随移动互联网、物联网的发展，多传感器、分布式控制的精密型工业机器人将会越来越多，逐步渗透到制造业的方方面面，并且由制造实施型向服务型转化。

大国崛起之路上，工业机器人的进口替代已是大势所趋。随着技术突破的推进，国内逐渐涌现出一批快速成长的制造企业。

A 股中，汇川技术（300124）、埃斯顿（002747）等企业在伺服技术方面走在行业前列；慈星股份（300307）、新时达（002527）等在工业机器人控制器方面较早布局；中大力德（002896）、双环传动（002472）等具有代表性的公司涉足减速机；机器人（300024）、埃斯顿（002747）、博实股份（002698）、天奇股份（002009）等一批公司逐渐成为工业机器人集成应用领域的佼佼者。

（六）集成电路产业是先导性产业

集成电路就是把一定数量的常用电子元件，如电阻、电容、晶体管等，以及这些元件之间的连线，通过半导体工艺集成在一起的具有特定功能的电路，泛指所有的电子元器件。它不仅在工、民用电子设备如收录机、电视机、计算机等方面得到广泛的应用，而且在军事、通信、遥控等方面也得到广泛的应用。

集成电路产业是信息技术产业的核心，是支撑经济社会发展和保障国家安全的战略性、基础性和先导性产业。

目前，中国集成电路产业已经形成了 IC 设计、制造、封装测试三业及支撑配套业共同发展的较为完善的产业链格局。我国集成电路市场需求高涨，产业发展保持快速态势，各环节呈现齐头并进的良好局面。

2018年3月30日，财政部等四部门发布了《关于集成电路生产企业有关企业所得税政策问题的通知》（以下简称《通知》），《通知》提出的政策优惠包括：对符合条件的企业免征及一定时间后按照25%的法定税率减半征收所得税；在过去"两免三减半"基础上享受"五免四减半"的进一步优惠等。

对此，市场人士普遍认为，此次新税收政策对国内集成电路制造公司是重大利好，将推动集成电路国产化加速。从政策的角度讲，鼓励企业加大对先进技术的研发和投入，显示资源进一步向优势企业倾斜，龙头企业将强者恒强。

在此背景下，集成电路行业上市公司业绩增长有望进一步提升，行业景气度继续上行。在政策利好叠加优异业绩的双重催化下，集成电路板块2018年3月表现十分抢眼，板块内共有94只成分股期间实现上涨，占比逾八成。个股方面，27只个股2018年3月份累计涨幅在20%以上，其中天华超净（79.11%）、宏达电子（69.18%）、国科微（49.73%）、江丰电子（46.65%）等个股期间累计涨幅居前，均超40%。

在已披露2017年年报的集成电路相关公司中，有19家公司前十大流通股股东中出现QFII、社保基金、险资、券商等四类机构的身影，而新纶科技、华天科技、紫光国芯、锦富技术、扬杰科技、华微电子、雅克科技、亚翔集成、景嘉微、江化微、晶瑞股份等11只科技蓝筹股成为上述机构集体在2017年四季度新进或增持的重点。

芯片是内含集成电路的硅片，集成电路的应用范围覆盖了军工、民用的几乎所有的电子设备。

2017年第四季度开始，芯片概念指数反复领涨A股市场，如北方华创（002371）、江丰电子（300666）、四维图新（002405）、士兰微（600460）、富满电子（300671）、上海新阳（300236）、上海贝岭（600171）、国科微（300672）、圣邦股份（300661）、太极实业（600667）、长电科技（600584）等股票表现出色。

新一代通信技术、人工智能、机器人、新材料、基因技术等为代表的显示技术、芯片技术等各领域逐步走向产业化发展，相关股票可望成为市场稀缺的具较大发展潜力的科技龙头。

信息化代表新的生产力和新的发展方向，已经成为引领创新和驱动转型的先导力量。加快发展集成电路产业，是推动信息技术产业转型升级的根本要求，是提升国家信息安全水平的基本保障。

（七）引力波引激光概念炒作

美国科研人员2016年2月11日宣布，他们利用激光干涉引力波天文台于

2015年9月首次探测到引力波，证实了爱因斯坦100年前所做的预测，当时同为黑洞专家的英国天文物理学大师霍金表示，他相信这是科学史上重要的一刻。

霍金在接受英国广播公司（BBC）专访时表示："引力波提供看待宇宙的崭新方式，发现它们的能力，有可能使天文学起革命性的变化。这项发现是首度发现黑洞的二元系统，是首度观察到黑洞融合。""除了检验（爱因斯坦的）广义相对论，我们可以期待透过宇宙史看到黑洞。我们甚至可以看到宇宙大爆炸时期初期宇宙的遗迹，看到其一些最大的能量。"

研究人员宣布，当两个黑洞于约13亿年前碰撞，两个巨大质量结合所传送出的扰动，于2015年9月14日抵达地球，被地球上的精密仪器侦测到。

那么，引力波究竟是个什么？

有关研究认为，引力波就像时空结构中的涟漪，如果把空间想象成一块巨大的橡胶膜，那些有质量的物体就会让橡胶膜弯曲，就像我们站在蹦床上时引起床垫变形一样。质量越大，空间被弯曲得越厉害。

比如地球围绕太阳转动的原因就是因为太阳非常重，导致太阳周围空间出现巨大变形，如果试图在巨大的变形周围以直线运动，你会发现其实是在沿着一个圆运动，这就是轨道运转，并没有实际的力拉着行星运转，仅仅是因为空间的弯曲。

只要有质量的物体加速，改变了空间形状，引力波就产生了，你可以想象湖面的涟漪。当高密度、大质量的物体在宇宙里加速，比如黑洞或者中子星，它们会在时空的垫子上泛起涟漪。这些波纹携带着大质量物体的引力辐射，在广阔的宇宙中传播。激光干涉引力波观测站的存在就是为了捕捉这种微弱的波动。

1915年，爱因斯坦发表广义相对论论文，革新了自牛顿以来的引力观和时空观，创造性地论证了引力的本质是时空几何在物质影响下的弯曲。1916年，爱因斯坦在广义相对论的框架内，又发表论文论证了引力的作用以波动的形式传播。

引力波的探测研究一度引发证券市场激光概念股的炒作，激光概念股相关上市公司包括：华工科技（000988）、大族激光（002008）、金运激光（300220）、大恒科技（600288）、机器人（300024）、光韵达（300227）、福晶科技（002222）、光电股份（600184）、亚威股份（002559）等。

（八）自主建设、独立运行的北斗系统

2012年12月27日，国家正式宣布北斗卫星导航系统试运行启动，标志着中国自主卫星导航产业进入崭新的发展阶段。其中，卫星导航专用ASIC硬件结合国产应用处理器的方案,成为北斗卫星导航芯片一项重大突破。该处理器由中国本土 IC 设计公司研发,具有完全自主知识产权并已实现规模应用,一举打破了电子终端产品行业普遍采用国外处理器的局面。

卫星导航终端中采用的导航基带及射频芯片,是技术含量及附加值最高的环节,直接影响到整个产业的发展。

北斗系统是中国自主建设、独立运行的卫星导航系统,与美国的 GPS、俄罗斯的格洛纳斯、欧盟的伽利略构成四大全球导航卫星系统。

北斗系统的应用市场主要分为特殊(安全)应用市场、行业应用市场和大众应用市场三大类。目前,我国北斗产业最值得关注的市场是交通运输、农业、智慧城市等领域的行业应用。

2016 年度《中国卫星导航与位置服务产业发展白皮书》中显示,我国卫星导航与位置服务产业总体产值 2016 年达到 2118 亿元,较 2015 年增长 22.06%。其中,北斗对产业核心产值的贡献率已达到 70%。

2017 年我国卫星导航与位置服务产业总体产值超过了 2500 亿元,其中,北斗产业产值已接近 1000 亿元。

进入 2018 年,中国北斗卫星导航系统进入全球组网的密集发射阶段,迄今已累计发射 31 颗卫星。2018 年年底前发射 18 颗北斗三号组网卫星,覆盖"一带一路"沿线国家。

伴随着技术的突飞猛进,我国北斗产业产值也实现了从百亿市场向千亿以上市场的快速扩张。

在"北斗地图 APP 上线""北斗卫星发射"预期刺激下,北斗导航概念股曾出现涨停潮,如振芯科技(300101)、启明信息(002232)、移为通信(300590)、华测导航(300627)、晨曦航空(300581)、北方导航(600435)、中海达(300177)、北斗星通(002151)、华力创通(300045)、星网宇达(002829)、深赛格(000058)等一度涨停走强。

在中美贸易摩擦背景下,自主可控成为市场重点关注的板块,其中北斗的战略地位凸显,相关股票也成为市场跟踪的对象。

(九) 国产大飞机百年梦圆

大飞机一般是指最大起飞重量超过 100 吨的运输类飞机。1970 年,中国开始了一项代号为 708 的工程——制造自己的大型喷气客机,来自全国航空工业 300 多个单位的各路精英被调集参与研制任务,该型被命名为"运 10",1980 年 9 月 26 日首飞上天。"运 10"飞行最远航程为 8600 公里,最大时速为 930 公里,最大起飞重量为 110 吨,最高飞行升限超过 11000 米。最值得称道的是,该机还在被称为"空中禁区""死亡航线"的西藏,连续 7 次试飞,均获得成功。但由于多方面原因，20 世纪 80 年代中期，"运 10"项目被迫下马。从意义上看，它的研制成功也让中国成为当时继美、苏、英、法之后第五个掌握制造 100 吨级喷气式飞机的国家。

虽然"运 10"项目停止研究，但是并未阻挡中国的大飞机梦。让中国的大飞机飞上蓝天，是国家的意志，人民的意志。

2017 年 5 月 5 日下午，万众瞩目的国产大飞机 C919 在浦东机场成功完成了试飞。自此，中国国产大飞机百年梦圆。

C919 大型客机是我国于 2008 年开始研制，按照国际民航规章自行研制、具有自主知识产权的大型喷气式民用飞机，座级 158～168 座，航程 4075～5555 公里。

这款 C919 大飞机堪称全球合作的成功典范。C919 的发动机、航电、飞控系统等来自多个欧美合资或独资公司，供应商包括美国通用电气公司和霍尼韦尔公司等，可谓遍布全球。其中，一级供应商中的国际供应商有十几个，二级和三级供应商约有数百家。

C919 飞机的定位为"自主研制、国际合作、国际标准"。据新华社报道，C919 机身线条流畅，机体从设计、计算、试验、制造等均为中国自主进行。飞机设计研制中有多项重大技术突破，如超临界机翼、新材料应用等。作为航空制造业的一大难点，集成技术的突破正是中国航空制造业取得巨大进步的标志。

在国产大飞机 C919 首飞预期下，A 股市场上，大飞机概念股一度大幅拉升，如洪都航空（600316）、成发科技（600391）、中航飞机（000768）、航天动力（600343）、中航电子（600372）、贵航股份（600523）、中直股份（600038）、航天长峰（600855）等。

（十）"高速飞行列车"概念

最高时速 4000 公里，一个名为"高速飞行列车"的概念引发公众关注。据报道，2017 年 8 月 30 日，在武汉举行的第三届中国（国际）商业航天高峰论坛上，中国航天科工集团公司宣布已开展"高速飞行列车"的研究论证。研制分为时速 1000 公里、2000 公里、4000 公里"三步走"战略逐步实现。

所谓高速飞行列车，就是实现超音速运行的运输系统，采用"磁悬浮 + 低真空管道"，利用低真空环境和超声速外形减小空气阻力，通过磁悬浮减小摩擦阻力，实现超音速"近地飞行"。其最低时速为 1000 公里，低于这个标准的时速 600 公里上下的普通高速磁悬浮列车则是普通飞行列车。

与国外相关公司正在研发的"超级高铁"不同，中国航天科工的"高速飞行列车"无须车轮就能跑起来。高速飞行列车不仅拉近城市之间的时空距离，同时其具有不受天气条件影响，不消耗化石能源，可与城市地铁无缝接驳等诸多优点，是未来交通领域的发展趋势和技术制高点。

"高速飞行列车"设想一旦实现，将改变人类的出行方式，改写中国乃至世界经济版图，加快国内资源配置，形成超级城市群一小时经济圈。

与传统高铁相比，高速飞行列车运行速度提升了10倍，其与现有民航客机相比，速度提升了5倍！最大速度可达到4000公里/小时。现在的高铁和民航客机均被它"秒杀"。这一技术一旦实现，将彻底颠覆现有的交通方式。如以武汉到北京的地理距离1200公里计算，如果时速4000公里，则仅需大约18分钟即可完成两地"穿越"。

"高速飞行列车"的概念是重大科技创新，将推动相关行业的进一步发展，例如国产中低速磁悬浮列车制造商、零部件提供商，以及未来高速磁悬浮列车的企业等，将迎来重大发展机遇。

在证券市场上，高速磁悬浮列车相关概念股有：中科电气（300035）、银河磁体（300127）等。

7-10 《中国制造2025》的强国战略目标

发展先进制造业是我国制造业转型升级的内在要求，也是我国经济进入高质量发展阶段的必经之路。我国制造业也将从传统的机械制造业为主，逐渐转向高端装备制造和战略新兴产业。

（一）具备建设工业强国的基础和条件

为推进先进制造业发展水平，我国将加快发展新材料、生物医药、电子信息、5G、节能环保等新兴产业，推动互联网、大数据、人工智能和制造业的深度融合。此外，还将实施新一轮制造业重大技术改造升级工程，加快制造业的数字化、网络化和智能化发展的水平，以此大幅度提高劳动生产率和附加值，全面提升制造业全产业链的竞争能力。

事实上，为了促进先进制造业的发展，我国已先后出台了多项政策措施。2015年5月8日，国务院正式印发《中国制造2025》[①]，这是我国实施制造强国战略的行动纲领。《中国制造2025》指出：

经过几十年的快速发展，我国制造业规模跃居世界第一位，建立起门类齐全、独立完整的制造体系，成为支撑我国经济社会发展的重要基石和促进世界经济发展的重要力量。持续的技术创新，大大提高了我国制造业的综合竞争

---

① 中国政府网（www.gov.cn/zhengce/content/2015-05/19/content_9784.htm）

力。载人航天、载人深潜、大型飞机、北斗卫星导航、超级计算机、高铁装备、百万千瓦级发电装备、万米深海石油钻探设备等一批重大技术装备取得突破，形成了若干具有国际竞争力的优势产业和骨干企业，我国已具备了建设工业强国的基础和条件。

但我国仍处于工业化进程中，与先进国家相比还有较大差距。制造业大而不强，自主创新能力弱，关键核心技术与高端装备对外依存度高，以企业为主体的制造业创新体系不完善；产品档次不高，缺乏世界知名品牌；资源能源利用效率低，环境污染问题较为突出；产业结构不合理，高端装备制造业和生产性服务业发展滞后；信息化水平不高，与工业化融合深度不够；产业国际化程度不高，企业全球化经营能力不足。推进制造强国建设，必须着力解决以上问题。

建设制造强国，必须紧紧抓住当前难得的战略机遇，积极应对挑战，加强统筹规划，突出创新驱动，制定特殊政策，发挥制度优势。

（二）"三步走"的制造强国战略目标

《中国制造2025》设定"三步走"的制造强国战略目标：到2025年迈入制造强国行列；到2035年中国制造业整体达到世界制造强国阵营中等水平；2049年时，综合实力进入世界制造强国前列。

这意味着到2025年，我国制造业水平接近德国、日本实现工业化时的制造强国水平，基本实现工业化，进入世界制造业强国第二方阵。

为了实现这一目标，《中国制造2025》明确了9项战略任务和重点：一是提高国家制造业创新能力；二是推进信息化与工业化深度融合；三是强化工业基础能力；四是加强质量品牌建设；五是全面推行绿色制造；六是大力推动重点领域突破发展，聚焦新一代信息技术产业、高档数控机床和机器人等十大重点领域；七是深入推进制造业结构调整；八是积极发展服务型制造和生产性服务业；九是提高制造业国际化发展水平。

值得注意的是，《中国制造2025》明确要求大力推动重点领域突破发展，聚焦新一代信息技术产业、高档数控机床和机器人、航空航天装备、海洋工程装备及高技术船舶、先进轨道交通装备、节能与新能源汽车、电力装备、农机装备、新材料、生物医药及高性能医疗器械十大重点领域。

而《中国制造2025》也对十大领域进行了更为细致的布局。例如，新一代信息技术产业就包括集成电路及专用装备、信息通信设备、操作系统及工业软件三个大类，近十个小类；而海洋工程装备及高技术船舶则涵盖了液化天然气船、大型浮式结构物的开发和工程化等众多细分领域。粗略估算，十大领域将将有近100个重点发展子领域。这意味着，未来将有更多细分领域会得到重点发展。

《中国制造2025》指出，建设制造强国，必须发挥制度优势，动员全社会力量奋力拼搏，更多依靠中国装备、依托中国品牌，实现中国制造向中国创造的转变，中国速度向中国质量的转变，中国产品向中国品牌的转变，完成中国制造由大变强的战略任务。

"真正的大国重器，一定要掌握在自己手里。核心技术、关键技术，化缘是化不来的，要靠自己拼搏。"核心技术是国之重器，是实现跨越式发展的支柱，也是国家经济安全、国防安全的底线。

7-11 企业竞争力

企业竞争力是指在竞争性市场条件下，企业在市场竞争中制胜的能力，并确立在行业中的优势地位。企业竞争力的强弱由企业的实力规模、品牌、技术研发优势、自主创新能力、市场占有率、管理、市场营销、劳动力成本等因素综合所决定。

（一）世界500强企业排行榜

企业的实力规模是判断一个企业竞争力的重要因素。北京时间2018年7月19日晚，美国《财富》杂志发布了最新的世界500强排行榜。《财富》世界500强排行榜一直是衡量全球大型公司的最著名、最权威的榜单，由《财富》杂志每年发布一次。

世界500强企业的名单可以说是全球企业的光荣榜，能够进入这个榜单，意味着企业实力已经在全球范围内得到了认可。

与上年相比，2018年上榜500家公司的总营业收入近30万亿美元，同比增加8.3%；总利润达到创纪录的1.88万亿美元，同比增加23%；销售收益率则达到6.3%，净资产收益率达到10.9%，都超过了2017年。这些全球最大企业的经营状况在明显改善。

沃尔玛连续5年成为全球最大公司，它和三家中国企业——国家电网、中石化和中石油继续分列榜单前四位，位次没有变化。壳牌石油上升至第五位，将丰田汽车挤至第六位。

在利润榜上，苹果仍高居首位，排在第二位的是2018年重新进入世界500强的英美烟草集团。利润榜前十位的4家中国公司仍然是工、建、农、中四大银行。

在净资产收益率榜上，波音公司位居首位；而中国公司中排位靠前的是腾讯、碧桂园、华为、美的和台积电。

在2018年的"500强"排行榜上,利润率最高的是英美烟草集团,其利润率高达185%,远超第二位的卡夫亨氏。中国大陆公司中,利润率最高的是腾讯控股有限公司,超过30%。

在上榜公司数量上,2018年中国公司达到了120家,非常接近美国(126家),远超第三位的日本(52家)。

但是,中国企业产业结构调整明显面临巨大挑战。作为参照,2018年美国大公司中没有房地产、工程建筑和金属冶炼企业上榜,却在IT、生命健康和食品相关等领域存在众多大公司,中国正好与此形成反差。尤其是在卫生健康、食品批发、保险管理式医疗、食品生产加工和娱乐等与人的生活和健康密切相关的产业里,有美欧、日本、巴西等国家和地区的公司,中国却没有任何企业上榜。

(二) 全球十大最值钱奢侈品牌

品牌价值是企业竞争力强弱的集中体现。可口可乐、百事可乐、IBM、微软、谷歌、通用电气、麦当劳、肯德基、英特尔、苹果、迪士尼、惠普、索尼、日立、飞利浦、西门子、劳斯莱斯、通用、法拉利、福特、宝马、奔驰、丰田、雷克萨斯、伏特加、雀巢、劳力士等,均是具有全球影响力和营销战略的悠久品牌。这些公司资金雄厚、管理先进、技术一流、市场占有率高,是世界一流的企业。

2012年1月11日,胡润研究院首次发布"全球十大最值钱奢侈品牌榜",路易威登、爱马仕、宝马分列前三,茅台、奔驰、香奈儿、五粮液、古驰、劳力士、卡地亚位列四至十位。据了解,该榜单是按照公司市值去除非品牌因素带来的贡献,再乘以品牌溢价比例,最终确定品牌价值。上市公司以2011年12月31日的股票收盘价计算公司市值,非上市公司市值则是参照相关行业的上市公司市盈率来进行评估。

在胡润的全球十大奢侈品牌榜中,来自法国的品牌占据4席,中国和德国品牌各占2席,意大利和瑞士品牌各占1席。胡润研究院方面表示,此次并没有将苹果和中华香烟列入奢侈品范畴。如果苹果算奢侈品,其品牌价值应该排在第一位;而如果中华香烟算奢侈品,其品牌价值应该排在第六位,超过香奈儿。

榜单显示,路易威登以205亿美金的品牌价值成为全球最值钱的奢侈品牌,爱马仕以145亿美金的品牌价值成为全球第二大最值钱的奢侈品牌,宝马以130亿美金的品牌价值成为全球第三大最值钱的奢侈品牌。而茅台是以120亿美金的品牌价值成为全球第四大最值钱的奢侈品牌,品牌价值比奔驰和香奈儿还高。同类商品中,茅台的品牌价值超过了轩尼诗、酩悦香槟和人头马。

另外，胡润研究院还通过对中国富豪的访问，评选出了最受中国富豪青睐的十大送礼品牌，分别是路易威登、卡地亚、爱马仕、香奈儿、茅台、苹果、迪奥、普拉达、劳力士和阿玛尼。

所发布的"全球十大最值钱奢侈品牌榜"，中国一线白酒企业茅台和五粮液双双入围，与路易威登、爱马仕、宝马等国际品牌并列榜单中。

有分析认为，从全球角度来看，奢侈品更多的是比拼品牌内涵、个性、引领潮流等，这些是放之四海而皆准的，也是为世界消费者所追逐的，但茅台、五粮液的中国特色很重，缺乏世界通用的特色，其品牌价值内涵还不够清晰。

更多专家指出，茅台就是奢侈品，在同类产品中，茅台的价格卖得最高，当然，茅台的地理环境有独特性，而且产量可控，具有稀缺性。

（三）竞争制胜能力

品牌是企业巨大的无形资产，代表着企业在市场、行业上的竞争力。品牌优势包括在充分竞争条件下形成的品牌垄断优势和不完全竞争条件下的品牌垄断优势，企业在不完全竞争条件下体现的品牌垄断优势，在于所在行业准入限制和资源垄断下所自然形成，如中国四大国有银行，以及中国电信、中国移动、中国石油、中国石化等。

全世界各大企业推崇的在充分竞争条件下经过激烈竞争而建立起来的品牌，具有较强的生命力。在充分竞争条件下，中国家电行业形成了格力、美的、海尔、长虹、康佳、TCL等一批知名品牌。

充分竞争条件下形成的品牌垄断优势，是在自由竞争中逐渐形成一种制胜能力，这种制胜的能力体现在以下几个方面：

（1）具有核心竞争力、核心技术、技术研发优势，具有自主品牌、自主创新能力、质量优势。

（2）产供销运作稳定，原料来源稳定，产品供给和需求稳定增长。

（3）具有成本优势，收入和利润稳定增长。

（4）市场开拓能力强，市场占有率稳定和增长，具有市场营销优势。

（5）具有高素质的管理团队、经营效率高、风险防范能力强、健康的财务状况。

（6）所在地区的基础设施和自然资源状况有利于公司发展。

（7）符合国家或地区的产业政策和布局，得到政策扶持发展。

（8）公司规模较大、实力强，或具有与其他实力强的企业合作、联合的优势，公司具有可持续发展潜力。

在判断一家企业的投资价值时，这些均是需要考虑的因素。

核心竞争力、核心技术（包括独特的资源能源）、技术研发优势和自主创新能力，是企业确立行业竞争地位的最重要因素，例如电脑行业的处理器、操作系统的核心技术，酒类和饮用矿泉水的区域自然环境等，这使企业的产品性能区别于其他厂家。

同时，对一个品牌来说技术创新是它的灵魂，包括先进的生产工艺技术和制造设备、产品制作专利、技术人才、新产品开发的能力等，这些将使企业的产品性能、品质优秀，生产成本下降，价格相对低廉，适销对路，在市场上占有优势和不断扩大市场份额。

公司实力雄厚、规模大，将形成规模效应，节约成本，能较大限度地占有市场份额。公司有一支管理水平和积极性高的团队，制定经营战略，面对市场的变化能够及时做出有效决策反应，把握机遇和控制风险，形成持续竞争能力。

扩大市场占有率是提高企业效益和扩大再生产的重要一环，市场份额扩大讲究市场营销，具有市场营销优势的企业能提高品牌的价值，确立企业在行业内的竞争优势。中国两大家电连锁企业国美电器和苏宁电器，以及一些快餐连锁店，就是通过不断开设分店而树立品牌效应，同时扩大了企业的规模。中国四大国有银行网点遍布全国各地，形成强大的规模效应，是中国最具价值的品牌。

公司规模实力、风险防范能力、充足的现金流、健康的财务状况，是竞争制胜的关键因素，特别是风险防范和应对能力这点较为重要，如果企业不顾自身实力，投资面过大，负债水平高，产品又受市场波动影响大，一旦资金链断裂就存在较大经营风险甚至倒闭。

2011年欧美经济不景气，存在技术壁垒，使我国外贸出口面临严峻的挑战，出口疲弱，生产成本猛增，加上原材料上涨和国内人力成本提高，同时伴随人民币升值，一些中小型服装企业因出口订单匮乏而临时关门。

从数据看，服装外贸业的利润下行曲线折射出了该行业由鼎盛到衰微的历程。据当时有关报道，服装外贸业1998年利润率超过20%，到2002年缩减到12%～15%，2008年前为5%～8%，2008年次贷风暴来袭，利润下降到3%。直到2011年10月，众多企业开始出现零利润，甚至亏损。这其中一个原因是品牌掌握在国外采购商的手上，而经济衰退的风险却转嫁给制造商。

经济不景气，企业难做，但并非"无路可走"，这需要创新。例如当时有广州服装企业外贸做不下去，转做内销，更有精明的企业利用原有的外贸关系，到国外买设计作品，然后在国内生产和销售。这些好的作品不仅仅是国内市场的敲门砖，其新潮的设计更是市场上制胜的法宝。

可见，企业要生存发展，需要自主创新，要有自己的品牌和稳定的市场份额，产供销运作稳定健康，成本得到有效控制，这是一家具有竞争力的企业所基本需要的。

（四）企业"倒闭潮"的启示

2011年欧洲经济衰退、美国经济疲软，国内通胀高企，实施宏观经济调控银根紧缩形势下，2011年第三季度中国浙江温州地区出现一个接一个"落跑老板"的新闻，民间借贷危机越来越严重。

据当时有关报道，中秋前后"落跑"的老板都非同一般：一家眼镜行业龙头企业、国际上有影响力的眼镜生产企业董事长失踪，一家皮革企业董事长逃往国外，一些咖啡企业老板、电子企业老板等出走，一家家电企业老板携款潜逃被警方追捕归案。仅2011年9月25日1天，温州就有九个老板"跑路"。

上述那家温州眼镜业巨头就因为投资面过大，造成资金紧张，而资金链断裂导致了企业破产。据媒体报道，眼镜业巨头老板卷走的高达20亿元的资金中，民间的高利贷达到12亿元，月息高达2000余万元，还有银行贷款8亿元。

温州2011年上半年企业停工加倒闭的足足有20%，几乎每天都有企业在倒闭。直到"倒闭潮"蔓延到中型企业，"落跑老板"一事才引起多方关注。由于温州当地企业有互相担保的情况，一旦企业出现问题，一般会波及其他企业。

业内权威人士指出，无论中型企业还是小型企业，它们面临的问题都一样——银根紧缩、用工成本高、原材料价格高涨、限电节能等等。在银根紧缩下，当时在温州，有80%~90%的中小企业无法从正常渠道借贷，只好选择民间资本。随着民间借贷利率不断升高，危机越来越严重。中型企业的抗风险能力比小企业要强，而它们也只能多顶一段时间。大企业抗风险能力比较强，但当企业倒闭潮产生多米诺骨牌效应之后，大企业也肯定会受到影响。

在这场轰轰烈烈的"倒闭潮"中，最为人诟病的便是民间借贷，说白了就是资金链断裂。而这主要原因，就是不少中小企业的起家是通过负债经营和境外境内接单加工，并没有形成自己的品牌，一旦资金链断裂或境外境内市场收缩，销售不畅，就会陷入经营困境。

2011年下半年，民间借贷的危机向全市蔓延。一方面，出借的款项无法收回；另一方面，要钱逼债的债主盈门，无奈之下，许多担保公司和中小企业的老板选择了回避、出走甚至自杀。

据有关部门统计，截至2012年2月末，温州"出走"企业234家，比年初新增60家，其中1月份发生24家，2月份36家，涉及银行授信的"出走"企业152家，涉及银行授信余额总计40.72亿元，已基本形成不良贷款，占全市不良贷款余额的36.22%。

后来，尽管温州出台一系列"治市"措施，取得了遏制借贷乱象、社会稳定等效果，然而，民间借贷危机、中小企业资金链断裂影响之深，已经大大超出地方政府力所能及的施政范围。

企业从银行贷款大多采用捆绑担保方式，一家企业跑路，影响整个担保群、担保链，这种民间借贷危机也在向传统金融机构蔓延，温州银行业不良贷款率在连续几年下降后出现上升。

当时有专家指出，温州民间金融体系的问题，除了整个金融体制原因外，最大的原因是温州的实体经济出现了问题，包括产业空心化、产业升级落后以及企业家过度涉及资本市场。不少企业成为民间金融链条的融资平台，实业发展空有其表。

可见，对一家企业来说，拥有自己的品牌和核心竞争力，不盲目扩大投资，保持健康的财务状况，特别是具较强的风险防范和应对能力，是重要的。

7-12 行业龙头具品牌竞争力优势

（一）优势企业的特征

分析一家企业的成长性，除了分析所在行业的景气度外，还需要分析企业在行业竞争中的优势地位。

行业中的龙头企业无疑具有强大的品牌优势和竞争力优势。这些龙头企业在自由竞争中凭借资金、技术、资源优势，以及政策扶持形成竞争优势，取得强大的品牌效应；或由于进入门槛、公共性等在国家控制下，不同程度带有相对或完全的垄断地位。这样的企业其产品有较高的定价权，能有相对保障的垄断利润。

在证券市场上投资，在长期调整后的低谷，买入具有品牌优势和竞争力优势、处于相对垄断地位的指标股、行业龙头，以及结合行业的景气周期特点，选择成长型、成熟型的龙头企业，往往能分享企业持续发展所带来的收益。

对于一家规模中等或较小的企业，判断其未来是否具有较大的成长潜力，在于分析其是否具有竞争力优势的条件和潜力，如目前或未来是否拥有核心技术、自主创新能力，以及生产设备的现代化程度、市场前景、管理水平、财务状况、市场开拓能力、市场营销网络，产品供给和需求如何，利润是否稳定增长等，另外所在市场份额是否稳定增长，用户是否稳定，用户是否为大企业，原料来源及其成本是否稳定，是否背靠或联合实力强的大企业，等等，都可作为分析的一部分。

特别是其是否属于景气度较高的朝阳行业或是国家扶持发展的新兴行业，

对于中小企业来说这点较重要，这关系到其未来能否快速成长壮大，也是投资者能承担一定的投资风险而在未来可能获得高回报的关键。

对于行业中的龙头企业和处于相对垄断地位的企业，由于其竞争力优势和前景已较明朗，投资回报相对较为稳定，而中小企业发展的弹性大，如果投资一家具有良好素质和发展潜力大的中小企业，未来往往能获得惊人的投资回报。

（二）A股市场各行业的龙头企业

A股市场各行业的龙头企业股票，在板块形成趋势涨跌效应下，往往形成"领头羊"作用，各行业的龙头企业股票有：

银行、证券、保险：工商银行、建设银行、中国银行、农业银行、交通银行、光大银行、招商银行、浦发银行、民生银行、深发展A、华夏银行、中国平安、中国人寿、中国太保、中信证券、宏源证券、陕国投A；

地产：保利地产、万科A、金地集团、招商地产、泛海建设、华侨城A、金融街、中华企业；

机场、航空：上海机场、白云机场、深圳机场、中国国航、南方航空、东方航空；

钢铁：宝钢股份、武钢股份、鞍钢股份；

煤炭：中国神华、兰花科创、平煤天安、开滦股份、兖州煤业、潞安环能、恒源煤电、国阳新能、西山煤电、大同煤业；

重工机械：中船股份、中国船舶、三一重工、安徽合力、中联重科、晋西车轴、柳工、振华港机、广船国际、山推股份、太原重工；

电力能源：长江电力、华能国际、国电电力、漳泽电力、大唐发电、国投电力；

汽车：长安汽车、中国重汽、一汽夏利、一汽轿车、上海汽车、江铃汽车；

有色金属：中国铝业、山东黄金、中金黄金、驰宏锌锗、宝钛股份、宏达股份、厦门钨业、吉恩镍业、包头铝业、中金岭南、云南铜业、江西铜业、株冶火炬；

石油化工：中国石油、中国石化、中海油服、海油工程、金发科技、上海石化；

农林牧渔：北大荒、通威股份、中牧股份、新希望、中粮屯河、丰乐种业、新赛股份、敦煌种业、新农开发、冠农股份、登海种业；

环保：龙净环保、菲达环保；

航天军工：中国卫星、火箭股份、西飞国际、航天信息、航天通信、哈飞股份、成发科技、洪都航空；

港口运输：中国远洋、中海海盛、中远航运、上港集团、中集集团；

新能源：天威保变、丰原生化；

电力设备：东方电机、东方锅炉、特变电工、平高电气、国电南自、华光股份、湘电股份；

科技类：歌华有线、东方明珠、综艺股份、中信国安、同方股份；

高速类：赣粤高速、山东高速、福建高速、中原高速、粤高速、宁沪高速、皖通高速；

建筑用品：中国玻纤、长江精工、海螺型材；

水务：首创股份、南海发展、原水股份；

仓储物流运输：中化国际、铁龙物流、外运发展、中储股份；

水泥：海螺水泥、华新水泥、冀东水泥；

电子类：晶源电子、生益科技、法拉电子、华微电子、彩虹股份、广电电子、深天马A、东信和平；

软件：用友软件、东软股份、恒生电子、中国软件、金证股份、宝信软件；

超市：大商股份、华联综超、友谊股份、上海家化、武汉中百、北京城乡、大连友谊；

零售：王府井、广州友谊、新华百货、重庆百货、银座股份、益民百货、中兴商业、东百集团、百联股份、武汉中商、西单商场、上海九百；

材料：星新材料、中材国际；

酒店旅游：首旅股份、华天酒店、黄山旅游、峨眉山、丽江旅游、锦江股份、桂林旅游、北京旅游、西安旅游、中青旅游；

酒类：贵州茅台、五粮液、张裕A、古越龙山、水井坊、泸州老窖；

造纸：岳阳纸业、华泰股份、晨鸣纸业；

啤酒：青岛啤酒、燕京啤酒；

家电：格力电器、美的电器、佛山照明、青岛海尔、四川长虹、海信电器、苏泊尔；

特种化工：烟台万华、金发科技、三爱富、华鲁恒升；

化肥：盐湖钾肥、华鲁恒升、沙隆达A、柳化股份、湖北宜化、昌九生化、沧州大化、鲁西化工、沈阳化工；

通讯：中兴通讯、中创信测、中国联通、亿阳信通、高鸿股份；

食品加工：双汇发展、伊利股份、第一食品、安琪酵母；

中药：马应龙、吉林敖东、片仔癀、同仁堂、天士力、云南白药、康恩贝、九芝堂；

服装：雅戈尔、伟星股份、七匹狼、豫园商城；

通信光缆：长江通信、浙大网新、特发信息、中创信测、东方通信、波导股份、中电广通；

建筑工程：中国中铁、中铁二局、宝新能源、中材国际、上海建工、中工国际、浦东建设、中色股份、隧道股份、路桥建设；

玻璃：福耀玻璃、南玻A、山东药玻；

股指期货：美尔雅、厦门国贸、弘业股份、中大股份、西北化工；

参股券商：辽宁成大、吉林敖东、亚泰集团、锦江股份、大众交通、海欣股份。

7–13 迈克尔·波特的竞争战略优势理论

迈克尔·波特是美国哈佛商学院教授，竞争战略和国际竞争力领域的国际权威之一，著有著名三部曲《竞争战略》《竞争优势》《国家竞争优势》。

波特对于竞争战略理论做出了非常重要的贡献，他在《竞争战略》一书中明确地提出让企业获得较好竞争位置的三种通用战略：

（1）总成本领先战略。成本领先要求坚决地建立起高效、规模化的生产设施，全力以赴降低成本，控制成本与管理费用，最大限度地减小研究开发、服务、推销、广告等方面的成本费用。赢得总成本最低的有利地位通常要求具备较高的相对市场份额或其他优势，诸如与原材料供应方面的良好联系等，或许也可能要求产品的设计要便于制造生产，易于保持一个较宽的相关产品线以分散固定成本，以及为建立起批量而对所有主要顾客群进行服务。

（2）差别化战略。将公司提供的产品或服务差异化，树立起一些全产业范围中具有独特性的东西。实现差别化战略可以有许多方式，如设计名牌形象、独特技术、性能特点、顾客服务、商业网络及其他方面的独特性。最理想的情况是公司在几个方面都有其差别化特点。

（3）专一化战略。专一化战略是主攻某个特殊的顾客群、某产品线的一个细分区段或某一地区市场。专一化战略的前提思想是：公司业务的专一化能够以较高的效率、更好的效果为某一狭窄的战略对象服务，从而超过在较广阔范围内竞争的对手。

《竞争优势》一书指出，竞争战略的选择由两个中心问题构成，第一个问题是，由产业前景和长期盈利能力及其他影响因素决定产业的吸引力，并非所有产业都提供均等的持续盈利机会，产业固有的盈利能力是决定该产业中某个企业盈利能力的一个必不可少的因素；第二个中心问题是，决定产业内相对竞争地位的因素，在大多数产业中，不论其产业平均盈利能力如何，总有一些企业比其他企业获利更多。

这两个问题都是动态的，产业吸引力和竞争地位都是变化的。随着时间的推移，产业的吸引力或增或减，而竞争地位则反映竞争者之间永无休止的争斗。即使长时期的稳定状态也会因竞争的变化而出其不意地被打破。

该书认为，竞争优势归根结底来源于企业为客户创造的超过其成本的价值。价值是客户愿意支付的价钱，而超额价值产生于以低于对手的价格提供同等的效益，或者所提供的独特的效益补偿高价而有余。竞争优势有两种基本形式：成本领先和差异。

某一产业中的竞争优势可以通过与在有关产业内竞争的业务单元的相互关系而大大加强，只要这些相互关系能真正建立起来。业务单元之间的相互关系是多元化经营企业创造价值的主要方式，而且是构成企业总体战略的基础。

第八章 公司财务评估模型

8-1 公司财务评估模型的要素

对上市公司财务报表进行综合分析,把握上市公司的经营效率、偿债能力、获利能力、成长潜力等,从而合理评估企业经营状况的优劣和内在价值,这是判断一家上市公司是否具有投资价值的重要一环。

对财务报表的分析评估,可通过财务比率的分析、不同时期的比较分析、与同业其他公司之间的比较等方法进行。通过财务报表对上市公司的经营效率、偿债能力与获利能力、成长性这3个要素的分析评估,构成公司财务评估模型。

这3个要素可细分成8个相关的要素,分别为:企业基本素质、现金流量、经营效率、短期偿债能力、长期偿债能力、盈利能力、成长性、无形资产与资产增值,见表8.1、图8.1。

表8.1 公司财务评估模型的要素

企业基本素质	无形资产与资产增值	成长性
现金流量	**公司财务**	盈利能力
经营效率	短期偿债能力	长期偿债能力

8-2 企业基本素质

在当今社会化大生产和现代市场经济中,公司建立现代企业制度是重要的。现代企业制度是同社会化大生产和现代市场经济相适应的企业制度,它是以完善的企业法人制度为基础,以有限责任制度为特征,以公司制为主要的、典型的企业资本组织形式的新型企业制度。

一个健全的公司治理结构,体现出现代企业制度的建立:

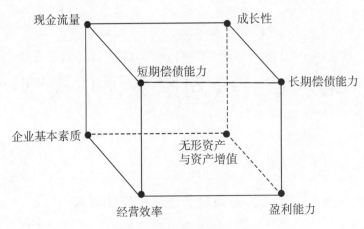

图 8.1 公司财务评估模型

（1）产权清晰。其内容包括出资人的所有权清晰，企业法人财产权清晰。

（2）权责明确。企业的出资人、经营者都有明确的权利和职责，形成权力机构、决策机构、监督机构和经营管理者之间的制衡机制。

（3）政企分开。政府行政管理职能、宏观和行业管理职能与企业经营职能分开。政府不直接干预企业日常生产经营活动，企业以提高劳动生产率和经营效益为目的，企业在市场竞争中优胜劣汰。

（4）管理科学。企业管理制度、管理观念、管理组织、管理手段和管理方法现代化，建立科学的企业领导体制和组织管理制度。企业具有合理的组织结构，在生产、供销、财务、研究开发、质量控制、劳动人事等方面形成了行之有效的企业内部管理制度和机制。管理致力于调动人的积极性、创造性，其核心是激励、约束机制。

上市公司基本素质的优劣决定其投资价值。投资者对上市公司治理结构健全情况和基本素质进行分析，主要通过招股说明书、年度报告、中期报告、公司章程和有关机构或媒体提供的信息，以及通过实地考察，去了解公司的历史沿革、行业特点、公司规模、产品、产品价格比较、技术创新、新产品开发能力、产品知识产权、成本优势、销售能力、市场占有率、资产重组、免税、产品价格变动等行业和企业竞争制胜能力，此外，还需分析公司治理结构和经营管理能力，包括股东情况、关联企业情况、经营队伍、公司文化、管理层素质、管理风格、经营理念、经营战略、人才素质状况、风险防范能力、经营业绩增长情况、历年业绩是否稳定、分红派息情况等。

另外，结合财务分析综合判断所披露信息内容会否出现虚假或具有误导性的信息，并根据不同类型的行业特点分析公司的经营理念，是稳健型还是进取创新型。

一家上市公司基本素质的优劣最关键的是行业的竞争力、企业经营管理的效率，需要比较公司历年的销售、利润、资产等情况，在研究过去的基础上预测未来，掌握公司的发展动态，以及与同行业的其他公司做比较。

8-3 公司财务报表

按《上市公司信息披露管理办法》规定，上市公司应当披露的定期报告包括年度报告、中期报告和季度报告，另外凡是对投资者做出投资决策有重大影响的信息，均应当披露。年度报告披露应当在每个会计年度结束之日起4个月内，中期报告披露应当在每个会计年度的上半年结束之日起2个月内，季度报告应当在每个会计年度第3个月、第9个月结束后的1个月内编制完成并披露。第一季度季度报告的披露时间不得早于上一年度报告的披露时间。

年度报告应当记载以下内容：①公司基本情况；②主要会计数据和财务指标；③公司股票、债券发行及变动情况，报告期末股票、债券总额和股东总数，公司前10大股东持股情况；④持股5%以上股东、控股股东及实际控制人情况；⑤董事、监事、高级管理人员的任职情况、持股变动情况、年度报酬情况；⑥董事会报告；⑦管理层讨论与分析；⑧报告期内重大事件及对公司的影响；⑨财务会计报告和审计报告全文；⑩中国证监会规定的其他事项。

上市公司的各种财务报表至少应包括3个基本报表，即资产负债表、利润及利润分配表和现金流量表。

（一）资产负债表

资产负债表是一张静态报表，反映企业在一定日期（通常为各会计期末）的财务状况（即资产、负债和所有者权益的状况）。资产负债表以"资产＝负债＋所有者权益"这一基本等式为基础编制，反映企业静态财务状况，尤其是企业偿债能力的情况，以及财务状况的变化情况等信息。例如将流动资产与流动负债进行比较，计算出流动比率；将速动资产与流动负债进行比较，计算出速动比率等，可反映企业的变现能力、偿债能力和资金周转能力。

其组成包括：

（1）资产，分为流动资产和非流动资产两类：流动资产类由货币资金、交易性金融资产、应收账款、预付账款、其他应收款、存货和待摊费用等项目组成。非流动资产类由持有至到期投资、可供出售金融资产、长期股权投资、固定资产、无形资产和长期待摊费用等项目组成。

（2）负债，分为流动负债和非流动负债两类：流动负债类由短期借款、应付账款、预收账款、应付职工薪酬、应交税费、应付股利、其他应付款、预提费用等项目组成。非流动负债类由长期借款和应付债券组成。

(3) 所有者权益,由实收资本、资本公积、盈余公积和未分配利润等项目组成。

(二) 利润及利润分配表

利润及利润分配表(损益表)是反映一定时期企业经营成果即盈利情况的报表。企业盈利多少直接影响到股利和股票的价值,因而具有重要的分析意义。分析时可看利润总额中各部分比重,尤其是主营利润的比重,如果其他业务利润比重增加就要分析其发展前景,是否存在某些投资效益良好的项目,这些项目会否存在较大风险从而可能危及企业长远利益。

通常情况下,企业的主营业务利润应是其利润总额的最主要的组成部分,其比重应是最高的,其他业务利润、投资收益和营业外收支相对来讲比重不应很高。如果出现不符常规的情况,那就需要多加分析。例如,有的公司净利润同比大幅增长,但如果主要是通过变卖资产、出售其他公司股权获取投资收益以及政府补贴等来实现,那么,扣除非经常性损益后的净利润同比并未增加甚至还减少,这说明该公司主营业务并没有好转,其长期投资价值就值得怀疑。

主营业务利润 = 主营业务收入 − 主营业务成本 − 主营业务税金及附加

营业利润 = 主营业务利润 + 其他业务利润 − 存货跌价准备 − 营业费用 − 管理费用 − 财务费用

利润总额 = 营业利润 + 投资收益 + 补贴收入 + 营业外收入 − 营业外支出

净利润 = 利润总额 − 所得税

企业的净利润并非全部都分给投资者,而是要留下一部分作为企业后续的发展资金,这包括盈余公积金和法定盈余公积金,还有法定公益金。

可供分配利润 = 净利润 + 年初未分配利润 + 盈余公积金转入

可供股东分配的利润 = 可分配利润 − 法定公积金 − 法定公益金

未分配利润 = 可供股东分配的利润 − 已分配优先股股利 − 提取任意盈余公积金 − 已分配普通股股利

未分配利润权益归公司投资者所有。

(三) 现金流量表

现金流量表是反映企业在一定会计时期现金、现金等价物流入和流出动态状况的报表，如企业销售商品、提供劳务、出售固定资产、向银行借款等取得现金，形成企业的现金流入；购买原材料、接受劳务、购建固定资产、对外投资、偿还债务等而支付现金，形成企业的现金流出。现金，是指企业库存现金以及可以随时用于支付的存款。现金等价物，是指企业持有的期限短、流动性强、易于转换为已知金额现金、价值变动风险很小的投资品种。

现金流量表用于分析企业在短期内有没有足够现金去应付开销，有助于评价企业支付能力、偿还能力和周转能力，反映企业经营状况是否良好，资金是否紧缺，企业偿付能力如何。如果一家企业经营中产生的现金流量不足，无法支付股利，揭示了公司内在的发展问题。一般来说，经营活动现金流入占现金总流入比重大的企业，经营状况较好，财务风险较低。企业每实现1元的账面利润中，可分析实际有多少现金支撑，比率越高，利润质量越高。

现金流量分为三类，即经营活动产生的现金流量、投资活动产生的现金流量、筹资活动产生的现金流量。其相关公式表述为：

当期现金净增加额 = 经营现金净流量 + 投资现金净流量 + 筹资现金净流量

净现金流量 = 现金流入 − 现金流出

现金净流量不理想说明财务状况不佳，但如果现金净流量过大，表明公司未能有效利用这部分资金，经营效率有待提高。

来自主营业务的现金流量越多，表明公司发展的稳定性也就越强，本期经营活动现金净流量与上期比较，增长率越高，说明企业成长性越好，如果经营活动现金净流量为负，则意味着现金入不敷出，陷入经营困难甚至危机的状态。

来自投资活动的现金流量主要是公司取得和处置证券投资、固定资产和无形资产等活动所引起的现金收支活动及结果，分析投资活动现金流量，应结合企业目前的投资项目进行，即使投资活动的现金净流量为负，但如果当期有对未来正面影响较大、前景好的对外投资或重要投资项目投入，那么，未来偿债风险就不大。

筹资活动的现金流量，如吸收股本、分配股利或利润、发行债券、取得借款和归还借款等，如果吸收权益性资本收到的现金在筹资活动现金总流入中的比重大，说明企业资金实力增强，财务风险降低。

通过经营活动现金净流量与总股本之比，反映每股资本获取现金净流量的能力，比率越高，说明企业支付股利的能力越强。

通过经营活动现金净流量与净资产之比，反映投资者投入资本创造现金的能力，比率越高，创现能力越强。

这些比率可通过历年的变动来分析企业的经营变化。

8-4 企业经营效率

企业经营活动以利润最大化为目标，企业经营管理水平主要体现在企业的经营效率，即企业资金周转情况，这体现企业的营运能力，企业资金周转越快，说明企业资产利用效率越高，流动性和变现能力越强，能创造更多的利润。企业资金周转的快慢反映出公司经营效率，当然不同行业有不同的标准，零售、饮食等消费性行业比制造业特别是重工业资金周转速度要快得多。另外，企业的资产结构也是一个影响因素。

反映企业经营效率的财务指标包括：存货周转率、应收账款周转率、流动资产周转率、固定资产周转率、股东权益周转率、总资产周转率等。

（1）存货周转率，是指企业一定时期的销货成本（主营业务成本）与平均存货的比率，它反映存货的周转速度，即存货的流动性及存货资金占用量是否合理，将直接影响企业的流动比率，库存存货适度，存货转化为现金或应收账款的速度就快。因此，提高存货周转率可以提高企业的变现能力。存货周转率指标的好坏反映企业存货管理水平的高低，而且还被用来评价企业的经营业绩，反映企业的绩效。存货周转次数越高，企业的流动资产管理水平及产品销售情况也就越好。企业存货周转率的高低应结合同行业的存货平均水平和企业过去的存货周转情况来分析。此外，还应对影响存货周转速度的重要项目进行分析，如分别计算原材料周转率、在产品周转率等。

销货成本是指已销售产品的生产成本或已提供劳务的劳务成本以及其他销售的业务成本。平均存货是期初存货与期末存货的平均数。

存货周转率也称存货周转次数，用时间表示的存货周转率就是存货周转天数。其计算公式如下：

$$存货周转率 = \frac{销货成本}{平均存货余额}$$

$$存货周转天数 = \frac{360}{存货周转次数}$$

例如，某公司当年营业成本为400万元，年初存货余额为80万元，年末

存货余额为 120 万元,则其存货周转率(次数)及存货周转天数为:

$$存货周转率(次数) = 400 \div [(80 + 120) \div 2] = 4(次)$$

$$存货周转天数 = 360 \div 4 = 90(天)$$

(2) 应收账款周转率,是指销售收入(主营业务收入)与平均应收账款的比率,它反映着公司应收账款周转速度,一定时期内公司应收账款转为现金的平均次数。用时间表示的周转速度是应收账款周转天数,也叫平均应收账款回收期或平均收现期,它表示企业从取得应收账款的权利到收回款项转换为现金所需要的时间。其计算公式如下:

$$应收账款周转率 = \frac{销售收入}{平均应收账款}$$

$$应收账款周转天数 = \frac{360}{应收账款周转率}$$

公式中的"平均应收账款"是指应收账款期初余额与应收账款期末余额的平均数。一般来说,应收账款周转率越高,平均收账期越短,说明应收账款收回越快,资产利用效率越高。当然,应考虑不同行业的因素,以及同行业和企业自身历史资料进行比较,对于季节性经营的企业、大量使用分期收款结算或现金结算的销售要考虑其实际情况来分析。一般来说,应收账款周转率在 6～12 次,应收账款周转天数在 30～60 天较为理想。

应收账款周转率还与经济周期、国家调控政策有关。在宏观经济调控下,不少公司应收账款周转率同比出现下降,2011 年就出现这样的情况。2011 年由于货币政策持续紧缩,银行间资金紧张、企业的资金面偏紧,企业收账速度变慢,平均收账期变长,特别是下游企业支付货款较慢,使利润下滑。2011 年出现温州老板因资金链断裂而跑路的事件,特别是受限购政策影响的房地产公司相当一部分应收账款周转率下降近一半。

(3) 流动资产周转率,是销售收入(主营业务收入)与全部流动资产的平均余额的比率。流动资产周转率反映流动资产的周转速度,用时间表示的周转速度是流动资产周转天数。其计算公式为:

$$流动资产周转率 = \frac{销售收入}{平均流动资产余额}$$

$$流动资产周转天数 = \frac{360}{流动资产周转率}$$

公式中的"平均流动资产余额"是指企业流动资产总额的年初数与年末数的平均值。

在一定时期内，流动资产周转次数越多，周转速度越快，表明以相同的流动资产完成的周转额越多，流动资产利用的效果越好，等于相对扩大了资产投入，企业盈利能力较强。

（4）固定资产周转率，是销售收入（主营业务收入）与全部固定资产平均余额的比率，用时间表示的周转速度是固定资产周转天数。其计算公式为：

$$固定资产周转率 = \frac{销售收入}{平均固定资产}$$

$$固定资产周转天数 = \frac{360}{固定资产周转率}$$

公式中的"平均固定资产"是指企业固定资产总额的年初数与年末数的平均值。固定资产的周转率越高，表明固定资产的利用效率越高，固定资产闲置越少。

（5）股东权益周转率，又称净资产周转率，是销售收入（主营业务收入）与平均股东权益的比率。其计算公式为：

$$股东权益周转率 = \frac{销售收入}{平均股东权益}$$

公式中的"平均股东权益"是指企业股东权益的年初数与年末数的平均值。股东权益周转率体现出公司运用所有者资产的效率。该比率越高，所有者资产运用效率越高。

（6）总资产周转率，是销售收入（主营业务收入）与平均资产总额的比率。其计算公式为：

$$总资产周转率 = \frac{销售收入}{平均资产总额}$$

$$总资产周转天数 = \frac{360}{总资产周转率}$$

公式中的"平均资产总额"为企业资产总额年初数与年末数的平均值。总资产周转率反映全部资产从投入到产出的周转速度，周转越快，反映销售能力越强，利用效率越高，这是企业经营效率的集中体现。

企业可以通过挖掘潜力，处置多余闲置资产，薄利多销，提高产品市场占有率等提高总资产周转率，带来利润额绝对值的增加。

各项资产的周转指标用于分析企业运用资产的效率，并与反映收益能力的指标结合在一起使用，可全面评价企业的收益能力。

8-5 企业偿债能力

公司偿债能力分析包括短期偿债能力分析和长期偿债能力分析两个方面。

短期偿债能力分析是对企业短期流动性进行分析。短期偿债能力是指企业以流动资产偿还流动负债的能力，它反映企业偿付日常到期债务的保障程度，短期偿债能力的强弱意味着企业承受财务风险的能力大小。短期偿债能力受多种因素的影响，包括行业特点、经营环境、市场地位、营业周期、资产结构、流动资产运用效率等。

（一）短期偿债能力

短期偿债能力主要的衡量指标有流动比率、速动比率和现金比率等。

（1）流动比率，反映用变现能力较强的流动资产偿还企业短期债务的能力，是衡量企业短期偿债能力最常用的指标。其计算公式为：

$$流动比率 = \frac{流动资产}{流动负债}$$

流动资产主要包括货币资金、短期投资、应收票据、应收账款和存货等。流动负债主要包括短期借款、应付票据、应付账款、预收账款、应付工资、应付福利费、应付股利、应交税金、其他暂收应付款项、预提费用和一年内到期的长期借款等。流动资产减去流动负债就是企业的营运资金。

流动比率越高表明短期偿债能力越强，通常认为生产企业的流动比率为2较为合理，过高则表明企业流动资产占用较多，资金使用效率不高。流动资产结构分析也较重要，如果存货积压、周转速度不高，以及应收账款过多或收账期延长，由于其变现能力相对较弱，也会影响实际的短期偿债能力。流动比率如低于1，则表明企业存在流动性风险。当然，不同的行业有不同的标准。

（2）速动比率，是指速动资产对流动负债的比率，其以现金类资产作为偿付流动负债的基础，比流动比率更能直接反映企业短期偿债能力的强弱。其计算公式为：

$$速动比率 = \frac{速动资产}{流动负债}$$

速动资产从流动资产中主要扣除了变现速度较慢的存货项目，速动资产包括货币资金、短期投资、应收票据、应收账款、其他应收款项等，这些可以在较短时间内变现。影响速动比率的重要因素是应收账款的变现能力。

通常认为速动比率为1较为合理，如果过低，企业流动性风险就较大，甚至存在工资支付困难。当然不同的行业有不同的标准，没有应收账款的企业如零售业，速动比率就可大大低于1，应收账款较多的企业速动比率就会高些。

（3）现金比率是将存货与应收款项排除在外，即速动资产扣除应收账款后以现金以及现金等价资产总量与流动负债的比率，现金比率反映的是最具流动性的项目，反映企业即时付现能力。其计算公式为：

$$现金比率 = \frac{货币资金 + 有价证券}{流动负债}$$

现金比率一般认为20%以上为好，过高就意味着企业流动资产未能得到合理运用。

（4）经营活动现金流量比率。存量现金有时包含投资、筹资活动产生的现金，缺乏持续性和稳定性，因而可通过对经营活动现金流量与流动负债的对比分析企业短期的付现能力。其计算公式为：

$$经营活动现金流量比率 = \frac{经营活动现金流量}{流动负债}$$

该比率与现金比率结合分析，以综合反映企业的付现能力。

（二）长期偿债能力

长期偿债能力是指企业偿还1年以上长期债务的能力。影响长期偿债能力的因素主要有：企业的盈利能力、资本结构、企业长期资产的保值增值程度。

企业长期负债与短期流动负债相比，具有数额较大、偿还期限较长的特点，是指期限超过1年的债务，而1年内到期的长期负债在资产负债表中列入短期负债。

企业长期负债主要包括长期借款、公司长期债券、长期应付款等。企业的长期负债能力可通过资产负债率、长期负债比率、股东权益比率、利息保障倍数、股东权益与固定资产比率等指标来分析。

（1）资产负债率是衡量公司利用债权人资金进行经营活动能力的指标，指公司年末的负债总额同资产总额的比率。其计算公式为：

$$资产负债率 = \frac{负债总额}{资产总额} \times 100\%$$

其中,负债总额是指公司承担的各项负债的总和,包括短期流动负债和长期负债。资产总额是指公司拥有的各项资产的总和,包括流动资产和长期资产,即负债与股东权益之和。

对债权投资者而言,资产负债率越低越好,但过低的资产负债率未能发挥财务杠杆的作用,使投资者利益未能最大化。过高的资产负债率意味着债务负担严重,财务压力大。在经济景气阶段,资产负债率应高些,以最大限度提高经营业绩,而在经济低迷时可适当降低,以控制市场风险。

合理的资产负债率通常在40%～60%之间,规模大的企业可适当高些,不过通常来说,超过70%就存在风险,而金融业比较特殊,可以较高。如果资产负债率大于100%,则公司资不抵债,对于债权人来说风险非常大。

(2)长期负债比率,是长期负债与资产总额的比率,又称"资本化比率",是从总体上判断企业债务状况的一个指标。其计算公式为:

$$长期负债比率 = \frac{长期负债}{资产总额} \times 100\%$$

与短期流动负债相比,长期负债比较稳定,要在将来几个会计年度之后才偿还,所以公司不会面临很大的流动性不足风险。长期负债筹得的资金一般用于增加固定资产,扩大经营规模。该指标值越小,长期偿债压力越小。该指标通常应在20%以下。

另外,由于长期负债会随着时间推移而不断地转化为流动负债,因此,流动资产除了要偿还短期流动负债外,还要有偿还到期长期负债的能力。一般来说,营运资金(流动资金减去流动负债)大于长期负债,则企业偿债能力将有保障。

(3)股东权益比率,又称自有资本比率或净资产比率,是股东权益与资产总额的比率,该比率反映企业资产中有多少是所有者投入的。

股东权益又称净资产,是指公司总资产扣除负债后的部分。股东权益金额越大,这家公司的实力就越雄厚。股东权益包括以下五部分:一是股本,即按照面值计算的股本金。二是资本公积,包括股票发行溢价、法定财产重估增值、接受捐赠资产价值。三是盈余公积,又分为法定盈余公积和任意盈余公积。法定盈余公积按公司税后利润10%强制提取,目的是为了应付经营风险。当法定盈余公积累计额已达注册资本的50%时可不再提取。四是法定公益金,按税后利润的5%～10%提取,用于公司福利设施支出。五是未分配利润,指公司留待以后年度分配的利润或待分配利润。

股东权益比率计算公式为:

$$股东权益比率 = \frac{股东权益总额}{资产总额} \times 100\%$$

$$股东权益比率 = 1 - 资产负债率$$

股东权益比率越大，资产负债率就越小，企业财务风险就越小。股东权益比率如果过大，资产负债比率就过小，就意味着企业没有积极地利用财务杠杆来扩大经营，以提高股东回报率。

（4）利息保障倍数，是利润总额（税前利润）加利息费用之和与利息费用的比率，是衡量企业支付负债利息能力的指标。其计算公式为：

$$利息保障倍数 = \frac{利润总额 + 利息费用}{利息费用}$$

利息费用包括财务费用中的利息费用和计入固定资产成本的资本化利息。利息保障倍数越大，说明企业支付利息费用的能力越强。一般来说，企业的利息保障倍数至少要大于1，其支付负债利息能力才能得到保障。利息保障倍数通常与公司历史水平进行比较，以分析企业长期偿债能力的稳定性。

（5）股东权益与固定资产比率是衡量公司财务结构稳定性的指标，反映购买固定资产所需资金有多大比例是来自于所有者资本。其计算公式为：

$$股东权益与固定资产比率 = \frac{股东权益总额}{固定资产总额} \times 100\%$$

由于股东权益没有偿还期，因而该比率越大，企业资本结构越稳定，用于固定资产的长期负债到期所带来的风险相对较小。

8-6 企业盈利能力

盈利能力就是企业赚取利润的能力。分析企业盈利能力和投资报酬可依据利润及利润分配表，主要分析指标有：

（1）销售毛利率，是反映企业主营业务盈利能力的指标，是销售毛利与销售收入（或营业收入）的比率，其中销售毛利是销售净收入和与收入相对应的营业成本之间的差额。其计算公式是：

$$销售毛利率 = \frac{销售毛利}{销售净收入} \times 100\%$$

通常主要分析主营业务的销售毛利率，销售毛利率的高低取决于企业所在行业特点、市场竞争程度、研发成本投入、品牌效应、固定成本投入、产品所处生命周期等多种因素。例如，白酒行业的毛利率通常达到60%～80%。

（2）主营业务利润率，是指企业的主营业务利润与主营业务收入的比率。它是衡量企业经营效率的指标，计算公式为：

$$主营业务利润率 = \frac{主营业务利润}{主营业务收入} \times 100\%$$

主营业务利润率越高，说明企业商品销售额提供的营业利润越多，企业的盈利能力越强；反之，此比率越低，说明企业盈利能力越弱。

（3）销售净利率，是指企业实现净利润与销售收入的比率，用以衡量企业在一定时期的销售收入获取净利润的能力。其计算公式为：

$$销售净利率 = \frac{净利润}{销售收入} \times 100\%$$

净利润是指在利润总额中按规定交纳了所得税后公司的利润留成，一般也称为税后利润或净收入，是一个企业经营的最终成果。净利润多，企业的经营效益就好；净利润少，企业的经营效益就差。销售净利率反映每1元销售收入给公司带来的净利润量，该指标越高，公司的销售能力越强。但不同行业有不同的特点，在分析时应结合不同行业的具体情况来分析。

（4）资产收益率，是用来衡量每单位资产创造多少净利润的指标。其计算公式为：

$$资产收益率 = \frac{净利润}{平均资产总额} \times 100\%$$

$$平均资产总额 = \frac{期初资产总额 + 期末资产总额}{2}$$

资产收益率越高，表明企业经营管理水平越高，企业资产利用效果越好，说明企业在增加收入和节约资金使用等方面取得了良好的效果，整个企业的获利能力越强，否则相反。

在实际评价某一特定企业的资产收益率时，应与前期水平相比，以观察企业资产收益率的变动趋势；另外，还应同行业的平均水平相比较，才能对该企业的获利能力做出正确评价。

（5）股东权益收益率，又称净资产收益率，是税后利润（净利润）与平均股东权益的比率，计算公式为：

$$股东权益收益率 = \frac{净利润}{平均股东权益} \times 100\%$$

$$平均股东权益 = \frac{期初股东权益 + 期末股东权益}{2}$$

股东权益收益率是评价上市公司盈利能力的一个重要指标,反映股东权益的收益水平,是衡量公司运用自有资本的效率。该指标值越高,说明资产盈利能力越强,投资回报就越高。

8-7 企业成长性

成长性是企业的灵魂,是指企业经营能力发展的潜力和趋势。影响企业成长性的因素主要有:经营战略、经营人才、资金筹措能力、成本控制、技术创新能力、产品的信誉和形象、市场竞争能力、市场需求、市场开拓能力和产品品种结构的调整能力。分析公司成长性还要了解行业的景气度、市场乃至产品的变化趋势,以及国家经济的增长和宏观调控影响。

成长性比率是衡量公司发展速度的重要指标。上市公司成长性是指公司在自身的发展过程中,其所在的产业和行业受国家政策扶持,具有发展性,产品前景广阔。公司成长性体现在销售收入、利润、资产、规模等的成长性上。

成长性分析一般选用以下指标:

(1)销售收入增长率。企业生产的产品,只有经过销售才能实现其价值,才能产生盈利,销售收入(营业收入)对企业来说是重要的,具有成长性的公司多数是主营业务突出、经营比较单一的公司。销售收入增长率高,市场占有率才不断扩大,行业地位才能提高,同时表明公司产品的市场需求大。销售收入增长是企业发展的原动力。其计算公式为:

$$销售收入增长率 = \frac{报告期销售收入 - 基期销售收入}{基期销售收入} \times 100\%$$

如果一家公司能连续几年保持30%以上的销售收入(主营业务收入)增长率,那么这家公司就具备较好的成长性。

(2)利润总额增长率,反映利润总额的增长速度和趋势,该指标越高越好。利润总额是未扣除企业所得税之前的利润,包括企业当年的营业利润、投资收益、补贴收入、营业外收支净额和所得税等内容。利润总额是企业经济效益的综合反映。

利润总额增长率计算公式为:

$$利润总额增长率 = \frac{目标年度利润总额 - 上个年度利润总额}{上个年度利润总额} \times 100\%$$

$$利润总额增长率 = \frac{报告期利润总额 - 基期利润总额}{基期利润总额} \times 100\%$$

利润总额增长率的增长反映着企业经营效率的提高。一般来说，利润总额增长率达到40%~50%甚至更高，表明企业成长性高。该指标应与销售收入增长率指标结合起来分析，如果利润总额增长率随着销售收入增长率同步增长，说明利润增长较为健康，但利润总额增长率落后于销售收入增长率的增长时，就要对影响企业利润的一些因素进行分析，如成本费用控制情况等。

另外，在分析利润总额增长率时，还需要剔除投资收益、补贴收入、营业外收支净额等，分析营业利润的增长率。如果利润总额增长，但主营业务利润却未相应增加，甚至下降，这样的公司就可能存在投资风险。

除利润总额增长率指标外，还可分析净利润增长率，以及用本企业发展速度与行业平均发展速度相比较。

(3) 总资产增长率，是企业本年总资产增长额同年初资产总额的比率，反映企业本期资产规模的增长情况。公司所拥有的资产是公司赖以生存与发展的物质基础，发展性高的企业一般能保持资产的稳定增长。总资产增长率的计算公式为：

$$总资产增长率 = \frac{本年总资产增长额}{年初资产总额} \times 100\%$$

公式中，本年总资产增长额为年末资产总额与年初资产总额的差额。

总资产增长率越高，表明企业一定时期内资产经营规模扩张的速度越快。

反映企业资产增长水平，除了总资产增长率外，还包括固定资产增长率、净资产增长率等。另外，为避免受到短期波动因素影响，可计算三年平均资产增长率。

8-8 净资产和无形资产

公司净资产代表公司本身拥有的财产，也是股东们在公司中的权益。每股净资产是指股东权益与总股数的比值。其计算公式为：

$$每股净资产 = \frac{股东权益}{总股数}$$

通常每股净资产越高越好，说明股东拥有较多资产现值。

无形资产是指企业拥有、控制或实际存在的非实物形态的非货币性资产和影响力，例如企业产品的专利权、商标权、配方、秘密制作法、核心技术、商誉、专营权、品牌等，还可包括可预计到的企业发展潜力，这些体现的是一种竞争优势。

企业的净资产收益率较高和增长，除了经营管理和成本领先等因素外，很大程度体现的是企业拥有较多的无形资产并不断增长，特别是同行业中，一家企业的净资产收益率较同行为高，这实质上更多地体现出其拥有更多的无形资产。

资本的特性是趋利的，这使大多数企业的净资产收益率趋于均衡化，而高于社会平均水平的所体现的是拥有较多的无形资产。一些垄断行业或通过竞争形成垄断地位的企业，一些生产资金密集型、技术密集型产品的行业或企业，一些拥有自然资源的企业，均具有庞大无形资产，例如银行、连锁经营企业，以及个别酿酒、药品企业等。

资产增值体现的是企业拥有的房产等固定资产、股权投资、稀缺资源资产等的增值，但账面上还是原价值。

一家企业无形资产的规模、实物资产的增值程度，可通过其实际的净资产收益率与社会或同行业的净资产收益率的差额反映出来。当然，无形资产的规模、实物资产的增值程度在不同时期是有所变化的。

市场价值是企业资产在交易市场上的价格，公平的市场价值体现的是企业的内在价值，两者应是趋于相等的，而内在价值更多的是体现企业真实的资产，如净资产、无形资产、增值资产，及其增值的程度和潜力。

第九章 证券估值评估模型

9-1 证券估值评估模型的要素

股票的价值体现的是内在价值,市场价值(股票价格)总是围绕内在价值而上下波动,内在价值是股价波动的基础。股票内在价值一般可通过行业或企业合理评估的市盈率、市净率水平体现出来。

合理评估的市盈率、市净率水平往往由市场利率,即由一年期的银行存款利率所确定的,并参考行业和企业的成长性,成长性高的行业和企业的股票,其合理评估的市盈率、市净率水平可以比市场平均水平要高,反之则要低些。

理论上,当市场价值(股价)高于内在价值,股票市盈率、市净率高于合理水平,则公司股票被市场高估,应卖出;相反,当股票市盈率、市净率低于合理水平,则公司股票被市场低估,应买进。挖掘股票内在价值是投资股市"高抛低吸"的关键。

实际中,股票价格的合理性讲究投资价值,这主要是与投资市场的特点和影响股票价格波动的因素较多有关,归根结底是和市场上买卖赚取收益的投资行为有关。

因而,尽管股票市场价值(价格)以其内在价值为基础,股票的投资价值也以内在价值为基础,但投资价值不完全等同于内在价值。

股票投资价值在以内在价值为基础的同时,也与公司的股息收益率、分红政策、发展前景,以及增资或减资、资产重组等因素有关,特别是受到宏观经济面、行业前景、政策是否扶持、市场的现金流量、股票供求、市场活跃度的差别等影响,在这些因素影响下投资价值实际上或高于或低于内在价值。

如果经济不景气,经济调控,市场资金偏紧,公司股票活跃度低,公司的投资价值和股票价格一般会低于其内在价值;当经济景气,市场资金充裕,公司股票活跃度高,公司的投资价值和股票价格一般高于其内在价值。

内在价值更多的是强调企业本身基本面的因素,而投资价值在内在价值的基础上还要考虑整体市场的因素。不过,内在价值是决定投资价值的关键因素，是评估证券投资价值时需要考虑的对象。

对证券投资价值的评估，可通过对证券的投资收益率、市净率与市盈率、经济与社会发展的分析，这3个要素构成证券估值评估模型。

证券估值评估模型的构建主要是分析证券投资价值是高估还是低估，评估证券合理的投资价值，从而选择买卖机会。

证券估值评估模型3个要素可细分成8个相关的要素，分别为：投资收益率、市盈率、市净率、市场现金流量、蓝筹股票估值线、中小市值股票估值线、经济发展前景、社会进步，见表9.1、图9.1。

表9.1 证券估值评估模型的要素

投资收益率	社会进步	经济发展前景
市盈率	证券估值	中小市值股票估值线
市净率	市场现金流量	蓝筹股票估值线

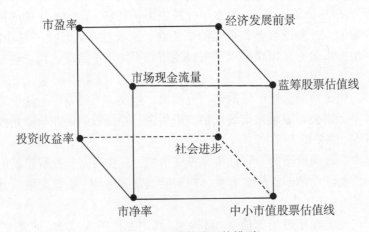

图9.1 证券估值评估模型

9-2 投 资 收 益

投资收益是对外投资所取得的利润、利息、股息、红利等收入。投资收益率反映投资的收益能力。反映投资标的收益能力水平的指标主要有：

（1）普通股每股净收益，指本年度盈余与普通股流通股数的比值。其计算公式为：

$$普通股每股净收益 = \frac{净利 - 优先股股息}{发行在外的加权平均普通股股数}$$

该指标反映普通股的获利水平,指标值越高,每一股份可得的利润越多,股东的投资效益就越好,反之,则越差。

(2)股息支付率,又称"股利分配率"或"股利发放率",是向股东分派的股息占公司盈利的百分比。其计算公式为:

$$股息支付率 = \frac{每股股利}{每股净收益} \times 100\%$$

对上市公司股东来说,股息支付率更能直接体现投资收益,一般来讲,业绩稳定和增长的绩优公司股息支付率较高。中国 A 股市场中,不少银行股息支付率达到 30～40%。

(3)股息收益率,也称普通股获利率,是每股股息与公司股价的百分比。其计算公式为:

$$股息收益率 = \frac{每股股息}{每股市价} \times 100\%$$

股息收益率是衡量普通股股东当期股息收益水平的指标,其通常与当前银行一年期存款利率及政府发行的公债利率作对比参考,如果公司历年业绩稳定增长,股息收益率达到甚至超过银行一年期存款利率,则当前股价具有长线投资价值。

(4)本利比,是股息获利率的倒数。即每股股价与每股股息的比值。其计算公式为:

$$本利比 = \frac{每股市价}{每股股利}$$

本利比表明目前公司股价是每股股息的几倍,一般来说,本利比在 5～10 倍较为正常。当然成长性行业的本利比可高些。

9-3 市 盈 率

(一)静态市盈率和动态市盈率

市盈率(PE),亦称本益比,是衡量股票是否具有投资价值、股价水平是否合理的主要指标之一，市盈率是股票的价格和每股收益（一个业绩报告期内，如年度）的比率。市场通常以该比值来评价某股票的投资价值，通常情况下，市盈率越低，该股票的投资价值就越高。

市盈率反映了在每股盈利水平不变情况下，按照盈利水平（假设盈利全部派息），按目前市价需要多少年可以全部收回投资成本。

市盈率按计算方法，主要分为静态市盈率和动态市盈率。计算时，股价通常取最新收盘价与上年度每股收益（税后净利）相比，称为静态市盈率，如果以最新收盘价与本年及未来每股盈利的预估值相比，则称为动态市盈率。动态市盈率往往能真实反映股票的投资价值。

静态市盈率和动态市盈率计算公式分别为：

$$静态市盈率 = \frac{当前股价}{上年度每股收益}$$

$$动态市盈率 = \frac{当前股价}{每股收益预估值}$$

例如，某股票当前每股市价是12元，上年度每股盈利为1元，则该股市盈率为12倍。该企业如果每年利润增长为20%，则本年该股每股预计盈利1.20元，则动态市盈率为10倍。

一般认为，合理的市盈率为10～30倍，传统周期性行业市盈率在20倍以下，特别是10倍以下为低。当然行业和成长性不同而有所区别，成长性好的企业可以有较高的市盈率和股价水平。

市场合理的市盈率水平通常与基准利率挂钩。如果基准利率降低，那么市盈率估值水平可以提高；如果基准利率升高，那么市盈率估值水平就降低。于是出现了银行利率上调，股价水平下降，息口下降，股价水平上行的现象，当然这也存在资金在货币市场和股票市场之间流动的状况。

（二）市盈率估值线

市盈率的合理水平与宏观经济增长有关，较长时间以来中国GDP将保持较高的增长速度，A股市盈率保持30～40倍的水平是合理的。当然，不同行业个股的市盈率水平是不同的。

从历史上看，香港恒生指数以市盈率15倍左右为合理水平，20倍以上为高，10倍以下为低，这主要是香港主板市场为成熟的市场，以市场利率为参照，见图9.2。

从历史底部的市盈率数据看，A股市场整体平均市盈率水平在20倍以下，特别是15倍左右为历史大底区域，50倍或60倍以上是高风险价区。

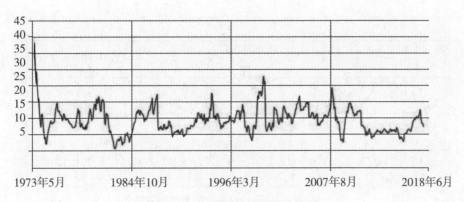

图 9.2　恒生指数市盈率历史走势

传统周期性行业股票、大盘股市盈率在 20 倍以下，特别是 10 倍以下为低，50 倍或 60 倍以上是高风险价区；中小市值股票、成长型股票市盈率在 30 倍以下，特别是 20 倍以下为低。

A 股市场市盈率历史数据显示（见图 9.3、图 9.4、图 9.5），上证综指 1996 年 1 月 19 日处于 512 点的历史底部时，当时 A 股加权平均市盈率水平为 17 倍上下，随后股指大涨，至 1997 年 5 月 12 日高点 1510 点时，市盈率为 56 倍上下，至 2001 年 6 月 14 日顶部 2245 点时，市盈率为 62 倍上下；经过几年调整后，2005 年 6 月 6 日上证综指跌至 998 点底部，对应的市盈率为 16 倍上下，结果形成大底部，并促成 2006 年和 2007 年共涨了 6 倍。

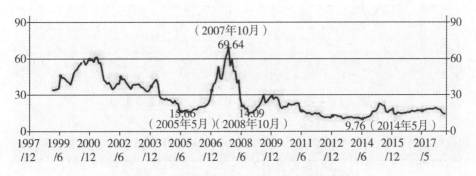

图 9.3　上证 A 股 1997—2018 年市盈率走势

随着 2006 年开始进入新一轮牛市周期，股价的走高也逐步推高了市场整体市盈率水平，到 2007 年 10 月 16 日上证综指见顶 6124 点，市盈率水平最高达到了 70 倍附近。之后，指数跳水，A 股市盈率也急速下滑，经过 2008 年持续大跌，上证综指到 2008 年 10 月 28 日底部 1664 点时，上海 A 股和深圳 A 股

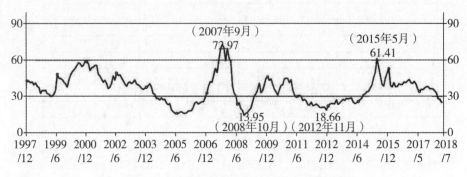

图 9.4 深证 A 股 1997—2018 年市盈率走势

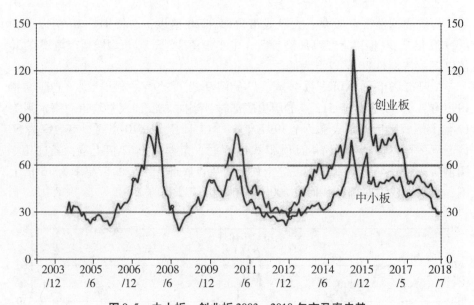

图 9.5 中小板、创业板 2003—2018 年市盈率走势

市盈率水平均回落到 14 倍附近,结果 2009 年上半年大盘回升,指数翻番。

2009 年 8 月 4 日沪市见顶 3478 点后展开长期调整,到 2014 年 5 月上证 A 股市盈率跌到 9.8 倍附近,比 2008 年 10 月底部时还低,2014 年 5 月 21 日探出 1991 点后,展开一年的涨势,2015 年 5 月上证 A 股为市盈率 22 倍附近,深证 A 股市盈率到达 61 倍左右,创出了该轮牛市的最高水平,上证综指 2015 年 6 月 12 日见顶 5178 点,后展开较长期调整。

2016 年 2 月 5 日上证 A 股市盈率为 13.85 倍,2016 年 2 月 4 日深证 A 股市盈率为 41.33 倍,2016 年 2 月 4 日香港主板市盈率为 8.63 倍。

2018年7月20日上证A股市盈率为14.05倍,上证180成分股市盈率为11.61倍,深证A股市盈率为24.94倍,中小板市盈率为29.17倍,创业板市盈率为40.70倍。

由于优质新股的不断加盟和上市公司业绩不断增长,市场总体投资价值得以提高,这使处于相同市盈率水平的底部价区或顶部价区也不断得到抬高,如上证综指1996年1月19日512点底部与2005年6月6日998点底部,市盈率水平同为16~18倍,而到2008年11月上旬回落到1700点区域时,静态市盈率为14倍,处于历史相对较低的水平。

判断一只股票市盈率水平是否合理,主要受多个因素影响,其中一个重要因素是行业前景。

受到国家相关政策扶持,发展速度和盈利增长速度较快的朝阳行业,其股票的市盈率应高于市场平均水平,例如电子通信、环保、生物技术等为代表的高科技上市公司,其行业盈利增长速度远高于国民经济增长速度,这类高成长性行业股票的市盈率合理水平往往在50倍左右,这从不少中小企业板和创业板新股发行的市盈率在50倍左右甚至在80~100倍,而得到市场的认同可看出。

夕阳产业类上市公司,其盈利增长速度放缓或低速增长,其市盈率水平总体低于市场平均水平。一些周期性行业、与国民经济增长速度同步的行业,其市盈率水平总体趋同于市场平均水平。

另外,从市场的炒作角度看,流通规模小的股票股性相对活跃,并有股本进一步扩张的潜力,以及丰富的重组题材,往往受到市场资金的追捧和反复被炒作,其股票的市盈率也往往高于市场平均水平。

9-4 市 净 率

(一) 市净率衡量安全边际

市净率是股价与每股净资产之比,可用于分析股价的安全性,一般来说市净率较低的股票,股价下跌空间相对有限,相反存在风险,但在判断股票的投资价值时还要考虑当时的市场环境以及公司经营情况、行业特点、盈利能力、成长性等因素,同时对每股净资产要动态看待,盈利会增加每股净资产,但如果亏损就会减少每股净资产。市净率计算公式为:

$$市净率 = \frac{当前股价}{每股净资产}$$

例如，某股票当前市价是 10 元，每股净资产为 1 元，则该股市净率为 10 倍。

在熊市中基于防御性考虑，选择个股往往以市净率的高低作为重要分析因素。作为熊市衡量估值重要安全边际，市净率水平在 2 倍以下是风险低安全性高的投资区域，当然行业、盈利能力、成长性不同而有所区别，成长性好的企业可以有较高的市净率。

例如，上证综指 2005 年大底的最低收盘价是 2005 年 6 月 3 日收盘价 1013.64 点，以当时最近一期财务指标衡量的全部 A 股市净率水平为 1.61 倍。在当时可以获得数据的 1324 家 A 股公司里，有 207 家公司股价跌破净资产值，占比 15.6%，结果经过 2005 年下半年筑底后 2006 年和 2007 年出现大涨。

经过 2008 年的持续大跌后，以中国出台大规模经济刺激计划前的收盘低点，2008 年 11 月 6 日上证综指 1717.72 点时的数据来看，全部 A 股的市净率水平为 1.97 倍，在当时可以获得数据的 1573 家 A 股公司里，有 223 家公司股价跌破净资产值，占比 14.18%。后来，市场反复筑底，至 2009 年 7 月指数翻了一番。

(二) 市净率估值线

市盈率和市净率两者往往结合来分析，低市净率配合低市盈率，那么市场或个股估值相对较低，相对拥有足够的安全边际，风险降到较低。

从历史底部和顶部的市盈率和市净率数据看，A 股市盈率水平 20 倍以下，以及市净率水平 2 倍以下，是低风险的底部区；平均市盈率 15 倍左右，平均市净率 1.5 倍左右，往往为历史大底形成的区间，市盈率水平 50 倍或 60 倍以上是高风险价区。股市总是围绕着低市盈率、低市净率价区到高市盈率、高市净率价区之间来回波动，见图 9.6、图 9.7。

1992 年 11 月 9 日，上证综指探底 386 点，平均市盈率 15 倍左右，平均市净率 1.5 倍左右，之后一路涨到 1993 年 2 月 16 日的第一次历史高点 1558 点。

1994 年 7 月 18 日，上证综指探底 325 点，平均市盈率 12 倍左右，平均市净率 1.2 倍左右，之后涨到 1994 年 9 月 13 日的 1053 点。

1996 年 1 月 18 日，上证综指探底 512 点，平均市盈率 19.44 倍左右，平均市净率 2.44 倍左右，之后涨至 2001 年 6 月 14 日的第二次历史高点 2245 点。

2005 年 6 月 6 日，上证综指探底 998 点，平均市盈率 15.87 倍左右，平均市净率 1.7 倍左右，之后涨至 2007 年 10 月 16 日的第三次历史最高点 6124 点。

2008 年 10 月 27 日，上证综指探底 1664 点，平均市盈率 14.24 倍左右，平均市净率 1.95 倍左右，之后展开大反弹，涨至 2009 年 8 月 4 日的 3478 点。

2011 年沪市全年降幅为 37.97%，2011 年 12 月 30 日，沪市平均市盈率 13.40 倍，深市相应降幅 48.29%，平均市盈率 23.11 倍；当时上证 50 指数和上证 180 指数的动态市盈率不到 10 倍，而银行股动态市盈率在 7 倍以内。之后半年，市场反复走稳回升。

2014 年 6 月 20 日上证综指探底至 2010 点，市场平均市盈率 9.80 倍左右，平均市净率 1.30 倍左右，之后于同年 7 月启动涨势，至 2015 年 6 月 12 日冲高 5178 点才见顶。

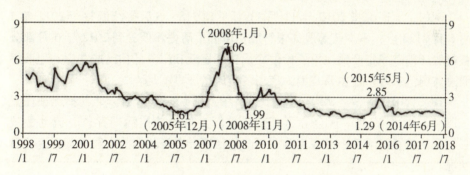

图 9.6　上证 A 股 1998—2018 年市净率历史走势

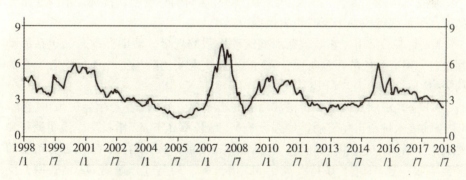

图 9.7　深证 A 股 1998—2018 年市净率历史走势

9-5 市场现金流量

（一）现实购买力与证券市场

市场现金流量反映市场资金流入和流出动态的流动性状况，如果资金流入大于流出，股市支撑力较强，可支撑市盈率和市净率在较高水平以上，反之，市场资金流出大于资金流入，股市支撑力减弱，即使市场市盈率和市净率较合理，但仍可能进一步下跌。

例如，上证综指 2010 年 11 月 11 日见顶 3186 点后持续调整至 2012 年 1 月 6 日 2132 点，不少蓝筹股如银行股估值创了历史新低，到 2012 年 6 月部分银行股还跌破净资产值，投资价值底线逐步显现和严重低估已成共识，但蓝筹股总体弱势未改，这主要是因为市场现金流量严重不足。

狭义货币供应量（M1）代表了经济中最活跃的货币成分，其拐点往往先于股市。M1 是流通中现金和可开支票进行支付的单位活期存款，流动性较强，反映着经济活动中的现实购买力，包括证券市场的购买力和市场现金流量状况。

2012 年 4 月末，狭义货币（M1）余额同比增长 3.10%，2014 年 1 月末，狭义货币（M1）余额同比增长仅 1.20%，M1 同比增长持续处于历史最低水平，A 股市场持续低迷，这几年维持在低位区间弱势波动，特别是不少蓝筹股估值水平如银行股处于当时历史最低位。

M2 是广义货币，它既包括那些流动性强的现金、活期存款，又包括流动性稍差，但有收益的存款货币，M2 除了反映现实的购买力，还反映着潜在的购买力。

M1 是经济周期波动和价格波动的先行指标，M2 代表着社会货币供应量。M1 增加表示货币市场流通性增强，若 M1 增长率高于 M2 增长率，说明消费和终端市场活跃，市场需求旺盛，包括证券市场的购买力增强，流入证券市场的资金增加，但 M1 增长率持续高于 M2 增长率，甚至过分偏离 M2 增长率，反映投资不足，物价有上涨的风险，需要进行宏观经济调控，股价上涨会逐步见顶，若 M1 增长率低于 M2 增长率，M2 增速较快，则投资和中间市场活跃。M2 过高而 M1 过低，表明市场需求不旺，供给大于需求，特别是 M2 和 M1 增长率处历史较低水平，其中 M1 增长率甚至过分向下偏离 M2 增长率，说明现实购买力严重不足，证券市场缺乏资金流入反而不断流出，市场也持续低迷。

同时，如果新股不断上市扩容，市场资金面更为不容乐观。在股市增量资金严重不足的情况下，股票供给却源源不断，这就使股市生态失衡，最终或使新股发行不得不放缓甚至暂停，2016年之前，A股历史上总共有9次IPO暂停。

（二）IPO历史上的暂停和重启

我国新股的发行长期沿用核准制，出于对二级市场影响考虑、新股发行制度改革等诸多原因，历史上我国IPO曾经历过数次暂停和重启。IPO指的是股份公司首次向社会公众公开招股的发行方式。

据统计，在A股历史上，在2016年之前共有9次暂停IPO后的9次重启，对市场造成一定程度的影响。第一次：1994年7月至1994年12月，空窗期：5个月；第二次：1995年1月至1995年6月，空窗期：5个月；第三次：1995年7月至1996年1月，空窗期：6个月；第四次：2001年7月至2001年11月，空窗期：3个月；第五次：2004年8月至2005年1月，空窗期：5个月；第六次：2005年5月至2006年6月，空窗期：1年；第七次：2008年9月至2009年6月，空窗期：9个月；第八次：2012年10月至2014年1月，空窗期：15个月；第九次：2015年7月至2015年11月，空窗期：4个月。

历史上IPO重启带来牛市的有两次，分别是1996年1月3日和2006年6月2日。这两次也是大盘经过长期下跌后，估值处于历史低水平，崇尚绩优开始成为主流投资理念，并且政策面开始偏暖，资金面开始宽裕，在这种情况下，这两次重启IPO具有大转折意义。

从历史统计结果来看，就新股发行单一因素对二级市场的影响幅度相对有限，并没有改变大盘的总体走势，但往往成为市场上涨或下跌的加速剂。

在2016年，A股有227家企业成功IPO，募集资金1496亿元，创下5年新高，其中上半年度有61家，下半年度达到166家。从同期指数表现来看，上证指数跌幅超12%，创业板跌幅近28%，而有机构测算，2016年股民平均亏损2.4万元。虽然A股市场IPO节奏加快，但巨大的再融资规模被很多人忽略，统计数据显示，2015年定向增发规模是IPO融资的8.69倍，2016年定向增发规模是IPO融资规模的10倍。

2016年新股发行数量在A股历史上排第三，仅次于2010年的347只和2011年的277只。过去27年A股总共上市了约3032只股票（另有极少数或退市或合并），平均每年上市股票的数量是112只，其中，最多的几个年份为2010年、2011年、2016年。

在市场资金面不足的情况下，大量新股发行对市场影响是明显的，2016年和2017年表面看起来指数跌幅不大，但主要靠蓝筹股撑住，而大多数股票跌幅较大，所以，新股大量发行对一些业绩较差的股票以及不少估值偏高的中小盘股产生冲击，甚至出现持续大跌，可谓"新股"打击"妖股"。同时IPO

加码提速，为日后限售股解禁埋下了隐患，不少"大小非"通过上市制造套现的"提款机"，有专家指出，市场中已经形成一条"先IPO或定增，再减持"的产业链。2017年，深沪市场限售股解禁量达到1976亿股，创4年来新高。

A股市场的股票供给增速持续大于货币供给增速，这是股市长期弱势的一个重要因素。当然，从本质上说，股市弱势主要是经济下行压力和流动性不足等所影响，同时不少股票缺乏投资价值支撑。

适度扩容是可取的，能抑制市场过分的投机，但过分大规模的扩容"圈钱"，特别是"持续大于货币供给增速"就对股市形成"抽血效应"，这将使股市"硬着陆"，令市场低迷不振。

股市在新股不断供给的同时，也需要扩大长期资金入市的需求。较长时间以来，不少蓝筹股估值水平处于历史最低位，体现罕见的投资价值已成为共识，但其价值未见应有的体现，这与目前市场机构持股占比较低有关。

在机构占主导地位的成熟市场，新股扩容并不可怕，并会受到市场的调节，有可能发不出去，但在我国机构占比不大而以散户交易为主的非成熟市场下，较长期以来新股扩容压力大于资金供给，市场被不断"抽血"，导致市场特别是蓝筹股非理性下跌。有关方面已意识到这一点，把我国资本市场不成熟的一大原因，归结为散户在股票交易中占主导地位。

事实上，我国机构持股占比远低于境外成熟市场，所以，机构入市有很大的空间。促进更多的长期资金入市，是使市场稳定和恢复生机的重要因素。

中国资本市场的发展需要接纳各种不同类型的投资者，尤其是像养老金这种追求稳健投资的长期资金，这对中国资本市场健康发展有长远积极的意义。

随着养老基金、社保基金、保险资金等"国家队"的不断进场，市场稳定性将提高，而QFII、RQFII、沪港通、深港通等双向开放项目不断推进，资本市场双向开放之势必然提升A股在国际投资者眼中的吸引力。

9-6 股权分置改革和"大小非"解禁

沪深股市2006年和2007年这轮牛市始自2005年6月见底，2006年年初启动，到2007年10月见顶，涨了5倍。这轮大牛市的形成除了之前连续几年的下跌，到达严重超卖的区域外，还与启动股权分置改革等因素有关。

2005年4月29日，经国务院批准，中国证监会发布《关于上市公司股权分置改革试点有关问题的通知》，宣布启动股权分置改革试点工作。中国证监会负责人随即就启动股权分置改革试点相关问题发表了谈话。同年5月30日，中国证监会、国资委联合发布《关于做好股权分置改革试点工作的意见》。

2005年7月10日报道，经国务院同意，稳定市场和推进改革措施将付诸实施：允许基金公司用股票质押融资；加大社保基金和国有保险公司入市力度；在现有40亿美元QFII额度的基础上，再增加60亿美元的额度；根据企业自主投资相关规定，将取消政府对国有企业投资股市的限制性规定。另外，股权分置改革全面推开的管理办法报国务院批准后，启动全面推进改革的各项工作；推动上市公司定向增发流通股、吸收合并等以市场为导向的并购重组试点；以股权分置改革为契机，实施绩差公司优化重组。对创新试点类证券公司和股权分置改革中的保荐机构提供流动性支持；同时，证券投资者保护基金正在抓紧建立。

2005年9月4日，中国证监会发布《上市公司股权分置改革管理办法》，我国的股权分置改革进入全面铺开阶段。

所谓股权分置，是指A股市场上的上市公司的股份分为流通股与非流通股。股东所持向社会公开发行，且能在证券交易所上市交易的股份，称为流通股；而公开发行前的股份因暂不能上市交易，称为非流通股。这种同一上市公司股份分为流通股和非流通股的股权分置状况，为中国内地证券市场所独有。

股权分置不能适应资本市场改革开放和稳定发展的要求，必须通过股权分置改革，消除非流通股和流通股的流通制度差异。上市公司股权分置改革是通过非流通股股东和流通股股东之间的利益平衡协商机制消除A股市场股份转让制度性差异的过程，是为非流通股可以上市交易做出的制度安排。

股权分置改革开启了资本大众化的进程，使上市公司的资本价值大大提升，同时也提高了上市公司大股东对上市公司做大做强、优化重组的积极性。

另外，管理层不断推出稳定市场的措施，如大力发展基金等机构投资者队伍建设，加大社保基金和国有保险公司入市力度，使市场形成了一股强大而稳定的力量。这些措施有效地完善市场体系，增强了证券市场的活力。

2005年启动的股权分置改革，使长期制约市场的关键问题得到解决，成为A股市场2006年和2007年大牛市的主要推动力量。

但源源不断的"大小非"解禁套现压力的涌现，最终压垮了大牛市，摧毁了市场信心，并最终导致了2008年局部熊市的产生。

据当时有关统计的解禁股数据，2008年、2009年、2010年合计解禁股总市值分别为21710.78亿元、37107.96亿元、37984.48亿元，其中2009年和2010年解禁股市值总量远远高于2008年。

2007年10月，大盘指数见顶后市场展开了持续的大幅下跌，而过分的下跌也引发了各方面的忧虑，管理层也适时推出救市的举措，如2008年4月20日证监会发文规范"大小非"减持通知，2008年4月23日晚公布经国务院批准从4月24日起证券（股票）交易印花税税率由现行的千分之三调整为千分之一。

经过2006年和2007年一轮大牛市后，中国A股市场在2007年10月见顶后的一年时间内跌幅竟达80%以上，逾9成个股股价一年间遭遇腰斩。上证综指2007年10月见顶6124点，之后调整到一年后的2008年10月28日1664点，这才有所走稳。

沪深交易所统计显示，截至2008年年底，两市总市值为121366.44亿元，较2007年年底减少205774.45亿元。

这轮局部熊市的形成特别是其在短短一年内出现如此大的跌幅，除了大盘2006年和2007年过分上涨，严重超买外，还与基本面因素的变化特别是周边市场的影响有较大关系，例如A股市场"大小非"解禁高潮带来的抛售套现压力和预期，上市公司业绩逐渐见峰顶并有下降迹象，通胀压力加大，货币政策从紧，美国次贷风波带来全球股市波动以致后来爆发的全球"金融海啸"等。

9-7 蓝筹股板块估值线

（一）蓝筹股是成熟市场投资主体

蓝筹股是指那些在全国范围内具有良好声誉，公司运作规范，具有很高的信用度和可靠性，无论市场如何波动都能维持良好盈利状况的企业。

经过20多年的发展，中国证券市场已经成为世界第二大证券市场，蓝筹股市场的投资价值已经显现。以上证180指数成分股为代表的经典蓝筹股都是行业的领军企业，其核心竞争力强，资产规模大，产品品牌广为人知，在经营业绩上具有较好的可预期性和稳定性。

2016年和2017年，A股市场中的家用电器、食品饮料、银行等行业蓝筹股、绩优白马股形成长期上升趋势，不少涨幅超过50%，体现为价值投资风格所推动，同时与我国支撑经济保持中高速增长和迈向中高端水平的因素进一步增多有关，蓝筹股业绩明显增长，体现出经济的"晴雨表"，而尽管上证50指数有不少涨幅，但依然是两市估值最低的指数之一。

蓝筹股是成熟市场主流投资对象。在以美国股市为代表的国际成熟资本市场上，蓝筹股是各大投资银行和基金公司的关注重心，大的资本机构很少离开蓝筹股来构建投资组合。相反，小公司股票在成熟市场中经常被冷落。蓝筹股市值在市场总量中占据主导性比重。美国的蓝筹股阵营大体上走过了这样一个变迁过程：铁路、电报电话、石油、煤矿、钢铁、公用事业、汽车、连锁商业、金融、医药、大众消费品、IT、电信、传媒等。

道琼斯指数成分股是世界股市上最悠久和著名的蓝筹股，道琼斯指数包含30只蓝筹股的市值，相当于纽交所股票总市值的1/3。

早期美国市场以散户为主体，投机风潮盛行，后来机构投资者逐渐发育和成长。20世纪90年代以后，70%的市场资金都掌握在机构手中。在此过程中，养老基金、共同基金逐渐取代保险公司成为机构投资者的主流。

较长时间以来，A股市场银行等蓝筹股估值严重偏低，主要是缺乏长线战略的机构投资者资金入市，未来随着养老金等长线投资资金逐步入市，蓝筹股可望迎来长期的发展机遇。

随着机关事业单位工作人员养老保险制度改革，养老保险基金规模将越来越庞大。养老保险基金以往只能买国债、存银行，而在养老金多元化的投资方向下，一部分资金将进入股市，成为市场重要的稳定力量。到2020年，中国的养老金市场有望达到10万亿元的规模，其按一定比例入市也是一个庞大的数量。

2012年，广东省曾委托全国社保基金理事会投资运营1000亿元养老金，根据广东省财政厅披露的数据，这笔养老金两年来的年化收益率为6.73%，远高于同期银行定存利率。

回顾全球市场，美国股市就曾经历过养老金入市而推动牛市的大行情。20世纪80年代，美国401K资金（养老金）的巨量入市，开启了美国股市10年大牛市。

中国养老金的投资于2017年正式启动。2018年7月23日，人力资源和社会保障部（以下简称"人社部"）2018年第二季度新闻发布会召开，人社部新闻发言人介绍，养老保险基金投资运营是养老保险制度改革方案的一项重要内容，其目的是应对人口老龄化，实现养老保险制度更加公平、更可持续发展。到2018年6月底，全国已经有14个省（区、市）与社会保险基金理事会签署了委托投资合同，分别是：北京、山西、上海、江苏、浙江、安徽、河南、湖北、广西、重庆、云南、西藏、陕西、甘肃，合同的总金额是5850亿元，其中3716.5亿元资金已经到账并开始投资，其他资金将按合同约定分年分批到位。从投资运营情况看，2017年投资收益率是5.23%。

养老金是以比较安全稳定的投资收益作为目标，通常会投资一些业绩稳定、经营良好的低估值蓝筹公司，这对低估值蓝筹股未来将带来重大的历史性机遇。

毫无疑问，养老金等长线资金的入市不论是对稳定市场还是引导价值投资都意义重大。

（二）蓝筹股的投资价值

蓝筹股的投资价值体现为以下几点：

（1）属于国民经济重要产业，能够经历经济周期考验持续引领经济发展，如金融类、煤炭类、采掘类、机械类、有色金属类、资源类、公用事业类、食品饮料类、大型钢铁股、交运设备类、房地产类等，这些行业股票可持续发展能力强。从公司的属性看，这些多属于国有经营的垄断型公司，涉及国计民生的重要领域，特别是消费、资源和机械等领域。

（2）主营业务利润率、净利润增长率稳步增长，具有持续良好的盈利能力，保证股息支付能力不断提高，这是股票保持和拥有较高投资价值的前提。

（3）净资产收益率每年维持在15%～20%或以上，净资产每年稳定增长。这是股票价格稳定和价值底线存在以及不断上移的支撑点。

（4）具庞大的无形资产如品牌、资产增值潜力，这是账面净资产真实和增长的基础，并有效保障股票价格不会轻易跌破账面净资产值。

（5）较高的股息支付率，其又称"股利分配率"或"股利发放率"，是向股东分派的股息占公司盈利的百分比。稳定的股息支付率更能直接体现投资收益，这是一只股票具有投资价值的前提，一般来讲，进入稳定成熟期、业绩稳定和增长的绩优公司股息支付率较高，如A股市场中，不少银行股息支付率达到30～40%。

（6）市盈率在20倍以下，这使股价未来存在较大的涨升空间。

（7）市净率在2倍以下，这保障了股价的安全性。

（8）平均每年派息与每股净资产值相比、派息与股价相比接近甚至大于市场利率（银行一年期存款利率）。

（9）市场交易中流动性好，市值庞大。

满足以上9个条件，特别是市盈率在20倍以下，市净率在2倍以下，蓝筹股价值就存在严重低估；市盈率在10倍以下以及市净率在1.3倍以下，或股息与股价之比的派息收益率高于银行一年期存款利率水平，为估值底线。

蓝筹股市盈率在50～60倍以上为高估，存在回调风险，市盈率20～30倍为波动中心线。当然，未来，随着中国经济高速度发展期已过，进入发达国家经济体行列，大多数行业进入成熟期，那么蓝筹股市盈率估值水平也会下降，A股市场也最终向成熟市场的估值波动水平靠拢，如中国香港主板市场以市盈率15倍左右为合理水平，20倍以上为高，10倍以下为低。

（三）混合所有制改革提升发展动力

传统蓝筹股，不少具有国企改革题材，例如，中国石化2014年2月19日发布公告称，公司全体董事于当日审议并一致通过了《启动中国石化销售业务重组、引入社会和民营资本实现混合所有制经营的议案》。根据公告，董事会同意在对中国石化油品销售业务板块现有资产、负债进行审计、评估的基础上进行重组，同时引入社会和民营资本参股，实现混合所有制经营，社会和民营资本持股比例将根据市场情况厘定。

中国石化启动混合所有制改革，国企改革逐步成为新的市场热点。受此影响，当时石化板块一度持续走强，并提升了其他"中字头"行业、企业和传统周期性行业股票的投资价值。

混合所有制改革是国企改革的重要突破口，在电力、石油、天然气、铁路、民航、电信、军工等领域可望迈出实质性步伐。

2017年伊始，中国铁路总公司率先表态将开展混合有所制改革，紧接着，中国兵器工业集团发布了关于发展混合所有制经济的计划。这意味着此前中央定调的2017年混改七大领域（电力、石油、天然气、铁路、民航、电信、军工），在短时间内已有两大领域的代表性央企宣布了混改路线图，市场人士预计后续将有其他领域的央企接踵宣布混改计划。

此前，国家发改委已明确东航集团、联通集团、南方电网、哈电集团、中国核建、中国船舶等中央企业列入第一批混改试点。

中国兵器工业集团印发了《中国兵器工业集团公司关于发展混合所有制经济的指导意见（试行）》，公开资料显示，兵器工业集团是中国两大武器装备制造企业之一，在中国的国防现代化建设中发挥着基础性、战略性作用。集团列2016年世界500强企业第134名，目前旗下共有11家A股上市公司，分别为北方股份、华锦股份、光电股份、晋西车轴、北方国际、北方创业、北化股份、北方导航、江南红箭、长春一东、凌云股份。

除兵器工业集团之外的其他军工大集团旗下上市公司包括：

兵器装备集团：湖南天雁、保变电气、长安汽车、江铃汽车、中国嘉陵、东安动力、利达光电、西仪股份、*ST中特、民生物流。

中国航天科技：中国卫星、航天机电、航天动力、乐凯胶片、航天工程、乐凯新材、康拓红外、航天电子、四维图新。

中国航天科工：航天信息、航天通信、航天晨光、航天发展、航天长峰、航天科技、贵航股份。

发展混合所有制经济，将推动完善现代企业制度，健全公司法人治理结构，促进企业转换经营机制，放大国有资本功能，实现国有资本保值增值，实现各种所有制资本取长补短、相互促进、共同发展。

受题材刺激影响，"国企改革"和"混改"题材股相对活跃，石油、铁路、军工等相关的不少股票2017年逐步脱离长年的筑底区拉涨，特别是中国石油和中国石化持续走强，2018年2月创出两年多以来的新高，也刺激"国企改革"题材相关股票维持相对强势。

（四）推进国企改革实施"双百行动"

据《中国证券报》2018年8月15日报道，国务院国资委内部下发《国企改革"双百行动"工作方案》，有近400家企业入围，其中央企有近200家，地方国企有200多家。国资委要求入选企业于2018年9月底前上报各自综合改革方案。

受消息影响，8月15日当日国企改革概念股表现活跃，中钢国际、中钨高新、华电重工、两面针等多股一度涨停，五矿发展、沈阳机床均大涨。中钨高新、五矿发展、中钢国际、华电重工等多家上市公司公告被纳入"双百企业"名单，还有上市公司公告披露，其控股股东被纳入"双百企业"名单，如双星集团、沈机集团。

业内人士认为，"双百行动"将使得改革由点向面全面铺开，2018年下半年试点进一步扩围并向纵深发展，更多地方国企加入试点行列，资本市场投资运作将迎来高潮。

2018年3月，国资委发布《关于开展"国企改革双百行动"企业遴选工作的通知》，国务院国有企业改革领导小组办公室决定选取百家中央企业子企业和百家地方国有骨干企业，在2018—2020年期间实施"国企改革双百行动"。

据了解，"双百企业"遴选标准有三条：一是有较强代表性。推荐企业主营业务突出，资产具有一定规模，在行业发展中具有较强影响力，原则上应当是利润中心，而非成本费用中心。二是有较大发展潜力。推荐企业可以是深化改革与经营发展形势较好的核心骨干企业，可以是面临激烈竞争、亟须通过改革提高效率、提升核心竞争力的企业，也可以是暂时处于困难阶段，但有计划、有信心通过改革实现脱困发展的企业。三是有较强改革意愿。推荐企业主要负责人及业务部门能充分理解掌握国企改革精神，能敢为人先、勇于探索、攻坚克难，能在改革重点领域和关键环节率先取得突破。

改革潮起，A股市场同步起波澜。统计显示，2018年1月至7月上市国有企业共发生重组事项580件、股权转让120件，进入下半年后明显加速，7月单月A股国企发生重组192件、股权转让38件，均接近2018年以来案例数的1/3。其中，化工、机械设备、地产、汽车、电力、交运等板块上市国企股权转让及重组实施案例较多。

当时分析人士认为，改革提速预期增强，证券市场上可关注几条主线，一是国企重组整合主线，如煤电、化工领域；二是国企混改主线，如铁路、军工等领域，包括民营经济相对发达的广东、江浙等地的地方国企；三是国有资本投资、运营公司平台主线。

（五）A股纳入MSCI指数体系

2017年6月21日凌晨，明晟公司宣布将A股纳入MSCI新兴市场指数，这是一个里程碑，同年7月21日A股入MSCI正式满月。据有关统计数据显示，2017年6月21日至7月21日，222只MSCI概念股中，有159只上涨，占比71.62%，20只股创出历史新高，更有6只股于7月21日创出历史新高。

20只创新高股票行业分布中，食品饮料、银行和电子上市公司数量居前。在宣布A股被纳入MSCI后，222只MSCI概念股涨多跌少，显示出市场投资者的主流偏好发生了较大的变化。这是A股市场投资理念和市场环境的重要转折。

潜在纳入MSCI的222只成分股均为大盘蓝筹股，在消费、金融等板块占比较大。MSCI成分股已成为A股市场新出世的概念板块，MSCI成分股作为一种指数配置，入围成分股的基本都是一些国内各行业具有代表性的龙头企业，属于行业内一、二线蓝筹，特别是"稀缺、绩优、具备超级品牌价值"的公司。

根据有关数据统计发现，在222只成分股里，当时市盈率低于10倍的有23只，主要以银行股为主，而市盈率大于10倍但低于15倍的个股有34只，这里面就包含了各行业的龙头企业。

明晟（MSCI）于北京时间2018年5月15日凌晨5时公布了半年度指数审查结果，同时披露了6月1日首批将纳入MSCI新兴市场指数的最终A股个股名单，这也意味着，历时近一年的A股纳入MSCI准备工作已经全部就绪。

据MSCI公告，此次MSCI将引入MSCI中国指数及相关全球和地区性综合指数（如MSCI新兴市场指数）中的A股公司，共计234家，按照自由流通调整因子（Foreign Inclusion Factor，FIF）调整后市值的2.5%计入指数，约占MSCI中国指数权重1.26%，MSCI新兴市场指数权重0.39%。接下来根据2018年8月的指数调整结果，于9月将市值纳入比例提高至5%。

2018年5月30日晚间，明晟公司（MSCI）发布临时公告称，经过部分剔除，即将纳入A股的234只成分股调整为226只。

本次半年度调整在2018年5月31日交易时段收盘后正式生效。这意味着名单上的个股，于2018年6月1日起被纳入由全球12万亿美元资产跟踪的

MSCI 指数体系中。

分行业来看，属于银行、非银金融、医药生物等 3 大行业的公司数量最多，分别为 30 家、20 家、18 家。从公司市值占比来看，最高的属于银行业，占比高达 31.47%；其次是非银金融，占比达 13.04%，食品饮料排第三，占比为 6.74%。

根据 MSCI 公布的数据，跟踪 MSCI 新兴市场指数以及全球市场指数投资的资金规模大约分别在 1.6 万亿美元和 3.2 万亿美元。另外，新兴市场指数所跟踪的标的，约占 MSCI 的全球市场指数所跟踪标的市值的 12%，因此，可以推算出大约有 496 亿元人民币资金可能会因跟踪 MSCI 指数而流入 A 股市场。

MSCI 还表示，在 MSCI 新兴市场指数中，市值最大的三个成分股为中国工商银行（A 股）、中国建设银行（A 股）和中国石油（A 股）。

在 2017 年 6 月 MSCI 公布将纳入 A 股的消息之后，已有不少资金提前进场布局。据媒体统计，自 2017 年 6 月以来，借道沪港通、深港通北向的海外资金一直保持净流入态势，且净流入规模进一步加大。2018 年以来，这种趋势更加明显，截至 2018 年 5 月 11 日，2018 年以来北向资金累计净流入近 969 亿元，接近 2017 年全年累计净流入额的 50%。

国际资管机构人士表示，MSCI 纳入 A 股是中国金融市场开放的里程碑，金融市场开放是 MSCI 纳入 A 股的原因。在金融开放市场化以及制度化的双重推动下，A 股市场的全球配置价值在逐渐显现，人民币资产配置经历从无到有，全球资金的陆续进场是大势所趋。

从境外股市经验看（图 9.8、图 9.9），A 股纳入 MSCI 指数，有利于优化投资者结构，将推动国际资金配置中国市场，引进更多国际机构投资者，有利于提升 A 股机构投资者占比，A 股市场正逐渐产生质的改变。

从 2013 年到 2017 年，A 股市场自身经历了大量的改革，其中包括：沪港通、深港通的正式推出和平稳运行，对停牌制度进行了改革，对合格境外机构投资者（QFII）外汇管理制度进行了改革，等等，这些改革措施，本质上可以视为中国市场同国际市场的不断磨合。

纳入 MSCI 不是 A 股国际化的终点，恰恰是我国进一步推进资本市场市场化、法制化和国际化的新起点。

专业人士预计，如果未来几年 A 股全部纳入 MSCI 指数，会占 MSCI 新兴市场指数 20% 权重，届时每年会有 3000 亿美元流入 A 股市场。

（六）市场投资风格向价值投资转换

2017 年 A 股市场表现出明显分化特征，蓝筹白马股形成牛市，以上证 50 为代表，全年涨幅超过 20%；估值不具优势的小盘股形成熊市，以中证 1000

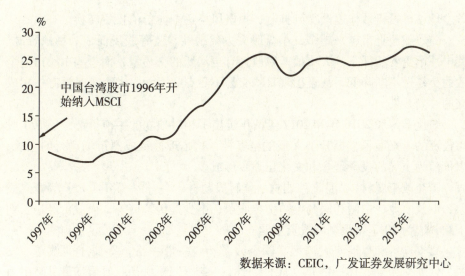

图 9.8 纳入 MSCI 后中国台湾股市境外投资者持股市值占比不断提升

图 9.9 纳入 MSCI 后韩国股市国外投资者持股市值占比大幅提升

为代表,全年跌幅超 15%。这背后反映出 A 股主导力量发生了改变:机构已开始主导 A 股行情,主流资金越来越具话语权,而广大散户正在逐步退出市场,流动性差、低成交量个股正大批涌现。

证监会持续对违法违规行为保持高压态势,严厉打击欺诈发行、内幕交易、市场操纵、虚假信息披露等违法违规行为,严厉惩治编造传播虚假信息、大股东违规减持、中介机构未履职尽责等乱象;2017 年以来,市场炒新、炒差、炒小等投机炒作逐渐得到抑制，投资风格逐渐向价值投资转换。

随着新股上市越来越多，小盘股失去稀缺性，蓝筹股反而成为稀缺资源。其中一个重要特征是，大市值蓝筹股拥有更活跃的交易量，而一些中小市值个股的交易量不断降低，甚至出现日均交易不足500万元、半个小时没有一次成交的"奇观"。

绩优蓝筹股2016年和2017年两年走出了相对独立的牛市行情，还原了股市投资的本来面目，提升了A股的精气神，这是理性和成熟市场运行的主线，以价值为主导的投资理念和文化正逐步形成。

国企改革题材、"混改"题材、债转股题材、"一带一路"、PPP等概念股票，以及农业、白酒和医药等消费类股票，不少是传统蓝筹，而股价经过长期下跌，成为2017年反复的投资主题。

雄安新区和粤港澳大湾区、国企改革、"一带一路"等属于"改革、发展、创新"范畴，体现的是"成长"性，"成长"题材是股票市场最具吸引力的所在。

从长远看，上述范畴相关概念的关注度或将持久不息，或表现为反复的轮动，并与传统大蓝筹股一起成为推动市场稳步"发展"的重要力量。

随着我国经济增长稳定性逐步提高，长期看，A股市场逐步形成以价值投资为特点的成长低估值推动主线的运行方向。

（七）新蓝筹和独角兽企业IPO

1. 新蓝筹就是新经济+蓝筹

在中国经济发展的不同阶段，随着产业发展变迁，蓝筹股的组成也在不断发生变化。例如，20世纪90年代中国以出口导向为主，后来国内长期压制的消费需求快速回升，消费升级带动空调、电视机需求井喷，轻工业居主导地位，涌现了以四川长虹、青岛海尔为代表的蓝筹股。

中国实行对外开放整体战略，劳动力成本优势使中国成为世界工厂，而城镇化、工业化加速，相关行业特别是重工业发展迅猛，2000年到2007年，钢铁、电力、汽车、金融、石化、机械、地产、资源等行业股票成为新阶段蓝筹股。

2008年以来，工业化发展矛盾始现，一些产能过剩的重工业行业需进行整合，中国经济结构步入转型，提高技术水平和创新向高附加值迈进，产业重构和新兴产业培育，以及消费升级、国际化，将给部分行业提供战略性的机遇，孕育新的蓝筹股。另外，随着利率市场化，金融业务创新转型也为金融行业提供新的发展空间。

中国经济由高速增长阶段转向高质量发展阶段，在经济转型中，一批新蓝筹公司和大品牌企业逐渐形成，其行业成长性突出，有可能持续 10 年、20 年，甚至更长时间，成为推动国民经济增长的力量。

在全球范围内最为引人注目的经济现象就是新技术、新业态、新产业和数字经济的迅猛发展，这些变化深刻颠覆了人们的理念，正在改变着人们生产、生活的方式，由此孕育着新一轮大规模的科技革命和产业变革。

新蓝筹就是新经济＋蓝筹，新蓝筹企业主要包括传统产业优化升级企业、新经济企业、高技术企业，体现为新技术、新产业、新业态、新模式企业。

科技革命和产业变革正加速推进，创新成为中国经济的"行稳致远"的根本动力。积极拥抱新经济，既是世界经济发展的大势所趋，也是我国经济优化升级的客观要求。

过去较长时间，牛市往往由周期股等旧蓝筹带动，当这些旧蓝筹估值回归到合理水平，大盘就缺乏进一步上行的动力，因而符合"新技术、新产业、新业态、新模式"需求的"新蓝筹"接棒"旧蓝筹"，包括让独角兽回归，才能为市场提供维持活跃和持续上涨的新动能。

2. 独角兽企业 IPO

2018 年 3 月 23 日，国家科技部火炬中心联合有关单位发布《2017 年中国独角兽企业发展报告》。报告显示，截至 2017 年 12 月 31 日，中国独角兽企业共 164 家，总估值 6284 亿美元，平均估值 38.3 亿美元。其中，新晋独角兽企业 62 家，"毕业"（上市及并购、创立超过 10 年）独角兽企业 20 家，更是出现了 10 家估值在 100 亿美元以上的超级独角兽企业，较 2016 年增加了 3 家。164 家独角兽企业主要分布于 19 个城市、18 个行业领域，84% 独角兽企业聚集于"北上杭深"。北京和上海为独角兽企业主要聚居地，北京以 70 家成为当之无愧的"独角兽之城"，估值合计 2764.4 亿美元；上海拥有 36 家，杭州和深圳分别拥有 17 家和 14 家。

报告显示，2017 年，电子商务、互联网金融、大健康、文化娱乐和物流领域的独角兽企业数量排名前五，同时，这五大领域的独角兽企业估值占据了估值总额的 53.9%。电子商务领域独角兽企业最多，共有 33 家，占比 20%；互联网金融领域有 21 家独角兽，占比 12.8%；大健康领域有 14 家，占比 8.5%。互联网金融领域估值最高，为 1592.7 亿美元，占总估值的 25%，比排名第二的电子商务领域高出 690 亿美元。2017 年上市"毕业"的 9 家独角兽企业中，也有 6 家来自互联网金融领域。

所谓"独角兽"企业，简单来说就是估值在 10 亿美元以上的初创企业，2013 年由风险投资家 Aileen Lee 创造，以神话动物来代表成功企业。

上榜独角兽需要满足几个条件：在中国境内注册的具有法人资格的企业，成立时间不超过 10 年，获得过私募投资且尚未上市，估值在 10 亿美元以上，而企业估值超过（含）100亿美元的称为"超级独角兽"。榜单囊括了164家总市值达6284亿美元的企业。

我国"超级独角兽"企业共10家，其余独角兽企业中，估值50~100亿美元10家，30~50亿美元19家，10~30亿美元125家。我国独角兽企业数量已占全球的36%，其中移动支付、电子商务、平台经济、新能源汽车等领域跻身世界前列。

2017年第三季度，德勤中国发布了《中美独角兽研究报告》，报告中对全球22个国家独角兽企业进行了调查分析。从全球范围来看，中美两国总占比81%，占据绝对优势，其中，美国独角兽企业的数量为106家，中国则是98家。

过去很长一段时间，A股市场以传统行业为主，互联网与高科技等类似的高成长企业因国内上市会受制于制度、监管规则、市场容量等因素而选择去境外IPO，像百度、阿里巴巴、腾讯、京东等一大批互联网高科技企业纷纷选择了在美国、中国香港等市场上市募资，但这些企业的利润则主要来自国内，产生"在国内赚钱，给境外分红"的尴尬局面。

独角兽企业代表了新技术、新产业、新业态、新模式的发展方向，充分体现了新经济的特征。以独角兽为代表的新经济企业的发展，离不开资本市场的支持。拥抱新经济是世界经济发展的大势所趋，是国家经济转型发展的客观要求，是企业迅速成长的迫切需求，也是资本市场发展建设的重要任务。

有关方面表示，独角兽是观察高新技术企业的窗口，而如何在包容创新创业与防范高失败率风险方面取得平衡，是资本市场制度设计的核心平衡点。

在如何把独角兽企业留在国内，相关部门做足了功课。对于那些符合现有法律规则的独角兽企业，最终达成"独角兽IPO新政"。

在二级市场上，独角兽上市或回归的题材，瞬间引爆了A股市场中的各大科技概念特别是独角兽概念炒作，如佳都科技（600728）、越秀金控（000987）、华西股份（000936）、合肥城建（002208）、普路通（002769）等多只股票，都曾收获涨停甚至持续走强。

独角兽概念股的兴起，缘于2018年3月传出的IPO特殊通道消息。有报道称，监管层对券商做出指导，包括生物科技、云计算、人工智能、高端制造在内的四个行业若有"独角兽"，立即向发行部门报告，符合相关规定者可以实行"即报即审"，对独角兽公司开通IPO绿色通道。有关方面表示，A股新股发行制度改革，服务独角兽企业上市，是新股发行核准制度的创新。

"独角兽"成了市场关注的焦点，A股市场上也衍生出了大量的"独角兽概念股"。根据不完全统计，中国市场中的独角兽公司、独角兽概念股之和超过200家。

独角兽企业的上市或回归将提升A股上市公司的质量，亦有望对已上市科技龙头公司的估值形成支撑和提振。

3. 创新企业境内发行股票或存托凭证试点

2018年3月22日中国证监会发布通知，为进一步加大资本市场对实施创新驱动发展战略的支持力度，按照市场化、法治化原则，借鉴国际经验，开展创新企业境内发行股票或存托凭证试点，试点企业应当是符合国家战略、掌握核心技术、市场认可度高，属于互联网、大数据、云计算、人工智能、软件和集成电路、高端装备制造、生物医药等高新技术产业和战略性新兴产业，且达到相当规模的创新企业。其中，已在境外上市的大型红筹企业，市值不低于2000亿元人民币；尚未在境外上市的创新企业（包括红筹企业和境内注册企业），最近一年营业收入不低于30亿元人民币且估值不低于200亿元人民币，或者营业收入快速增长，拥有自主研发、国际领先技术，同行业竞争中处于相对优势地位。试点企业具体标准由证监会制定，其中所称红筹企业，是指注册地在境外、主要经营活动在境内的企业。

美股及港股数据显示，当时，中概股市值超过320亿美元的有11家，除去已在国内上市的中石油、中石化、中国人寿、中国联通以及不算创新企业的中海油之外，符合CDR（中国存托凭证）发行条件的仅有几家，分别是阿里巴巴、百度、京东、网易、腾讯控股等。

市场认为，监管层对新兴技术企业的大力支持，将有利于提振资金对于前沿科技类上市公司的关注度。加大对新技术新产业新业态新模式的支持力度，积极拥抱新经济，逐步建设具有多层次、包容性的新蓝筹市场已成为有关方面的共识。

（八）银行股是市场核心资产

统计显示，2001年6月14日，A股总市值排名前3位的行业依次为机械设备仪表、金属非金属、石油石化，占比分别为11.71%、9.77%、9.27%。

而2012年1月，A股市场总市值最大的3个行业依次为金融保险、采掘、机械设备，占比分别为22.73%、15.79%、11.46%。

随着一大批大型蓝筹公司的上市，A股市场的"核心资产"发生了天翻地覆的变化。截至2011年12月31日，A股市场有16家上市银行，总市值达到5.84万亿元，占2298家上市公司总市值的20%多，上市银行是分量最重的行业，是A股市场的优质"核心资产"，其涨跌波动对市场起着举足轻重的作用。因而，对上市银行投资价值的分析最为关键。

据统计，A股市场2007年后银行板块市净率的平均值持续下滑，2007年年底为6.33倍，2008年年底为1.69倍，2009年年底为2.98倍，2010年年底为1.85倍，2011年年底为1.31倍。

到2013年12月下旬，16家上市银行中市净率在1倍以上的仅有4家，在0.9倍以下的有8家，最低的交通银行市净率仅为0.7倍。

到2014年5月大盘处于底部区时，几乎所有银行股股价跌破每股净资产值，低于2008年大底上证综指1664点时的水平，估值创出历史最低点。而根据历史数据，在上证综指2005年6月底部998点时，银行板块的平均市净率为2.06倍；2008年10月底部1664点时，银行板块的平均市净率为1.7倍。

当时上市银行股息率在各行业中遥遥领先，其中工、农、中、建四大行2013年年末股息收益率高达7%以上，远远超过五年银行存款定期利率，这为长期战略投资带来了机会，结果2014年下半年，银行股启动持续走强，到2015年7月，不少走出了股价翻番以上的涨势。

截至2018年4月12日收盘，银行板块总市值在A股总市值中的占比为14.62%，尽管占比与前几年相比有所下降，但仍是A股市场的最"核心"的资产，对市场的影响较大。

从2017年业绩报告发布的数据来看，银行仍然是最赚钱的行业，2017年，26家上市银行合计营收38782亿元，同比增长2.7%；净利润合计13949亿元，同比增长4.91%。同时，各家上市银行均实现净利润正增长。在经历了过去几年增速放缓之后，银行业迎来业绩大回暖。

（九）银行股估值线

在经济下行、利率市场化的影响下，上市银行净利润个位数增长成为常态，不良拨备计提增多，银行资产质量承压，净利润放缓是整个银行业共同面临的问题。银行板块估值全面下移至市净率1倍以下，主要在于对银行利润增速放缓的预期。

中国银行业不仅要承载经济增速放缓、经济结构转型升级矛盾突出所带来的压力，更要面临新型的互联网金融企业在负债端的争夺。

另外，金融改革和利率市场化改革的推进，推动了民间融资平台发展，企业融资方式渐趋多元化将影响国有大型银行的议价能力和盈利能力。而地方债务偿债风险，也在一定程度上影响了投资者对银行股的信心。

同时，银行股盘子大，需要大量资金才能炒起来，对于以散户交易为主的A股市场，在没有形成趋势性牛市和市场资金不足下，银行股往往难形成强有力的持续涨势，这有待A股市场逐渐走向成熟，大力发展机构投资者队伍，改变散户为主体的市场结构。

银行股平均市净率2008年后一直连续下滑，2014年5月大盘处于底部区时，大部分银行股股价跌破每股净资产值，可谓严重低估。因为银行的物业升值、无形资产未包括在账面净资产值内，实际净资产值应高于账面净资产值，这对现金流较为充足、不良资产率相对较低的中国银行业来说，市净率1.2倍以下是严重低估的，因而，导致中国四大国有银行的大股东中央汇金公司在2012年10月宣布增持，后来也不断增持。

中国的银行业作为国民经济重要行业，银行股特别是国有大型银行股，具有相对垄断性，在考虑到其未重估的物业增值和无形资产如银行牌照、品牌、营销渠道、客户等，以及较高的拨备覆盖水平使不良贷款所导致的风险得到控制，在这些情况下，银行股正常的市净率在1.3～1.5倍以上为合理水平。

市净率低于2倍甚至1.3～1.5倍为低估，股价跌破每股净资产为严重低估，存在长线产业资本以低于实际每股净资产投资买入的机会，加上市盈率在10倍以下，将两者综合起来，这就是银行股的价格底线。

银行股的净资产值实际上是低估的，因为账面净资产值未计算其未重估的物业增值包括无形资产等，因而，在账面净资产值附近买入情况下，相当于白赚了未重估的物业增值、无形资产价值。这些物业增值、无形资产等价值或相当于账面价值的20%～30%以上。

一般情况下，自有的物业只能按初始购置成本入账，只有股改的时候可以进行一次性重估；投资性物业则能按重估价值计算，因此，除非银行将自有物业划转为投资性物业，或者银行被兼并和清算，否则自有物业的增值不能直接增厚资产和利润；但从银行的价值来看，这种隐性重估对潜在收益的提升作用巨大。建行（2005年）、工行（2006年）、中行（2006年）、农行（2010年7月）上市时，自有物业总估值分别为571.48亿元、910.53亿元、727.9亿元、960亿元，而2006年至今，其商业地产的价格已有较大幅度上涨，自有物业总估值可望大幅提升。

估值底线的意义在于，以往均保持较高的派息率水平和业绩保持稳定增长，按股价潜在的派息收益率或达到4%以上，比一年期银行存款还高，这样的个股就具有防御性，进可攻退可守。派息收益率达到一年期银行存款水平甚至还高，这也就是银行股的价值底线。

只要利息差仍维持，业绩继续保持稳定甚至增长，那么，银行股的价值底线是存在的，即是说，在价值底线附近长线投资，能比银行存款收益还高，而当牛市来临时更能获取可观的差价收益。

而且银行股价值底线将不断往上移动，随着每年净资产的提升和净资产收益率为正，银行股价值底线将按净资产提升的比例和净资产收益率上移，按银行业净资产收益率10%～20%的平均水平，那么，银行股价值底线可望每年按10%～20%的增长率上移，当然，如果净资产收益率还不断增长，即业绩不断增长，则银行股价值底线增长比例还要更大。

在价值最底线处进行长期战略投资,只要银行业仍维持利息差,那么,即使业绩不再增长,保持平均20%左右的净资产收益率,股价期望每年也能有20%的增长。

(十) 利率市场化对银行业影响

2012年6月7日,中国央行宣布降息,一年期存贷款基准利率分别下调0.25个百分点。调整后,一年期存款利率为3.25%,一年期贷款利率为6.31%。同时,自6月8日起将存款利率上限调整为基准利率的1.1倍;将贷款利率下限调整为基准利率的0.8倍。这是央行首次打开存款利率上浮空间,此次调整前后银行息差将减小三成多,这将直接冲击银行业的利润。

央行赋予银行上浮存款利率1.1倍的权利,这无疑有利于对冲降息可能带来的负面作用,降息后上浮1.1倍,存款最高利率将可达到3.575%,超过降息前的水平。

降息后五大国有银行均第一时间顺势上调从活期到定期的部分存款利率,部分小型银行更是一浮到顶。根据各行公告,工行、建行、中行、农行和交行五大行最新的存款利率报价保持一致。其中,二年、三年、五年期定期存款按本次降息后的央行基准利率执行,而三个月、半年和一年期定期存款利率则较基准利率有所上浮,但并未达到基准利率上浮10%的上限水平。以一年期整存整取存款利率为例,五大行均报价3.5%,较本次降息后的基准利率3.25%上浮7.7%。与五大行报价保持一致的还有部分股份制银行,如招商银行、浦发银行、民生银行和光大银行。

本次降息后,五大行一年期及一年期以下存款对基准利率有所上浮,这有利于吸收存款,而中长期存款执行基准利率,则使银行保持一定的利差水平,因为企业贷款以中长期居多。

一直以来,国有商业银行等多数金融机构延续传统的"吃利差"盈利模式,银行的净息差普遍在250~300个基点,数据显示,2011年我国银行业金融机构实现税后利润1.25万亿元,同比增长39.3%,部分上市股份制银行的利润增速则同比超过五成,甚至更高。2011年四大行营业收入共计15782亿元,而净利息收入达到12026亿元,占比超过76%,利率市场化推动了银行业的洗牌和创新。

存贷款利率均按照市场供需定价,由市场调节,银行业依靠传统存贷差作为高盈利的模式也正面临着严峻考验,这意味着本轮利率市场化改革迈出重要一步,银行业需要进一步优化收入结构,增加金融市场及中间业务收入占比,通过更多金融产品创新提高竞争力。

利率市场化,银行之间的竞争会越来越激烈,尤其是大型国有银行和中小银行之间的竞争会越来越激烈，将倒逼银行业加快盈利模式调整，促进中国经济金融转型。在利率市场化促使银行竞争更加激烈的情况下，银行业也将优胜劣汰，而建立存款保险制度则变得更加迫切。

中小银行的存款压力更大，国有大银行网点多，品牌优势大，存款成本压力相对较小，贷款投放能力将更强。利率市场化之后可能会改变商业银行利差收入，加大商业银行之间的竞争，一些经营不太好的商业银行有可能出现破产。美国自1986年实行利率市场化以后，许多超大型银行和混合投资银行不断涌现，而中小银行的数量从14000多家减少到了8000多家。

利率市场化尽管带来较大挑战，但我国作为发展中国家，未来较长时间内经济增速仍然较快，而企业融资依然以间接融资为主，对贷款的总体需求仍然较大，贷款利率出现较大回落的可能性不大。虽然在利率市场化影响下，银行息差减小，但是维持稳定仍然是主旋律。银行特别是国有大银行作为经济的重要枢纽，其盈利增长总体仍将高于经济增速，将享受到经济发展所带来的巨大成果。

资料显示，以美国利率市场化过程中的净息差变动为例，美国银行业平均净息差从1970年约4.1%下降到1975年约3.3%，之后逐步回升，到1986年利率市场化基本完成时，又重新回到3.9%左右，并在之后反复波动，目前平均在3%左右。

9-8 中小市值股票估值线

从A股历次底部估值看，平均市盈率15倍左右，平均市净率1.5倍左右为历史大底形成的区间。

中小市值股票、成长型股票由于其具有一定的成长性、交易活跃性、题材性，因而可以给平均市盈率以一定的溢价，一般来说，中小市值股票、成长型股票市盈率在30倍以下，特别是20倍以下为低估值。

当然，中小市值股票估值线和蓝筹股板块估值线的形成是相对的，这主要看投资主体和市场结构的变化，例如与成熟市场相比，A股市场专业机构规模明显偏小，投资者结构不平衡的现象十分突出，这使中小市值股票波动性较大，往往出现100倍以上的市盈率，而中小市值股票估值支撑线也比蓝筹股板块估值支撑线为高。

A股市场交易长期以来以散户为主，使市场投机盛行，中小市值股票较为活跃，这种现象将逐步得到改变。

管理层鼓励社保基金、企业年金、保险公司等机构投资者增加资本市场投资比重，积极推动全国养老保险基金、住房公积金等长期资金入市，加快引进合格境外机构投资者（QFII）步伐，增加其投资额度，逐步扩大人民币合格境外机构投资者（RQFII）试点范围和投资额度，适时推出双向跨境的交易所交易基金（ETF），使机构投资者比重将逐步加大，成为左右市场的主流力量，未来中小市值股票估值线和蓝筹股板块估值线，将会出现相应的调整。

同时，中小市值股票存在高估值，尽管这不一定是看空的理由，但到一定阶段高估值始终存在高风险，存在不稳定性，不排除一些公司大股东到一定阶段抛售其估值过高的股票，获取超额收益，转而再重新创建新企业去上市，这样对创业资本来说更有意义。

所以，股票高估值被认为是常态的时候，风险就会逐步到来。

9-9 经济和社会发展

（一）新时代 新征程

世界潮流浩浩荡荡，顺之则昌，逆之则亡。在世界的东方，中国这个拥有13亿多人口的文明古国，正在现代化道路上阔步前行。

党的十九大报告指出："中国特色社会主义进入新时代，我国社会主要矛盾已经转化为人民日益增长的美好生活需要和不平衡不充分的发展之间的矛盾。我国稳定解决了十几亿人的温饱问题，总体上实现小康，不久将全面建成小康社会，人民美好生活需要日益广泛，不仅对物质文化生活提出了更高要求，而且在民主、法治、公平、正义、安全、环境等方面的要求日益增长。同时，我国社会生产力水平总体上显著提高，社会生产能力在很多方面进入世界前列，更加突出的问题是发展不平衡不充分，这已经成为满足人民日益增长的美好生活需要的主要制约因素。"

党的十九大报告对新时代中国特色社会主义发展战略做出了新安排，对开启全面建设社会主义现代化国家新征程做出了新谋划。

报告指出："综合分析国际国内形势和我国发展条件，从二〇二〇年到本世纪中叶可以分两个阶段来安排。第一个阶段，从二〇二〇年到二〇三五年，在全面建成小康社会的基础上，再奋斗十五年，基本实现社会主义现代化。到那时，我国经济实力、科技实力将大幅跃升，跻身创新型国家前列；人民平等参与、平等发展权利得到充分保障，法治国家、法治政府、法治社会基本建成，各方面制度更加完善，国家治理体系和治理能力现代化基本实现；社会文明程度达到新的高度，国家文化软实力显著增强，中华文化影响更加广泛深入；人民生活更为宽裕，中等收入群体比例明显提高，城乡区域发展差距和居民生活水平差距显著缩小，基本公共服务均等化基本实现，全体人民共同富裕迈出坚实步伐；现代社会治理格局基本形成，社会充满活力又和谐有序；生态环境根本好转，美丽中国目标基本实现。

第二个阶段，从二〇三五年到本世纪中叶，在基本实现现代化的基础上，再奋斗十五年，把我国建成富强民主文明和谐美丽的社会主义现代化强国。到那时，我国物质文明、政治文明、精神文明、社会文明、生态文明将全面提升，实现国家治理体系和治理能力现代化，成为综合国力和国际影响力领先的国家，全体人民共同富裕基本实现，我国人民将享有更加幸福安康的生活，中华民族将以更加昂扬的姿态屹立于世界民族之林。"

从证券市场来看，国民经济保持平稳较快发展、科技进步和创新、社会和谐、人口增长、生活水平不断提高、综合国力增强，以及经济和社会可持续发展、市场经济体制不断完善，等等，这些一系列因素是证券市场蓬勃发展和上市公司业绩增长的基础，也是投资者进行长期稳健投资的基础。

（二）科学技术是第一生产力

经济学家认为，生产力是人类改造自然的能力，其主要要素包括劳动者、生产工具和劳动对象。劳动者和生产工具统称为生产资料。劳动者是生产工具的制造者和使用者。

生产力是社会发展的根本动力。生产力的发展首先是生产工具的发展创新，生产工具是生产力发展水平的重要标志，是划分经济发展时期的主要标志。

在原始社会，生产力非常落后，人们生产工具主要是石器和骨器；到了奴隶社会，人们生产工具主要是青铜器；到了封建社会，主要生产工具变成铁器；到了近代，生产工具变成了以蒸汽机为代表的大机器，近代工业是先进生产力的代表。

在现代，科学技术无疑是第一生产力，已成为当代经济发展的决定因素，高科技及其产业促进了劳动生产率的大幅度提高。

讲求环保、节约资源、资源投入小产出大的高新技术产业和科技创新突破，成为先进生产力的标志。

在科学技术成为第一生产力情况下，生产力体现为高素质的劳动者、高科技含量的生产工具和劳动对象。

（三）经济体制改革

科技技术的进一步更快发展，生产力的更大释放，离不开经济体制改革的深入进行。我国坚持公有制为主体、多种所有制经济共同发展。

党的十九大报告提出："加快完善社会主义市场经济体制。经济体制改革必须以完善产权制度和要素市场化配置为重点，实现产权有效激励、要素自由流动、价格反应灵活、竞争公平有序、企业优胜劣汰。要完善各类国有资产管理体制，改革国有资本授权经营体制，加快国有经济布局优化、结构调整、战略性重组，促进国有资产保值增值，推动国有资本做强做优做大，有效防止国有资产流失。深化国有企业改革，发展混合所有制经济，培育具有全球竞争力的世界一流企业。全面实施市场准入负面清单制度，清理废除妨碍统一市场和公平竞争的各种规定和做法，支持民营企业发展，激发各类市场主体活力。深化商事制度改革，打破行政性垄断，防止市场垄断，加快要素价格市场化改革，放宽服务业准入限制，完善市场监管体制。创新和完善宏观调控，发挥国家发展规划的战略导向作用，健全财政、货币、产业、区域等经济政策协调机制。完善促进消费的体制机制，增强消费对经济发展的基础性作用。深化投融资体制改革，发挥投资对优化供给结构的关键性作用。加快建立现代财政制度，建立权责清晰、财力协调、区域均衡的中央和地方财政关系。建立全面规范透明、标准科学、约束有力的预算制度，全面实施绩效管理。深化税收制度改革，健全地方税体系。深化金融体制改革，增强金融服务实体经济能力，提高直接融资比重，促进多层次资本市场健康发展。健全货币政策和宏观审慎政策双支柱调控框架，深化利率和汇率市场化改革。健全金融监管体系，守住不发生系统性金融风险的底线。"

在坚持和完善基本经济制度方面，《中华人民共和国国民经济和社会发展第十三个五年（2016—2020年）规划纲要》指出："加快国有企业公司制股份制改革，完善现代企业制度、公司法人治理结构。建立国有企业职业经理人制度，完善差异化薪酬制度和创新激励。加快剥离企业办社会职能和解决历史遗留问题。着力推进农垦改革发展。""支持国有资本、集体资本、非公有资本等交叉持股、相互融合。推进公有制经济之间股权多元化改革。稳妥推动国有企业发展混合所有制经济，开展混合所有制改革试点示范。引入非国有资本参与国有企业改革，鼓励发展非公有资本控股的混合所有制企业。鼓励国有资本以多种方式入股非国有企业。"

（四）生活水平和生活方式

生活水平是指在某一社会生产发展阶段，居民用以满足物质、文化生活所需要的社会产品和劳务的消费程度。具体内容包括：居民的实际收入水平、消费水平和消费结构、劳动的社会条件和生产条件、社会服务的发达程度、闲暇时间的占有量和结构、卫生保健和教育普及程度，等等。

1978年联合国进一步修订了《社会和人口统计体系》（SSDS）文件专辑，提出了测定生活水平的12类指标：①出生率、死亡率及其他人口学特征；②

医疗卫生条件；③食品消费；④居住条件；⑤教育和文化；⑥劳动条件和就业率；⑦居民的收入和支出；⑧生活费用和消费价格；⑨运输工具；⑩休息的安排；⑪社会保障；⑫人的自由。

随着经济的发展，高净值人群逐渐扩大，高净值人群消费需求在一定程度上体现社会的消费水平和消费结构，并且也带动着一些行业的发展，例如旅游、养生保健、子女教育、奢侈品、培训课程、收藏品等领域，这些行业将成为创造高利润的朝阳行业。

2012年3月27日，胡润研究院与兴业银行联合发布《2012中国高净值人群消费需求白皮书》，在这份白皮书中，"高净值人群"被定义为个人资产在600万元以上的人群。胡润研究院的调查显示，目前中国满足这一条件的人群达到270万人，平均年龄为39岁，其中，个人资产达到亿元以上的高净值人群数量约6.35万人，平均年龄为41岁。旅游、养生保健、子女教育是他们最关注的服务内容。

调查显示，中国的高净值人群最希望得到金融服务的消费领域是旅游，有六成高净值人群表示会选择旅游方面的消费金融服务。此外，半数高净值人群青睐养生保健方面的服务。

另外，子女教育也是中国高净值人群主要消费领域的前三名之一。46%的高净值人群对子女的教育理念是全面发展，41%是素质能力教育，23%是创造性教育，17%是开放性教育，14%是个性化教育。

白皮书称，高净值人群每年的赠礼花费约15万元，占平均年消费的10%；亿元资产以上的高净值人群赠礼花费则超过26万元。手表是高净值人群最常赠送给男士的礼物，不过在亿元资产以上的高净值人群中，红酒是最常见的礼品。而在奢侈品的消费上，香港已经成为中国高净值人群购买奢侈品或高端消费品的绝对首选地，占73%；其次是欧洲，有28%；选择在国内大城市购买的也有28%。

白皮书显示，有逾7成参加过EMBA/CEO等培训课程的高净值人群愿意再次参加，超过3/4认为对自己最大的帮助是拓展人脉，其次认为对扩大知识面和增长专业知识有帮助的分别有6成，认为对提高学历有帮助的有35%。对于30岁以下的高净值人群来说，人脉（87%）和学历（45%）对他们非常重要，因此，这两项的比例也高于其他年龄段。

白皮书还显示，近6成高净值人群会通过阅读提升自我。超过1/3的高净值人群会参加各种论坛或讲座，参加EMBA/CEO进修班的也有将近3成。更多30岁以下的高净值人群（42%）通过参加培训进行自我提升。

此外，高净值人群最大的爱好是收藏，统计中有六成高净值人群有收藏习惯，平均收藏的时间超过4年，最热衷的藏品是手表，也有部分高净值人群会选择艺术品，如古代字画、瓷器和当代艺术品。

高净值人群生活方式主要分三个阶段：创富、守富和享富。白皮书称，中国高净值人群经历了利用奢侈品品牌凸显社会地位的创富阶段，已步入以低调、适用型的生活方式为主的守富阶段，并逐步向以投身公益慈善事业为代表的享富阶段过渡。其中，守富阶段的主要特征为：适度消费，开始注重生活的品质、自身的身心修养及子女的内涵气质教育。

（五）中国经济的挑战和机遇

一个国家或地区的经济发展包括经济总量的增加，以及技术结构、产业结构、收入分配结构、消费结构以及人口结构等经济结构的优化。

尽管中国在过去 20 多年里创造了年均 9% 的高速经济增长，但长期以来这种增长主要是依赖资源、资本和劳动力等要素的不断投入来驱动，这种主要由劳动密集型产业带动的经济增长，不仅能耗大，而且成本较高。随着国内经济规模的不断扩大，资源、生态环境等对经济增长的制约影响也逐渐加大，中国的经济增长再也不能过于依赖低技术含量的劳动密集型产业去推动。

我国经济发展中一些不平衡、不协调、不可持续的矛盾和问题较突出，特别是城乡居民收入差距仍然较大，而外需减弱，需要刺激国内消费和促成新的经济增长点形成。

提高创新能力，实现经济结构的调整和经济增长方式的转变，已成为中国经济发展面临的迫切要求。大力发展第三产业，发展高科技、新能源、新材料等产业，推动产业结构优化升级，促进经济转型，使外向型经济向内向型经济进行战略大转移，这一战略显得更加迫切。

同时，需改变长期依靠低劳动力成本、低附加值加工制造的经济模式，建立自有品牌、自主技术，刺激国内消费需求，并逐步以自有品牌、新技术产品走出国门面向全球。另外，进一步发展民营经济，实行多元化的经济结构，以及促进国内区域经济相对平衡发展。

始于 2008 年的全球金融风暴乃至经济危机，我国经济发展面临复杂严峻的形势，这实质上是我国经济应对经济结构调整和产业升级过程中，经济转型所反映出来的结果。

经济增长方式的转变，经济结构的提升，支柱产业的替换升级，新兴产业的扶持发展等，都是所面临和持续发展的问题。同时，新一轮全球产业结构布局大调整，使我国新兴产业与许多发达国家处于相对比较接近的起跑线上，这为我国相关产业和企业提供了难得的历史发展机遇。

目前我国经济已由高速增长阶段转向高质量发展阶段。追求高质量，推动高质量发展成为今后一段时期我国经济发展的根本要求。另外，中国服务业占

GDP 的比重已经过半，而且在 2017 年，中国消费的增长已经超过了投资，这意味着中国正在进入一个以消费主导的发展阶段。生态环保、公用事业、消费升级、科技创新、新兴产业、国企改革等主题投资机会仍是长期关注的对象。

《中华人民共和国国民经济和社会发展第十三个五年（2016—2020 年）规划纲要》（简称《纲要》）指出，"十二五"时期是我国发展很不平凡的五年。经济保持持续较快发展，经济总量稳居世界第二位，经济结构调整取得重大进展，农业稳定增长，第三产业增加值占国内生产总值比重超过第二产业，居民消费率不断提高，城乡区域差距趋于缩小，常住人口城镇化率达到 56.1%，基础设施水平全面跃升，高技术产业、战略性新兴产业加快发展，一批重大科技成果达到世界先进水平。公共服务体系基本建立、覆盖面持续扩大，教育水平明显提升，全民健康状况明显改善，新增就业持续增加，贫困人口大幅减少，人民生活水平和质量进一步提高。

从《纲要》中可见，常住人口城镇化率达到 56.1%，城镇化仍有较大的发展空间，仍是未来经济发展的重要引擎，这是经济发展的大支柱。在城镇化成为发展引擎下，中国经济仍有长期的较大发展潜力。

经济结构调整和发展方式的转变，真正实现高质量的增长，这是影响股市未来较长时间发展的重要因素，长远看有利股市总体价值的提高，形成质的变化。未来中国股市将在经济大转型中将脱胎换骨，走向成熟，为大牛市打好坚实的基础。

"美好生活需要""美丽中国""健康中国"可望成为资本市场持续关注的投资主题，其中体现有战略新兴产业、消费升级、医疗保险、科技与先进制造、品牌消费、现代服务、环保与新能源、"一带一路"、国企改革等概念。

（六）新兴经济体

新兴经济体是指某一国家或地区经济蓬勃发展，成为新兴的经济实体，但目前并没有一个准确的定义。英国《经济学家》将新兴经济体分成两个梯队。第一梯队为中国、巴西、印度和俄罗斯、南非，也称"金砖国家"；第二梯队包括墨西哥、韩国、菲律宾、土耳其、印度尼西亚、埃及等"新钻"国家。

2011 年，新兴经济和发展中经济占全球整个 GDP 的比重以购买力平价计算已经达到 49% 以上，发达经济和新兴经济在全球经济中的比重首次实现平衡。因此，寻找一个新的模式，加强全球经济治理，是一个很及时的命题。

30 多年来，中国的和平发展一直是全球和平发展特别是新兴经济体崛起和发展的组成部分，是与世界各国特别是新兴经济体和发展中国家在互利共赢基础上的合作发展和共同发展。新兴经济体，特别是亚洲新兴国家对全球经济复苏及后续增长的引擎作用得到普遍认同。经济合作与发展组织宣称，2000

年，31个发达成员国GDP（国内生产总值）占全球的60%，但到2030年将萎缩至43%；到了那时，发展中国家和新兴经济体GDP的全球占比将达到60%；在这一进程中，中国将发挥至关重要的作用。正是在这样的发展态势下，发达国家软硬实力下降，新兴力量综合实力上升，国际格局向相对平衡的方向发展。

中国作为新兴经济体，随着工业化、城镇化和农业现代化不断加快推进，扩大和刺激国内需求，需要解决好经济发展中所存在的不平衡、不协调、不可持续发展的矛盾，保障经济增长、控制物价水平、促就业惠民生，并在一定程度上实施积极的财政政策，促使经济结构转型和产业升级，推动经济发展方式转变、新的经济增长点的形成。

随着全球经济日益一体化，新兴经济体需要面对发达经济体的金融、经济危机对全球经济所带来的系统性风险。

另外，由于需求较为旺盛，部分新兴经济体的通胀水平往往较高，而需通过提高息口来抑制通胀，但发达经济体长期实施宽松的货币政策，利率普遍较低，新兴经济体如果维持较高的利率水平，将吸引更多热钱涌入，加剧跨境资本无序流动和金融市场动荡，影响全球金融稳定。这是新兴经济体需要应对的问题。

（七）可持续发展

可持续发展主要包括社会可持续发展、生态可持续发展、经济可持续发展。资源的持续利用和生态系统可持续性的保持，是人类社会可持续发展的首要条件。国际自然保护同盟于1980年发布的《世界自然资源保护大纲》指出："必须研究自然的、社会的、生态的、经济的以及利用自然资源过程中的基本关系，以确保全球的可持续发展。"

中国作为人口第一和经济高速发展的大国，对资源的需求日益增多，所消耗资源对环境也造成较大影响，因而确立可持续发展的责任较为重要。产业优化、科技创新、循环经济、节能环保、绿色低碳是可持续发展的重要突破口。国务院新闻办公室2011年9月6日发表的《中国的和平发展》白皮书指出："确立绿色、低碳发展理念，以节能减排为重点，加快构建资源节约、环境友好的生产方式和消费模式。推动循环经济发展，改善环境质量，构建安全、稳定、经济、清洁的现代能源产业体系，提升资源保障程度，促进人与自然和谐发展，实现经济发展与人口资源环境相协调，坚持探索一条科技含量高、经济效益好、资源消耗低、环境污染少、人力资源优势得到充分发挥的中国特色新型工业化道路。中国经济实现全面协调可持续发展，将为世界经济发展开辟更加广阔的空间。"

党的十九大报告提出："人与自然是生命共同体，人类必须尊重自然、顺应自然、保护自然。人类只有遵循自然规律才能有效防止在开发利用自然上走弯路，人类对大自然的伤害最终会伤及人类自身，这是无法抗拒的规律。"

"我们要建设的现代化是人与自然和谐共生的现代化，既要创造更多物质财富和精神财富以满足人民日益增长的美好生活需要，也要提供更多优质生态产品以满足人民日益增长的优美生态环境需要。必须坚持节约优先、保护优先、自然恢复为主的方针，形成节约资源和保护环境的空间格局、产业结构、生产方式、生活方式，还自然以宁静、和谐、美丽。"

第十章 市场波动周期与空间

以上分析了国内宏观经济与社会发展、国际经济与金融市场、区域经济与产业结构、行业经济与行业周期、企业竞争力与经营效率、企业偿债能力与获利能力、企业成长性与投资收益、市净率与市盈率等8个要素，这8个要素产生证券市场的周期波动与投资时机。

周期波动与投资时机体现为8个方面：牛熊周期的运行阶段、周期性转折、空间波动性、波动趋势、波动形态、市场成本、超买超卖行为、风险控制和投资组合。

10-1 经济和股市呈周期性波动

世上有许多周期发生的现象，例如"月有阴晴圆缺""日出日落""经济周期性的变化"，等等。宇宙的存在在于其永恒的运动，而其运动必以一定的时空为形式。时间和空间是一个周期性的过程，时间是运动变化的速度，空间是运动变化的距离。某一事件以一定时间间隔（如分、时、日、周、月、年等），以某种程度有规律地重复发生，这个时间的间隔长度就是时间周期。

经济和股市形成周期性的变化，其时间周期包括低点至低点之间的周期、高点至高点之间的周期、低点至高点之间的上升周期、高点至低点之间的下跌周期。通常，时间周期的计算和分析往往以一个循环低点至另一个循环低点相距的时间为标准。由于经济、股价走势的高低点具有周期变化的特点，因此，我们在预测经济、股价未来走向时，可以根据其时间周期的长短来推测未来循环高点或低点可能出现的时间区，从而做出相应投资买卖抉择。

周期包括：短期周期，指时间在3个月之内；中期周期，时间在半年至一年内；长期周期，时间上往往指在一年以上；超长期周期，时间在10年以上，如10年、15年、20年、30年，甚至60年等。中长周期内可分割出好几个低一级的周期，并可进一步细分。不同长度的周期有较强的同一阶段见顶或见底的倾向，如果某一点位区域是多个周期的交汇点，那么，其见顶或见底的可能性就较大。

经济波动和股价走势遵循着大自然物质运动周期性的规律，其运行具有时间的周而复始的特征，因而便产生了经济波动和股价走势的循环周期概念；其波动变化构成了经济数据和股价运行的空间，经济数据例如国内生产总值（GDP）增速、居民消费价格指数（CPI）同比增速、M1（狭义货币）与M2（广义货币）同比增速等在一定阶段内，形成一定高低点的波动区间，股价也总是围绕着低市盈率到高市盈率的价位之间来回波动，这反映出经济数据和股价升跌空间的重复性。

周期性变化不是简单重复的变化，而是一个矛盾发展的过程。

10-2 牛市和熊市的运行阶段

（一）牛市周期的运行阶段

股市底部至顶部之间的长期性上升周期为牛市周期，牛市包括局部牛市或中期多头市场中一般存在三个阶段的运行过程，分别为初段、中段和后段。

1. 牛市初段

在多头市场里，牛市的初段是进货期，这阶段虽然股市有所好转，投资价值也高，但市场仍存在戒心，特别是熊市长期下跌对股民造成的心理影响还没有完全消除，市场总体追涨仍较谨慎。这阶段股价上升缓慢而反复，成交量虽不大，但也慢慢增加，部分有远见的投资者通过对经济形势的分析，预期市场将发生转折，于是开始逐步选择优质股买入。

后来，随着市场逐步筑底走稳，市场交投开始活跃，股价每一次回落的低点都比上一次高。在牛市初段的中后期，股价开始走出底部形态，并放量上破底部形态颈线位和较长期的下降趋势线，此时是较好的买入信号，而接着而来的回抽则又是一次买入机会。

股市经过长期下跌消化利空后，消息面开始暖风频吹，基本面进一步转好，上市公司业绩增长的消息不时出现，刺激市场入市的兴趣。

这阶段，货币政策趋向宽松，存款准备金率水平相对也不高，而息口在历史低位区回升，开始进入加息周期，中国A股市场2006年和2007年的大牛市正是伴随加息周期的出现而形成，加息周期的出现说明经济逐渐进入繁荣阶段，市场需求趋旺，资金供不应求，上市公司业绩快速增长。

在底部构筑扎实下，市场主力一旦"点火"大举介入拉升指标股、资源股、成长股或新兴产业股等人气龙头板块，则可形成"星星之火，可以燎原"之势，市场炒作气氛又现，股市亦随之启动上扬，形成个股普涨启动行情。这时指数或个股股价向上突破了在熊市底部阶段所构筑的如双底、多重底、头肩底、圆底、V形底等形态的反弹高点颈线位,或放量上破前期上一台阶所形成的箱体盘整形态,特别是向上突破中期或较长期的下降趋势线,这些均是下降趋势扭转的可靠信号,而且突破的时候往往有上涨跳空缺口出现。

此时是主力大资金和投资大众介入的好时机,应重仓买入金融、地产、钢铁、有色金属、稀有资源、石化等权重蓝筹板块和其他人气板块,以及指数基金。此时,即使适当追涨也能获利。

牛市初段突破启动阶段是脱离底部后的第一波涨势,这阶段,捕捉好人气龙头股或指数基金一直持有,直至趋势扭转,吃尽整个波段,将是最大赢家,至少不会跑输大市。

经过较长时间下跌或筑底后,形成启动突破的时段,一般处于年底的11月至次年2月,如1996年1月、1997年1月、1998年1月、1999年2月、2000年1月、2002年1月、2003年1月、2005年12月至2006年1月、2009年1月、2016年1月等时段形成转折启动向上,之后均走出中级以上甚至是牛市的上涨行情。

2. 牛市中段

牛市中段当中,之前熊市的趋势扭转已得到市场确认,股价进入了加速上扬阶段,成交量也显著增加,投资大众信心大大增强,在一线优质股领涨下,二三线题材股纷纷拉升。一般来说,在牛市刚刚形成和刚进入上升阶段时以持股为主,每一次调整都是买入机会。在牛市中段,升势最凌厉的往往是小盘二线优质成长股,特别是其中有利好题材的股票。牛市中段是主升段,力度猛,持续时间较长,是获取最大利润的阶段。

此阶段,上市公司重组、业绩增长、分红送股、投资新项目等利好消息不断,刺激股价上扬,而市场息口也多次提高,伴随着牛市的上扬。

一波牛市行情中,板块轮涨有先有后,一线指标权重股涨势告一段落后,到二线蓝筹股跟上,再到三线题材股疯狂炒作,把握好轮涨的脉搏可使利润最大化。

牛市中段的加速上升阶段,一般出现在春季后半段,如3月20日"春分"后,并延续至6月前后。

3. 牛市后段

牛市进入后段,市场呈一片沸腾景象,大多数人都看好后市,场外资金不断涌入,股价急速上升,成交大增,股价的每次回落反而吸引更多的买盘。此时,上市公司的利好新闻也不断报道,上市公司也趁机大举增发集资和更多的公司招股上市,同时不少上市公司送红股或派息,以吸引投资者入市持股。在这阶段的后期,投机股、冷门股炒作疯狂,而优质股开始没人跟进,此时,往往是市场见顶的信号。

此阶段，经济和股市紧缩政策逐步推出，市场利率、存款准备金率不断上调。在牛市后段的最后阶段，市势上涨开始乏力，而成交却迭放天量，此为市况见顶的迹象。

牛市后段是冲顶、筑顶、见顶的时段，一般出现在5月至7月的年中阶段，中国A股市场如1992年、1993年、1995年、1997年、1998年、1999年、2001年、2002年、2003年等年份的5月或6月，均形成中级或以上的顶部，2007年出现"530"大跌，2009年7月底8月初见顶，2011年4月至7月反复筑顶，2015年5月至6月冲出大顶等。

6月21日的"夏至"前后是重要顶部转折点。有的顶部在秋季形成循环转折，如2007年10月为历史上的42个月的顶部循环周期，结果上证综指10月16日见大顶6124点，但之前"530"时大部分个股已实质见顶。

股价经过较长期的上升后，进入牛市后段，上升动量已得到较大释放，此时中小盘股的市盈率水平在80倍甚至100倍以上，大盘股市盈率水平在50倍以上，同时加息已有过多次，存款准备金率水平不断上调至历史高水平甚至超过，紧缩政策不断出台，新基金发行叫停，而新股发行速度加快，规模扩大，上市公司在二级市场上不断融资，此时，高息口等紧缩的货币政策效应开始体现，股市作为经济晴雨表也逐步见顶回落。

从历史情况看，当股票型基金仓位接近或达到九成时，意味着基金手头已没有多少资金推动行情上涨。如果缺乏后续增量资金，如新基金的发行、海外热钱进入和炒房资金转战股市等，那么行情继续上涨的动量不足，市场可能面临下跌风险。

例如，经过2006年和2007年的持续大涨后，到2007年9月，股票型基金平均仓位高达91.40%，个别更达到98%，结果是2007年10月16日沪指见大顶6124点，同年11月开始展开了长达1年的跌势。

又如，经过2010年7月至10月的上涨后，2010年11月上旬A股市场股票型、混合型开放式基金仓位已提升至88.89%，七成以上基金仓位超过90%，创下2006年以来新高，市场推涨的动量大为收敛。在市场重仓情况下和一片乐观之中，风险也逐渐来临。结果是2010年11月12日A股市场大跌超过5%，九成个股下跌，大盘一周内跌幅达10%。

股市上有句名言：众人皆醉我独醒。做股票要与投资大众背道而驰，因为在股票市场上，大多数是输家，只有少数是赢家，当市场被一片看好时，大多数人都在赚钱的时候，此时往往就是最危险的时候。

（二）熊市周期的运行阶段

股市顶部至底部之间的长期性下跌周期为熊市周期，熊市包括局部熊市或中期空头市场中一般存在三个阶段的运行过程，分别为初段、中段、后段。

1. 熊市初段

在熊市初段，其第一阶段是出货期，同时也处于牛市后段的末期，此时成交量仍较高，但已有逐渐减少的倾向，股价也上涨乏力，一线优质股开始走弱，大盘和个股逐步构筑头部形态。

由于投资价值已高估，市场内一些有远见的人士开始加快出货的步伐。在熊市初段的中后期，大盘指数和个股股价逐步形成顶部形态，并最终跌破顶部形态的颈线位、较长期的上升趋势线及中长期的移动平均线，此时确认上升趋势逆转，发出卖出离场信号，而接踵而来的回抽则又是一次逃命机会。

2. 熊市中段

熊市中段进入了顶部形态颈线位和上升趋势线等破位后的恐慌杀跌阶段，在一线优质股领跌下，二三线题材股纷纷杀跌。一般来说，在熊市形成下，每一次反弹都是卖出机会。

由于顶部形态已确立，想要买进的投资者开始退缩，而出货的人开始增多，经过加速下跌后大盘指数和个股股价通常会出现反弹或横盘走势，但反弹未能重返顶部形态颈线位和原来的上升趋势线而受压。

这阶段是主跌段，力度猛，持续时间较长，是回吐牛市大部分利润的阶段。此阶段，上市公司业绩倒退、亏损等利空消息不断，进一步打压股价，而息口经过牛市多次上升后也开始下降，伴随着熊市的下跌。在主跌段中，跌幅最大的是三线绩差股，权重股跌势有所放缓。

3. 熊市后段

在熊市后段，大多数人都看淡后市，场内资金不断离场，由于前阶段垃圾股已被抛弃，而绩优股进入了最后下跌阶段，此时利空频出，到最后阶段绩优股也跌无可跌并逐渐企稳，坏消息出尽或市场对其已麻木，并且市场成交极度萎缩时，也说明空头市场将渐渐结束。

这阶段，基本面逐步转好，新股发行速度放慢或停止，"刺激经济救股市"的呼声出现，"刺激经济"的政策也不断出笼，货币政策也较为宽松。这是股市逐渐进入底部区的信号。

特别是市场持仓较轻，这无形中形成较强的购买力，如股票型基金仓位接近或达到历史低位如70%，那么股市可能见底了，而临近下限60%时，更是大底逐步出现的征兆，如果此时新基金不断被批准组建，那么，行情见底指日可待。

例如，在2005年A股市场跌进底部区域，当年股票型基金四个季度的仓位分别为67.82%、69.11%、70.79%和73.65%，结果沪指2005年6月6日见底998点，经过半年的筑底，2006年和2007年大盘走出了大牛市。

又如，市场经过2007年10月见大顶而持续一年大跌后，2008年10月30日股票型基金平均仓位已降至61.63%，偏股混合型基金平均仓位为54.09%，配置混合型基金平均仓位38.05%。按规定，股票型基金最低股票仓位为60%。股票型基金整体仓位已经临近下限，结果是2008年10月28日沪指见大底1664点，同年11月7日开始回升，至2009年8月4日见顶3478点，走出了翻番涨势。

在时间上，经过上半年或下半年的下跌后，处于年中的5月至7月，或年底的11月至次年2月，这是底部形成的时段，如A股市场1996年1月、1999年5月、2005年6月、2008年10月、2010年7月、2014年7月等，均启动形成中级以上的上涨行情。大盘和股价经过较长时间调整后，在年中或年底附近见底的机会大，在这些时段可选择的个股较多，可谓"遍地是黄金"。

在熊市后段，股价经过较长期下跌，下跌动量已得到较大释放，已跌回历史长期成本区，或跌至历史上几个重要底部的连线区域上，成交量日渐萎缩，较多中小盘股的市盈率在20倍以下，大盘股如银行股等市盈率在10倍以下，而市净率水平在2倍以下甚至跌破净资产值，此阶段持股风险相对较小。

10-3 周期波动遵循六十甲子周期

（一）六十甲子反映大自然运行节奏

日月运行，一寒一暑，昼夜更迭，于是人们有了年、月、日、时等时间的概念。用干支配合来记年月日时，是我国古代特有的方法。

在中国古代的历法中，甲、乙、丙、丁、戊、己、庚、辛、壬、癸被称为"十天干"，子、丑、寅、卯、辰、巳、午、未、申、酉、戌、亥被称为"十二地支"。

十天干的顺序蕴含着万物从萌芽到成长，到兴旺，到衰退，到消失的全过程。甲，万物解孚而生；乙，万物抽穗而生；丙，物生丙然著见；丁，物体皆丁壮；戊，物皆成茂盛；己，物定形记识；庚，物结实老成；辛，万物冬藏而春又新生；壬，物交而孕；癸，物竞天择，适者生存。

同样，十二地支的顺序也蕴含着事物的发展变化过程。子，阳气始萌也；丑，物之初生甚难；寅，万物欣欣向荣；卯，万物繁茂昌盛；辰，物皆伸舒而出；巳，物生长布散；午，阴阳之气交舞于天地间；未，日中则昃；申，阴用事戕贼万物；酉，万物成秀而老；戌，物皆老而脱落；亥，万物收敛其生机而藏于核中。以上十二地支在农历上代表12个月份，子为十一月，丑为十二月，寅至亥分别为正月至十月。十二地支表述了万物生长化收藏的循环过程。

古人最初以十天干记日，十二地支记一年12月，后来古人发现，单单用十天干来记日，十二地支来记月，不够用，也不方便。于是，古人以十天干及十二地支结合起来运用，十天干和十二地支的最小公倍数是六十，将它们依次从头到尾互相排列组合起来，便创立了"六十甲子"，用于记年、月、日、时。

我们的先祖观察到九大行星的运行周期平均值近似60年，从而创立了天干和地支组合，用六十甲子概念来反映太阳系运行的周期。六十甲子来源于土水木三星的天文相会现象，木星绕太阳一周约12年，土星绕太阳一周约30年，水星绕太阳一周约0.25年，它们之间的最小公倍数是60年，也就是说大约60年土、水、木三星相会。古人进而用天干、地支和六十甲子表示时间。

古人用天干地支和六十甲子反映大自然运行的规律，通过记年和记月，以及大周期变化来反映太阳系天体运行的位置和相互联系，通过记日和记时，记录地球绕太阳运行和自转的情况。

年、月、日、时都是六十甲子一个循环。以时辰为单位来说，一天有12个时辰，60个时辰为5天即"一候"，为一个小循环；以年为单位来说，六十甲子推算60年的变化，形成一个周期。每60年为一个甲子周期，为一元，或叫一个大运。

中国古代以天为"主"，以地为"从"。"天"和"干"互联叫作"天干"；"地"和"支"互联叫作"地支"，合起来就是"天干地支"。

六十甲子，指十天干与十二地支依次按阳配阳、阴配阴组成60组干支，配完一个周期。甲配子，为甲子；乙配丑，为乙丑；丙配寅，为丙寅……天干配完一次后再用甲配戌，为甲戌；乙配亥，为乙亥；丙配子，为丙子；丁配丑，为丁丑……癸配亥，为癸亥。配到癸亥，再配下去又是甲子，和前边的甲子就重复了。在相配过程中，天干运行了6个周期，地支运行了5个周期。因为这60组干支是甲子开头，故称为六十甲子。

六十甲子：甲子、乙丑、丙寅、丁卯、戊辰、己巳、庚午、辛未、壬申、癸酉、甲戌、乙亥、丙子、丁丑、戊寅、己卯、庚辰、辛巳、壬午、癸未、甲申、乙酉、丙戌、丁亥、戊子、己丑、庚寅、辛卯、壬辰、癸巳、甲午、乙未、丙申、丁酉、戊戌、己亥、庚子、辛丑、壬寅、癸卯、甲辰、乙巳、丙午、丁未、戊申、己酉、庚戌、辛亥、壬子、癸丑、甲寅、乙卯、丙辰、丁巳、戊午、己未、庚申、辛酉、壬戌、癸亥。

六十甲子反映年、月、日、时的运行周期。60组干支，记年是60年一个周期，记月是60个月（5年）一个周期，记日是60天一个周期，记时辰是60个时辰（5天）一个周期。这些均是股市运行周期的基础。股市受六十甲子周期影响，形成了周期性的波动变化。

(二) 六十甲子系列周期

《黄帝内经·素问》曰："所以欲知天地之阴阳者，应天之气，动而不息，故五岁而右迁；应地之气，静而守位，故六期而环会。动静相召，上下相临，阴阳相错，而变由生也。""天以六为节，地以五为制。周天气者，六期为一备；终地纪者，五岁为一周。君火以明，相火以位。五六相合，而七百二十气为一纪，凡三十岁，千四百四十气，凡六十岁，而为一周，不及太过，斯皆见矣。"

这里提出了5年、6年、30年、60年的周期概念。五运六气结合，演化出七百二十气，为一纪，共三十年，一千四百四十气，共六十年，为一大周期。这实质是甲子系列周期。

甲子六十年周期中，包含许多周期，主要有一纪（即30年）、十干（10年）、十二支（12年）。天干地支的精髓是10年、12年、30年、60年周期。

具体上，甲子周期还可分割和扩展一系列的周期：如记年的60年周期可分割出60年、45年、30年、15年、12年、10年、5年等，还可扩展为90年、120年、180年、240年、360年等；记月的周期可分割出60月、45个月、30个月、15个月、12个月、10个月、5个月等，以及扩展为90个月、120个月、180个月、240个月、360个月等；记日的周期可分割出60天、45天、30天、15天、12天、10天、5天等周期，以及扩展为90天、120天、180天、240天、360天等。

这一系列甲子周期与二十四节气、周天公度数等周期殊途同归，并且相互交汇结合形成了股市一系列的长、中、短的周期。二十四节气以沿黄经每运行15度所经历的时日15天为"一个节气"，节气和周天公度数以"15"为单位反映周期变化，这也是甲子周期的分割和扩展之数。

六十甲子及其分割、扩展之数包括60年、45年、30年、15年、12年、10年、5年等，以及90年、120年、180年、240年、360年等，反映着自然周期的节奏，而自然周期影响着万事万物的周期变化，六十甲子是一切周期现象的基础，万事万物的周期变化体现着六十甲子及其系列分割、扩展之数。

例如经济和股市周期，超长的周期表现为60年、90年、120年、180年、240年、360年，长周期表现为30年、15年、12年、10年、5年等，中周期表现为45个月、42个月（180周）、30个月、15个月、12个月、10个月等，小周期表现为60天、45天、30天、15天、12天、10天、5天等。经济和股市周期有转折意义和较为常见的包括60年、30年、10年、42个月（180周）、12个月等，见图10.1。

经济和股市的运行周期来自于六十甲子及其分割、扩展之数，而六十甲子

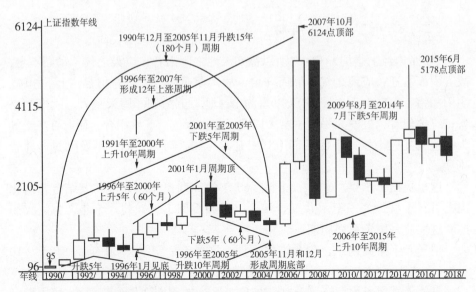

图 10.1 上证综指历史走势（至 2018 年 7 月）形成 5 年、10 年、12 年、15 年周期

正体现着天体周期运行的规律，宇宙就是时间和空间不断周期性运行变化的过程，这是大自然能量场消长作用的结果。

（三）六十甲子数列形成股市转折

A 股市场历史走势上，往往遵循十天干（10 年）、十二地支（12 年）、六十甲子之数形成周期变化，其中 5 年（60 个月）、10 年（120 个月）、15 年（180 个月）是最重要的转折周期。

例如，上证综指从 1990 年 12 月 95 点历史大底部起，至 1996 年 1 月 512 点底部，历时 5 年（60 个月），而至 2000 年 11 月 2125 点（顶部区的中间点）历时 10 年（120 个月）上涨；1996 年 1 月底部 512 点至 2005 年 12 月底部启动点 1074 点也历时 10 年（120 个月）。上证综指 2005 年 6 月底部 998 点至 2015 年 6 月顶部 5178 点，历时 10 年（120 个月）。

从十二地支（12 年）周期看，上证综指从 1996 年 1 月底部 512 点启动上升周期，至 2007 年 10 月见大顶 6124 点，共上涨了 12 年，完成一个长期上升周期，2008 年出现了大跌，进入了调整周期。上证综指从 2001 年 6 月 14 日顶部 2245 点至 2013 年 6 月 25 日底部 1849 点，历时 12 年。

从 15 年（180 个月）周期循环规律看，上证综指 1990 年 12 月历史底部 95.79 点以来的第 180 个月，为 2005 年 11 月，结果 2005 年 11 月和 12 月均形成重要转折底部 1074 点，并促成 2006 年和 2007 年展开大升浪。

这15年的长周期循环之内又包含3个5年基本长周期升跌循环。下一个15年出现在2020年11月，再下一个出现在2035年11月，如此类推。

从长期看，30年和60年（甲子之数）将是更为重要的周期。

10－4　六十甲子60日周期现象

（一）天干地支合冲

中国古代认为，五行是宇宙万物的基本元素，它们是金、木、水、火、土，而它们之间存有相生相克的关系，相生：金生水、水生木、木生火、火生土、土生金，相克：金克木、木克土、土克水、水克火、火克金。

1. 天干合冲

十天干分阴阳，阳干：甲、丙、戊、庚、壬，阴干：乙、丁、己、辛、癸；并配五行方位：甲乙东方木、丙丁南方火、庚辛西方金、壬癸北方水、戊己中央土。

天干相生：甲乙木生丙丁火，丙丁火生戊己土，戊己土生庚辛金，庚辛金生壬癸水，壬癸水生甲乙木。

天干五合，也称十干化合，即甲与己合化土，乙与庚合化金，丙与辛合化水，丁与壬合化木，戊与癸合化火。天干的化合是由二十八宿位于天体上的位置来决定的，以甲与己合化土为例，当五行土气在天体上经过心、尾、角、轸四宿时，恰是甲己方位，故甲己天干就合化为土，而逢甲和己亦便是属土的气象运行主事。

天干相冲：相冲就是不合、相撞的意思。天干相冲，乃是指天干在方位上两两相对，在五行上是同性相克。即十天干中庚甲相冲、辛乙相冲、壬丙相冲、癸丁相冲。戊己为土居中央，故无冲。

甲属阳木，为东方，庚属阳金，为西方，阳与阳同类相斥，金与木相克，而且二者方位相反，故曰相冲。其余之干相冲类推。

天干相克：甲乙克戊己，戊己克壬癸，壬癸克丙丁，丙丁克庚辛，庚辛克甲乙。

天干地支配五行方位：甲乙寅卯东方木，丙丁巳午南方火，戊己中央土，辰戌丑未四库土，庚辛申酉西方金，壬癸亥子北方水。

2. 十二地支合冲

十二地支的五行属性：亥子属水，寅卯属木，巳午属火，申酉属金，辰戌丑未属土。

十二地支配生肖：子鼠，丑牛，寅虎，卯兔，辰龙，巳蛇，午马，未羊，申猴，酉鸡，戌狗，亥猪。

十二地支二合局：子丑合化土，寅亥合化木，卯戌合化火，辰酉合化金，巳申合化水，午未合化土。

十二地支相冲：子午相冲，丑未相冲，寅申相冲，卯酉相冲，辰戌相冲，巳亥相冲。

十二地支相害：子未相害，丑午相害，寅巳相害，卯辰相害，申亥相害，酉戌相害。

十二地支相刑：子卯相刑为无礼之刑，寅巳申三刑为无恩之刑，丑未戌三刑为恃势之刑，辰、午、酉、亥为自刑。

六冲，是位置相对应，五行有相克，有冲突、相战之意。除了地位对冲，还有支中所藏人元冲克之义。子午相冲，子中癸水克午中丁火，午藏己土克子中癸水。丑未相冲，丑中辛金克未中乙木，未中己土、丁火克丑中癸水、辛金。寅申相冲，寅中甲木克申中戊土，申中庚金、壬水克寅中甲木、丙火。卯酉相冲，酉中辛金克卯中乙木。辰戌相冲，辰中癸水克戌中丁火，戌中辛金克辰中乙木。巳亥相冲，巳中庚金克亥中甲木，亥中壬水克巳中丙火。

六冲中，子午相冲，子水冲克午火，而午火对子水有冲无克；卯酉相冲，酉金冲克卯木，而卯木对酉金只是有冲无克；寅申相冲，申金冲克寅木，而寅木对申金只是有冲无克。巳亥相冲，亥水冲克巳火，而巳火对亥水只是有冲无克。

（二）六十甲子的年与日干支克冲

六十甲子日天干地支与六十甲子年天干地支克冲，体现为六十甲子日天干克冲六十甲子年天干，部分六十甲子日地支冲六十甲子年地支，部分六十甲子年地支克冲六十甲子日地支。以下为六十甲子的年与日干支克冲情况：

甲子年与庚午日天干地支相克冲
乙丑年与辛未日天干地支相克冲
丙寅年与壬申日天干地支相克冲
丁卯年与癸酉日天干地支相克冲
戊辰年与甲戌日天干地支相克冲
己巳年与乙亥日天干地支相克冲
庚午年与丙子日天干地支相克冲
辛未年与丁丑日天干地支相克冲
壬申年与戊寅日天干地支相克冲
癸酉年与己卯日天干地支相克冲

甲戌年与庚辰日天干地支相克冲
乙亥年与辛巳日天干地支相克冲
丙子年与壬午日天干地支相克冲
丁丑年与癸未日天干地支相克冲
戊寅年与甲申日天干地支相克冲
己卯年与乙酉日天干地支相克冲
庚辰年与丙戌日天干地支相克冲
辛巳年与丁亥日天干地支相克冲
壬午年与戊子日天干地支相克冲
癸未年与己丑日天干地支相克冲
甲申年与庚寅日天干地支相克冲
乙酉年与辛卯日天干地支相克冲
丙戌年与壬辰日天干地支相克冲
丁亥年与癸巳日天干地支相克冲
戊子年与甲午日天干地支相克冲
己丑年与乙未日天干地支相克冲
庚寅年与丙申日天干地支相克冲
辛卯年与丁酉日天干地支相克冲
壬辰年与戊戌日天干地支相克冲
癸巳年与己亥日天干地支相克冲
甲午年与庚子日天干地支相克冲
乙未年与辛丑日天干地支相克冲
丙申年与壬寅日天干地支相克冲
丁酉年与癸卯日天干地支相克冲
戊戌年与甲辰日天干地支相克冲
己亥年与乙巳日天干地支相克冲
庚子年与丙午日天干地支相克冲
辛丑年与丁未日天干地支相克冲
壬寅年与戊申日天干地支相克冲
癸卯年与己酉日天干地支相克冲
甲辰年与庚戌日天干地支相克冲
乙巳年与辛亥日天干地支相克冲
丙午年与壬子日天干地支相克冲
丁未年与癸丑日天干地支相克冲,
戊申年与甲寅日天干地支相克冲

己酉年与乙卯日天干地支相克冲
庚戌年与丙辰日天干地支相克冲
辛亥年与丁巳日天干地支相克冲
壬子年与戊午日天干地支相克冲
癸丑年与己未日天干地支相克冲
甲寅年与庚申日天干地支相克冲
乙卯年与辛酉日天干地支相克冲
丙辰年与壬戌日天干地支相克冲
丁巳年与癸亥日天干地支相克冲
戊午年与甲子日天干地支相克冲
己未年与乙丑日天干地支相克冲
庚申年与丙寅日天干地支相克冲
辛酉年与丁卯日天干地支相克冲
壬戌年与戊辰日天干地支相克冲
癸亥年与己巳日天干地支相克冲

在股市历史走势上，与六十甲子年相克冲的六十甲子日往往呈现不同程度的转折点效应，如冲出转折高点形成抛压，尤其是天干地支均克冲六十甲子年天干地支的六十甲子日，呈现效应或更明显，当然在已蓄势或调整较长时间下，效应或收敛，甚至空头能量被最后冲出完毕，反而成为转折启动一波升浪的契机，在牛市中其前后或体现为阶段蓄势过程。一年中克冲年天干地支的日子周期性出现6次，或呈现的是60日周期性波动现象。

另外，还可结合当月天干地支合克情况综合来分析。有关"克冲日"效应究竟是周期性现象还是巧合，有得未来进一步验证和研究。

（三）克冲日时段股市波动效应

从历史走势看，天干地支均克冲年的日子，A股市场体现一定的冲击效应。

1. 乙未年与辛丑日冲突

2015年乙未年，辛丑日与乙未年天干地支均相冲。

乙未年的几个辛丑日前后时间段大盘均形成较大冲击，如5月25日为辛丑日，结果当日和次日冲高，而第3个交易日冲高乏力，第4个交易日（5月28日）沪指大跌6.19%，后再度冲高至6月12日而见顶5178点；7月24日为辛丑日，结果当日形成反弹高点而回落，次日沪指大跌8.48%；9月22日也为辛丑日，结果当日形成阶段高点，之后一周反复走弱；11月21日为辛丑日，其为周六，11月23日复市后冲出高点回落，后反弹乏力，11月27日沪指大跌5.5%，见图10.2。

辛丑日60日一轮回，60日为一甲子周期，也是股市的转折周期，当然，不同月份，由于月令干支的影响，辛丑日所产生的冲击效应其强弱程度有所不同。如3月26日为2015年乙未年第一个辛丑日，但当月为己卯月，乙未年天干乙木克己卯月天干己土，有己土挡克，这使辛金与乙木相冲效应减弱。而卯月与未年形成卯未半合化木局，将"未"在一定程度上合去，使其与丑日相冲效应减弱，所以，3月26日辛丑日尽管当日大盘上下波动较大，但总体没有形成较大的冲击。

丑日与未年地支相冲，羊年（未年）大盘在丑日或前后形成或多或少冲击效应，特别辛丑日与乙未年天干地支均相冲，这也体现为大盘阶段周期波动的节奏，体现一定"魔咒"效应。

2015年12月27日（周日）为丁丑日，其效应在12月28日体现出来，结果市场出现略大跌幅。可见丑日与未年存在相冲效应，但没有辛丑日与乙未年天干地支均相冲所产生的效应大，而且随着羊年进入末段，丑日与未年相冲的冲击也在减弱。

2016年1月4日后大盘持续走弱，包括全球主要股市破位下跌，杀伤力较大，体现丑月与未年相冲效应。

而2016年1月20日即己丑月辛丑日，形成丑日和丑月两丑冲乙未年之势；另外，辛丑日天干辛与乙未年天干乙相冲，己丑月天干己与乙未年天干乙相克，形成干支相克相冲的大冲突。同时，该日刚好为大寒节气。

结果辛丑日大寒节气前一天大盘出现较大幅反弹，辛丑日出现略冲高后调整，形成高点，之后一周出现较大跌幅。

1月20日全球市场普遍下跌，港股当日跌势加剧，重挫近4%，呈现"股汇双杀"格局。美股道指收盘下跌1.56%，欧股重挫3.2%，创1年多新低；日本股市日经225指数收盘大跌3.7%，收报16416.19点，自上年6月高点以来下跌接近21%；韩国首尔综合指数收跌2.3%，一度创下自2012年以来的新低。此外，印度和澳大利亚股市跌幅均超过1%。

国际油价1月20日大幅下跌，纽约油价跌至2003年5月以来的最低水平。美国原油期货价格重挫6.7%跌破了每桶27美元，纽约油价跌至2003年5月以来的最低水平，令市场承压。

令油价持续走低的主要负面因素包括：市场供过于求，全球经济增速放缓，产油国为了争夺市场展开价格战。

有分析家认为，低油价是股市持续暴跌的主要杀手，也是造成汇率大幅波动的主要原因。

可见，1月20日即己丑月辛丑日，形成丑日和丑月两丑冲乙未年之势，加上大寒时点，冲击力大。

2016年1月20日是辛丑日与乙未年最后一次大冲突，而2016年1月6日开始的己丑月是乙未年最后一个月，丑未冲突也在丑月集中最后释放，并于2016年1月27日探出底部2638点，见图10.2。

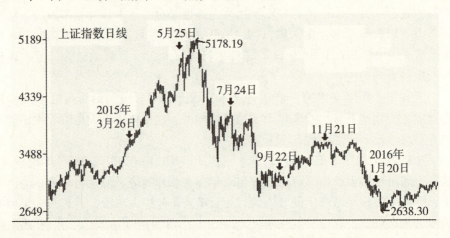

图10.2　乙未年的辛丑日时段体现60日周期性冲击效应

2. 丙申年与壬寅日冲突

壬寅日在2016年丙申年，壬寅与丙申天干地支均克冲，形成壬（水）与丙（火）相克冲，寅（木）与申（金）相克冲，在丙申年的壬寅日时段体现出一定程度的股市周期性冲击效应。

A股走势上，2016年3月21日（壬寅日）经过之前一个多月筑底回升后，当日冲出了高点，之后几日有所走软；5月20日（壬寅日）止跌回升，而于第二个交易日冲出高点，后展开一周的盘软走势；7月19日（壬寅日）在前一两个交易日见高点后，当日下跌，并促成后两周的持续调整；9月17日（壬寅日）在前后交易日拉升，后盘了几日后，于9月26日大跌；11月16日（壬寅日）反弹乏力，于第三个交易日出现略大跌幅；2017年1月15日（壬寅日）为周日，而次日复牌后一度出现大跌。

3. 丁酉年与癸卯日冲突

2017年丁酉鸡年，癸卯日与丁酉年天干地支均相克冲，其前后大盘冲高而后调整，如2017年3月17日（癸卯日）在沪指接近3300点时，当日出现略大跌幅；5月16日（癸卯日）出现较大波动后而拉涨冲出阶段高点，后调整了一周；7月15日（癸卯日）为周六，7月17日复牌后出现当年以来的最大跌幅；9月13日（癸卯日）冲出高点，次日开始连调整两周；11月12日

（癸卯日）为周日，结果次日复牌后沪指拉出近半年涨势的新高，但次日开始下跌，调整了一个多月；2018年1月11日（癸卯日）沪指盘中出现调整，第二个交易日冲高回落，第三个交易日出现略大跌幅，由于是最后一个癸卯日和丁酉年的末段，所以冲击力不大。

鸡年（丁酉）卯日与酉年地支相冲，大盘在卯日往往冲出短期高点或调整，当然要结合卯日的天干来分析，如8月8日（丁卯）沪市冲出高点后调整3天，9月1日（辛卯）创出2017年以来最大的成交量而冲高回落，该日除卯日与酉年地支相冲，同时年天干"丁"火克日天干"辛"金。

4. 戊戌年与甲辰日冲突

2018年狗年（戊戌年），甲辰日与戊戌年呈天干甲戊相克冲，地支辰戌相冲，呈现60日周期转折波动效应，如3月13日（甲辰日）形成重要转折高点，导致后几个月持续走软；5月12日（甲辰日），其为周六，结果前一日即5月11日大盘回落，部分之前有一定涨幅的股票出现较大跌幅，特别是当日创业板出现略大调整（创业板指跌1.64%），之后一两个交易日大盘冲出高点，而振荡几日后出现一波下跌，并于5月30日大跌，创出2018年1月29日见高点以来的新低。

7月11日也为甲辰日，结果7月11日甲辰日当日大盘低开一度大跌超过2%，而次日大涨，后调整一周，体现出一定的相冲"魔咒"效应，但总体跌幅不大。

7月7日后为未月，与戌年、辰日为准合化（辰戌丑未四库合化土局），辰戌未尽管不是四库合化，但也算是一定程度的准合化，所以，7月11日甲辰日冲击的影响力阶段上有所减弱。

9月9日为甲辰日（周日），结果9月10日复市后大盘出现较大抛压，之后几日也有所走软。

10-5 股市波动巧合天象现象

（一）"超级蓝月+月全食"市场大波动

北京时间2018年1月31日晚，丁酉鸡年最后一个满月夜，"'超级蓝月'+月全食"在天幕现身。

天文学中，"蓝月"是一个月中的第二次满月，因相对罕见而被叫作"蓝月"。所谓"蓝月亮"并不是指人们用肉眼可以看到蓝色调的月亮，而是指天文历法中的一种特殊现象。通常情况下，一个公历月里只有一次满月，但有时也会例外，因为两次满月间大约相隔29.53天，而公历历法中每个大月有31

天、小月有 30 天（2 月例外），因此，一个公历月有可能出现两次满月，第二次满月就叫"蓝月亮"。

"超级月亮"指的是月亮"微胖的体形"。本次"蓝月"发生时，月亮恰在近地点附近，从地球上用肉眼观测，月亮看起来比平时更大。

其实，"蓝月"并不稀有，但如果"蓝月"是一颗"超级月亮"，又同时发生月全食，那就是十分罕见的天象。

当天太阳、月亮、地球连成一直线，形成月全食天象，"超级蓝月"和月全食叠加出现，这三种天象一起登场十分罕见，要 150 多年才遇一次，上一次发生这种现象可追溯到 1866 年 3 月 31 日。

在本次"'超级蓝月'+月全食"前后，巧合 A 股市场出现剧烈的波动，特别是连续两三日呈现百股跌停现象。期间全球股市也同时大跌。

2018 年 1 月，上证 50 创纪录 19 连涨，沪市一口气冲到 1 月 29 日 3587.03 点，后展开调整，连续两三日呈现百股以上跌停惨剧，2 月 1 日收盘更是有超过 240 只个股跌停，而跌幅在 9% 以上的个股数量当日达到了 323 只。其中，一些流动性较差的个股盘中闪崩的现象增多。

2018 年 2 月 9 日沪指跌至 3062 点才止跌，从 1 月 29 日 3587 点见顶调整，短短两周，跌幅可谓巨大。

（二）"蓝月亮"大盘冲高回落

2018 年 3 月 31 日"蓝月亮"天象亮相天宇。

"蓝月亮"平均每 2.4 年就会出现一次，有的年份没有，有的年份会有两次，比如 2018 年就有两次，一次在 1 月 31 日，一次在 3 月 31 日。从 3 月份看，第一次满月发生在 2 日，第二次满月（"蓝月亮"）发生在 31 日。

2018 年 3 月 31 日"蓝月亮"当日为周六，而前一天即 3 月 30 日 A 股市场转活跃，不少个股走强，特别是创业板股票大涨，但 4 月 2 日复市后大盘冲高回落，4 月 3 日缺口低开调整，后整理两日才止跌，可见 3 月 31 日"蓝月亮"时点，股市呈现冲高而调整效应。

下一次"蓝月亮"天文现象将出现在 2020 年 10 月。

（三）水星"东大距"股市强力反弹

2018 年 7 月 12 日 A 股市场反弹超过 2%，巧合的是当日天宇上演水星东大距。

由于距离太阳太近，水星经常被湮没在太阳的光辉中，每年只有数次短暂的可观测机会，为金、木、水、火、土五大行星中最难看到的一颗。只有等到水星和太阳的角距达最大，即大距时，公众才最有希望目睹水星。

水星在太阳东边称"东大距",在太阳西边称"西大距"。东大距时,可以在黄昏时分的西方地平线上方找到水星;西大距时,水星则在黎明时的东方低空出现。

7月12日的这次东大距是水星2018年的第四次大距。2018年水星分别于1月2日、4月30日、8月27日、12月15日位在西大距;3月15日、7月12日、11月6日位在东大距。

巧合的是,大盘2018年1月2日水星西大距略大涨启动,3月15日水星东大距有所抵抗走稳;4月30日水星西大距前后反复止跌形成支撑点,后5月上中旬走出一波升势;2018年8月27日水星西大距呈现较有力反弹,但次日乏力而后逐步走弱,所以8月27日既拉升而又冲出高点。

(四)大反弹遇火星"大冲"受阻

2018年7月27日,橙红色的火星迎来15年一遇的"大冲",而7月28日晨精彩的月全食也现身天宇。从地球上观测,当火星和太阳分别处于地球两侧时,天文学上称为"火星冲日"。如果冲日时的火星恰好位于近日点附近,就是"火星大冲",此时,火星最为接近地球,看起来会特别明亮。

2018年7月27日13时14分的火星冲,是"大冲"日,其视直径达到24.3角秒,视星等更是达到-2.8等,异常明亮,是2018年夏季整夜观测火星的最佳时机!冲时并不是与地球最近时刻,最近时刻在7月31日15时51分。

火星冲日较为罕见,一般2～3年才发生1次,有时会4年以上才发生一次。而火星大冲则更为罕见,21世纪而言仅仅几次而已,天文资料显示,火星每15或17年就会发生一次大冲。上次发生在2003年,2018年是21世纪的第二次,2018年过后,随后的大冲将发生在2035年、2050年。

本轮火星"大冲"刚好碰上一轮满月,又恰好发生2018年第二次月全食。本次月全食的初亏为7月28日2时24分,食既为3时30分,食甚为4时22分,生光为5时14分,复圆为6时19分。其中,最精彩的全食部分长达1小时44分,为21世纪以来历时最长的月全食。在全食阶段,月亮呈现古铜色,也就是大家所熟知的"红月亮"。"红火星"与"红月亮"完美邂逅,呈现的是一场难得的天文盛景。

这次7月27日15年一遇的火星"大冲",巧合的是之前几日股市受利好刺激而呈现持续较大涨幅,由于是15年一遇,所体现的是7月27日前后一段效应。

加上之前几日7月23日国务院召开常务会议,会议强调,"积极财政政策要更加积极""保持适度的社会融资规模和流动性合理充裕"。受此影响,A

股市场当周应声而起，周期、基建行业股票呈现较好涨幅，或也与火星"大冲"天象巧合。

2018年7月27日火星"大冲"和7月28日满月、月全食之后的交易周，大盘走出较大跌幅，特别是深成指和创业板指创出2017年11月中旬见顶调整以来的新低，可见火星"大冲"等天象前后涨跌波动大，而体现更多的是调整性波动。

（五）太阳耀斑爆发股市冲出高点

2017年9月6日19时53分，太阳爆发X 9.3级大耀斑，引发太阳质子事件和日冕物质抛射。这是自2005年以来，太阳最强的一次爆发活动，打响了新一轮太阳风暴的第一枪。

这次太阳耀斑爆发，是由一个代号为AR 2673的太阳黑子群引发的，该黑子群从2017年9月3日以来，在5天的时间内已经爆发了10余次太阳大耀斑，其中9月4日爆发的太阳大耀斑还伴随有日冕物质抛射，并直接导致了中等太阳质子事件。太阳耀斑发生时，会不同程度影响地球上的短波通信。

这次太阳耀斑爆发伴随的日冕物质抛射到达地球，引起地球磁层、电离层和高层大气强烈的扰动。

这次太阳耀斑爆发期间，2017年9月6日A股市场冲出高点，次日出现略大跌幅，之后整理了3周。

（六）星体相形金融市场动荡

所谓月满则缺，"蓝月亮"，特别是"'超级蓝月'+月全食"，以及日全食体现着宇宙大周期的转折变化，其前后与股市转折（向上或向下突破）是否有关，仍有待进一步研究。

2007年2月底3月初全球股市总体曾出现动荡不安之势，沪深股市2007年2月27日出现大跌，上证综指当日跌8.84%！之后几日振荡加剧，受其影响，全球股市也出现小股灾！

从天象来看，这阶段刚好出现2月28日的海王星与土星对冲（从地球看两星位置夹角180度）及3月3日的月全食。

当时，美国财经占星家克劳福说，这两个星体的相形，促使金融市场动荡，过去就有过纪录，例如1994年12月的墨西哥金融危机，以及1929年的华尔街大崩盘。

2009年7月22日出现了在中国境内500年一遇的日全食，据有关方面称，这是从1814年至2309年在中国境内全食持续时间最长的一次日全食。当年7月21日下午，沪深股市出现大跌，而物极必反，7月22日则出现大升，这两天的股市走势正是太阳由亏食到生光复圆的形象体现，但拉升几天后，7月29日突然大跌5%以上，并放出历史以来天量，基本确立了大半年上升以来的顶部，正体现着日全食时段的转折效应。

同时，2009年农历六月（公历7月下旬至8月中下旬）地支为"未"，与当年己丑年地支"丑"相冲，结果在当年7月下旬，股市出现大跌，进入8月第一个交易周，大盘见顶，后展开5年的反复调整。

天象的出现有时与股市的异常走势会有或多或少的巧合，这或许与周天的周期循环及众多的时空周期有所交汇。

10-6　农历特殊日子的市场波动现象

（一）二月二　龙抬头

农历二月初二，俗称青龙节，传说是龙抬头的日子，它是我国农村的一个传统节日，名曰"龙头节"。俗话说："二月二，龙抬头，大家小户使耕牛。"此时，阳气回升，大地解冻，春耕将始。

传说此节起源于三皇之首伏羲氏时期。伏羲氏"重农桑，务耕田"，每年二月二这天，"皇娘送饭，御驾亲耕"，自理一亩三分地。后来黄帝、唐尧、虞舜、夏禹纷纷效法先王。到周武王，不仅沿袭了这一传统做法，而且还当作一项重要的国策来实行，于二月初二举行重大仪式，让文武百官都亲耕一亩三分地，这便是龙抬头节的历史传说。

农历二月初二之所以称为龙抬头节，其实与古代天象有关。古时，人们观察到苍龙星宿春天自东方夜空升起，秋天自西方落下，其出没周期和方位正与一年之中的农时周期一致。由于地球围绕太阳公转，天空的星象也随着季节转换。每到冬春之交的傍晚，苍龙显现；春夏之交，玄武升起；夏秋之交，白虎露头；秋冬之交，朱雀上升。

在二月初二这一天，东方地平线上升起了龙角星，所以称为龙抬头。民间又传说这一天是天上主管云雨的龙王抬头的日子，从此以后，雨水会逐渐增多起来。因此，这天就叫"龙头节"和"青龙节"。

这一天一般处在惊蛰前后，此时大地回春，万物复苏，农耕在即，一切都是新的开始。在股市历史走势上，二月初二往往是回升的时段，特别是经过一段蓄势整理后，到了"龙抬头"，股市也开始逐步转强。

如2015年3月21日（二月初二），该日为周六，而3月23日复牌后沪指高开向上启动突破，并拉出之后一个多月的涨势；2016年3月10日（二月初二）沪指下探，次日探出低点，后展开一个多月的反弹；2017年2月27日

（二月初二）在之前连续拉升后，当日调整而探出短期低点，之后两日反弹，随后经过一段波动后反复上扬至同年4月中旬才见顶；2018年3月18日（二月初二），该日为周日，而次日复牌后沪指反弹了3天。

（二）二月十五　老子诞辰

农历二月十五日是个特别的纪念日，在佛教中这一天是佛陀释迦牟尼涅槃日，而在道家，这一天是老子诞辰。

老子姓李名耳，字聃，是我国古代伟大的哲学家和思想家，道家学派创始人，在西周末年武丁朝庚辰二月十五日卯时诞生，相传他一生下来就是白眉毛白胡子，所以被称为老子。

在股市历史走势上，农历二月十五日也往往是转折点时段，如2015年4月3日（二月十五日）向上突破，后展开一波升势；2016年3月23日（二月十五日）冲出高点后调整几日；2017年3月12日（二月十五日），其为周日，次日复牌后扭转前段跌势而止跌大反弹，并推动后续反复走稳；2018年3月31日（二月十五日），其为周六，4月1日复牌后冲出高点而调整，4月2日继续走低。

此外，一些佛教特殊日子，市场或也不同程度呈现一些转折波动现象，如二月初八（释迦牟尼佛出家）、二月十九日（观世音菩萨圣诞）、二月廿一日（普贤菩萨圣诞）、四月初四（文殊菩萨圣诞）、四月初八（释迦牟尼佛圣诞）、六月十九日（观世音菩萨成道）、七月十三日（大势至菩萨圣诞）、九月十九日（观世音菩萨出家纪念日）、九月三十日（药师琉璃光如来圣诞）、冬月十七日（阿弥陀佛圣诞）、腊月初八（释迦如来成道），等等。

（三）三月三　生轩辕

农历三月初三，古称上巳节，也是一个纪念黄帝的节日。相传三月三是黄帝的诞辰，中国自古有"二月二，龙抬头；三月三，生轩辕"的说法。

魏晋以后，上巳节改为三月初三，后代沿袭，遂成水边饮宴、郊外游春的节日。农历三月初三，也是道教神仙真武大帝的寿诞。真武大帝全称"北镇天真武玄天大帝"，又称玄天上帝、玄武、真武真君，生于上古轩辕之世。

另外，农历三月初三也是传说中王母娘娘开蟠桃会的日子。据说西王母的诞辰日是七月十八，但每年的三月初三这天，王母娘娘要在瑶池举行盛大的蟠桃会，天界各路神仙都会集于瑶池，为王母庆寿，称为"蟠桃会"。因此，农历三月初三也成了一个重要的道教节日。

在股市历史走势上，农历三月初三也往往是转折回升点时段，如2015年4月21日（三月初三）在前一日调整后当日止跌反弹，后连续涨了5个交易日；2016年4月9日（三月初三），其为周六，之前两日大盘调整，而4月11日复牌后沪指高开高走，反弹了几天；2017年3月30日（三月初三），经过连续几日调整后，大盘当日止跌，并促成后几日展开有力反弹；2018年4月18日（三月初三），当日探出了一个多月调整的低点，后展开一个多月的反弹。

从历史走势看，股市波动或多或少与上述"二月二""二月十五""三月三"等农历特殊日子有一定巧合，这究竟是周期性转折现象还是纯属巧合，有待进一步研究。

10-7 二十四节气时点转折

二十四节气起源于黄河流域，古人根据月初、月中的日月运行位置和天气及动植物生长等自然现象之间的关系，把一年平分为24等分，这24等分就是24个节气。

二十四节气是根据太阳在黄道（即地球绕太阳公转的轨道）上的位置来划分的。太阳从春分点（黄经零度，此刻太阳垂直照射赤道）出发，沿黄经每运行15度所经历的时日称为"一个节气"，运行一周又回到春分点，为一回归年，合360度，每年运行360度，共经历24个节气，每月2个。

二十四节气的名称为：立春、雨水、惊蛰、春分、清明、谷雨、立夏、小满、芒种、夏至、小暑、大暑、立秋、处暑、白露、秋分、寒露、霜降、立冬、小雪、大雪、冬至、小寒、大寒。

立春、春分、立夏、夏至、立秋、秋分、立冬、冬至是用来划分一年四季的，反映四季变化；"二分""二至"是季节转折点，"四立"表示天文季节的开始，但从气候上说，一般还在上一季节，如立春时黄河流域仍在隆冬。

二十四节气反映了太阳的周年运动，所以节气在现行的公历中日期基本固定，上半年在每月的6日、21日，下半年在每月的8日、23日，前后不差1～2天。

股市按二十四节气及其特征而形成转折变化的特点较为明显，从历史走势看，A股市场在24个节气时点往往不同程度地形成阶段性转折高点或低点，特别是春分、立夏、夏至、立秋、秋分、立冬、冬至、立春8个节令更成为重要的转折点，其代表周天360度中的45度。

例如，2010年12月22日冬至当日沪深股市形成反弹高点下跌，同时也上碰压力关，之后几日持续走弱。2011年1月6日小寒深证成指见高点12790点，次日上证综指冲高回落见高点，之后反复出现一周多的跌势。经过反弹后，2011年1月20日大寒股市出现大跌3%。

在沪深股市历史走势上，如果冬季之前如夏秋季股市持续拉升，那么，冬季股市往往会形成调整压力，而冬季的节气也大多形成高点，如2010年7月至10月大盘形成了一波反弹，不少个股走出了翻番的走势，最终在同年11月7日立冬前后形成了顶部转折区，之后小雪、大雪、冬至节气也形成反弹高点，在2011年1月的小寒、大寒同样见高回落，可见2010年11月至2011年1月的冬季，所有节气均见高点。相反，经过秋冬季的持续调整，股市在次年的春夏季就有了上涨动力，而期间的节气大多形成低点促成进一步的升势。例如2011年1月下旬，在大寒抛压最后得到释放后，沪深股市逐步形成低点回稳，并在春季展开了一波上升行情，至同年4月中下旬才见顶。又如沪指经过2015年6月中旬见顶5178点而持续调整后，2016年1月27日见底2638点，在大寒附近时间段形成止跌，并走出长期的慢牛走势，而不少蓝筹股在一年内走出翻番的涨势。

当然，秋冬季的跌势以及春夏季的涨势，还要结合股市所处的周期阶段，是牛市周期还是熊市周期，不同周期下调整或上涨力度也不同。

而节气由之前大多数形成低点开始转向形成高点，或由之前大多数形成高点开始转向形成低点，这是趋势逆转的信号和标志。

沪深股市一年中的高点通常出现在阳气较旺的夏季，其中又以5月、6月、7月见高点的机会较多，这刚好与"芒种""夏至""大暑"等节气出现的时间比较接近，如沪指2015年6月12日见大顶5178点，处于芒种与夏至时段；而秋季行情在9月下旬常常见高点，这又与秋分节气出现的时间比较接近。

再如，大寒是一年中最冷的时节，是24个节气中最后一个节气，市场如果经过一年来或半年来持续下跌，那么大寒时段将"阴极而阳"而见底，如果之前秋冬季上升或强势整理则"大寒"时段或将形成调整转折。例如大盘经过2008年的持续下跌后，2009年1月大寒时段形成了上半年涨势的启动点。2008年1月21日、2010年1月20日均在大寒日破位大跌确立了头部形态，大盘之后分别走出了2008年几乎全年、2010年上半年的跌势。另外，市场于2011年1月20日大寒破位大跌3%，但之后逐步形成转折底部。

从2018年沪指走势来看（见图10.3），2月4日为立春（周日），次日复市后大盘反弹拉出高点，后展开4日急跌；3月5日为惊蛰，有所止跌，并促成一周反弹；3月21日为春分，当日反弹出高点，之后走低，特别是3月23日沪指大跌3.4%，盘中一度大跌5%；4月5日为清明，假期后于4月9日复市，当日探出低点回稳，后反弹两天；4月20日为谷雨，沪指跌1.5%；5月5日为立夏（周六），5月7日复市后启动一波反弹；5月21日为小满，冲出反弹高点，后展开一个多月的调整；6月6日为芒种，经过一周反抽后，当日反弹出高点，之后继续调整；6月21日为夏至，当日盘中一度冲高，后回落；7月7日为小暑（周六），结果前一天大盘探低止跌而扭转一个多月的调整，下一交易日复市后大涨；7月23日为大暑，结果在前一交易日止跌回稳基础上展开有力反弹，次日再走高；8月7日为立秋，当日大盘止跌呈现有力反弹，沪指涨2.74%；8月23日为处暑，形成了支撑点，后展开两日上升；9月8日为白露，其为周六，结果前一天冲出高点，后再展开几日调整。

二十四节气转折点在股市上的更多示例和具体分析，可参考笔者所著《周期波动节律：破解股市升跌玄机》一书。

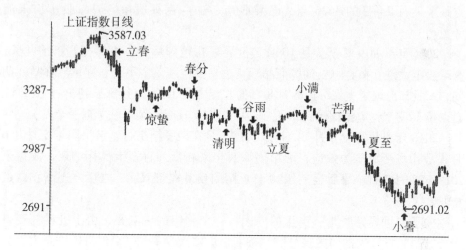

图10.3　2018年上证综指走势与节气时段转折点效应

10-8　"世界杯魔咒"现象

所谓"世界杯魔咒"指的是世界杯期间股市会出现大概率的下跌走势，这一现象被称为世界杯对股市的魔咒效应。

从A股情况来看，1994年至2018年七届世界杯期间，以上证综指、深证成指、创业板指为考察对象，发现过去7次世界杯期间，上证综指5次下跌，深证成指6次下跌，创业板指（2010年、2014年、2018年）3次下跌。

有机构分析认为，五六月份往往是流动性阶段性紧张和政策空窗期的叠加，因此，所谓的A股"世界杯魔咒"可能往往是A股季节性因素导致。

统计显示，在过去世界杯举办的月份，全球股市下跌的概率居多：1994年6月17日至7月17日，世界杯在美国举行。期间，上证指数从527点跌至413点，跌幅达21.63%。

1998年6月10日至7月12日，世界杯在法国举行。世界杯刚一开幕，伦敦股市便开始走弱，世界杯期间，金融时报指数一度从6000点跌至5646点，最大跌幅6.6%；世界杯刚一结束，巴黎指数便从7月13日开始持续下挫，到10月初，巴黎指数跌幅高达30%，日经指数、道琼斯指数也均出现了调整，沪指下跌100多点。

  2002年5月31日至6月30日，世界杯在韩国和日本举行。世界杯一开幕，日经指数便开始下跌，世界杯结束时，该指数从12000点跌至10000点，道琼斯指数从10000点跌至9200点，伦敦金融时报指数从5月31日的5085点跌至7月24日的3626点，巴黎股市、法兰克福股市、沪深股市均未能幸免。

  2006年6月9日至7月10日，世界杯在德国举行。世界杯开幕前几天，全球股市大跌，黄金、石油等商品期货也从高位跌落。不过，在世界杯举办期间，A股却出现了上涨，以6月8日的收盘点位1551点计算，到7月10日收盘点位1734点，其间涨幅12%，但从7月13日起持续下跌了近一个月。

  2018年世界杯于6月14日至7月15日在俄罗斯举行，结果同年5月和6月A股市场形成压力效应，沪指创下两年来新低。直至世界杯结束，大盘于2018年7月7日小暑后至7月20日近两周反复构筑双底，之后才逐渐止跌走稳回升。

  关于"世界杯魔咒"产生的原因，一个普遍的说法是，由于世界杯赛事十分精彩，投资人的精力被分散，特别是机构操盘手和基金经理的注意力被分散，从而使得市场表现冷清。此外，金融大鳄在世界杯举办期间转而研究世界杯。

  其实，"世界杯"基本在6月中旬至7月上旬举办，这时间为芒种、夏至、小暑时段，至为时点周期转折的体现，特别体现的是夏至前后时段的波动效应。

  夏至代表着自然阳气之极点，此后阳气由盛逐渐转衰，其为周天360度中的90度角，在股市上是一个较重要的转折点。

  据统计，历史走势上，夏至（6月21—22日）前后上证综指大多形成阶段性的高点或重要顶部，期间大盘和个股均形成不同程度的压力效应，特别是之前出现半年以上涨势的，更是往往会出现重要压力点。有些年份在夏至日前后股指形成阶段性的高点，但不少个股股价却形成全年的最高价。即使在超级大牛市中，夏至前后也往往形成阶段性或个股结构性的压力效应。

  例如，2006年、2007年这两年夏至段前后，指数尽管是阶段性的高点，但夏至段前后5—6月份的成交量却是当年最大的，不少个股形成了全年的最高价区域而展开了连续调整的走势，说明这两年的市场赚钱效应在夏至前后阶段的5—6月份达到最高潮，之后尽管股指仍处于上升趋势，但这主要靠部分权重股的杠杆效应去拉动。

芒种（6月5—7日）和小暑（7月6—8日）时点与夏至一样同是压力点的构筑阶段，但如果经过长期调整蓄势后其压力效应或不大，可能还存在机会。

所以，所谓"世界杯魔咒"其实是芒种、夏至、小暑时段四年一度周期转折的体现，而世界杯是代表着来自五大洲的足球强国的对抗，它令人痴迷，令人疯狂，一些不可思议的事情常常围绕着世界杯而发生。

在一定程度上，世界杯将芒种、夏至、小暑这几个节气时段周天重要分割点的转折效应进一步加强发挥，而体现出四年一度较重要的周期波动效应。

例如，从2018年世界杯期间看，A股市场在2018年5月21日小满节气见高点而展开一个多月调整，途中经5月31日开始展开反弹后，于6月6日芒种节气的次日冲出高点而回落，6月8日出现略大跌幅，6月21日为夏至，当日盘中一度冲高而回落，小满、芒种、夏至节气体现一定时点效应，也是2018年世界杯临近的"魔咒"效应的表现。

当然，如果世界杯举办之前市场走势较弱的，经过蓄势筑底后，后期或反而回升反弹，如2014年巴西世界杯举办时间为2014年6月12日至7月13日，期间A股市场走势偏软，但经过之前5年的长期调整，随着世界杯的结束，A股市场在2014年7月下旬展开了一轮大牛市，直至2015年6月才见顶。又如，2018年7月15日世界杯结束后，大盘受利好消息刺激止跌走稳并反复回升。

10-9 股市周期转折波动

（一）顶部和底部的大周期循环

从中长期循环周期看，沪深股市历史上形成了顶部或底部相距41～42个月的波段周期循环（见图10.4）。41～42个月大约合180周，符合周天分割之数。

从顶部周期循环看，上证综指1993年以来形成了8个顶部相距41～42个月（180周）的波段周期循环。

该8个顶部分别为：1993年12月1044点，之后出现了8个月的持续下跌和近两年的振荡整理行情；1997年5月1510点，之后形成了两年的箱体整理行情；2000年11月2125点，见顶后形成了近3年的调整周期；2004年4月1783点，之后出现了近两年的调整周期；经过2006年和2007年的持续大幅上涨后，沪深股市 2007 年 10 月到达了 42 个月波段周期循环的转折时段，结果形成了周期性的"大顶"，上证综指 2007 年 10 月见 6124 点历史高点，之后在一年时间内跌幅超过 70%；2011 年 4 月 18 日 3067 点再现周期顶部，见顶后出现一波跌势；2014 年 10 月进入 42 个月周期段，10 月 9 日构筑阶段高点 2391 点，后整理近一个月，但由于之前几年反复筑底处于底部区，故下跌时间不长和跌幅不大，后于同年 11 月再走强，并于 2015 年 1 月受压以及 2015 年 5 月和 6 月见顶，而创业板指 2014 年 10 月 9 日创出高点 1569 点，后整理至 2015 年 1 月中旬才启动向上，其周期效应相对明显。

上证综指 2018 年 4 月到达 42 个月波段周期循环的转折时段，提前至 2018 年 1 月底 2 月初和 3 月分别形成高点 3587 点和 3333 点，2 月大跌，而同年 4 月 11 日见反弹高点 3220 点，后反复下跌，5 月上中旬反弹后，5 月下旬开始展开一个多月持续调整，也体现一定周期效应。创业板指 2018 年 4 月 2 日创出 2017 年 3 月下旬以来高点 1918 点而见顶，后展开持续调整，于同年 9 月创下调整新低，其 42 个月周期转折效应更为明显，见图 10.5。

深证成指相隔 41～42 个月的顶部分别为：1993 年 12 月 2380 点、1997 年 5 月 6103 点、2000 年 11 月 5011 点、2004 年 4 月 4187 点、2007 年 10 月 19600 点、2011 年 4 月 13142 点、2014 年 10 月 8260 点、2018 年 3 月 11335 点。

沪深股市未来 42 个月的波段高点可能出现在 2021 年 10 月、2025 年 4 月、2028 年 10 月、2032 年 4 月，等等，依此类推，当然具体月份可能在其前后，不一定就在 4 月或 10 月出现，如 4—5 月、10—11 月等。

沪深股市除形成相距 41～42 个月（180 周）顶部周期循环外，也形成 41～42 个月（180 周）的波段底部周期循环，并可进一步细分为 21 个月（90 周）的周期循环，也可扩展为 84 个月（360 周）。

例如，1991 年 9 月为起点（深市历史低点），至 1995 年 2 月底部 524 点（上证综指，下同）历时 42 个月，后隔 42 个月为 1998 年 8 月底部 1043 点，再隔 41 个月为 2002 年 1 月底部 1339 点，再隔 41 个月为 2005 年 6 月底部 998 点，再隔 41 个月为 2008 年 11 月底部 1678 点（前一个月也见底部 1664 点）；再隔 41 个月出现在 2012 年 4 月时段，结果 4 月 10 日探出低点 2258 点，有所止跌回升，涨至同年 5 月中旬后而走弱，直至同年 11 月后才逐步走强，总体上，2012 年 1 月至 2014 年 7 月为底部筑底区，2012 年 4 月周期段尽管不是最低点，但属于底部区范围，而创业板指 2012 年整年处底部区，2012 年 12 月启动牛市，持续升至 2015 年 6 月才见顶；再隔 41 个月出现在 2015 年 9 月、10 月时段，经过之前同年 6 月、7 月、8 月大跌后，同年 9 月 16 日沪指探出低点 2983 点（之前同年 8 月 25 日探出底部 2850 点），而创业板指于 2015 年 9

月2日创出调整新低1779点，后止跌蓄势，10月上旬启动反弹浪，直至同年12月下旬才见顶，可见2015年9月、10月周期段市场形成强支撑和启动效应。见图10.4、图10.5。

向后推算41～42个月的未来底部转折段，可能出现在2019年2—4月，2022年7—9月，2026年1—2月，2029年6—7月，如此类推。

从历史走势看，沪深股市形成相距42个月（180周）顶部和底部大周期循环往往较为明显，有时大盘指数上不太明显，但可能在创业板以及不少持续上涨或下跌个股板块上体现出来。

而值得关注的是，从创业板指走势看，其2012年1月19日底部612点至2015年6月5日顶部4037点，历时41～42个月，可见这是重要的波动周期。

另外，沪深股市也形成以36个月或37个月（3年）周期底部的特点，相距150～160周，在每隔3年的6月份前后及1月份前后出现，超级底部则以5年、10年、15年和30年等为周期，相应为60个月、120个月、180个月、360个月等周天之数。

360周为周天循环，为重要转折，180周为周天一半之数，150周为周天分割数，120周为周天三分之一分割，90周为周天四分之一分割，60周为周天六分之一分割，也为甲子之数。360周、180周、150周、120周、90周、60周、30周等，形成了沪深股市不同级次的循环周期，例如沪市2004年4月7日1783点顶部至2007年10月16日6124点顶部相距约180周；2005年6月6日998点大底部至2008年12月31日底部1814点（与2008年10月28日1664点相应形成双底），相距刚好180周；2005年6月6日998点底部至2007年10月16日6124点顶部，历时118周（约120周）；6124点顶部至2008年12月31日底部1814点，历时62周（约60周）。

（二）五月或六月的底部周期循环

沪深股市的4月、5月和6月往往处于一年中赚钱效应的最高潮或在下跌周期中产生较大的反弹行情，是形成重要顶部或底部的时段。

从底部周期循环看（见图10.6），5—6月重要底部的出现存在一个相隔3年的周期性，如上证综指从1996年4—6月启动算起，至2017年形成了8个底部相距约36～37个月（3年）的波段周期循环，这8个底部分别为1996年5月24日630点（6月向上突破）、1999年5月17日1047点、2002年6月6日1455点、2005年6月6日998点、2008年4月22日2990点、2011年6月20日2610点，以及2014年6月20日2010点，2014年5月和6月反复筑底后，于同年7月起展开了翻番以上的持续大涨势，至2015年6月才见顶，而2017年5月11日又探出3年循环周期的重要支撑点3016点，后反复走强

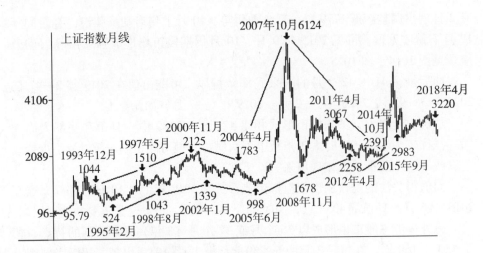

图 10.4　上证指数历史上顶部和底部形成相距 41～42 个月周期

图 10.5　创业板指走势呈 41～42 个月周期波动效应

至 2018 年 1 月 29 日见高点 3587 点。

这些 3 年周期性的重要低点均促成了一波历时较长的牛市周期或阶段性强有力的反弹。其中 1996 年 4 月至 6 月、2005 年 6 月 998 点、2014 年 5 月和 6 月这三个时间点构筑的底部和启动点引发了一轮翻番以上的涨势，可以说是牛市的启动点，这几个重要启动点相隔 9 年。

如果从底部周期循环的角度看，下一个 3 年底部周期循环转折可能出现在：2020年5—6月、2023年5—6月、2026年5—6月、2029年5—6月、2032年5—6月、2035年5—6月，等等，届时可关注会否形成底部周期循环转折效应。

如果从相隔9年的启动点看，未来可能出现在：2023年5—6月、2032年5—6月、2041年5—6月。

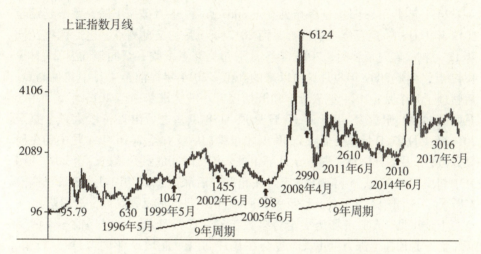

图10.6 上证指数5月、6月呈3年和9年周期底部转折

（三）五月或六月的顶部周期循环

从历史走势看，A股市场如果上半年持续上涨，特别是经历了较长时间的上升周期，那么4月、5月和6月是一个冲顶和逐步筑顶的时段，或至少不少个股逐渐形成重要顶部。

例如，1992年5月、1993年5月、1995年5月、1997年5月、1998年6月、1999年6月、2001年6月、2002年6月等形成了中级或以上的顶部。2003年和2004年提前至4月见顶，2006年、2007年的5月和6月指数上形成阶段高点，而不少个股在当年5月或6月却形成中期顶而后展开较长时间的调整。

上证综指2007年5月29日见高点4335点后，次日出现出现了著名的"530"大崩盘，上证综指当年5月30日至6月5日，从4335点跌至3404点，7成股票连续5天跌停。尽管不久股指逐步走稳和创出新高，但大部分之前持续拉升的个股却形成顶部出现较长时间的调整，而未能随指数创出新高。导致这次崩盘的导火索是，财政部公布证券交易印花税税率从2007年5月30日起由1‰上调至3‰。

从2008年来看，4月下旬大盘大幅反弹后，5月反复形成高点导致5月下旬后又继续原来的下降趋势。经过2008年的持续大调整后，2009年上半年A股市场展开回升，而至7月下旬见顶，8月破位下跌，当月跌幅超过20%，之后反复振荡，2010年5月打破形成半年的振荡平衡格局而破位向下，直到2010年7月才回稳。

2011年4月18日上证综指见高点3067点后，5月破位下跌，跌势延续至2012年1月初；后反复走稳反弹，而2012年5月初又见高点，之后调整至同年12月初；经过反弹后，2013年5月下旬见高点下跌，至同年6月25日见1849点，创下2009年8月见顶以来的新低；2014年提前至4月中旬见高点，后整理了几个月；2014年7月下旬开始展开一波大涨势，至2015年5月和6月两次冲顶，于2015年6月12日见顶5178点，之后出现持续大跌，直至2016年1月27日见重要低点2638点才止跌；后反弹至2016年4月中旬见阶段高点，5月展开调整，同年6月下旬进入较长时间的盘升状态，至2017年4月中旬见转折高点，5月调整，5月底止跌，后涨至2018年1月29日见高点3587点，于同年4月下旬止跌反弹，而5月21日形成反弹高点，后回落。

上述可见，A股市场历史走势多数年份在5月见顶，有时提前至4月见顶，而5月加速上涨力度不大时也会在6月见顶，如1999年的"519"行情，上证综指当年5月19日大幅启动向上，6月30日见顶1756点，5月涨14%，6月涨势加速，当月升幅高达32%，之后展开了下半年的持续调整。又如，上证综指2001年6月见顶2245点，成为之后5年的顶部，而2006年6月初和7月初两度冲高形成阶段性的顶部；2007年5月29日见高点4335点后，次日出现著名的"530"大崩盘，同年6月中旬回升后于6月20日见4311点高点，之后展开了至同年7月中旬的持续调整，尽管之后股指展开了第三季度的上升，但这主要是靠部分权重股的杠杆效应去拉动，而大部分个股基本处于整理状态之中，5月和6月的高点成为市场实质的顶部。

上证综指2015年5月28日冲高后当日大跌6.5%，而于6月上中旬再拉升，于同年6月12日见顶5178点，后展开持续大跌势。

5月和6月（包括个别4月和7月）在沪深股市历史走势上是往往出现较好涨势的阶段，而又在疯狂中逐渐形成高点，或至少不少个股逐渐形成重要顶部。这是既可能存在较大机会而同时又是要懂得见好就收的时段。

从四时节气变化的角度分析，阳历5月和6月刚好处于夏季的"立夏""小满""芒种""夏至"等节气时段，以及7月的"小暑""大暑"附近，这些节气是处于一年之中"阳气"最旺的时段。

与5月和6月夏季"阳气"盛极而到达顶峰相应，此时股市做多的"阳气"往往较充足。经过春季的启动，股市赚钱效应在夏季得到扩散，市场追涨的积极性大为提高，投资者的投资情绪较为高昂，投资者的投资情绪似乎与夏季至盛的阳气"天人相应"，此时股市赚钱效应达到最高潮，成交量也异常放大，股市不断冲高而反复形成重要高点，这提供了市场对升幅较大的个股获利了结的机会。

当大多数人都不断买股重仓看涨时，所谓物极必反，无形中为未来积聚了较大的抛压，如题材股、投机股2007年"530"前在炽热人气带动下连续大涨，人为地造成过分的疯狂，结果"530"后持续大跌。

如果经过半年以上持续的持续下跌，到阳历5月和6月，也物极必反，在阳气最旺的时段激发做多的能量，或见底启动。

有时4月、5月冲出高点，而在底部3年周期下，5月或6月又探出低点，如上证综指2011年4月18日见高点3067点后，同年5月破位下跌，同年6月20日探出低点2610点，后展开近一个月的反弹；2014年4月中旬见高点，同年5月和6月反复调整筑底；2017年4月中旬见转折高点，5月调整，5月底止跌，后涨至2018年1月29日见高点3587点。

（四）一月时段反转的周期现象

按前面分析，历史走势上，沪深股市如果经历了较长时间的下跌，那么5月、6月或前后往往形成结束调整的重要底部区，或下跌周期中的阶段性反弹行情，而且5月、6月份或前后重要底部的出现存在一个相隔3年的周期性规律。但5月、6月见底促成的上涨持续性有限，往往在当月或不久也形成高点，该时段即使形成重要底部区，但并不是反转或牛市周期的启动点。

从历史走势看，A股市场形成阶段性升浪或牛市周期反转转折启动低点的时段，往往出现在冬季至初春阶段（公历11月至次年2月），如1992年11月下旬、1995年2月、1996年1月、1996年12月（1997年1月启动）、1998年1月、1999年2月、1999年12月（2000年1月启动）、2001年2月、2002年1月、2003年1月、2003年11月、2005年1月、2005年12月（或2006年1月）、2006年11月、2007年2月、2007年12月、2008年11月（2009年1月启动）、2010年2月、2011年1月、2012年1月、2012年12月、2014年1月、2015年1月（或2月）、2016年1月（2月初）、2017年1月、2018年1月初等时段，均形成底部或阶段性转折点并开始启动一轮上升浪。其中1月份出现重要启动点和反转底部的次数最多。

沪深股市1995年至2018年基本上每年均在冬季至初春阶段（可称作1月时段）形成转折低点，促成来年阶段性的上升或级次略大的反弹行情，有些年份还成为局部牛市的启动点，如1996年1月、2000年1月、2005年12月（或2006年1月）、2009年1月（启动）、2016年1月（2月初）等，这些反转启动点形成了未来一年以上的上升行情。

市场如果经过下半年的调整，做空能量得到了较大的释放，那么，到了"立冬""小雪""大雪""冬至""小寒""大寒"等节气前后"阴气极盛"的时段，跌势进入了最后的释放阶段，此时成交量往往是一年中最小的，全年的赚钱效应也处于最低潮状态，市场持筹量较轻，这无形中给市场形成了较大的购买力。所谓阴气至盛而衰，而阳气渐长，这些时段反而反复见低点甚至启动一波上升行情。

由此可见，与5月和6月"阳盛"导致筑顶相反，冬季至初春的一月时段由于处于"极阴"阶段而形成转折低点。

(五) 5年、10年、15年周期

A股市场上，5年（60个月）、10年（120个月）、15年（180个月）是最重要的转折周期，见图10.7。

从5年（60个月）周期循环规律看，沪指从1990年12月95点历史大底部起，经过5年升跌循环，至1996年1月形成512点转折启动底部（促成之后5年涨势），2000年11月形成2125点顶部（顶部区的中间点），之后调整了5年，至2005年11月和12月均形成1074点底部，并启动了2006年和2007年的大牛市，后2008年大调整，2009年有所回升，至2010年11月11日见高点3186点而下跌，形成5年的升跌波动。

沪指2005年6月6日底部998点至2010年7月2日底部2319点，也刚好为5年的周期；2007年10月见大顶6124后调整5年，至2012年11月30日1959点和同年12月4日1949点，见重要支撑点。

另外，2009年8月4日3478点顶部调整至2014年7月18日2046点转折启动低点，为5年调整周期，后涨至2015年6月12日5178点才见顶。

从历史走势看，A股市场表现为见大顶后调整5年的周期波动性，如果按5年周期推断，2015年6月见顶后，或在2020年形成下一波行情的周期启动或构筑点。

从10年（120个月）周期循环规律看，上证综指从1990年12月95点历史大底部起，至2000年11月2125点（顶部区的中间点）历时10年上涨；1996年1月底部512点至2005年12月底部启动点1074点历时10年；从2005年6月6日底部998点算起，至2015年6月12日顶部5178点，历时10年。

沪市2016年1月27日2638点形成重要低点，其与2005年年底和2006年1月所形成的大牛市转折点，相距10周年，为大周期转折时间窗口，如果没有2015年上半年那一波的杠杆作用下的非理性大升浪，作为10周年转折点或许2016年1月以来展开有力的真正的上升周期，而事实上其促成了不少蓝筹股在两年的时间内股价翻番以上的走势，因而可视为结构性牛市转折启动低点。

从15年周期看，沪指2007年10月16日6124点顶部完成了1992年11月17日386点底部以来的15年上升周期。

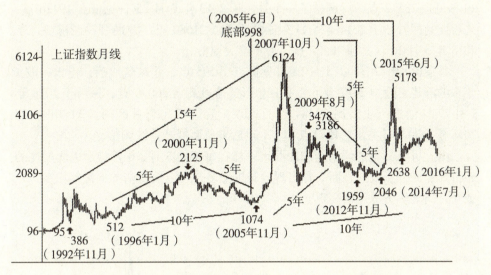

图10.7　上证指数历史走势呈5年、10年、15年周期波动

（六）香港恒指的周期波动效应

香港恒指历史走势上5月和6月的转折效应也较为明显（见图10.8、图10.9）。从2001年以来的走势看，恒指2001年经过4月和5月的反弹后，于5月形成高点13989点，之后连续下跌至同年9月的低点8894点；随后经过振荡盘升，于2002年5月形成高点12021点，接着展开了一年时间的调整，到2003年4月见低点8331点，又于5月启动上升行情，直至2004年2月形成高点。

恒指经过几个月的调整后，于2004年5月见10919点低点，后形成上升趋势至年底；经过2005年上半年的强势整理后，于同年5月形成13541点低点，并于6月再次启动升势，直至2006年5月形成高点17328点，当月出现大跌，又于6月形成调整低点15204点而返身向上，到2007年1月形成高点，后在上半年展开强势整理，到同年6月再次启动向上，直至2007年11月初形成大顶31958点。

2008年香港恒指与沪深A股一样是一个基本单边下跌的市道，3月下旬后产生一波反弹，但2008年5月又形成高点26387点，之后便一泻千里，直到 2008 年 10 月底才有所回稳。

另外，恒指 2010 年 5 月 25 日见低点 18975 点，2011 年 4 月冲顶和 5 月 31 日再冲高 23708 点，随后展开 5 个月的大跌走势，2012 年 5 月 2 日见高 21385 点，后跌了一个月，于 2012 年 6 月 4 日见低点 18056 点而回升；2013 年 5 月 20 日见顶 23512 点，后调整了一个月，于 2013 年 6 月 25 日见低点 19426 点，之后反复回升，于 2014 年 5 月 7 日再探低点 21680 点，并展开一波涨势，于 2015 年 5 月 26 日见顶 28525 点，后持续大调整。

香港恒指于 2016 年 5 月 13 日见低点 19595 点，止跌筑底后，走出一波 1 年多的涨势，途中 2017 年 6 月 9 日曾形成阶段高点 26090 点，最后于 2018 年 1 月 29 日创出历史新高 33484 点而见顶，后进行几个月区间波动整理，而 2018 年 6 月 7 日冲出阶段高点 31521 点后破位而展开持续调整。

由上可见，香港恒指与沪深股市一样在每年的 5 月、6 月均形成周期性的转折高点或低点效应，而 5 月出现的转折最多，香港恒指基本上每年均在 5 月或 6 月出现转折低点或高点。

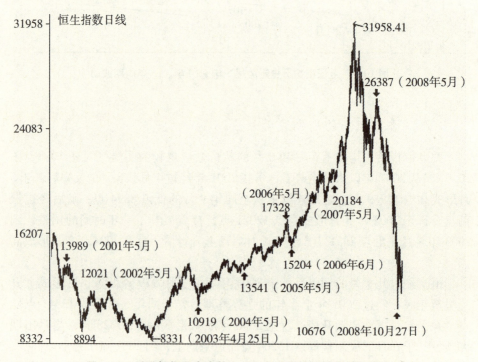

图 10.8　香港恒指历史走势上 5 月和 6 月转折效应较为明显

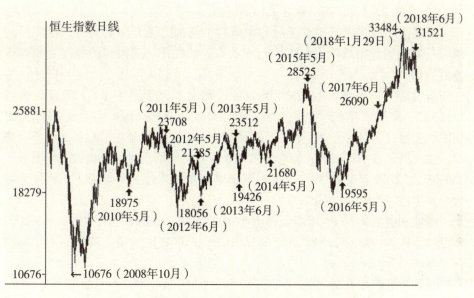

图10.9　香港恒指基本上每年均在5月或6月形成转折点

（七）美股和港股陷10年周期"魔咒"

1896年5月26日，美国道琼斯公司第一次计算并对外公布了道琼斯工业平均数（DJIA），这便是后人通称的"道指"。道琼斯工业平均数是世界上最重要、最有影响力的股价指数。

从美国道指历史走势可看出（见图10.10），道指最重要的转折点均出现在周天公度数上，如1896年以来的第30年（30度）、45年（45度）、60年（60度）、90年（90度）、105年（105度）等。其中作为重要分割点的第45年（45度）、90年（90度）是历史走势上最为重要的转折点，第45年（45度）的1942年4月结束了长期调整和底部构筑过程，成为道指进入长期牛市的启动点，第90年（90度）的1985年年底，成为道指最终结束长达30年箱体整理局面的向上突破口，并带来之后30多年基本单边上涨的大牛市。近30年来道指形成大喇叭形上升通道（见图10.11）。

自2009年以来，美股市场已经走了长达9年的牛市行情。道指已从当年的6000多点，飙升至2018年1月26日的26616点才见高点，经反复振荡整理后，于2018年10月3日再冲出26951点高点，涨幅超过了300%。据有关统计，从估值角度看，美股市盈率已超过2007年金融危机之前，为历史第三高位，仅次于2000年互联网泡沫和1929年大衰退之前。

道指2018年10月初见顶后，持续大跌，如10月10日大跌3.15%，10

月 24 日大跌 2.41%，基本确立了顶部压力。

经过 9 年的牛市行情，美股各大指数估值都已涨至历史高位，这背后的原因有着美国货币政策太宽松、利率太低、加杠杆、美国经济持续复苏等多方面原因。

道琼斯工业平均指数 2018 年 1 月持续上行，于同年 1 月 26 日见高点 26616 点，之后展开整理波动。美国股市 2018 年开局火爆，主要是 2017 年底美国国会通过了税改方案，企业所得税税率显著下调，提振了市场的信心。当时，道琼斯工业平均指数、标准普尔 500 指数与纳斯达克综合指数分别突破了 25000 点、2700 点与 7000 点，均创下历史新高。在过去 9 年内，上述三大指数分别上涨了 195%、209% 与 356%。

美股和港股均有 10 年周期转折见顶的规律，如 1987 年、1997 年、2007 年见顶受压，1998 年、2008 年、2018 年出现不同程度的较大调整，尤以 2008 年为甚。

又如香港恒生指数 1978 年、1987 年、1997 年、2007 年、2017 年（2018 年 1 月再见顶）等年份基本形成了相隔 10 年的高点循环周期，其中 1987 年 10 月、1997 年 10 月、2007 年 11 月、2017 年 11 月这 4 年更形成了"10 年""10 月（11 月）"的"股灾"循环之数，而有趣的是 1987 年、1997 年、2007 年 10 月前后见顶大跌后，又分别在一年后的 1988 年、1998 年、2008 年的 10 月前后形成低点或启动点。由此可见，10 月对恒生指数来说是一个神秘的转折月份。

从长期走势看，恒生指数 1987 年至 2018 年形成一个巨大扩展上升通道（喇叭形）走势，从图 10.13 中可看出，期间最重要的顶部均在扩展上升通道上轨（上升趋势压力线）上形成，而所有调整的底部均在扩展上升通道下轨（牛市上升趋势线）上形成，2008 年 10 月恒生指数探底至 10686 点在上述上升趋势线上形成强大的支撑效应而止跌。

可以说，上述扩展上升通道下轨与图 10.12 中的原始牛市长期上升趋势线，是历史最低收市点 1967 年 8 月 31 日 58.61 点以来所形成的超级大牛市的最后防线，2008 年 10 月恒生指数探至 10686 点实际上到达牛熊的分界线处，所幸的是在该区域形成了支撑。

结合图 10.12 和图 10.13 的趋势分析，恒生指数历史最低收市点 1967 年 8 月 31 日 58.61 点以来形成的走势，由于牛市上升趋势线尚未确认有效跌破，因而长期牛市趋势仍未改变。

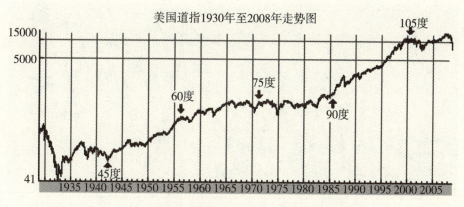

图 10.10 道指历史最重要转折点均出现在周天公度数上

图 10.11 道指以 1987 年 10 月大跌月的高低点为起点，30 年来形成大喇叭形上升通道

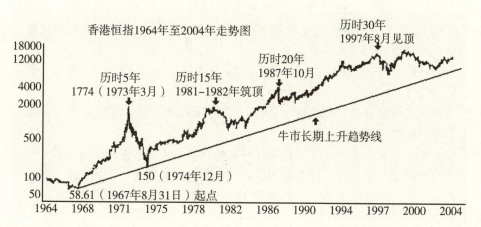

图 10.12 恒生指数历史走势依 5 年、15 年、20 年、30 年形成重要转折

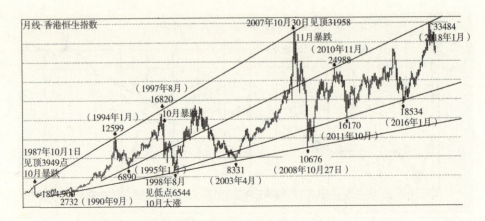

图 10.13 恒生指数 1987 年至 2018 年走势呈现巨大扩展上升通道（喇叭形），并形成两条分割线

10-10 黄金分割率与费氏数列

（一）黄金分割率

黄金分割是古希腊哲学家毕达哥拉斯发现的。经过反复比较，他最后确定 1∶0.618 的比例最完美，这就是黄金分割。埃及金字塔这座世界古迹其高度与塔底的夹角比率正好是 61.8%，即 0.618。

由 0.618 这一经典的黄金分割率可引出另一个比率 1－0.618＝0.382，0.618 与 0.382 通常被认为是黄金分割的两个基本比值。由这两个基本比值可引出一组黄金分割率系列来：

0.191，0.236，0.382，0.5，0.618，0.809，1；1.191，1.236，1.382，1.5，1.618，1.809，2……

有人说黄金分割比率实际上描述了宇宙所有的万物，其在自然界到处可见，是自然界最和谐的比率。

人体各器官的度量无一不是黄金分割的化身。人体以肚脐为分割点，肚脐至脚与肚脐至向上伸直手的高度相等；以肚脐至脚长度为 1 作为标准，则头部至肚脐的长度为其 0.618，头至颈长度为其 0.236，而颈至肚脐长度为其 0.382。

股市的走势也存在着这种现象，上升与下跌的幅度之间存在着一定的黄金分割比例关系，而调整的时间与上升的时间亦存在黄金分割关系。

例如，上证综指 2016 年 1 月 27 日探出 2638 点，正是跌去了 2013 年 6 月 25 日 1849 点至 2016 年 6 月 12 日 5178 点这波升浪涨幅的 0.764 倍（2635 点）才见底。

（二）费氏数列

13 世纪意大利著名数学家费波尼西也发现了一系列的神奇数字，这系列神奇数字由相关的数字所组成，即 1，1，2，3，5，8，13，21，34，55，89，144，233，377，610，987……这些序列数字的排列由 1 为起点，产生无穷无尽的数字。

这系列的每一个数字都是前两个数字的总和，如 2 = 1 + 1，3 = 2 + 1，5 = 3 + 2，8 = 5 + 3，13 = 8 + 5，21 = 13 + 8，34 = 21 + 13……

这个数列与自然界的生长繁殖有着密切的联系，例如向日葵，其常见的螺线数目为"34"及"55"，较大的为"89"及"144"。

费氏数列与黄金分割率系列存在如下关系：

（1）费氏数列的最初 4 个数之后，某一数字与其后一位数相比接近于黄金比率 0.618 倍，如 3/5 = 0.60，5/8 = 0.625，8/13 = 0.615，13/21 = 0.619，等等。

（2）费氏数列除前 4 个数字外，任一数字与其前一位数相比接近于黄金分割比率 1.618 倍，如 13/8 = 1.625，21/13 = 1.615，34/21 = 1.619，等等。

（3）费氏数列除前 4 个数字外，任一数字大约为其前面第二个数字的 2.618 倍，以及其后第二数的 0.382 倍，如 21/8 = 2.625，34/13 = 2.615，8/21 = 0.382，等等。

（4）费氏数列任一个数字与随后的第三数之比等于或接近于 0.236，如 34/144 = 0.236，55/233 = 0.236，等等。

费氏数列可以说是黄金分割比率的延伸应用。

（三）费氏数列是周期转折点

费氏数列在股市时间周期上是重要的转折点。在股价走势中，应用费氏数列关键要找出起始计算的时间，这通常可以从以下几点中选择：

（1）由主要周期的顶部或底部出现的时间算起，未来的顶部或底部出现的时间往往是费氏数列中的数字。

（2）从股价反转形态处开始数起。

（3）从主要支撑线或阻力线被突破之时开始算起。

由于费氏数列可在时间周期上应用，因此，移动平均线可以费氏数列作为时间计算单位，形成不同周期的移动平均线，例如 3 日、5 日、8 日、13 日、

21日、34日等移动平均线。

费氏数列还与股市上流行的波浪理论的"浪数"一致。波浪理论认为股价走势的一个升跌周期是8浪循环，其中上升5浪，下跌3浪，较大的波动周期是34浪（上升21浪，下跌13浪），更大的级数是144浪（上升89浪，下跌55浪），这些"浪数"均是费氏数列。

实例：图10.14中，深证成指从2007年11月见顶大跌算起，第3个月冲高见高点回落，第5个月破位大跌，第8个月破位下跌，至2008年11月止跌并转折启动，为第13个月，之后展开了一波上升浪，至2009年7月达到涨势的高潮，为第21个月，同年8月大跌，一直到2010年7月见低点8945点并展开强力反弹，为第33个月（与34个月仅差1个月），之后持续走强。

可见，深证成指2007年11月见顶大跌后，基本按费氏数列3、5、8、13、21、34……依次转折变化，特别是13、21、34形成了重要转折点。

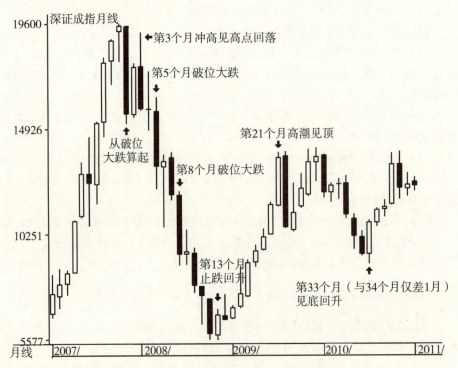

图10.14 深证成指按费氏数列形成转折点

10-11　周天公度数的周期模式

（一）360 度的周期循环

《易·系辞》曰："乾之策二百一十有六，坤之策百四十有四，凡三百有六十，当期之日。二篇之策，万有一千五百二十，当万物之数也。"乾坤之策合之为360，称之为"当期之日"，可见360策可称为360日，或360度。

后天八卦震、巽、离、坤、兑、乾、坎、艮形成周天360度亦即360日，八卦用事各主45度亦即45日，每卦三爻，三八之，即一年二十四节气，每一节气主15度，即15天。

这样便有了360度的周期循环，于是有八卦所代表的45度、90度、135度、180度、225度、270度、315度、360度（0度），八卦统领八节（春分、立夏、夏至、立秋、秋分、立冬、冬至、立春）乃至二十四节气，由此便有15度、30度、45度、60度、75度、90度、105度、120度、135度、150度、165度、180度、195度、210度、225度、240度、255度、270度、285度、300度、315度、330度、345度、360度等周天公度数的24等份。

在这24等分的360度周天公度圆图中，八卦（八大节）所代表的8个45度连成四正四隅两个四方形，以及0度（360度）、120度、240度连成等边三角形，这些均为重要的分割点。

周天公度数在股市周期上可以日、周、月、年等为单位来应用。沪深股市历史走势的周期性变化，包括短中期、阶段性周期、长周期、超级长周期等往往遵循着周天公度数来运行，其出现的重要底部和顶部大部分符合360度的24分周期规律。在这360度24分周期中，第0度（360度）、45度、90度、120度、135度、180度、225度、240度、270度、315度所代表的时段是重要的转折点。

（二）长周期周天分割点

图10.15中，上证综指历史走势应用周天360度以月为单位来分析，其1990年12月历史最低点95.79点起步以来的走势所出现的重要底部和顶部，大部分符合360度的24分周期规律，其中10个重要分割点更是重要底部或顶部形成的时段，如上证综指1994年7月底部325点、1998年5月顶部1411点、2000年11月顶部2125点、2005年11月在千点底部区见低点1074点等，均是历史上最为重要的转折点，其分别为95.79点起步以来第45个月、第90个月、第120个月、第180个月，即刚好分别处于周天360度中的45度、90

度、120 度、180 度重要分割点上。

将周天 360 度一分为二，180 度是 360 度（0 度）外最重要的分割点，2005 年 11 月为第 180 个月，2005 年 11 月上证综指在千点底部区见 1074 点低点，与同年 6 月 998 点底部呼应，形成了除 1990 年 12 月底部 95 点外的最为重要的转折底部，结果 2005 年 12 月起便启动了贯穿 2006 年和 2007 年的大升浪。

第 225 个月（225 度）出现在 2009 年 8 月，结果经过大半年的持续走强后，上证综指该月见顶 3478 点，之后出现大跌 20% 以上的走势，创下 15 年以来第二大单月跌幅，形成重要转折高点。

第 240 个月（240 度）出现在 2010 年 11 月，结果经过当年 7 月之后几个月的反弹后，上证综指 11 月 11 日形成 3186 点高点，次日大跌超过 5%，9 成个股下跌，一周内指数大跌达 10%，形成转折高点效应。

第 270 个月（270 度）出现在 2013 年 5 月，结果当月 29 日冲出高点 2334 点，之后持续大幅调整近一个月，直至同年 6 月 25 日见底 1849 点。

第 285 个月（285 度）出现在 2014 年 8 月，结果当月 29 日形成转折低点 2193 点而启动了之后 5 个多月的升势。

第 315 个月（315 度）出现在 2017 年 2 月，结果当月 23 日见波段高点 3264 点。

第 330 个月（330 度）出现在 2018 年 5 月，结果当月 21 日冲出高点 3219 点，后展开一波持续调整。

第 345 个月（345 度）出现在 2019 年 8 月；第 360 个月（360 度）出现在 2020 年 11 月，其为重要周期转折点，至此完成了 360 个月（360 度）的大周期循环，同时也是下一个 360 个月（360 度）大周期循环的开始。

再推算下去，于是便有：

第 375 个月（375 度，复归 15 度）出现在 2022 年 2 月；

第 390 个月（390 度，复归 30 度）出现在 2023 年 5 月；

第 405 个月（405 度，复归 45 度）出现在 2024 年 8 月，重要分割点；

第 420 个月（420 度，复归 60 度）出现在 2025 年 11 月；

第 435 个月（435 度，复归 75 度）出现在 2027 年 2 月；

第 450 个月（450 度，复归 90 度）出现在 2028 年 5 月，重要分割点；

第 465 个月（465 度，复归 105 度）出现在 2029 年 8 月；

第 480 个月（480 度，复归 120 度）出现在 2030 年 11 月，重要分割点；

第 495 个月（495 度，复归 135 度）出现在 2032 年 2 月，重要分割点；

第 510 个月（510 度，复归 150 度）出现在 2033 年 5 月；

第 525 个月（525 度，复归 165 度）出现在 2034 年 8 月；

第 540 个月（540 度，复归 180 度）出现在 2035 年 11 月，更重要分割点；

第 555 个月（555 度，复归 195 度）出现在 2037 年 2 月；

第 570 个月（570 度，复归 210 度）出现在 2038 年 5 月；

第 585 个月（585 度，复归 225 度）出现在 2039 年 8 月，重要分割点；

第 600 个月（600 度，复归 240 度）出现在 2040 年 11 月，重要分割点；

第 615 个月（615 度，复归 255 度）出现在 2042 年 2 月；

第 630 个月（630 度，复归 270 度）出现在 2043 年 5 月，重要分割点；

第 645 个月（645 度，复归 285 度）出现在 2044 年 8 月；

第 660 个月（660 度，复归 300 度）出现在 2045 年 11 月；

第 675 个月（675 度，复归 315 度）出现在 2047 年 2 月，重要分割点；

第 690 个月（690 度，复归 330 度）出现在 2048 年 5 月；

第 705 个月（705 度，复归 345 度）出现在 2049 年 8 月；

第 720 个月（720 度，复归 360 度）出现在 2050 年 11 月，最重要分割点。

至此完成了 720 个月，即第二个 360 个月（360 度）的大周期循环，同时也是下一个 360 个月（360 度）大周期循环的开始。

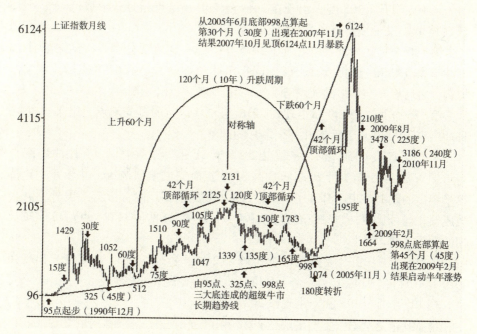

图 10.15　上证综指从历史最低点 1990 年 12 月 95.79 点起步，重要底部和顶部基本在周天 360 度转折点上出现

（三）次级长周期周天分割点

在次级长周期当中，如果从2005年6月底部998点算起所展开的周期分析（见图10.16），上证综指以月为单位的周天公度数时段均形成转折点，如上升的第15个月（15度）即2006年8月形成转折低点1541点，从而结束历时3个月的整理并启动加速拉升行情，直至第30个月（30度）即2007年11月见顶大跌，之后出现较长时间的深幅调整。而同时2007年10月也到达了历史上42个月波段顶部周期循环的转折时段，结果形成了周期性的"大顶"6124点。可见，2007年10月和11月见顶大跌是多个周期交汇的结果。

第45个月（45度）出现在2009年2月，结果成为2009年一波较大升浪的启动点。

第60个月（60度）出现在2010年5月，结果破位下跌。

第75个月（75度）出现在2011年8月，结果既形成低点8月9日2437点，又形成高点8月30日2615点，总体为破位向下。

第90个月（90度）出现在2012年11月，为重要分割点，结果形成11月30日1959点低点，而同年12月4日再探低1949点而止跌，并启动两个多月的涨势。

第105个月（105度）出现在2014年2月，结果当月既形成低点2月26日2014点，又形成高点2月20日2177点。

第120个月（120度）出现在2015年5月，为重要分割点，结果当月28日冲出高点4986点而大跌6.5%，同年6月12日再次冲高5178点后完成顶部构筑，之后展开半年多的大跌势。

第135个月（135度）出现在2016年8月，为重要分割点，结果当月16日冲出高点3140点，后展开一个多月的调整。

第150个月（150度）出现在2017年11月，结果当月14日冲出高点3450点，而2018年1月29日再冲高3587点而完成顶部构筑，并展开一轮持续半年多的跌势。2017年11月事实上为市场的顶部，除部分蓝筹股外，大多数股票在当月见顶，如深证成指2017年11月13日见顶11714点后形成较长期的下降通道。

第165个月（165度）出现在2019年2月；第180个月（180度）出现在2020年5月，至此完成了一个180度转折，继续推算下去，便有：

第195个月（195度）出现在2021年8月；

第210个月（210度）出现在2022年11月；

第225个月（225度）出现在2024年2月，重要分割点；

第240个月（240度）出现在2025年5月，重要分割点；

第255个月（255度）出现在2026年8月；
第270个月（270度）出现在2027年11月，重要分割点；
第285个月（285度）出现在2029年2月；
第300个月（300度）出现在2030年5月；
第315个月（315度）出现在2031年8月，重要分割点；
第330个月（330度）出现在2032年11月；
第345个月（345度）出现在2034年2月；
第360个月（360度）出现在2035年5月，最重要分割点。
至此完成了360个月（360度）的周期循环。

从以上可看出，上证综指以月为单位从2005年6月底部998点算起的周天公度数转折点，与1990年12月历史底部95.79点起步以来以月为单位推算的周天公度数转折点具有相同之处，均依次形成2月、5月、8月、11月时段的转折，这些月份时段在上证综指走势上具有重要的转折意义和规律性，分别体现为5年（60个月）的周期循环。

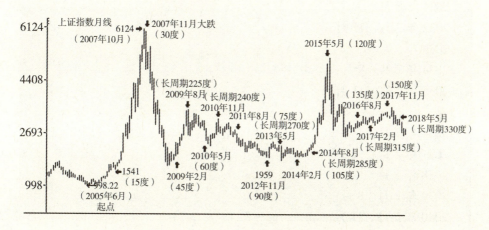

图10.16　上证综指从2005年6月底部998点算起形成周天公度转折

（四）未来30年每年的重要转折时点

上证综指以历史底部1990年12月95.79点起步推算的历史长周期周天公度数转折点在未来起主要的转折作用，而以2005年6月底部998点起步推算的次级长周期周天公度数转折点起补充转折作用，因而两者也可以结合起来，这样便得出未来一系列中长期转折点：

2019年2月、8月；

2020 年 5 月、11 月

2021 年 8 月；
2022 年 2 月、11 月；
2023 年 5 月
2024 年 2 月、8 月；
2025 年 5 月、11 月

2026 年 8 月；
2027 年 2 月、11 月，
2028 年 5 月
2029 年 2 月、8 月；
2030 年 5 月、11 月；

2031 年 8 月，
2032 年 2 月、11 月；
2033 年 5 月
2034 年 2 月、8 月；
2035 年 5 月、11 月

2036 年 8 月，
2037 年 2 月、11 月；
2038 年 5 月
2039 年 2 月、8 月；
2040 年 5 月、11 月

2041 年 8 月，
2042 年 2 月、11 月；
2043 年 5 月
2044 年 2 月、8 月；
2045 年 5 月、11 月

2046 年 8 月，
2047 年 2 月、11 月；
2048 年 5 月

2049年2月、8月；
2050年5月、11月

（五）超级长周期周天分割点

如果按"年"为单位推算，可推算出超级长周期如360年当中的更为重要的周天周期转折分割点，如上证综指1990年12月历史底部95.79点以来，至2005年11月在千点底部区见1074点低点刚好历时15年（15度）完成了一个周期循环，形成长期牛市周期中的重要转折低点。

从2005年12月起启动了沪深股市走向下一个15年周期循环，即上证综指从底部95.79点起运行到第30年（30度），其出现在2020年11月或前后，估计将形成比2005年11月底部级次更大的转折点（顶部或底部）。

2020年11月完成30年转折后，未来长周期转折点（重要的底部或顶部）还有：第45年（45度）出现在2035年11月，重要分割点；第60年（60度）出现在2050年11月，至此完成了60年即一个甲子的周期，形成较为重要的转折，还可以继续推算下去以至第360年（360度）。

2050年11月完成60年转折后，未来长周期转折点还有：

第75年（75度）出现在2065年11月；
第90年（90度）出现在2080年11月，重要分割点；
第105年（105度）出现在2095年11月；
第120年（120度）出现在2110年11月，重要分割点；
第135年（135度）出现在2125年11月，重要分割点；
第150年（150度）出现在2140年11月；
第165年（165度）出现在2155年11月；
第180年（180度）出现在2170年11月，更重要分割点。
至此完成了180年即三个甲子的周期，形成重要转折。

如果继续推算下去则有：

第195年（195度）出现在2185年11月；
第210年（210度）出现在2200年11月；
第225年（225度）出现在2215年11月，重要分割点；
第240年（240度）出现在2230年11月，重要分割点；
第255年（255度）出现在2245年11月；
第270年（270度）出现在2260年11月，重要分割点；
第285年（285度）出现在2275年11月；
第300年（300度）出现在2290年11月；
第315年（315度）出现在2305年11月，重要分割点；

第 330 年（330 度）出现在 2320 年 11 月；

第 345 年（345 度）出现在 2335 年 11 月；

第 360 年（360 度）出现在 2350 年 11 月，最重要分割点。

以上时间段可能形成未来重要的底部或顶部，至此完成了以"年"为单位计算的 360 年周天 360 度超级周期循环，同时也是 6 个甲子年，而第 360 年（360 度）将形成最重要的转折。

时空的发展变化，它是遵循着 360 度的周期模式和空间百分比的变化规律。周天公度既可以表示时间长度，又可以表示空间长度。年、月、日、时以及任何时空现象皆可用周天公度这个活性尺度去运算。

四时节气、六十甲子周期、周天公度数等周期模式，是世间万事万物，乃至宇宙运动变化的脉搏。

10-12　股市空间的波动性

在股市上，股价走势的变化除体现循环周期的特征外，其波动围绕着低市盈率水平到高市盈率水平的价区之间来回进行，反映出股价升跌空间的重复性。

作为股市投资者，在操作上可结合底部和顶部所出现的时间周期循环特征，并利用低风险和高风险价区空间波动的重复性，来把握抄底或逃顶的机会。

（一）上证综指历史波动区间

上证综指历史走势上形成了有规律的波动区间，依次形成了 95～520 点、520～1000（或 1050）点、1000～1350（或 1300）点、1350～1750 点、1750～2250 点、2250～2650 点、2650～3050 点、3050～3400 点、3400～3700 点、3700～4150 点、4150～4550 点、4550～4800 点、4800～5200 点、5200～5550、5550～6000 点等区域，其间距为 350～450 点，再往上可按 350～450 点的间距推算。

这些区间波动的现象体现出股价在一定空间内波动的重复性，而利用这种空间的重复性可在该区域内高抛低吸，直到进入另一个波动区域为止。这些区域的上下边构成的水平带均是历史走势上的重要低点和高点所在，具有支撑或阻力效应，有些水平带如 1000（或 1050）点、1350 点（或 1300 点）、1750 点、2650 点等更集结了历史走势上多个重要高点或低点，具有更为强大的支撑或阻力效应。

(二) 8等分分割空间

把一个顶部至底部的跌幅分成8等分,并画出相应的下降趋势线,以及把一个底部至顶部升幅分成8等分,画出相应的上升趋势线,这种分析方法可称之为"8等分分割法"。那么,这些8等分比值分割位及其下降趋势分割线、上升趋势分割线,就是未来的下跌支撑位和反弹阻力位。8等分比值如下:

1/8 = 12.5%, 2/8 = 25%, 3/8 = 37.5%, 4/8 = 50%, 5/8 = 62.5%, 6/8 = 75%, 7/8 = 87.5%, 8/8 = 100%。

其中4/8(50%)为2等分,2/8(25%)、4/8(50%)、6/8(75%)、8/8(100%)为4等分,均是重要的支撑或阻力位。

在8等分的空间内,可一分为三,再细分出24等分,即空间上的24个分割方位,具有次级的支撑和阻力效应。

图10.17中,上证综指2005年6月底部998点至2007年10月顶部6124点的走势,作8分法,得出其升幅(5126点)的100%分割位6124点、87.5%分割位5483点、75%分割位4842点、62.5%分割位4202点、50%分割位3560点、37.5%分割位2920点、25%分割位2279点、12.5%分割位1639点、0分割位998点。

这些分割位成为上证综指6124点顶部之后调整和反弹的支撑或阻力位,如2007年11月跌至4778点基本在升幅75%分割位处形成支撑,后反弹至2008年1月14日5507点在87.5%分割位附近受压,后来破位下跌在62.5%分割位处形成2008年2月1日4195点低点,反弹受压后展开一波跌势跌近37.5%分割位附近,形成2008年4月22日2990点低点止跌出现大反弹,后在50%分割位附近受压回落,又出现新一轮跌势,直到在12.5%分割位处,于2008年10月28日才见底1664点。2009年上半年展开一波反弹,回到50%分割位附近受压,2009年8月4日见高点3478点,之后反复调整,2010年7月2日见低点2319点,此时在25%分割位附近形成支撑。

(三) 上证综指长期趋势和波动空间

图10.18中,上证综指1991年以来形成了一个包含大部分走势的长期扩展上升通道,通道上轨有两道趋势线,第一道为1992年5月26日1429点、1993年2月1558点与2015年6月12日5178点三个顶部连线,为大级次顶部的趋势压力线;第二道为次级顶部趋势压力线,即1994年9月1052点、1997年5月1510点、2001年6月2245点等三顶部连线,2009年8月涨近该压力线而见顶回落。

该通道上轨两道趋势线及其之间区域为构成未来长期趋势压力带的所在。

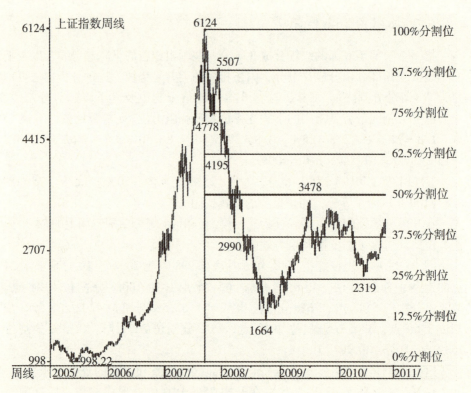

图 10.17 上证综指底部 998 点至顶部 6124 点走势做 8 分法

通道下轨也有两道趋势线，第一道为 1990 年 12 月 95 点、1994 年 7 月 325 点、2005 年 6 月 998 点三个底部连线，或许为超级底部的趋势支撑线；第二道为次级底部趋势支撑线，即 1996 年 12 月 25 日 855 点、1997 年 5 月 17 日 1047 点、2003 年 11 月 13 日 1307 点、2008 年 10 月 28 日 1664 点、2014 年 3 月 12 日 1974 点等底部连线。

该通道下轨两道趋势线及其之间区域为构成未来长期趋势支撑带的所在。

另外，在这扩展上升通道上轨和下轨之间形成两条趋势线构成中轴带，一为 1997 年 9 月 23 日 1025 点、1999 年 12 月 27 日 1341 点等低点连线，2015 年 11 月 17 日 3678 点和 2015 年 12 月 23 日 3684 点两高点受其所压而见顶；二为 1997 年 5 月 17 日 1047 点低点、2004 年 4 月 7 日 1783 点高点等连线。

从级次更大的趋势线看，上证综指 1990 年 12 月 95 点、1993 年 12 月 8 日 1044 点、2007 年 10 月顶部 6124 点处于同一条直线上，这或许是长远的超级顶部压力线，而一旦有效上破将反过来成为支撑线（包括上述通道上轨两道趋势线），更成为超级牛市形成的象征。

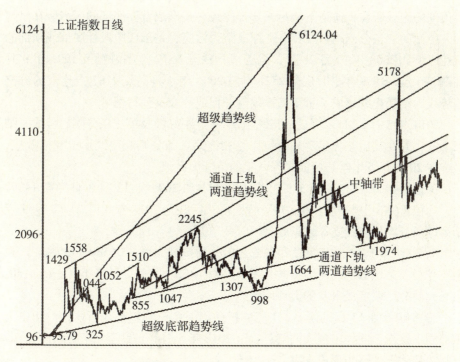

图 10.18　上证综指 1991 年至 2018 年 8 月形成长期扩展上升通道

(四) 深证成指长期趋势和波动空间

深证成指 1991 年以来所有走势形成了一个原始的巨大的长期扩展上升通道，通道上轨为 1992 年 5 月 2990 点与 2007 年 10 月 19600 点两顶部连线，下轨为 1991 年 9 月 396 点、1996 年 1 月 924 点两个底部连线，而长期扩展上升通道之内又形成三条向上的分割趋势线，其上也形成了历史上重要的低点或高点。

这三条分割趋势线，第一条为 1992 年 5 月 27 日 2900 点、1993 年 2 月 22 日 3422 点、1997 年 5 月 12 日 6103 点、2009 年 12 月 8 日 14097 点、2015 年 6 月 15 日 18211 点等顶部连线。

第二条为 1991 年 9 月 7 日底部 396 点、1994 年 9 月 13 日高点 2162 点、1999 年 6 月 30 日高点 4896 点、2009 年 9 月 1 日低点 10387 点等连线。

第三条为 1991 年 9 月 7 日底部 396 点、1999 年 5 月 17 日底部 2521 点、2004 年 4 月 7 日高点 4187 点、2008 年 10 月 28 日底部 5577 点、2014 年 3 月 21 日 6959 点等连线。

从长期趋势看，该扩展上升通道上轨线将是长远未来的压力线和形成最重要顶部的区域所在，通道下轨为长期支撑线，是形成重要底部的区域所在。

中间的三条分割趋势线具有支撑或阻力效应，是形成阶段性底部或顶部的所在，例如2008年10月28日，深证成指跌至5577点刚好触及1991年9月底部396点、1999年5月底部2521点与2004年4月高点4187点连成的分割趋势线，结果止跌形成了重要支撑效应并促成一波反弹行情。

2014年3月21日，深证成指跌至6959点刚好触及第三条分割趋势线，结果止跌，并在其后至当年7月中旬反复在该第三条分割趋势线形成支撑效应，最终在2014年下半年开始促成近一年的持续大升浪。

深证成指2009年8月5日冲高13943点和2009年12月8日冲高14097点，均接近第一分割趋势线压力带而见顶，后跌至2014年3月21日6959点受第三条分割趋势线支撑才见底。

而2007年5月29日见顶并形成之后一周持续大跌（"530"大跌市）也主要受触及第一分割线压力影响，其实2007年5月29日是当年真正的顶部，当时大部分个股形成事实的大顶而调整。

2015年6月15日见顶18211点同样受第一条分割趋势线所压，与历史大顶部同一级次，同样出现大调整；直至2018年8月6日跌至8374点在第三条分割趋势线上才逐步形成支撑。

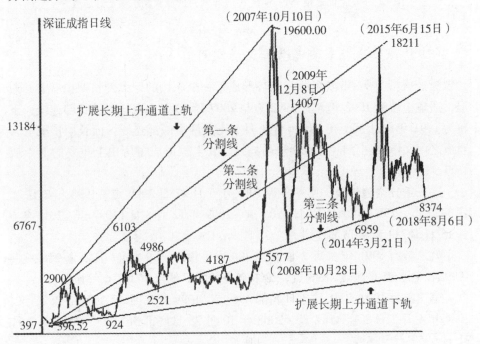

图10.19　深证成指1991年以来形成长期扩展上升通道

对A股市场的长期趋势分析，可结合上证综指和深证成指两者长期趋势线支撑和压力带来进行。

10-13 历史大顶和大底揭秘

（一）998点：2005年6月形成历史大底之一

2005年启动的股权分置改革，成为A股市场在2005年下半年筑底成功和启动2006年和2007年大牛市的重要推动力量。

2004年1月31日，《国务院关于推进资本市场改革开放和稳定发展的若干意见》出台，史称资本市场"国九条"。2005年4月29日，上市公司股权分置改革启动。

上证综指2005年6月6日998点是历史走势最重要的底部之一，其与1990年12月95.79点与1994年7月325点两个最重要的历史底部处于同一条原始上升趋势线上，这三个底部属于同一级次（见图10.18）。

上证综指以1990年12月底部95.79点算起，2005年11月为第180个月，为周天360度的一半，具有强转折意义。

从历史走势看，年K线形态上，1996年至2000年升了5年，2001年至2005年下跌了5年。从1996年以来的走势看，上证综指形成了一个跨度长达10年的大级别升跌周期。

2005年下半年是一个底部构筑的过程，尽管当年6月998点创出了2001年见顶调整以来的最低点，但直到2005年11月和12月两次形成低点1074点后，上证综指才发生转折效应，并导致2006年1月起启动大牛市，因而998点至1074点这半年实质上是处于底部区，而2005年11月和12月形成的低点1074点比998点低点更具转折启动意义。

上证综指千点区域是重要转折区，而2005年12月完成了整个调整周期。

（二）6124点：2007年10月见大周期顶部

从中长期循环周期看，上证综指和深证成指从1996年以来形成了顶部相距42个月左右的波段周期循环。如上证综指1997年5月1510点、2000年11月2125点、2004年4月1783点等顶部相隔42个月，而2007年10月16日6124点高点刚好与2004年4月1783点高点相距42个月，形成了顶部循环周期效应。

另外，上证综指以2005年6月底部998点算起，第30个月（周天公度数30度）出现在2007年11月，结果当月见顶大跌，之后出现较长时间的深幅调整。

此外，从 2005 年 6 月底部 998 点后算起以周为单位的周天公度数第 120 周（120 度）出现在 2007 年 10 月 29 日至 11 月 2 日，该周股指再次冲高形成高点 6005 点。可见，2007 年 10 月和 11 月见顶大跌是多个周期交汇的结果。

从趋势线分析，2007 年 10 月顶部 6124 点是在 4 条趋势线交汇下形成强大的转折效应。从图 10.20 中可见，上证综指 1990 年 12 月底部 95 点、1993 年 12 月 8 日 1044 点、2007 年 10 月顶部 6124 点处于同一条直线上，1992 年 11 月底部 386 点、1994 年 9 月顶部 1052 点、2007 年 10 月顶部 6124 点处于同一条直线上，1994 年 7 月底部 325 点、1997 年 5 月顶部 1510 点、2007 年 10 月顶部 6124 点处于同一条直线上，1999 年 5 月底部 1047 点、2001 年 6 月顶部 2245 点、2007 年 10 月顶部 6124 点处于同一条直线上。

从图 10.20 中可见，2007 年 10 月大顶部 6124 点均与历史上最重要的几个底部、顶部连成一条直线，其也在上述 4 条趋势线交汇下形成极为强大的转折效应，这种转折效应导致了 2008 年出现了历史少见的大调整。

2005 年启动的股权分置改革，成为 A 股市场 2006 年和 2007 年大牛市的

图 10.20　顶部 6124 点在 4 条趋势线交汇下形成转折

主要推动力量。但后来过于疯狂的上涨以及源源不断的"大小非"解禁套现压力的涌现,最终压垮了大牛市,并导致了2008年局部熊市的产生。

(三) 1664点: 2008年10月探出估值底

历史走势上,上证综指1800点以下属于重要底部构筑的区域,特别是1300～1750点区域是历史长期成本的所在。2008年10月28日上证综指跌至1664点形成低点,11月之后反复筑底,已进入1300～1750点历史长期成本区,因而,2008年的大调整从调整的低点来说已逐步到位,见图10.21。

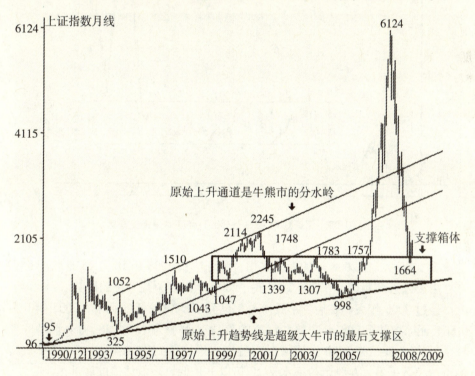

图10.21 上证综指1300～1750点区域是历史长期成本区

深证成指1996年8月至2006年10月这10年时间主要在2521～5091点箱体内运行,箱体下边形成了1997年5月17日2521点、2002年1月29日2661点、2003年1月3日2673点、2005年6月3日2590点等低点,箱体上边形成了1999年6月30日4896点、2000年8月11日5062点、2001年4月17日5091点等高点,见图10.22。

该箱体的走势在历史上占了一半以上时间,是运行时间最长的区间,是长期的市场成本区,其于2006年12月被上破,该长期成本区上破后将成为长期

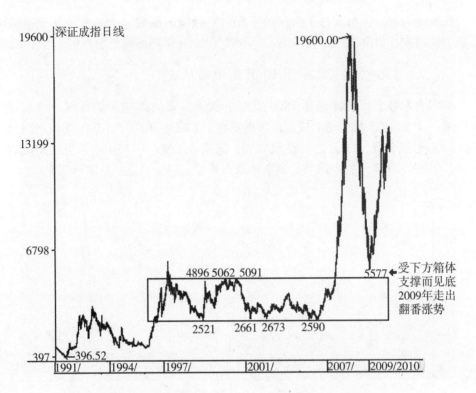

图 10.22　深证成指 2521～5091 点箱体是强支撑区

的重要支撑区。在 2008 年的大调整中，深证成指 2008 年 10 月 28 日跌至 5577 点，由于跌近该箱体，于是止跌见底，2009 年出现了翻一番的涨势。

经过 2008 年大调整后，A 股市盈率已到了历史较低的水平，2005 年 6 月 6 日上证综指跌至 998 点底部，对应的市盈率水平为 17.93 倍，而到 2008 年 11 月上旬上证综指 1700 点区域时市盈率水平回落到 14 倍附近。从历史底部的市盈率数据看，A 股市盈率水平 20 倍以下是低风险低估值的底部区。

另外，中国国务院常务会议关于扩大内需促增长十大措施消息于 2008 年 11 月 10 日公布，当日沪深股市放量大涨，两市有 200 只个股涨停，使上证综指 2008 年 10 月 28 日 1664 点底部得到确立。经过 2008 年 11 月至 2009 年 1 月初反复筑底，2009 年 1 月中旬后大盘启动 7 个多月翻番的修复涨势。

（四）3478 点：2009 年 8 月创历史天量见顶

上证综指 2008 年 10 月 28 日跌至 1664 点见底后，展开了大半年的修复性上升，而 2009 年 7 月 29 日突然大跌 5% 以上，并放出有史以来的天量，基本确立了大半年上升以来的顶部，之后几日的反弹成交量跟不上，最终同年 8 月

4日见顶3478点。

同时，2009年8月是上证综指1990年12月95点历史底部以来的第225个月，形成周天225度重要转折。

经过大半年的持续回升后，市场积聚了庞大的获利盘，而深证成指和上证综指先后回补突破2008年6月6日下跌缺口后，进入了高潮状态。

从走势上看，历史上，深证成指2007年5月至7月、2008年3月中旬至5月这两段时间，形成了以10500点上下为下边，14000~15000点为上边的密集箱体整理区。

该箱体上边形成了2008年3月24日13997点、5月6日13881点等顶部，2009年7月28日13881点和同年8月5日13943点两次冲高均受其所压而形成重要高点；箱体下边形成了2007年6月5日10652点、2008年4月22日10586点等底部，而2009年9月1日跌至10387点则在该箱体下边区域形成支撑效应，见图10.23。

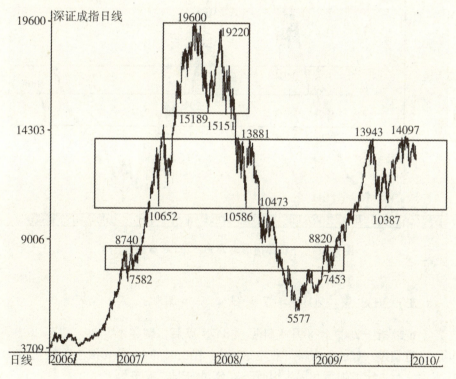

图10.23　深证成指箱体整理区上边或下边，构成压力或支撑效应

上证综指2007年以来也相应形成了2550点（下边）至3500点（上边）的大箱体，箱体中轴线在3000点上下。2009年9月中旬上证综指冲高在中轴

线附近受压而回落,并导致之后大盘走弱,该中轴线历史上曾形成2007年2月27日3049点高点和2008年4月22日2990点低点,该中轴线作为昔日的市场转折地带,跌破后反过来成为压力,见图10.24。

总体上,上证综指2008年12月至2009年8月初的涨势为2008年大跌的修复性反弹行情,而2009年7月29日突然放巨量大跌5%以上,以及到达昔日密集套牢区受压,基本结束了反弹。

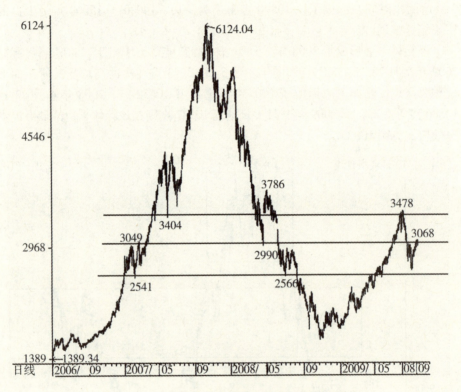

图10.24　上证综指形成2550~3500点箱体波动

(五) 2033点:2014年7月结束5年调整

上证综指于2009年8月4日见顶3478点后,调整了5年,截至2013年年底,有超过八成的上市银行股"破净",在当时的16家A股上市银行股中,仅工商银行、宁波银行和民生银行三家公司尚未"破净"。

当时,连续的下跌让银行股估值再次进入历史底部,其中14只的动态市盈率低于5倍,尽管市场流动性不足,互联网金融冲击,受经济大环境景气度影响,银行业绩增速有放缓趋势,但在净利润还保持增速,不少派息水平比存银行还高的情况下，大部分上市银行股跌破净值，并不是没有投资价值，这主要是缺乏资金面的支撑。

经过充分调整后，在系列因素刺激下，上证综指最终于2014年7月11日形成转折启动点2033点，其后一年内展开翻番涨势，而这主要是由银行股回升所带动。

1. 新"国九条"发布

在资本市场长期低迷的背景下，中国国务院2014年5月9日发布了《进一步促进资本市场健康发展的若干意见》（简称新"国九条"）。这是继2004年1月31日"国九条"发布以后，对我国资本市场全面深化改革做出统筹部署的又一具有里程碑意义的纲领性文件。

新"国九条"指出，加快建设多渠道、广覆盖、严监管、高效率的股权市场，规范发展债券市场，拓展期货市场，着力优化市场体系结构、运行机制、基础设施和外部环境，实现发行交易方式多样、投融资工具丰富、风险管理功能完备、场内场外和公募私募协调发展。到2020年，基本形成结构合理、功能完善、规范透明、稳健高效、开放包容的多层次资本市场体系。

其中还指出，壮大专业机构投资者。支持全国社会保障基金积极参与资本市场投资，支持社会保险基金、企业年金、职业年金、商业保险资金、境外长期资金等机构投资者资金逐步扩大资本市场投资范围和规模。推动商业银行、保险公司等设立基金管理公司，大力发展证券投资基金。

与2014年5月6日央行报告所称的"守住不发生系统性、区域性金融风险的底线"相对应，新"国九条"提出"促进资本市场健康发展"，构筑了资本市场的"底线"。

我国经济发展良好的基本面，这是资本市场发展的最大"底线"。

这些"底线"稳定了A股市场，成为市场筑底走稳的基础。同时，沪港通的推出成为市场走出低迷而启动涨势的导火索。

2. 沪港通推出成为启动导火索

沪港通由中国证监会在2014年4月10日正式批复开展互联互通机制试点。受沪港通发布日期逐渐明朗的消息刺激下，主力资金于2014年5月中旬开始疯狂介入蓝筹股，大盘终于2014年7月下旬开始持续放量向上走高。

当时市场普遍认为，对于沪港通即将开启的预期炒作是股指上涨的直接原因。沪港通试点初期的投资标的圈定了A股和港股的大盘蓝筹以及AH股公司股票。与港股相比，内地大盘蓝筹股估值相对偏低，市场预期境外投资者将更加青睐大盘蓝筹股，从而引发蓝筹股板块的估值修复行情。另外，优先股试点推出有望增强商业银行资本实力，银行股强势走好，大盘也因此在银行等蓝筹股的带领下连续飙升。

资本市场运行环境的不断改善，特别是证监会大力培育机构投资者、引导境内外长期资金入市工作取得了较大成效，为市场走出低迷格局打下扎实的基础。

根据当时上交所研究部门的测算，A股已经拥有了一批业绩优良、具备稳定高分红能力的蓝筹股票，且数量不断增加，能够为长期资金入市投资提供可靠的安全边际。

沪港通下的股票交易于2014年11月17日开始启动，相关概念股票提前迎来估值修复行情，如银行股从2014年11月初至2015年1月中旬走出一波凌厉的升势。

宏观经济企稳，沪港通带来入市资金，并逐步扩大各类长期资金投资资本市场的范围和规模。另外，新一轮国资改革，挖掘中国资产洼地，成为市场炒作的题材，刺激了部分相关板块，部分银行股也持续拉升成为板块的"领头羊"，成为大盘的中坚推动力量。

新"国九条"的出台和沪港通的实施是一个里程碑，资本市场改革发展的大政方针已经确定，可以说，A股打造出历史转折的里程碑。

3. 调整5年形成周期转折

上证综指于2014年1月至7月反复筑底，构成重要底部区，期间形成了2014年3月12日1974点、2014年5月21日1991点、2014年6月20日2010点、2014年7月11日2033点等低点，均可视为同一底部区的相同级次的转折低点，同年7月上证综指转折启动，后涨至2015年6月12日5178点才见顶。

上证综指尽管2013年6月25日探出这5年调整的最低点1849点，但真正的转折启动低点是2014年7月11日2033点，而深证成指2013年6月25日探出的低点7045点并不是这5年调整的最低点，2014年3月21日探出了新低6959点，所以底部构筑应在2014年1月至7月。

2014年7月下旬启动上一台阶后，上证综指8月横盘整理，于同年8月29日探出启动点2193点，再度启动涨势。

上证综指从1990年12月95点历史底部以来，至2009年8月4日顶部3478点是第225个月，形成周天225度重要转折，2014年8月为第285个月（285度），包括2014年7月11日低点2033点、2014年8月29日启动点2193点等在第285个月（285度）周期转折段范围，具有重要转折意义，同时也为2009年8月4日3478点见顶以来的60个月（5年）调整周期窗口，以及2005年6月6日998点大底以来的9周年大周期循环时间段所在，调整较为充分。

4. 上破年线和长期下降通道

上证综指2014年7月下旬上破年线2090点，同年9月上旬突破5年下降通道的上轨压力线，即2009年8月4日3478点、2010年11月11日3186点、

2011年4月18日3067点等重要高点连线,见图10.25。

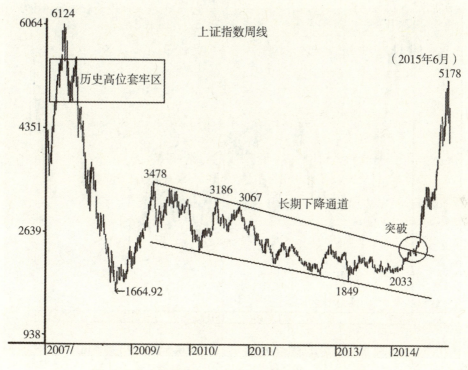

图10.25　上证综指2014年7月下旬上破5年下降通道

深证成指2014年8月上旬也上破2010年7月以来所形成的长期收敛下降通道的上轨压力线,即2010年11月11日13936点、2013年2月8日10057等高点连线,见图10.26。

这些是扭转长期下降趋势和长期底部形态最终确立的标志。

（六）5178点：2015年6月筑杠杆牛市大顶

A股于2014年7月启动涨势,至2015年5月和6月见顶,涨势翻番以上,累积了巨大的获利盘,同时这轮大涨与庞大的融资盘和配资盘推动有关,可以说是杠杆牛市,而沪市2015年6月12日见顶部5178点后展开快速的大幅调整,这很大程度上缘自融资盘和配资盘的平仓。

针对市场2015年6月见顶而持续下跌,当时证监会新闻发言人表示：这是市场前期过快上涨的自然调整,是市场自身运行规律的结果,有流动性波动、投资去杠杆等因素叠加的原因；这位发言人同时也指出,但回调过快也不利于股市的平稳健康发展。

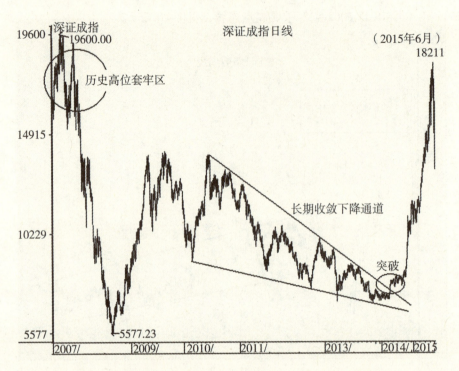

图 10.26　深证成指 2014 年 8 月上旬上破长期收敛下降通道

1. 呈现 10 年周期转折效应

上证综指从 2005 年 6 月底部 998 点算起，第 120 个月（120 度）出现在 2015 年 5 月，为重要分割点，历时 10 年，大盘 2015 年 5 月 28 日冲出高点 4986 点后当日放量大跌 6.5%，已事实上呈现顶部，不少股票在当日已放巨量见顶，后大盘有所回升，至 2015 年 6 月 12 日再度冲出顶部 5178 点，之后步入调整。

从图 10.25 和图 10.26 可看出，上证综指和深证成指 2015 年 6 月冲至历史高位套牢区受压见顶。上证综指 5000 点以上是 2007 年 9 月至 2008 年 1 月历史大双顶套牢区，存在较大的套牢阻力，而 2015 年 5 月下旬回补了 2008 年 1 月 22 日跳空下跌缺口 4818～4891 点（顶部标志缺口），基本完成了补缺口任务。

2. 产业资本套现

当时有关数据显示，截至 2015 年 5 月末，2015 年以来已有 1072 家上市公司发布了重要股东或高管减持公告，累计减持市值约 3598.51 亿元。这一数字已超过上一年全年的减持规模。特别是 2015 年 4 月沪指站上 4000 点以后，产业资本套现明显加速。

中小板和创业板的减持家数明显多于主板，在自2015年5月份以来发布减持公告的863家公司中，中小板和创业板公司多达520家。

银行股于2014年12月22日、2015年4月28日、2015年6月8日三次放出历史巨量，特别是大型银行股后两次巨量未能有效创出新高，说明银行股特别是大型银行股中期创新高动力不足，使大盘持续向上突破受制。

总体看，大跌缘自融资盘和配资盘的平仓，以及两融去杠杆、产业资本减持、新股发行等因素，由资金所推动的"杠杆牛"于2015年6月告一段落，而且2015年4—6月顶部的成交量区是有史以来最大最密集的，需要更长一段时间才能消化。

3. 跌破上升趋势线

从走势看，上证综指2015年6月19日和6月26日相继跌破2014年7月以来的上升趋势线30日均线和60日均线，同时2015年7月2日跌破2014年11月以来形成的上升趋势线，即2014年11月20日2437点、2015年2月9日3049、2015年3月9日3198点等低点连线（4080点区域），这些本轮牛市的上升趋势线的跌破，意味着对近一年的升势进入中级调整阶段。

（七）2638点：2016年1月呈10年周期低点

上证综指2015年6月12日见顶部5178点后展开持续大幅调整，直至2016年1月27日形成低点2638点才止跌走稳。该底部促成了大盘之后两年的盘升，而更引发了不少蓝筹股在2016年和2017年内呈现股价翻番的走势，创出了历史新高，可以说是蓝筹股的牛市启动点。

1. 形成10周年转折点

与2016年国民经济良好开局，经济逐步回暖相应，沪市2016年1月27日2638点低点反映的是经济面有意义的重要周期转折支撑点，这与2005年年底和2006年年初所形成的大牛市转折点相距10周年，为大周期转折时间窗口，如果没有2015年上半年那一波的杠杆作用下的非理性大升浪，作为10周年转折点或许2016年1月以来展开真正的上升周期，而事实上是蓝筹股的真正上升周期。

2. 跌回历史筑底区

从图10.27看，上证综指于2016年1月27日见底2638点，是众多历史高低点连线交汇处，如2007年10月16日6124点顶部与2015年2月9日3049点、2015年2月26日2850点两低点连线，2007年6月5日3404点低点与2011年4月18日3067点高点连线，2007年2月27日3049点高点与2008年4月22日2990点低点、2011年7月18日2826点高点连线，2007年2月6日2541点低点与2008年7月3日2566点低点连线，2010年7月2日2319点低点与 2013 年 2 月 18 日 2444 点高点连线，2008 年 10 月 28 日 1664 点底部与 2012 年 1 月 6 日 2132 点低点连线，这些连线交汇在一起的区域构成强大的支撑效应。

这些高低点代表的是历史阶段多空能量的平衡点，其连线代表的是市场波段趋势成本线，加上这些高低点集中在一定底部区域内，为市场相对较为集中的成本区，因此这些高低点连线仍是未来较长时间的支撑点。

3. 蓝筹股启动 2016 年和 2017 年牛市

2016 年和 2017 年大金融、大消费等蓝筹品种不少形成长期的上升趋势，2017 年以来，市场炒新、炒差、炒小等投机炒作逐渐得到抑制，投资风格逐渐向价值投资转换。

2017 年 6 月 21 日凌晨，明晟公司宣布将 A 股纳入 MSCI 新兴市场指数，这是一个里程碑，也是 A 股市场向价值投资转变的转折点。

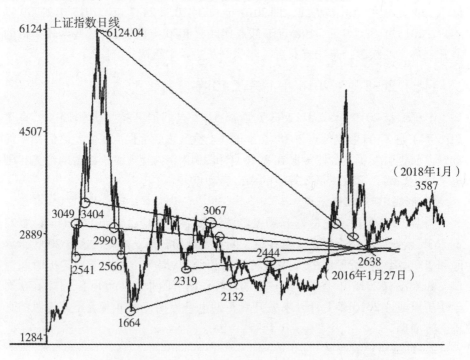

图 10.27　上证综指 2016 年 1 月 27 日底部 2638 点是众多趋势线交汇处

（八）3587 点：2018 年 1 月收复"熔断"位见顶

上证 50 指数自 2017 年 12 月 28 日至 2018 年 1 月 24 日展开了 19 连阳，历史少见，与此同时，大多数股票走弱。沪指 2018 年 1 月 29 日冲高至 3587 点形成高点，收复了2016年1月4日"熔断"大阴线，到达"熔断"前高位，大盘面临2015年11月至12月3400点至3700点套牢区，以及2015年7月至8月中旬3500点至4200点套牢区，而无力上行，于是见顶回落（见图10.27）。

A股市场2017年11月和2018年1月两次冲顶后出现较大幅度的调整。2017年11月为市场事实上的顶部，除部分蓝筹股外，大多数股票在当月见顶，如深证成指2017年11月13日见顶11714点后形成较长期的下跌，期间2018年1月25日再度冲顶11633点，也未能突破2017年11月的顶部。

2017年11月为沪指从2005年6月底部998点算起的第150个月（150度），为大周期转折段，同时为2015年6月见顶以来的第30个月（周天周期重要分割点），也为2007年10月见顶、同年11月大跌以来的10周年（120个月），呈现多个重要时间窗交汇。

2018年1月31日市场呈现百股跌停，而次日2月1日市场再度出现重挫，收市超200只股票跌停，超过1300股跌幅在5%以上，当日，上证50指数则继续扮演护盘角色，收盘涨0.78%。

创业板指2018年1月31日缺口大跌，并持续大跌至同年2月7日才阶段止跌，而上证综指也顶不住抛压，终于在2018年2月7日、2月8日和2月9日连续3天放量大跌，最终确立了2018年1月29日3587点顶部。

据有关统计，截至2018年2月1日，自上证指数2016年1月27日创下2638点阶段低点以来，上证50指数累计涨幅超过30%，而创业板指数同期下跌近15%。值得注意的是，近六成股票已经跌破上证指数2016年1月27日创下的2638点低点时期水平，而低成交个股不断涌现成为常态。

2016年和2017年沪指维持长期上升通道格局，该通道上轨线为2016年4月13日3097点与同年11月29日3301点两顶部连线；通道下轨线为2016年1月27日2638点与2017年5月11日3016点两底部连线。

沪指2018年2月8日跌破上述长期上升通道下轨线和年线，使近两年长期上升通道运行格局被打破，并演变为对前两年长期上升趋势总的调整。

（九）2449点：2018年10月呈现"政策底"

沪指2018年7月至10月数度探低，跌破2016年1月下旬至2月底部区，10月19日探低至2449点，跌至2005年6月6日998点与2013年6月25日1849点两重要底部连线，形成支撑点，深证成指跌回2014年上半年底部区。沪指和深证成指跌至上述历史重要底部连线和历史底部区域下，2018年10月下旬出现走稳回升。

1. 估值处历史底部水平

截至2018年7月2日，上海证券交易所共有上市公司1432家，平均市盈率13.71倍，创出2016年3月份以来的新低。深圳证券交易所上市公司2115家，股票平均市盈率24.73倍，为近年来新低。其中深市主板上市公司475家，平均市盈率16.68倍；中小企业板上市公司911家，平均市盈率29.02倍；创业板上市公司729家，平均市盈率39.61倍。从成份股的静态市盈率看，上证180成份股为11.62倍，没有亏损股票，上证380成份股为20.52倍，有1只股票亏损，其他A股为29.36倍，有76只股票亏损。

据统计，截至2018年7月5日收盘，A股破净个股为209只，约占全部A股个数的5.92%。从数量上来看，当时破净股票数量已经超过了历史上最重要的几个低点，包括2013年、2008年和2005年的大底部。而2016年1月28日，A股破净个数为61只，占全部A股个数的2.2%。

图10.28 上证综指2018年10月19日探低至2449点，受历史重要底部连线支撑

从A股市场的整体估值来看，已经趋于历史底部。统计数据表明，2018年8月中旬上证综指、沪深300指数市盈率分别约13倍和12倍，与英国富时100指数和德国DAX指数的水平相当。而美国道琼斯指数、标准500指数的市盈率都是25倍，沪深股市放在全球市场中比较，也是具有投资价值的。

统计显示，2018年5月至7月，总计有876家上市公司获得大股东或实控人、高管等各方逾 230 亿元资金增持。而值得关注的是，农业银行 2018 年 7 月按每股净资产值为发行价实施非公开发行，由多家主要股东完成认购，发行价比当时股价高 10% 以上，反映出大股东对股票价值的认可和对上市银行发展的支持。

而养老保险基金投资运营是养老保险制度改革方案的一项重要内容，到 2018 年 6 月底，全国已经有 14 个省（区、市）与社会保险基金理事会签署了委托投资合同。养老金是以比较安全稳定的投资收益作为目标，通常会投资一些业绩稳定经营良好的低估值蓝筹公司，这对低估值蓝筹股将带来重大历史性机遇。

毫无疑问，养老金等长线资金的陆续入市不论是对稳定市场还是引导价值投资都意义重大。

2. 管理层维稳呈现"政策底"

2018 年 1 月见顶后，大盘持续下跌，这受美国持续加息、美元持续走强、外围市场大跌、贸易摩擦等多种复杂因素有关。

2018 年 6 月 19 日晚，已有 30 余家公司发布了控股股东或高管增持动作及增持计划。此外，还有公司发布了回购计划以及提前终止减持股份的计划。这些公司发布后不少公司股票在次日出现有力反弹。

为进一步推进市场化法治化"债转股"，加大对小微企业的支持力度，2018 年 6 月 24 日中国人民银行发布消息，决定从 2018 年 7 月 5 日起定向降准。

2018 年 7 月 23 日国务院常务会议召开，会议强调："积极财政政策要更加积极""保持适度的社会融资规模和流动性合理充裕"。

2018 年 8 月 8 日，中国证监会发布信息称，证监会召开会议深入学习贯彻落实党中央国务院关于经济形势分析和各项工作部署的要求。会议强调，将坚持稳中求进工作总基调，把"六稳"的要求贯彻到资本市场监管工作的各个方面，全面深化资本市场改革和扩大开放，推动资本市场平稳健康发展，更好地服务供给侧结构性改革和经济高质量发展。

证监会提到，要抓紧推进沪伦通各项准备工作，争取年内推出。积极支持 A 股纳入富时罗素国际指数，提升 A 股在 MSCI 指数中的比重。修订 QFII、RQFII 制度规则，统一准入标准，放宽准入条件，扩大境外资金投资范围。

另外提出，抓紧完善上市公司股份回购制度，促进上市公司优化资本结构、提升投资价值。鼓励包括国有控股企业、金融企业在内的上市公司依法实施员工持股计划，强化激励约束，更好服务深化国有企业改革和金融改革。推动落实好公募基金参与个人税收递延型养老账户试点工作。

同时，为加快推进降低企业杠杆率等各项工作，打好防范化解重大风险攻坚战，国家发改委、财政部等五部委联合印发《2018 年降低企业杠杆率工作要点》，其中提出，对降杠杆及市场化债转股所涉及的 IPO、定向增发、可转债、重大资产重组等资本市场操作，在坚持市场"三公"原则前提下，提供适当监管政策支持。

业内人士表示，五部委公布的降杠杆工作要点，和证监会"推动资本市场平稳健康发展"的多项举措，被认为是维稳市场的强心剂。在当前 A 股低迷时刻，监管部门重提"深化改革"和"扩大开放"，外加后续即将出台的举措，将有利于提振市场预期，为市场注入信心，甚至是"政策底"的呈现。

消费是中国经济稳定运行的"压舱石"，也是推动经济增长的"主力军"。2018 年 9 月下旬中共中央和国务院印发了《关于完善促进消费体制机制进一步激发居民消费潜力的若干意见》，为促进消费提质升级明确了主攻方向。

专家分析，中央此时出台意见促进消费提质升级，有利于发挥消费对于经济运行"稳定器"作用，特别是在外部环境不确定性有所增加的背景下，更要持续激发居民消费潜力，进一步增强消费对经济发展的基础作用。

受此消息影响，A 股市场应声而涨，由银行股带动，沪指 2018 年 9 月 21 日大涨上破 60 日均线，9 月下旬持续走强，但进入 10 月受美股见顶影响呈现较大调整压力。

2018 年 10 月 11 日，受隔夜美股大跌 3% 及外围市场大跌影响，上证综指大跌 5.22%，创两年半最大单日跌幅，2600 点失守；深证成指跌 6.07%，创业板指跌 6.3%。当日两市仅 73 只个股上涨，跌停股多达 1129 只，市值累计蒸发逾 2.6 万亿元。之后大盘持续下行，至同年 10 月 19 日探低至 2449 点才止跌。

当日央行和证监会、银保监会负责人甚至政府高层向市场喊话稳定信心，指出"当前股市估值已处历史较低水平"。最核心的内容有三点：一是化解股权质押风险，二是加大资金入市力度，三是推进市场基本制度改革。

受消息影响，A 股 10 月 19 日午后全线爆发，沪指涨 2.58%，10 月 22 日沪指再大涨 4%，当日券商股全部涨停。市场基本确立政策底。

10-14 "三元九运"与经济、楼市、股市

由 3 个六十甲子推得 180 年，叫三元。第一个甲子年为上元，第二个为中元，第三个为下元。现代天文学证实，三元（180 年）是"九大行星"的会合周期，中国古代称之为"九星连珠"。

所谓"三元九运",每一元(也叫大运)为60年,60年中又分3个小运,每个小运20年,而土星与木星相遇为20年。

按"三元九运"学说,20年一运,自1984年至2003年进入下元七运,兑卦,五行属金;2004年至2023年进入下元八运,艮卦,五行属土,八白左辅星所到之处,便是当令;2024年至2043年进入下元九运,离卦,五行属火,九紫右弼星所到之处,便是当令;2044年至2063年进入上元一运,坎卦,五行属水,一白贪狼星所到之处,便是当令。

下元八运(2004年至2023年),五行属土,所以属土的行业兴旺发达,例如房地产,事实也如是,而下元七运期间,五行金主事,房地产行业处低迷状态,下元八运土生金,属金的行业也旺,下元九运(2024年至2043年),五行属火,由新科技、新产业带动下的经济和股市可望红红火火,火生土,房地产行业在下元九运估计也不会太差。到2044年至2063年上元一运,可能不少方面陷入不景气。

中国经济在下元七运开始"腾飞",下元八运将达到强盛,同时也是一个较为波动的"运",面临经济转型、中美贸易摩擦等问题,A股市场也呈现几度大起大落。

中国经济"腾飞"从下元七运开始算起,估计可望至少达一个甲子60年。下元八运中国经济实力升至世界第二,不排除在2024年至2043年下元九运再上一层楼,期间经济实力或升至世界第一,到达相对高峰。"九运""九"数在中国历史上往往为吉,如股市1999年、2009年走势就较好。

中国在下元九运经济实力或升至世界第一,也与有关数据相符。2017年按照年均美元汇率换算,美国的GDP总量为19.36万亿美元,占全球GDP总量的24%;中国的GDP总量为12.2万亿美元,占全球总量的15%,占美国的63.2%。假如按照中国未来年均增长6%,美国未来年均增长2%计算,中国经济总规模与美国持平的话,需要到2035年实现。

当然,即使到2035年,中美两国经济总量持平的时候,按中国最新的第六次人口普查数据,中国是13.7亿人,而美国目前是3.2亿人,按人均GDP中国与美国还有4倍多的差距。如果按人均算,中国至少还要50年以上才有可能和当前美国人均GDP持平,与此同时,美国经济总量和人均拥有量肯定还会增加。

党的十九大报告中指出,综合分析国际国内形势和我国发展条件,从2020年到本世纪中叶可以分两个阶段来安排。第一个阶段,从2020年到2035年,在全面建成小康社会的基础上,再奋斗15年,基本实现社会主义现代化。第二个阶段,从2035年到本世纪中叶,在基本实现现代化的基础上,再奋斗15年,把我国建成富强民主文明和谐美丽的社会主义现代化强国。

2024 年至 2043 年下元九运基本在党的十九大报告中指出的第二个阶段（从 2035 年到本世纪中叶）范围内。

"决胜全面建成小康社会"，A 股市场有着美好的前景，A 股市场逐步走向成熟和转型最终成功，并可期望在 2024—2043 年下元九运，以及党的十九大报告中指出的第一个阶段和第二个阶段，我国在逐步建成现代化强国的过程中，将会迎来一波又一波的大牛市。

第十一章 波动趋势、形态与成本

11-1 上升和下跌趋势线

(一) 波动趋势的方向

趋势主要是指市场运动发展的方向，市场的趋势由高点和低点的方向组合而成。在趋势分析上，主要有趋势线（支撑线和阻力线）、移动平均线、价格形态等来分析预测市场的趋势。下面先对趋势线讲解。

趋势按方向主要分为三种：

(1) 上升趋势。这是指顶部一个比一个高，底部一个比一个高，而且底部往往可连成一条向上延伸的直线。

(2) 下跌趋势。这是指顶部一个比一个低，底部一个比一个低，而且顶部往往可连成一条向下延伸的直线。

(3) 无趋势。这是指市场进入盘整格局，处于横向行走的状态，股价往往升到一定位置而回落，而回落到一定水平又止跌回升。

趋势按时间主要分为三种：

(1) 短期走势（近期走势），一般指几日，3周以内。
(2) 中期走势（次级走势），一般指3周以上至数月内。
(3) 长期走势，指1年以上的走势。
(4) 超长期走势，指10年以上的走势。

(二) 趋势线的种类和有效性

一般意义上的趋势线是指由至少两个上升的低点相连形成的上倾支撑线，或至少两个下降的高点相连形成的下倾压力线，前者是上升趋势线，后者是下降趋势线；也有在上升趋势中由高点连成的上倾压力线，在下降趋势中由低点连成的下倾支撑线。而由水平两个低点（高点）相连则形成水平支撑（压力）线，以及一顶和一底，或以一底和一顶相连的直线（X线）构成支撑（压力线，这是趋势线中的一种特殊形式。

除了一般意义上的趋势线外，还有一种弧形的趋势线，该趋势线起初缓慢地往上或往下弯曲，接着股价起落势头增强，速度加快，最后以暴升或暴跌来完成弧形趋势线的走向。

趋势线的有效性有如下三方面：

（1）所形成的趋势线上所触及的底部和顶部次数越多，趋势线维持的时间就越长越有效。如果一条趋势线所形成的趋势持续几个月以上，就形成了一条中期甚至长期的趋势线。

（2）趋势线的有效突破，以收市3%以上的差价以及收市价突破3天后才可以确认，并且突破的过程中成交有所放大，特别是向上突破。趋势线突破后往往有回抽，但回抽不能重返原来的趋势线内，否则不是有效突破。

（3）股价在形成一个趋势的过程中，在原始趋势线的基础上，有时会形成同一方向的多条趋势线，以及更小一级的趋势线，这些趋势线称为次级趋势线。上升趋势线的模式见图11.1，下降趋势线的模式见图11.2。

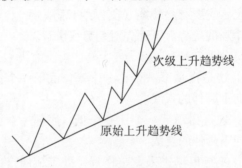

图11.1　上升趋势线模式

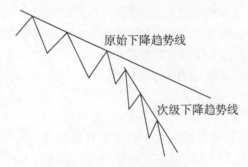

图11.2　下降趋势线模式

（三）趋势线的买卖信号

（1）在上升趋势中，股价回落至趋势线上是买进信号；在下降趋势中，股价反弹至趋势线上是卖出信号。

（2）在由上升趋势线（支撑线）和上倾压力线构成的上升通道中，股价回落至上升趋势线是买入信号，而反弹至上倾压力线上是卖出信号，在下降趋势中则相反。

（3）在无趋势市道中，在所形成的箱形整理中可高抛低吸。

（4）趋势线如果被有效突破，则意味着原来所形成的趋势被改变。在上升趋势中，如果上升趋势线被有效向下突破为卖出信号，在下降趋势中，如果下降趋势线被有效向上突破则为买入信号。趋势线被突破的阶段往往处于一些反转形态如头肩底、头肩顶、三角形、双底、双顶等形成或确立的过程中。

（5）当趋势线被有效突破后，其支撑和阻力的角色就会互相交换，支撑线被突破后将变成阻力线，阻力线被突破后将变成支撑线。

（6）如果出现上涨放量缺口或下跌缺口来突破趋势线，该突破为有效的强力突破。趋势线突破后往往有回抽，回抽是进一步确认趋势线突破的有效性，如向上突破下降趋势线、区域压力线，或上升趋势中的上倾压力线后，回抽在其上止跌回升，则进一步确认上破有效；同样，如向下突破上升趋势线、区域支撑线，或下降趋势中的下倾支撑线后，反抽至其附近受压回落，则进一步确认跌破趋势线或支撑线有效。

（7）趋势线如果被有效突破，则意味着原来所形成的趋势被改变。在上升趋势中，如果上升趋势线被有效向下突破，尤其以下跌缺口突破，为卖出信号；在下降趋势中，如果下降趋势线被有效向上突破，尤其以上涨缺口突破，为买入信号。

（8）趋势线的有效突破，往往与短、中、长期的移动平均线（如5日、10日、20日、30日、60日、120日、250日移动平均线）的上破或跌破相结合。

（9）在上升趋势中，如果上升趋势线及相交汇的移动平均线被有效向下突破为卖出信号；在下降趋势中，如果下降趋势线及相交汇的移动平均线被有效向上突破则为买入信号。

（四）把握趋势线抄底逃顶信号

股价的形态趋势实际上反映了市场一切因素包括基本面、资金面、市场面等因素的现在或潜在的影响，最为客观，所以遵循和把握好股市波动的趋势线和形态特点，才能捕捉未来上升趋势形成所带来的盈利机会，或回避未来下跌趋势形成所带来的风险。

例如，上证综指 2007 年 10 月 16 日见大顶 6124 点，在趋势线上有两次成功出逃机会（见图 11.3）：

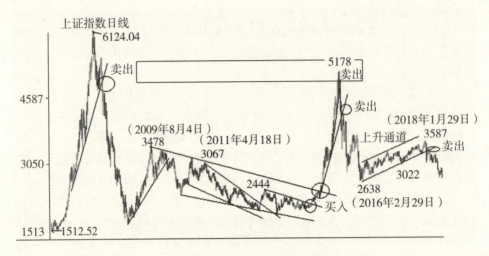

图 11.3　上证综指历史走势趋势线突破的买卖信号

一是 2007 年 7 月 6 日 3563 点、2007 年 7 月 17 日 3767 点、2007 年 9 月 12 日 5025 点等低点连成的阶段上升趋势线，2007 年 10 月 25 日有效跌破和 2007 年 10 月 31 日反弹受其所压而回落，是卖出信号；另外，2007 年 11 月 5 日和 11 月 8 日分别跌破 30 日均线和 60 日均线这些阶段和中期趋势线，也发出卖出信号。

二是 2007 年 2 月 6 日 2541 点、2007 年 6 月 5 日 3404 点、2007 年 3 月 6 日 3563 点、2007 年 2 月 18 日 4812 点等低点连成了中期上升趋势线（与半年线交汇），半年线为 2006 年 1 月至 2007 年 10 月该轮牛市的趋势线，2008 年 1 月 21 日大跌和 2008 年 1 月 22 日以缺口进一步大跌，有效跌破半年线和该中期上升趋势线，为最后逃大顶机会，结果后来 2008 年出现了持续的大调整。

又如，2014 年下半年 A 股市场有两次理想的买入机会，从上证综指走势看：

其一，2013 年 2 月 18 日 2444 点、2013 年 12 月 4 日 2260 点等高点连成的中期下降趋势线，于 2014 年 7 月 28 日上破，意味着一年多的下降趋势扭转，发出中期见底的买入信号。

其二，2009 年 8 月 4 日 3478 点、2010 年 11 月 11 日 3186 点、2011 年 4 月 18 日 3067 点等重要顶部连成的长期下降趋势线，于 2014 年 9 月 5 日上破，意味着历时 5 年的下降趋势扭转，发出中长期见底的买入信号，后一度回抽而受该长期下降趋势线支撑，形成转折点回升，也为买点，接着持续放量启动了一波大升浪，至2015年6月12日才见顶。

另外，上证综指2015年6月12日见顶5178点后，也有3次成功出逃机会：

一是2015年6月8日大盘创出天量水平，而之后几日缩量而上升无力，应引起警觉，2015年6月16日沪指以略大跌幅跌破2015年5月29日4431点与2015年6月4日4647点两低点连成的阶段上升趋势线（同时与10日均线交汇），是卖出信号。

二是2015年3月9日3198点、2015年5月7日4108点与2015年5月29日4431点等低点连成了中期上升趋势线（与30日均线交汇），2015年6月19日大跌，跌破该中期上升趋势线，之后几日反抽而受压，为最后逃顶机会，并于2015年6月26日进一步跌破60日均线，以及跌破2015年4月至2015年6月所构筑的头肩顶形态颈线（2015年5月7日4108点与2015年6月23日4264点两低点连线），也为最后逃顶机会。

该60日均线是2014年7月启动近一年牛市以来的上升趋势线，支撑了中途所有的调整并形成低点，而其跌破意味着一年的上升趋势告一段落，后来大盘持续展开了较大调整，直到2015年7月9日跌到3373点才止跌，重回到2014年12月至2015年3月上旬市场的整理区（阶段成本区）才形成较强支撑。

三是上证综指2014年11月后形成的中期上升趋势线，即2014年11月20日2437点、2015年2月9日3049、2015年3月9日3198点等低点连线，为一年涨势的上升趋势线，其于2015年7月2日跌破，使一年来的中期上升趋势扭转，经过急跌于2015年7月9日止跌而逐渐展开大反弹，2015年7月24日反弹至4184点接近该跌破后的中期上升趋势线，在成交量未能持续放大下，上攻乏力，形成压力，为反抽到位和之前抄底获利的卖出机会，结果下一个交易日即2015年7月27日沪指暴跌8.48%，创8年来历史最大单日跌幅。上一次A股出现如此暴跌，在2007年2月27日，当时沪指暴跌8.84%。

从2016年以来的走势看（见图11.3），沪指2016年1月下旬至2018年2月形成上升通道，其上轨线为2016年4月13日3097点与2016年11月29日3301点两顶部连线，下轨线为2016年2月29日2638点与2017年5月24日3022点两低点连线，2018年1月29日见顶3587点，2018年2月8日跌破下轨线，宣告近两年时间形成的上升通道格局改变，之后展开反复持续下跌浪，下轨线有效跌破和反抽是卖出机会。

可见，掌握好趋势线、市场成本区、成交量变化等形态趋势判断工具，能够把握好市况的强弱变化，从而洞察先机。

11-2 通道反映趋势的运行轨迹

(一) 通道的模式

通道线是趋势线的一种变化。其作法较为简单,在上升趋势中,先取两个低点连成一条直线作为基本上升趋势线,再取一高点作其平行线,这两条线就形成了上升通道;在下降趋势中,取两个高点连成一条直线作为下降趋势线,再取一个低点作其平行线,这样就形成了下降通道(见图11.4)。在上升或下降通道中还可形成次一级的通道。

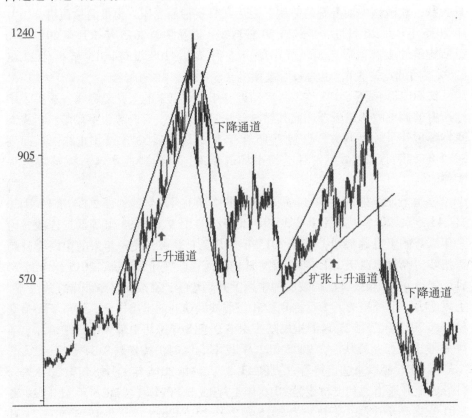

图11.4 上升或下降通道示例

在上升通道中通道下轨是支撑线,上轨是阻力线。股价形成上升通道向上运行,只要上升通道下轨未被有效跌破,则宜持股不动,短线可采取在通道下轨处吸纳而在上轨处抛出的策略;当上升通道下轨支撑线被有效跌破时是卖出信号，表明其上升趋势已改变，而跌破后的反抽不能有效重返下轨时是最后的逃命机会。

下降通道中，通道下轨是下跌的支撑线，上轨是反弹的阻力线，股价只要在下降通道中运行，其上轨未有效向上突破前宜持币观望，短线可采取跌至通道下轨处吸纳而反弹至上轨处抛出的策略；当通道上轨压力线被有效向上突破时是买入信号，表明其下降趋势已改变，上破后的回抽未有效跌回上轨之下而企稳时是最后的买入机会。

通道与趋势线一样，持续有效的时间越长，试探成功的次数越多，其可靠性就越高，通道突破后的量度升跌幅往往是通道距离长度或其倍数。以下是几种通道运行变化的情况：

（1）价格不能到达通道上轨或下轨，是即将改变趋势的信号。

（2）一个上升通道运行中，股价如果向上突破上轨拉升或向下跌破下轨，将会形成新的通道。

（3）一个下降通道运行中，股价如果向下跌破下轨或向上突破上轨，将会形成新的通道。

图11.4中，股价跌破较标准的上升通道和扩张上升通道后均展开一波较大的调整行情，并形成下降通道，而上破下降通道后均拉出一波反弹浪。

（二）扩张和收敛型通道

在趋势分析中，也有一种较为常见的变形通道，即扩张型和收敛型通道，其上轨和下轨并非平行而是呈向外扩张或向内收敛的形状。其实际上是后面所介绍的楔形形态，只不过楔形形态更多地应用在趋势途中的阶段整理当中，而扩张型和收敛型通道主要体现在趋势分析上，且其时间跨度比较大，升跌空间较广，往往体现出股价上升或下跌的周期波动（整个或重要阶段）的全过程，见图11.5。

扩张型通道通常体现在较强的上升趋势中，其反映出股价开始向上启动时稳步推进，之后多头能量逐步释放，以致不断向上拓展走势，最终因股价过度拉升而过分脱离市场成本以致见顶回落。

收敛型通道通常体现在调整趋势中，其反映出股价开始时跌势较大，而之后跌势逐渐收敛以致逐步见底的过程。当股价逐渐接近收敛下降通道的顶端区域时，下跌能量已得到较大收敛，底部可能将逐步出现。

11-3 K线波动形态

股价走势图最基本的要素包括价格坐标（垂直方向）、时间坐标（水平方

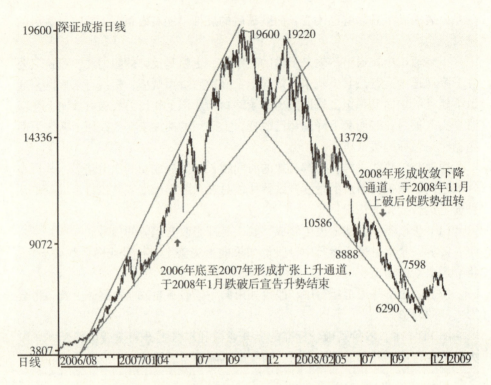

图 11.5 深证成指历史走势扩张和收敛型通道

向)、价格形态(主图)以及成交量(图形下方)四要素。平时我们使用的股价走势是用算术计量法示意的,用算术计量法计算的图形坐标图上,其垂直方向的价格变化是等距变化的。

价格在图形上的表示方法主要有 K 线图、点线图、棒状图、点数图,在时间上可分为分时图、日线图、周线图、月线图、季线图、年线图等。

图 11.6 阳 K 线　　　　图 11.7 阴 K 线

K 线图又叫蜡烛图、阴阳图,是目前较为通用的图表。画 K 线时,把开盘价至收盘价间的价位用柱体表示，称为"实体"部分。如果收盘价比开盘价高，那么柱体涂红色或是留白，这种柱体称为"阳线"。如果收盘价比开盘价为低，则柱体涂黑或涂蓝，这种柱体称为"阴线"。阳线如果最高价与收盘价不同，则收盘价（柱体上方）用细线向上与最高价连接，该细线称为"上影线"最低价与开盘价不同时，则开盘价（柱体下方）用细线向下与最低价连接，该细线称为"下影线"。阴线则相反，开盘价与最高价间的连接线为上影线，收盘价与最低价间的连接线称为下影线。阳 K 线的示意图见图 11.6，阴 K 线的示意图见图 11.7。

由于每个时间单位的开盘价、最高价、最低价及收盘价出现的位置不同，因此，便形成了各种各样的 K 线形态。

大阳线——多头大幅拉高，形成收盘价向上远离开盘价的阳线，几乎没有上下影线，或带有较短的上影、下影线，此类阳线一般反映买气较足，如其阳线实体长度较长则表示升势强劲，这在低位出现表示股价有见底回升的可能。

大阴线——空头大幅杀跌，形成收盘价向下远离开盘价的阴线，几乎没有上下影线，或带有较短的上影、下影线，此类阴线一般反映抛压较大，如其阴线实体长度较长则表示抛压重，这在高位出现表示股价有见顶转跌的可能。

光头光脚阳线——开盘价即为最低价，而收盘价为最高价，此类阳线比一般的大阳线更为强势，如其长度较长表示升势强劲，这在低位出现表示股价转势意义较浓，如果成交量配合放大，则为可靠的买入信号，后市可望持续拉高一段。

光头光脚阴线——开盘价即为最高价，而收盘价为最低价，这种 K 线反映出市场抛压较大，比一般的大阴线具有更大的抛压，如其长度较长，表示跌势将加速，这在高价区出现且伴随成交量放大，往往有对后市进一步看跌的意味。

上影阳线——多头在盘中曾大幅拉高，而收盘时却回落，但收盘仍比开盘时股价为高，形成上影线，表示上档明显遇到阻力。但如果在持续上升后出现，特别是上影线较长且伴随成交量放大则后市可能形成调整压力，如在低价区刚形成回升势时出现，表示为上升途中的强势整理，后市应仍处强势。

下影阳线——股价一度被强烈打压，而收市时又被拉回且高于开盘价，说明低位承接力强，如在持续下跌后出现，特别是其下影线较长且伴随成交量放大则后市可能形成强支撑，甚至发出转跌为升的信号。

上影阴线——多头大幅拉高之后又急泻而下，收盘价比开盘价为低，形成带上影的阴线，这种形态比长上影阳线转跌意味更强烈，如果在持续上升后出现，特别是上影线较长且伴随成交量放大，则后市可能形成较大的调整压力，甚至发出见顶的信号。

下影阴线——股价开市后大幅下挫,而收市时又被拉回但未能高于开市水平,形成实体阴线,如果在持续下跌后出现,特别是下影线较长且伴随成交量放大,则短期可能形成抵抗支撑。

小阳线、小阴线——其阳线或阴线实体较小,形态上既有无上下影的小阳线和小阴线,也有同带上下影的小阳线和小阴线。小阳线和小阴线一般出现在升势或跌势中的修正阶段,如果出现连续几根这样的线体,则可视为市况处于牛皮。

十字小阳线、十字小阴线——其阳线或阴线实体比一般的小阳线或小阴线更小,同时带有上下影线,形态上类似十字线。这种形态一般出现在升势或跌势中的修正阶段,如果上影线较长,则显示上档遇到较大抛压,甚至在涨势末段发出见顶的信号;如果下影线较长,则显示下档遇到较强支撑,甚至在跌势末段发出见底的信号。

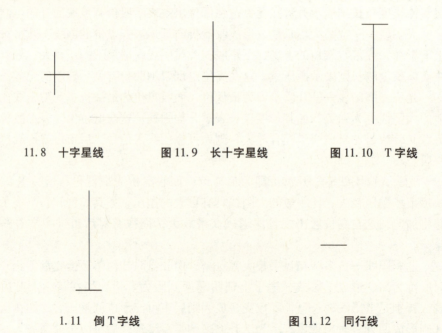

图 11.8 十字星线　　　图 11.9 长十字星线　　　图 11.10 T 字线

图 1.11 倒 T 字线　　　　　　图 11.12 同行线

十字星线——开盘价和收盘价都在同一价位,而其上下影线长短不同或等长,此形态如出现在高价区或低价区为即将转势信号,在成交极度萎缩的盘整市况中也会出现这种形态(见图 11.8)。

长十字星线——十字星的上下影线都较长,表明多空双方争斗激烈,但由于开盘价和收盘价一致,因此多空双方力量处于均衡状态。如果上影线略长,则表示抛压略重,如果下影略长,则表示下档承接略强,如出现在高价区或低价区，则发出即将变盘信号（见图11.9）。

T字线——开盘价和收盘价都在同一阶位，但盘中一度被打低，此形态表明下档承接力强，特别是其下影线较长时，往往是转跌为升的信号（见图11.10）。

倒T字线——与T字线刚好相反，开盘和收盘都处于同一价位，盘中一度反弹，但上方沽压较重，特别是其上影线较长时，往往是转势下跌的信号（见图11.11）。

同行线——开盘、收盘和高低价均在同一价位，此种形态较少出现，其一般出现在盘整阶段，或在极强或极弱市况中开盘时即出现涨停或跌停走势（见图11.12）。

以上介绍了K线单一的各种形态，而实际应用中，两根或两根以上K线的组合往往更能透彻地反映市场的变化情况。图11.13为各种单一K线的实例。

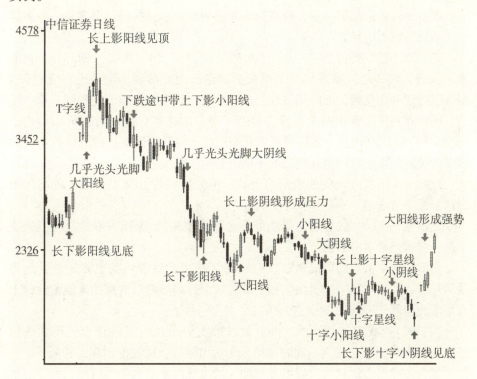

图11.13　各种单一K线示例

11-4 头部和底部反转形态

(一) 头部反转形态

时间跨度较长的K线组合（包括日线、周线、月线、年线等）更能反映股价走势波动的阶段和趋势，一些时间跨度较长的上升、下降或盘整走势的K线组合在图表上呈现出不同的股价形态。对股价走势所形成的形态分析有助于我们预测股价的未来走向。

形态从种类上大致可分为转势类、整理类及缺口类三种。所谓转势形态是指股价走势所形成的反转向上或反转向下的图形。下面先介绍各种转势形态。

头部反转形态包括头肩顶、复合头肩顶、双顶、三重顶、圆顶、菱形顶、岛状顶、倒V形顶等。

在各种转势顶部形态中，最常见的是头肩顶形态。头肩顶形态是一种头部形成的反转向下的形态。

头肩顶形态主要包括"左肩""头部""右肩"和"颈线"四部分。在形成"左肩"时，股价攀升到一个高位后回落，而回落到一定阶段（支持位）多头进行回补而反弹，此时该高位形成了左肩，该支持位形成左颈线支撑。

股价在左颈线支撑位上反弹，超越了左肩的高位，创出最高价而形成了"头部"（第二个高位），之后投资者获利回吐，使股价回落，股价回落至左颈线支持位附近而止跌回稳，形成右颈线支持位。

此后多头再次介入促使股价再上拉，但无法到达上次"头部"的高位便回落形成了"右肩"（第三个高位）。

上述两个支持位的连线便形成了头肩顶"颈线"，颈线一般是略有上倾或下倾，或者是呈水平状态。

头肩顶转向形态的形成通常以"头部"形成后跌破一条重要的上升趋势线为预警，发出了第一个卖出信号，跌破该上升趋势线后的反抽未能重返其上而形成头肩顶"右肩"的高点为第二个卖出信号。

"右肩"形成后展开下跌，并有效跌破头肩顶颈线（收盘价低于颈线位3%），则头肩顶形态成立，此时是第三个卖出信号，后股价出现反转向下。

复合头肩形态形状与头肩形态相似，均出现明显的头部和肩部，只不过复合头肩形态的肩部或头部出现不止一次，或同时出现两次以上，而与一般的仅出现一次左肩、右肩和头部的头肩形态有别。复合头肩形主要分为一头多肩式、多头多肩式、混合头肩式等类型。

双顶和三重顶形态也较常见，尤其在构筑大顶的阶段。股价经一段时间上升后，后继乏力形成一个高点而下跌，跌至一定点位形成低点止跌反弹，但反弹至上一个高点附近时追高能量不足而下滑，成交量不及上一个高峰时的成交量，当第二次下跌而跌破第一次回落的低点（颈线位）时，双顶（双头）形态最终成立，量度跌幅至少为两顶部连线至中间回落的低点（颈线位）的距离。双顶形态也是较为常见的转势顶部形态。

三重顶（三头）形态的模式、价格目标计算与双重顶形态相近，只不过是多了一个顶而已。

菱形属于较为罕见的顶部反转形态，它左半部是扩大三角形，右半部是对称三角形。当菱形右下方支撑线被跌破后，是一个卖出信号，它的量度跌幅为从股价向下跌破菱形右下方支撑线开始，向下量度形态内最高点与最低点的垂直距离。

（二）底部反转形态

底部反转形态包括头肩底、复合头肩底、双底和三重底、圆弧底、V 形底等，其是上述头部反转形态的倒转。

另外，底部区的构筑往往是不规则的，股价经过较长时间的调整后，在一定时期内形成反复波动的走势，探出不规则的多个底部，尽管没有呈现明显的反转形态，但总体处于底部区域波动已得到市场的认同，特别是如果这些底部多次下探所形成的区域时间跨度达半年以上，则可视为中长期底部区域形成。底部区在构筑期间，形成了多个高点，将这些高度相近的高点连成一条直线，为底部区的颈线压力带。

当股价有效上破颈线压力带，则底部区成立，为买入信号，此后股价出现反转向上，突破后往往会出现回抽回落，而在颈线附近形成支撑，是最后的买入机会。

图 11.14 是各种转势形态的示例。

11-5 中途整理形态

整理形态是指股价在趋势运行中，多空双方暂时处于均衡状态所表现出来的形态，而未来将在适当时机打破均衡局面继续原来的趋势。整理形态主要在上升过程中或下跌过程中出现，见图 11.15。

整理形态包括三角形、楔形、通道形、头肩形、旗形等。

三角形是常见的整理形态，主要分为对称三角形、上升三角形、下降三角形和扩展三角形四种。

对称三角形往往是股价的密集成交整理区域，在区域内，股价的上下波动

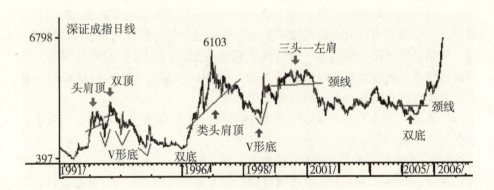

图 11.14　深证成指历史走势各种转势形态

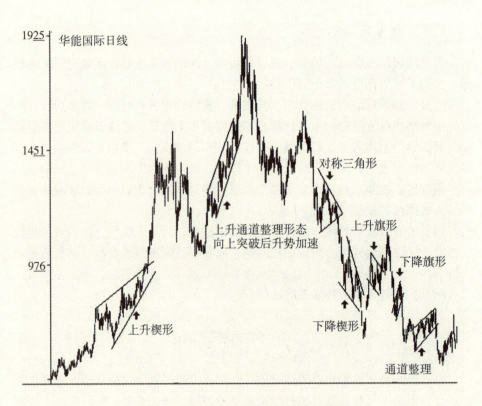

图 11.15　整理形态突破后继续原来的趋势

幅度越来越窄，渐渐失去了弹性，反映了多空双方在某一价格区域内势均力敌，在上升趋势或下降趋势的过程中暂时取得平衡状态，双方均处于观望之中。

上升三角形出现在上升趋势的途中，为中途整理形态。其由一条水平高点阻力线，以及多个向上倾斜波动的低点连成的一条上倾线所组成，当水平高点阻力线被向上突破，为买入信号，市况将会延续原来的上升趋势，而突破后或短暂会出现回抽，如回抽至水平线附近便止跌回升，则形态成立，突破的时候成交往往有所放大。

下降三角形出现在下降趋势的途中，其特点是股价在跌到某一水平位置受到支撑而回升，形成一条水平的支撑线，而在水平线上反弹的力度逐渐减弱，即每一个反弹的高点比前一个为低，这些高点连成一条向下倾斜的压力线，显示空方受不断增强的沽售压力影响而未及上次高点便急于沽出，形成了弱势的整理过程。当股价向下跌破下方水平支撑线时是一个卖出的信号，此时的跌破并不需要成交量来配合，且跌破时跌势会有所加速。

扩展三角形亦称为扩大三角形或喇叭形，这种形态是倒转的三角形。整个形态由狭窄起伏开始，然后两边界线向外扩大发散，扩展三角形的形成大多需具备三个高点及两个低点，三个高点一个比一个高（或水平），连成扩展三角形上边线，两个低点一个比一个低（或水平），连成扩展三角形下边线。

扩展三角形可分为三种形态，分别为倒转的对称三角形、上限水平或下限水平的倒转直角三角形。扩展三角形可作为头部的反转形态和上升或下跌过程中的整理形态。

楔形在形态上与三角形相似，但其特点是两边的界线同时上倾或下倾。楔形至少在其价位变动至形态三分之二后才突破，有时甚至一路运行至顶端才突破。楔形分为上升楔形和下降楔形，其均可出现在上升或下跌途中。

上升楔形的整理过程中低点和高点不断抬高，如果出现在上升途中，则显示为极强势的中途整理形态，一旦向上突破，拉升将较为凶悍，显示出主力持股信心足，志在高远。在上升途中出现这样的形态在即将向上突破时宜果断介入。下降楔形则相反，其整理过程中低点和高点不断调低，如果出现在下跌途中，则为极弱势的中途整理形态。

上下边平行的通道也可作为一种整理形态，其和楔形一样，出现在上升途中，为极强势的整理形态，出现在下跌途中，为极弱势的整理形态。

箱体也称为矩形，其为整理形态中的一种，是股价在两条水平带（上轨和下轨）内上下波动而形成的形态。这种箱形整理形态的特点是，股价围绕一条中轴线上下波动，呈一长箱体的形状，股价到达或接近箱体上轨时回落，而跌至箱体下轨时止跌回升。

其与平台整理的区别是，箱形整理运行的时间较长，平台整理运行的时间较短，而箱形整理一旦向上或向下突破，则所形成的趋势更为持久，往往出现在中长期上升或下跌周期途中，也出现在长期的底部区域构筑之中，但短期突破后的爆发力不及平台整理，突破后往往会有一个回抽的过程。箱体整理的实例见图11.16。

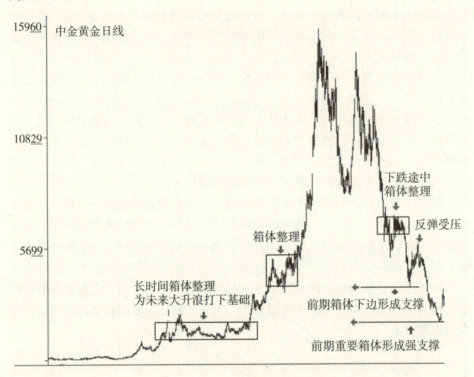

图11.16 箱体是密集成交整理区

11-6 缺口：强弱势的标志

（一）缺口有哪几种

股价缺口是指没有交易的价格真空区域，即所谓股价的"跳空"，反映的是多头或空头强烈的做多或做空欲望，是一段时期强弱势的标志。

缺口一般分为四种：普通缺口、突破性缺口、持续性缺口和竭尽缺口。

普通缺口通常出现在密集的成交区如三角形、箱体等形态当中，这种缺口一般在几日之内被完全填补，没有明显的技术意义，只是强调了整理形态的有效性。

突破性缺口一般出现在反转形态的突破阶段，如头肩底、头肩顶等突破颈线后出现急速上升或下跌的时候，其出现往往伴随着较大的成交量，且通常不会被填补或填满。突破缺口体现的是多头或空头强烈的迸发能量，其越大表示未来的股价波动（上升或下跌）的程度越强。因此，股价经过较长期调整和底部构筑完成后出现跳空上涨的突破性缺口，并伴随着较大的成交量，应是一个强烈的买入信号；同样，较长期上升和顶部构筑后出现跳空下跌的突破性缺口应是一个卖出信号。缺口形成后将会成为未来回档的支撑区或反弹的阻力区。

持续性（中途）缺口是股价脱离底部或顶部区域后在上升或下跌趋势的途中出现，其在上升趋势中出现是市场强势的表现，而出现在跌市中则是市场进一步走低的表现。这种缺口一般出现在反转形态的突破点起至下一个反转或整理形态的中间位置，故又称为中途量度缺口。因而利用这种特征可以测量一波行情的上升或下跌目标，其量度方法是从突破点起，到持续性缺口始点的垂直距离，向上或向下量度就是未来股价运行的目标。这种缺口也是后续修正行情的支撑或阻力，在一段时间内通常也不会被填满，持续性缺口有时会出现2个甚至3个。

竭尽缺口是伴随着急速的上升或下跌之中出现的，这种缺口往往出现在行情的末端，其很少是一波行情的第一个缺口，前面至少会出现一个持续性缺口。竭尽缺口形成的当天成交量往往达到最大，接着成交逐渐减少，显示推动行情的能量已经耗尽，在急速波动的阶段，缺口越多，行情越快终结，这种缺口一般在几日之内被弥补。

（二）历史牛市和熊市缺口特点

上证综指经过2001年至2005年的调整后于2005年6月见底998点，2005年11月30日向上突破了昔日顶部区的2001年7月30日2056～2063点跳空下跌缺口，该昔日下跌缺口是历史上5年局部牛市转向5年局部熊市的标志，该跳空下跌缺口被回补，意味着"牛犊"最终战胜"老熊"，更进一步确立2005年6月之后的行情是一轮牛市的启动，具有标志性的意义。后来上证综指上涨到2007年10月16日6124点才见顶。

从2007年7月至2008年4月这一阶段性升跌走势看，经过近两年的上升后，上证综指2007年9月28日和同年10月8日相继出现两个井喷跳空缺口，成交急剧放大，使做多能量快速释放，这是股市进入高潮的标志，股市进入高潮意味着离顶部不远了，这两个跳空缺口可被称为"竭尽缺口"。

结果不久，上证综指于2007年10月16日见顶6124点，见顶后展开持续的大幅调整，当年11月2日出现向下的突破缺口，这是多头能量快速回吐的标志。到了2008年1月22日，上证综指再次形成向下突破缺口，同时当日跌破大双头形态的颈线位，正式宣布头部形态确立。因而，第一个向下突破缺口是上攻势竭尽的标志，而第二个向下突破缺口是上升趋势确认扭转开始进入下跌趋势的标志，均具有向下启动的突破缺口的特征和意义，见图11.17。

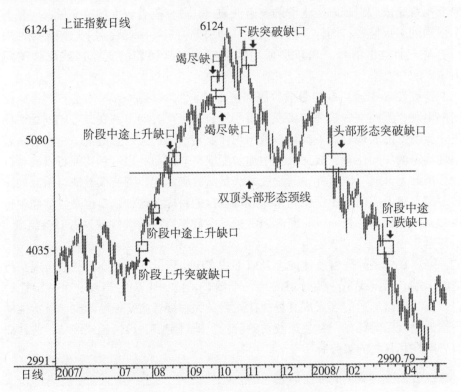

图11.17 缺口是一段时期强弱势的标志

11-7 移动平均线反映时期成本

（一）什么是移动平均线

通过移动平均法，移动一个股价来计算过去一定时间股价的平均值，并依次绘成一条曲线，该曲线就称为移动平均线（MA）。

移动平均线主要分为短期、中期和长期移动平均线。在沪深股市的应用中，短期线主要包括3日、5日、10日等均线，中期线主要包括月线（如20日、30日等移动平均线）、季线（如60日、10周、13周等移动平均线），长期线主要包括半年线（如100日、120日、26周、30周等移动平均线）、年线（如200日、250日、52周、60周等移动平均线），此外还有长周期线，如5

年均线、10年均线乃至30年均线等。

移动平均线最基本的意义是其对股价走势起到一种支撑助涨和阻力助跌的作用，并对未来趋势做出判断。30日均线、60日均线、120日均线（半年线）、250日均线（年线）往往是阶段、中期或长期趋势逆转的判断指标。

当股价从下向上突破短期或中长期移动平均线，短期或中长期移动平均线也开始从下降逐渐走平或向上延伸时，可以确认为股价逐渐进入一个短期或中长期的上升趋势之中，买方开始处于优势，发出买入信号。

如果移动平均线处于上升状态中，此时相应的移动平均线成为股价回档的买方防线，对股价起一种支撑作用，促使股价再度上升，这种情况下股价跌到移动平均线上是买入信号，这就是移动平均线的助涨作用。

当股价由上向下突破短期或中长期移动平均线，短期或中长期移动平均线也开始从上升逐渐走平或向下延伸时，可以确认为股价逐渐进入一个短期或中长期的下跌趋势之中，卖方开始处于优势，发出卖出信号。

在下跌趋势形成下，下移中的移动平均线成为股价反弹的卖方防守线，对股价产生阻力作用，表示卖方力量强于买方，此时是卖出信号，这就是移动平均线的助跌作用，见图11.18。

（二）黄金交叉和死亡交叉

如果上升中的较短期移动平均线由下向上升破较长期的移动平均线，出现了多头排列的形态，此为"黄金交叉"，表示后市应看好，此时正是买进股票的时机。

如果下降中的较短期移动平均线由上向下跌破较长期的移动平均线，出现空头排列的形态，此为"死亡交叉"，表示后市应看淡，此时正是出脱股票的时机。

在两条或两条以上移动平均线形成黄金交叉之后，通常会出现涨升行情，不过这个黄金交叉的买入信号应是出现在行情长期下跌之后，并且已经完成筑底，股价逐渐回升的时候。如果黄金交叉形成时，行情已上涨到相当程度，股价与移动平均线的正乖离较大，那么这个黄金交叉只能作为参考，并可能成为骗线。

黄金交叉在短期移动平均线上升的阶段才可产生，并且黄金交叉出现之后行情往往在短期内适当回抽整理。因此，虽说黄金交叉是涨盘行情的信号，但短期内仍是跌盘行情，此时股价跌近黄金交叉时便是买进信号。死亡交叉则相反，其出现后短期会有反弹，为最后逃命机会。通过对多重移动平均线的黄金交叉和死亡交叉的分析可以判断买卖的时机，见图11.18。

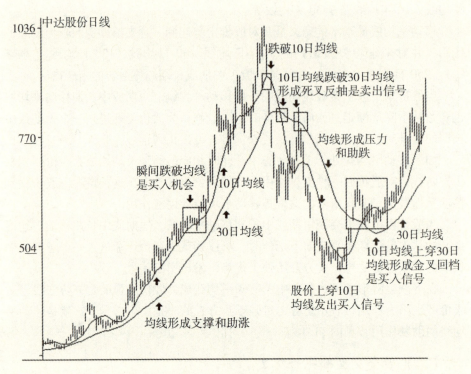

图 11.18 移动平均线具有支撑或阻力效应

(三) 半年线和年线

半年线（120日移动平均线）和年线（250日移动平均线）是反映股价中长期趋势的指标，是较长期趋势的强弱分水岭，特别是年线更被市场视为牛熊分界线，见图 11.19。

半年线和年线为过去半年或一年的市场平均成本所在，如果股价企稳其上，并且其形成上行趋势，则显示目前市况处于长期牛市之中，反之，则市况处于长期跌势之中。在牛市中，其不断上移的趋势对股价会造成助涨效应，而股价跌至半年线或年线上会受到有力的支撑而止跌回稳，此时是买入时机。

如果经过长期下跌后，半年线和年线下跌速度已放缓，有逐步走平的迹象，这说明市场中长期总体走势已趋稳，半年线和年线对股价的压制作用已减弱。如果此时月线和季线的技术指标也处超卖区以及周线的均线系统发出多头信号，以及股价上破半年线甚至年线，尤其是半年线上穿年线形成黄金交叉，那么，股价将进入中长期筑底阶段和逐步形成新一轮升浪的起步

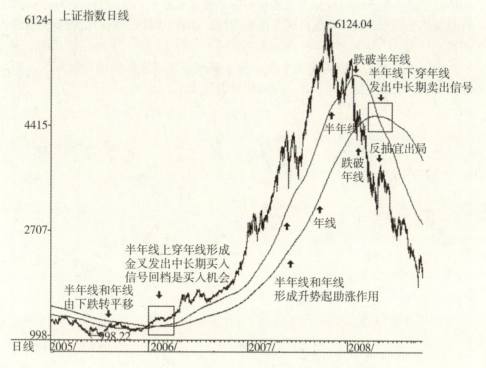

图 11.19 半年线和年线是长期趋势线

阶段。

经过较长期上升后，半年线和年线上升速度放缓，并逐步走平，这说明市场中期总体走势上攻动量大为收敛，并且走势已趋弱，半年线和年线对股价的支撑作用已减弱。

而当股价跌破半年线甚至年线且半年线和年线开始逐步走平时，为卖出信号，特别是半年线下穿年线发出中长期卖出信号，如果此时月线和季线的技术指标处于严重超买的高位以及周线的均线系统发出卖出信号，那么股价将进入中长期顶部构筑阶段和逐步形成一轮下跌浪的起步阶段。股价每一次中短期的反弹行情均会受到半年线和年线的压制，此时反弹至半年线或年线附近为卖出机会。

图形分析要点：

（1）首先判断股价是在半年线、年线上方还是在下方。

（2）观察半年线、年线是处于上升趋势还是下行趋势，如果处于上行趋势则可中长线持股不动，如果处于下行趋势则少碰为佳。

（3）半年线、年线经过较长时间的上升后逐步走平，这可能是长期上升周期的中途休整，也可能是上攻能量枯竭，并逐渐转下，这时判断的标准是股价是否仍受到半年线、年线所在区域的支撑，如有效跌破，则后市逐步转弱的可能性较大。

（4）在牛市中，股价跌至上行中的半年线、年线止跌回稳时可买入；而在熊市中，股价反弹至半年线、年线附近时可卖出。

第十二章　证券投资组合与风险控制

12-1　证券投资组合遵循的原则

证券市场风险一般有两种：个别风险和系统风险，前者是指个别公司的风险，导致单个公司投资回报存在不确定性；后者指整个经济所产生的风险无法由分散投资来减轻。

投资者把资金按一定比例分别投资于不同种类的有价证券或同一种类有价证券的多个品种上，这种分散的投资方式就是证券投资组合，体现为由投资人或金融机构所持有的股票、债券、衍生金融产品等组成的集合。证券投资组合的目的在于分散投资风险。

证券投资组合遵循以下三个原则：

（1）安全性原则，指要保证投资的本金能够按期全部收回，并取得一定的预期投资收益。

（2）流动性原则，即变现性原则，是指证券组合所形成的资产在不发生价值损失的前提下，可随时转变为现金。

（3）收益性原则，指在符合安全性原则的前提下，尽可能地取得较高的投资收益率，实现收益最大化。

12-2　市场结构性行情的把握

在牛市中往往是蓝筹股先启动，然后中小盘股和题材股补涨，这样一波涨势就阶段性结束，再等蓝筹股整理完再启动。在牛市中，市场资金源源不断地参与，蓝筹股涨势往往是最大的，把握住蓝筹股才能获得最好收益，这可从1996—2000年、2006—2007年的大牛市周期中可看出。

在大调整修正周期中，市场资金总体参与程度不高，市场往往围绕题材性进行结构性行情的炒作。在修正周期的阶段性行情中，蓝筹股的总体涨幅比不上中小盘股和题材股，待中小盘股和题材股领涨完，蓝筹股最后补涨，那么行情也就见顶了。

在结构性行情下，市场围绕新兴产业发展规划、抗通胀能力强的大消费类概念，以及行业并购重组等题材，例如锂电池、能源业、太阳能、农业、资源矿产业、医药、智能电网、物联网、通信、电器、商业连锁等行业个股，形成了结构性炒作机会。

由于这类股票体现了"成长性"题材，因而在一些阶段成为反复炒作和轮涨的主线。例如，2010年行情中小板指数表现最强，其涨幅收复了2008年的跌幅，超过了2008年1月的历史高位，这体现了以"成长性"题材为主线的炒作特征。

在大盘滞涨而个股活跃的市场特点下，资金或可分几部分参与：

一是围绕新兴产业发展规划、抗通胀能力强的大消费类概念和行业并购重组等具有实质"成长性"潜力的个股，适当选择相对安全的股价区间操作。特别是一些股价偏低的体现"成长性"题材的次新中小板、创业板个股，例如蓄势一段时间尚未启动或刚启动的，如果在发行价附近或跌破的更好，这样的股票可择机买多几只，可能会轮流被市场挖掘出来，但宜把握好买卖时机。对于抗通胀概念，可关注稀有资源、农业、酒业、医药等行业的个股。

扩大国内需求，刺激消费，着力调整内需外需结构，将使中国经济向更加均衡的发展方式转变。推动消费结构调整带动消费增长，以新消费潮流替代传统消费，将会给旅游、酒店、食品饮料、品牌服装、医药、家电、汽车、休闲娱乐、人寿保险等大消费行业带来正面影响，这类个股可反复关注。

二是如黄金、有色金属、化工、地产、汽车、运输、机械、航空、机场、电力、钢铁等二线蓝筹股，这要注重业绩、超跌、筑底扎实尚未有效启动等几个原则，这其中不少也体现出新兴产业发展规划、抗通胀、大消费、行业并购重组等题材。

三是低价大盘蓝筹股，最低价低估值代表着相对安全，总有补涨的机会，例如银行、保险、券商、石化、钢铁等行业个股。

在体现了以成长性题材为主线的结构性局部牛市下，对部分板块可采取牛市的操作策略，如可关注蓄势充分后放量向上突破、上升过程的强势整理、刚放量向上创出历史新高等走势形态的部分个股，以及相关强势个股所在板块其他股的联动机会等。

当然，在熊市周期或反弹周期中最要紧的是资金安全，如果过分追涨参与最终也是会亏钱的，在脱离阶段下降趋势后可以适当参与。可运用部分资金参与蓄势充分、股价离上档压力区较远的品种，预期有30%以上上涨空间的股票，不要过分追涨，即使最终没能涨到预期目标，但也能有所获利。

随着中国经济结构的转型，不少周期性行业产能面临过剩，2010年下半年A股市场所产生的部分个股结构性牛市行情，与市场资金追逐新兴行业股票有关。而不少公司"大小非"的产业资本也趁股市回升抽出资金，以便以后投入到新兴行业把握新的盈利增长点。

2016年和2017年蓝筹白马股形成结构性牛市，估值不具优势的小盘股形成熊市，这与供给侧结构性改革深入、经济转型，以及A股纳入MSCI指数等因素有关。

长期来看，国家的产业政策和经济结构调整，以及"大小非"和产业资本的投资取向，对资本市场未来长期的个股结构性行情产生较大的影响，例如有的股票将产生长期的牛市行情，但有的股票走势停滞不前，因而把握好国家产业政策、产业资本的投资取向和个股结构性行情的投资特点才能成为未来的大赢家。

12-3　投资高派息的成长型蓝筹股

投资股市遵循常识是最可靠的，一是购买绩优大盘股，二是适当分散，三是买入价格涨幅不要过高。

随着分红制度的实施，A股市场也迎来重大的变革，一是造假公司将现形，二是优质公司迎来机会，三是恢复造血功能。而这三大变革，将使得价值投资的理念有了发芽的沃土。

随着强制分红制度的实施，劣币驱逐良币的时代将成为过去，追求高成长的蓝筹公司，享受这些公司创造的价值，将成为投资主流。

A股市场上，追求高盈利高成长、业绩好高分红股票的价值投资理念和投资方法，也已经被证明是成功的，比如贵州茅台（600519）、泸州老窖（000568）等，这些公司的股价长期形成上升趋势，2018年上半年创出了历史新高，其中最重要的原因，就是业绩不断高成长，坚持现金分红，且分红的额度随着业绩而增长。

倡导关注蓝筹股本质上是倡导理性投资、价值投资的理念。特别是A股平均市盈率降低到历史低水平，与国际上的主要市场基本相当的时候，是配置蓝筹股的好时机。

绩差股股价波动大，业绩存在不确定性，只有经验较丰富的投资者才适合风险较大的投资选择。

从蓝筹股自身特点来说：一是蓝筹公司历史悠久，具有较高的知名度和良好的信用，产品竞争力强，普遍具有相对稳定的盈利能力，能较好地抵御周期性波动，同时股利政策稳定，股息率较高。二是蓝筹股代表了经济结构和产业结构变迁的方向，把握了时代发展的脉搏。如道琼斯工业指数成分股是全球股市历史最悠久的蓝筹股，其指数成分股的结构变化整体反映了美国经济结构的变迁。三是蓝筹公司大市值与大流通盘的特点，使其股票交易相对不易被操控。

倡导投资蓝筹股，实际上倡导的是投资理念，不是简单的针对哪一只股票。影响股价变动的因素有很多，蓝筹股的概念、范围也不是一成不变的。因此，不能机械地理解投资蓝筹股的内涵，面对纷繁多变的市场，需要投资者把握理性、价值投资的原则，同时结合市场现状、预期以及自身情况，具体分析后选择。

在现实中，机会并非人人都会把握，看准机会和破绽就要重拳出击。在股市中真正能赚上大钱的，是那种在历史长期成本区敢于重拳出击，重仓买入蓝筹指标股和相对垄断性行业龙头的投资者，重仓买入后吃尽整个波段，直到趋势逆转为止。

这类股调整到历史的低位、历史长期成本区、较低的市盈率或市净率水平，以及形成周期性启动，就是长期的买入点。

把握住长期调整后的机会，买入蓝筹指标股和行业龙头长期持有，往往在未来大牛市中能赚上大钱。

对于低估值大蓝筹股，中长线风险是较低的，如果业绩稳定增长，市盈率在 10 倍以下，加上如果派息比例高，分红收益比存银行一年定期还划算，而市净率又在 2 倍以下，特别是股价跌破净资产值的，是那种拿在手中也相对睡得安稳的品种。当然在熊市中可能不会马上有较好表现，但往往在低位长期持股，在牛市来时才不会被动，最终会获得好收益。

有时在市况不稳下持有这类品种，比起在市场中追涨杀跌追逐热点的操作，风险低而从长期看最终反而能赚钱。

股市的投资理念应体现为注重业绩和成长性，追逐绩差股过分投机炒作有时就如同吃上美酒佳肴那样，一度有欢乐的时光，但行情变幻莫测，投机股往往大起大落，如果踏不准节拍，当其股价大幅下落时，"悲"往往由此而生。

当然，当好"伯乐"，也能捕捉到"千里马"，股票有未来基本面改善、业绩增长的预期，就算一只目前业绩较差的股票，一旦"重组"成功，也会"乌鸦"变"凤凰"，这就是股市投资的魅力所在！

在股市上，一些个股脱离其价值非理性上涨，但最终也会回归其合理的价位，投资者如不及时获利了结，或许"纸上富贵"，最终做了个"黄粱梦"。

投资要立足于基本面，宏观经济面趋好，资金面宽松，上市公司业绩持续增长，这样股市自然上涨，此时顺势买入持股，自然获利多多。

一二线蓝筹股的走向往往是市场强弱的风向标。股市存在以点带面、四两拨千斤的波动效应。例如投资者在市场经过长期下跌后转为牛市启动，或经过长期上升后见顶破位时，可关注一些领头羊的股票或板块，如金融、地产、钢铁、有色金属、稀缺资源、煤炭石油等行业一二线蓝筹股的走向，作为判断大盘强弱的指标。

12-4　顺势而为，控制风险

　　炒股票讲究趋势至上，顺势而为，知足常乐，止盈止损控制风险为首要！2008年A股市场跌幅超过70%，据有关报纸调查统计，股民该年在股市中亏损幅度超过70%的，占比多达60%；亏幅在50%~70%的，占比也有22%；亏幅30%~50%的，占比为7%；亏幅30%以下的股民，占比5%；有盈利的股民仅占6%。而一次又一次的重仓抄底，是导致股民损失惨重的主要原因。即使在振荡市中，大部分投资者的收益是弱于大盘的，2010年上证综指跌幅不到15%，但据统计，2010年有超过七成的个人投资者是负收益，其中，有10%以上的投资者亏损幅度超过40%，另有70%~80%的投资者亏损幅度介于20%~40%之间。

　　所以把握好市场的趋势是最重要的，趋势来自于市场资金面、政策面、技术面与市场预期共同作用的结果。

　　顺势而为，不要逆势买卖，在弱市中，如果没有足够的把握不要盲目抄底，逆势操作即使取得一时的成功，但更多次的是失败，到头来还是逃不过最终亏损的结局。

　　从走势上来说，当市场成交异常萎缩，大多数人都轻仓甚至空仓一致看"空"时，那么这"空"便是"多"的基础，这在"无形"中使市场形成了巨大的购买力，涨势也就在逐渐孕育之中；相反，当市场成交不断膨胀，连创"天量"，大多数人不断买股重仓看"多"时，市场积聚了巨大的抛压，"多"翻"空"也就成为必然，跌势不久就会出现。

　　历史上，A股市场呈现"牛短熊长"的特征，所以要强调止盈止损的操作原则，这样才能把盈利得到保障，让亏损得到控制，如果一买入就盈利，那么随着股价上升，可逐步提高止盈位，跌破就获利了结。

　　根据短期、中期、长期的投资行为，分别设定止盈止损位，如短期上升趋势线、10日均线、20日均线、30日均线等，以及中期上升趋势线、形态支撑线、60日均线、120日均线、250日均线等，这些如有效跌破则及时了结，10%的损失是短期止损的最后防线。股市永远都存在机会，只要留有现金，就有机会东山再起。

　　在股票轮涨下，可用一部分资金参与热点题材和形成强势的股票进行操作，另外，以部分资金低吸业绩优良的一二线蓝筹股做中长线投资，再留下部分资金作机动，或买入货币基金，或购可转换债券。

投资者因情绪不稳而导致追涨杀跌，结果到头来落得个亏损累累的事例并不少见。炒股要克服过分贪婪与恐惧的心态，以平常之心，不随波逐流，而应理智思考，分析好公司的基本面状况，挖掘出具长远合理回报的股票。

股市波动是千变万化的，这就带来了风险，分析方法也不是绝对的，而在"万变"中应对的只有"不变"，以不变应万变，这就是良好的心态。股市投资成功最重要的一点是理智，即使买入后亏钱，但只要保持良好的心态，最终也会找到解套的方法并反而能赚到钱。炒股需要一颗平常之心，理智冷静分析，理性投资，炒股其实就是炒心态。

12-5 市场仓位预示机会与风险

从历史情况看，当基金仓位超过80%，特别是接近或达到88%时，意味着基金手头已没有多少资金推动行情上涨，业内称之为"88%魔咒"。如果缺乏后续增量资金，如新基金的发行，海外热钱进入和炒房资金转战股市等，那么行情继续上涨的动量不足，市场可能面临下跌风险。

相反，当基金仓位接近或达到历史低位如70%，那么股市可能见底了，当临近下限60%时，更是大底逐步出现的征兆，如果此时新基金不断被批准组建，那么，行情见底则指日可待。

例如，在2005年大盘跌进底部区域，当年股票型基金四个季度的仓位分别为67.82%、69.11%、70.79%和73.65%，结果沪指2005年6月6日确立底部998点，而经过半年的筑底，2006年和2007年大盘走出了大牛市。到2007年9月，股票型基金平均仓位高达91.40%，个别更达到98%，结果2007年10月16日沪指见大顶6124点，同年11月开始展开了长达1年的跌势。

经过2007年10月见大顶而持续一年大跌后，2008年10月30日，股票型基金平均仓位已降至61.63%，偏股混合型基金平均仓位为54.09%，配置混合型基金平均仓位为38.05%。按规定，股票型基金的最低股票仓位为60%，股票型基金的整体仓位已经临近下限，结果2008年10月28日沪指见大底1664点，同年11月7日开始回升，至2009年8月4日见顶3478点，走出了翻番涨势。

在2009年，"88%魔咒"应验过两次，分别导致了大盘7月29日大跌5%和11月24日大跌超过3%。2009年7月底，股票型基金平均仓位接近九成，7月29日大跌后，沪指8月初略冲高见顶3478点，当月大跌22%，并形成2009年乃至2010年的顶部。

经过2009年9月和10月的反弹后，11月下旬股票型基金平均仓位再度接近九成，同年11月24日沪指见顶3361点，当日大跌，并引发了之后半年多的持续下跌，直到2010年7月2日才见底2319点。

大盘经过2010年7月至11月上旬的回升后，2010年11月上旬A股市场股票、混合型开放式基金仓位提升至88.89%，七成以上基金仓位超过90%，创下2006年以来新高，市场推涨的动量大为收敛。在市场重仓情况下和一片乐观之中，风险也逐渐来临。当时多家券商发布了"仓位再达新高"的基金仓位研究报告之后，沪指2010年11月11日见顶3186点，次日即11月12日大跌超过5%，九成个股下跌，一周内跌幅达10%，直至2011年1月25日才见底2661点。

2011年4月中旬，开放式股票型基金平均仓位持续上升至92.29%，触及历史高点，结果同年4月18日沪指见高3067点后次日大跌1.91%，并形成一波跌势。

当市场成交不断膨胀，连创"天量"，基金仓位达到80%以上，特别是到达"88%魔咒"，代表着市场基本重仓，这使市场积聚了巨大的抛压，"多"翻"空"也随时会产生。

相反，当大多数人都轻仓持币观望看"空"时，特别是当公布基金仓位接近或创出历史新底时，那么"空"翻"多"也会随时形成，股价见底指日可待。

股市上有句名言：众人皆醉我独醒。做股票要与投资大众背道而驰，因为在股票市场上，大多数是输家，只有少数是赢家，当市场被一片看好，大多数人都在赚钱的时候，此时往往就是最危险的时候。

12-6 短线操作"集腋成裘"

股市操作有长线价值投资，有波段操作，也有短线操作。短线操作往往有成功也有失败，这需要把握好止盈和止损的原则。

短线操作是一种"集腋成裘"的投资策略。股价的波动往往经历筑底、启动、拉升、见顶、调整等阶段，我们可对有启动迹象即将拉升的个股进行吸纳，适当追涨但不追高，待其急剧拉升一段后马上获利了结，一般不超过3日，而转买另一只股价相对偏低尚处底部并即将启动拉升的个股，如此反复炒作。尽管每一只个股可能只赚其升幅的一部分，但"集腋成裘"最终积少成多。

这种短线落袋为安的策略，适合在结构性行情、平衡市、弱势阶段，和较长期的筑底或筑顶阶段，这一方面可赚取了个股刚启动形成强劲上攻时所带来的可观差价，另一方面可规避在市况不稳下长期持股的风险。

这就是从某个角度上的短线是"金"的道理了。

短线操作的策略中，也有一种追逐涨停股、捕捉涨停股的策略，这适合于牛市启动前中期、结构性的局部行情、个股轮涨行情等情况，当然市况不同，所追逐的涨停股的后续表现也不同。

对于追逐涨停股，应根据实际情况灵活运用，一般来说，个股底部构筑扎实，或整理形态运行时间较长，此时放量大涨或涨停启动脱离底部或整理形态，是短期买入机会，如果股价已创出新高，或离上方密集套牢区较远，加上基本面良好或为市场炒作热点，那么涨停股中期走势乐观，即使中途再度涨停突破也是买入机会。

特别是，个股3周前，或3个月前，或半年前曾有过一波持续放量涨停拉升的走势，后来展开调整，但调整过程中未形成明显的密集成交区，现时已调整充分，并逐步回稳形成一触即发之势，这时是逐步买入的时机，也是之前坐失或不敢追涨停而提供的低吸机会。而这类股一旦再启动回升也或会同样以持续涨停方式进行，涨势有望回升到前跌幅的三分之一或一半位置，甚至更高。历史走势有重复，而涨停走势也重复。属于主流炒作板块的涨停品种其持续走强的机会大，而弱势品种的涨停则快进快出。股价涨停而走强后放巨量，或接近历史套牢压力区则逐步获利了结。

另外，投资者如果通过长期的观察和操作对某只股的股性较熟悉，也可以采取短线或中线反复低吸高抛进行操作；若对某只个股基本面较了解，对其成长性和前景看好，可趁其跌至合理价位或低估水平时逐步趁低吸纳，其价值迟早在股价上得到体现。

12-7 一把价值投资的尺度

拳经曰："看似至柔，其实至刚，看似至刚，其实至柔，刚柔相交，无端可寻。"宇宙其实就是一太极，太极拳演绎着的是宇宙的变化。

"太极谓天地未分之前，元气混而为一，即是太初、太一也。"无极生太极，太极生阴阳两仪，即一生二，阴阳两仪交感化合，二生三，交感化合则三而生万物。万物由太极阴阳化生，故万物均为一太极。

太极拳练得上境界，应是不急不躁，进而与万物虚空浑然一体，时而静得空无一物，时而我就是变化中的宇宙万物，这时已忘记了固定的招式，而随心所欲，随着宇宙大自然的节奏而起舞，这便由"太极拳"的"有招"升华到"太极""无极"的"无招"状态，正所谓无招胜有招也。了解到这一点，才能真正领悟到太极拳的最高境界和感悟到"太极""无极"的奥秘。

"无招胜有招"在股市投资上是最简单而最有效的方法。股市投资回归到价值投资的本来面目，价值低估就买入，高估就卖出，不计较短期的得失。

股市上，在对股市走势不确定时，理性投资者特别是不少大资金的投资者大部分时间都在轻仓或空仓观望，而看准机会把握好时间和空间的最佳买卖点，重拳出击。大多数散户则一年到头都满仓，即使在市况不稳下仍反复操作，试图利用一切机会赚尽每一笔利润，但股市行情变化莫测，到头来往往得不偿失。

广州有个70岁的黄大妈，1997年退休后迷上了炒股、打麻将、跳舞、打太极拳、打乒乓球、旅游等，生活多姿多彩。

说到炒股，黄大妈有着不寻常的经历。她1998年入市当年亏了一半，后来在1999年的"5·19"行情大翻身赚到大钱，2001年逃顶抛出，再到2004年抄底买入浦发银行股票，到2007年11月全清仓，赚了很多倍。

她说赚了这么多钱乐坏了，由于怕被还给市场，于是2008年不炒股存银行，2009年又炒了一波，2010年后没炒，到2014年再度入市，持至2015年6月清仓，清仓后她在银行买了国债，她说大盘要时间跌够了才入市。

她认为赚了大钱要守住最关键，买就买在底部。她说炒股至今赚了30多倍。

黄大妈退休前是工人，没有什么文化，也没有用电脑分析，只去证券部大屏幕看行情。她抱着做人要知足要守住赚来的钱的心态，逃过了几乎所有的熊市。她退休后还爱学习，去图书馆"淘"智慧，学习经济证券知识，后来她买了电脑，也学会了上网。

回归到股市价值投资的"本来面目"，选好回到长期成本区，有长线投资价值的品种，逢低买入，耐心持有，直到其上升趋势改变，在弱势中保持空仓观望，等待机会。价值低估就买入，价值高估就抛出，不计较短期的得失，就能享受到股市投资所带来的乐趣。

黄大妈就是这样做，在股市中赚了大钱。尽管她不懂什么经济周期，但股价长期下跌过头、价值低估就买入，股价涨升过头、价值高估就抛出，其实也遵循着经济和股市周期的波动性。

与黄大妈相对应的是有些股民盲目追涨杀跌，最后弄得亏损累累。曾有报道说，有一位股民把自己的全部资产投入股市，不工作，全身心在家炒股。他每天都在研究走势图，频繁买卖股票，基本上每天都换股，即使在弱市中。然而在一年时间内，他120多万元的本金，亏剩只有10万元。

股市上有句名言叫"不要把鸡蛋放在一个篮子里"。但他偏偏把"鸡蛋"都放在一个篮子里，当认定了一只股票时，他会把所有的资金都买入这只股票，无论他的判断是对还是错，即使错了，他也不后悔。这种超短线的手法和

"全力以赴"，让他曾经很辉煌，但更多的则是亏损。

这个事例说明一个道理，炒股是不能盲目的，要与大势相结合，因为在覆巢之下无完卵，逆势操作即使一次成功，但更多的是失败。

股市是变化莫测的，上升赚钱了，不要得意忘形，应时刻保持警觉；而下跌了也不要过分惊慌失措，需要有一颗平常理智应对之心。同时，股市波动是遵循社会经济周期变化的，把握周期循环特点，顺势而为，就会成为赢家。

另外，不要频繁换股，看好买入后就耐心持有，直到趋势逆转才卖出。在没有足够把握下，"不要把鸡蛋放在一个篮子里"，才能避免这只鸡蛋万一不"生蛋"所带来风险。

不要一年到头都满仓！顺势而为，不要逆势买卖，在弱市中，没有足够的把握不要盲目抄底，即使取得一时的成功，但到头来还是逃不过最终亏损的结局。做好上升趋势，分析把握价值低估的股票，捕捉好刚形成上升趋势启动突破时的重仓买入机会，一年炒一两波，10年炒足两三年大牛市，知足而常乐，你就是股市大赢家！

以平常之心，理智而从容，看似无招，其实心中有一把无形的尺度，是一把价值投资的尺度，无形中也顺承了股市波动的节奏。

无招而"有招"，无为而无不为，这或许是股市投资上的高境界。

投资是一门大学问，要结合宏观经济面、市场资金面、行业发展情况、个股基本面、大市走向等来综合分析。操作上还要讲究一定的技巧，如设立止盈止损位，以保证盈利和使亏损不会扩大。止盈止损是股市投资的第一原则。

股市只是生活的一部分而不是全部，这样才会保持良好的心态和理性判断。

炒股就这么"简单"。掌握了股道至简的道理，不知不觉中就进入"股神"的境界了。

12-8 长投短炒两相宜的 ETF

交易型开放式指数证券投资基金（ETF）具有在交易所上市交易、买卖便捷、费率低廉、风险分散的特点，可谓是"长投短炒两相宜"的指数化投资产品。

例如上证 50ETF、上证红利 ETF、深证成份 ETF 代表大盘蓝筹，而中小板 ETF 的成分股是中小板企业，深证 100ETF 代表深市 A 股的优质资产，上证中盘 ETF 代表沪市 A 股的中等市值公司的整体状况，其成分股包括了众多的沪市"中坚企业"。

当市场启动或形成结构性的上升趋势时，在没有合适个股投资时，投资者可根据相应板块的炒作，可以买入该板块的 ETF 产品，既规避了个股的非系统性风险，又把握住了板块炒作带来的机会。

在大盘反弹的后期，投资者选用 ETF 替代手中持有的涨幅过高的题材股，是不错的选择。当权重股轮番启动拉升指数时，选择权重股不如选择 ETF，因为在结构性牛市中，除题材股和指标股出现炒作分化之外，指标股之间上涨的节奏也不一样。因此，与其去预测下一个行业热点，不如配置相关的 ETF 品种，及时选择好 ETF 品种，基本不会跑输大市。

利用 ETF 在一级市场的申购和赎回，投资者可以实现 ETF 的类似 T+0 交易，这在指数剧烈震荡的情况下能够发挥巨大的优势。目前国内的权益类投资品种中除权证之外，其他品种尚不能实现交易的 T+0。

ETF 交易品种状况具体如下：

上证 50ETF（基金代码为 510050）：指数型基金，采用完全复制策略，跟踪上证 50 指数，是股票基金中风险较低、收益中等的品种。上证 50 指数是根据科学客观的方法，从上证 180 指数样本中挑选出规模大、流动性好的 50 只股票组成样本股，综合反映上海证券市场最具市场影响力的一批优质大盘股的整体状况。

上证 50 指数是沪市大盘蓝筹股代表，几乎包含所有最具代表性的行业，由于其中的银行类个股权重大，因而基本可把 50ETF 视为偏向于银行类 ETF。该基金波动幅度相对较小，适合偏爱稳健、风险承受能力相对较小的投资者，同时由于其成份股是大盘蓝筹股代表，代表中国经济的未来，所以也适合长线投资的投资者。

上证 180ETF（基金代码为 510180）：指数型基金，采用抽样复制策略，跟踪上证 180 指数，是股票基金中风险较低、收益相对中等的品种。上证 180 指数成份股较多，从行业分布特点来看，金融服务行业占据主要位置。

上证红利 ETF（基金代码为 510880）：指数型基金，采用完全复制策略，跟踪上证红利指数，是股票基金中风险较低、收益相对中等的品种。上证红利指数挑选在上证所上市的现金股息率高，分红比较稳定，具有一定规模及流动性的 50 只股票作为样本，以反映上海证券市场高红利股票的整体状况和走势。这个指数是当前市场上唯一将客观的价值衡量标准（现金股息率）作为样本股排序筛选首要指标的指数，更能客观地体现长期投资价值所在，是长线价值投资者投资关注的对象。

易方达上证中盘 ETF（基金代码 510130）：按照上证中盘指数的成份股组成及权重构建股票投资组合。上证中盘指数是反映上海市场中等市值公司整体状况的核心指数，也是行业分布最为均衡的指数之一。中盘指数受金融、地产股影响较小，受消费和医药股影响较多。

易方达深证100ETF（基金代码为159901）：代表了深市 A 股的优质资产，它的 100 只成份股既包括蓝筹股，也包括中小板股票（在样本股中占有 10% 以上比例），这些成份股在所属市场层次中流通市值大，成交活跃，成长性和公司治理水平高，整体质地优良。

华夏中小板股票 ETF（基金代码为159902）：跟踪反映中小企业板市场的标的指数，是股票基金中风险较高的品种。高送转是历来行情必炒的题材，这也往往给中小板带来了阶段性的爆发行情。中小板 ETF 最大特色在于投资于高速成长的深圳中小企业板，适合风险承受能力强、希望获得高收益的投资者。

深证成份 ETF（基金代码为159903）：跟踪深证成份指数的表现，深证成份指数包含 40 只 A 股样本股，地产、金融、食品饮料、煤炭是深证成指主要重仓行业。深证成指波动幅度大，较适合风险承受能力较大的投资者。

一般来说，遇到如 1996—2000 年、2006—2007 年等 10 年一遇的大牛市可重点选择上证 50ETF、上证 180ETF、上证红利 ETF、深证成份 ETF 等大盘蓝筹指数型基金，在结构性牛市或中短期反弹行情中，可重点选择中小板 ETF、深证 100ETF、深证成份 ETF、上证中盘 ETF。

如 2010 年 7 月后 A 股市场展开结构性牛市，题材股和中小企业板股票形成持续强势，相应的中小板 ETF、深证 100ETF、深证成份 ETF、上证中盘 ETF 等领先于综合指数，出现了较大的涨幅。其中中小板 ETF 在 2010 年 7—9 月涨幅 25%，同年 10 月再上一台阶，深证 100ETF、深证成份 ETF 在 2010 年 7—9 月涨幅 20% 左右，同年 10 月再涨 16% 以上，上证中盘 ETF 在 2010 年 7—9 月涨幅 20% 左右，同年 10 月再涨 16%。而上证 50ETF 在 2010 年 7－9 月涨幅为 6%，直到同年 10 月银行等权重蓝筹启动才有较好表现。

12－9　国债回购融券交易

债券回购交易，是指债券买卖双方在成交的同时就约定于未来某一时间以某一价格双方再行反向成交的交易，是以债券为抵押品拆借资金的信用行为。

其实质内容是：债券的持有方（融资者、资金需求方）以持有的债券作抵押，获得一定期限内的资金使用权，期满后则须归还借贷的资金，并按约定支付一定的利息；而资金的贷出方（融券方、资金供应方）则暂时放弃相应资金的使用权，从而获得融资方的债券抵押权，并于回购期满时归还对方抵押的债券，收回融出资金并获得一定利息。

证券回购交易程序：

一笔回购交易涉及两个交易主体，二次交易契约行为。两个交易主体即以券融资方（资金需求方）、以资融券方（资金供应方）；二次交易契约行为即开始时的初始交易及回购期满时的回购交易。无论资金需求方还是资金供应方都要经过二次交易契约行为。

（1）以券融资方，在交易所回购交易开始时其申报买卖部位为"买入"。这是因其在回购到期时反向交易中处于买入债券的地位而确定的。回购交易申报操作类似于股票交易。成交后由登记结算机构根据成交记录和有关规则进行清算交割；到期反向成交时，无须再行申报，由交易所电脑系统自动产生一条反向成交记录，登记结算机构据此进行资金和债券的清算与交割。

（2）以资融券方，在交易所回购交易开始时，其申报买卖部位为"卖出"，这是因其在回购到期时反向交易中处于卖出债券地位而定的。其交易程序除方向相反外其余均同以券融资。对于交易对手抵押的债券，目前交易所不直接划入以资融券方证券经营机构的债券账户，而由登记结算机构予以冻结。

证券回购报价：

（1）报价方式：证券回购交易是以年收益率报价的。

（2）报价规定：在回购交易报价时，直接输入资金的年收益率的数值。上海证券交易所国债回购交易最小报价变动为 0.005 或其整数倍；深圳证券交易所债券回购交易的最小报价变动为 0.01 或其整数倍。

证券回购交易单位：

交易单位指证券交易所对回购交易双方参与回购交易委托买卖的数量规定。上海证券交易所对参与回购交易进行委托买卖的数量规定为：交易数量必须是 100 手（1 手为 1000 元面额国债），即 10 万元面值及其整数倍。

上海证券交易所新质押式回购各品种：

1 天国债回购（204001）、2 天国债回购（204002）、3 天国债回购（204003）、4 天国债回购（204004）、7 天国债回购（204007）、14 天国债回购（204014）、28 天国债回购（204028）、91 天国债回购（204091）、182 天国债回购（204182）。

股票买卖存在一定风险，而国债回购融券交易基本无风险，并往往能取得比银行存款相应利率高的收益，因而，平时可用闲余资金参与国债回购融券交易。

从以往交易来看，1 天国债回购（204001）和 7 天国债回购（204007）相对较为活跃，有时市场资金紧张下，1 天国债回购和 7 天国债回购利率大幅飙升。

例如，2007 年 9 月 25 日 1 天国债回购年利率 100%，这意味着 100 万元资金参与 1 天国债回购融券交易，次日可得到 2778 元收益，2007 年 10 月 26 日、2007 年 12 月 14 日两天也出现过年利率 99%，这些时间均为股市冲顶的时候。

1天国债回购年利率在大多数情况下围绕1%～5%之间波动，而春节前一两个月市场资金紧张的时候也较多次出现年利率10%以上的高位，如2010年12月30日出现了年利率16%，这意味着100万元资金参与1天国债回购交易，次日可得到444元收益。

7天国债回购历史上也出现过年利率30%以上的高位，如2007年9月中旬连续几日出现年利率30%以上，2007年9月21日7天国债回购年利率46%，这意味着100万元资金参与7天国债回购交易，7日可得到8944元收益，而春节前一两个月市场资金紧张的时候也较多次出现年利率5%以上的高位，如2011年1月25日出现年利率13.30%的高位，这意味着100万元资金参与7天国债回购交易，7日可得到2586元收益。

平时有闲余资金可参与国债回购融券交易，特别是在国债回购利率大幅上升的情况下，可获取稳赚的回报。作为以资融券方，在交易所参与回购交易，其申报买卖部位为"卖出"，到期后（如1天、7天等）资金自动归回证券账户内。

后　记

　　股市风云变幻，"牛熊"大搏杀，一夜之间可以令人暴富，也令人亏损累累。股市起落浮沉导致了广大股民的喜乐哀愁的情绪变化，许多人的切身利益已与当今的股票市场紧紧地联系在一起。

　　股市的变化发展究竟有没有规律可循呢？尽管不同的股市理论学派有着不同的看法，但如果从股市的历史走势看，不难发现股市的变化发展是有规律可循的，正如太阳黑子、月亮的阴晴圆缺导致地球上潮汐的变化那样，自然界和人类社会有规律的变化发展当然也会影响着股市的变动，使其呈现出一定的规律性。事实上一个成熟的股市，从长期来看其周期变化与经济周期基本上是同步的，也正因如此，股市才被称为经济的"晴雨表"。

　　经济波动和股价走势遵循着大自然物质运动周期性的规律，其运行具有时间的周而复始的特征，因而便产生了经济波动和股价走势的循环周期概念；其升跌变化构成了经济数据和股价波动运行的空间。当然，周期循环性变化不是简单重复的变化，而是一个矛盾发展的过程。

　　证券投资是一门大学问，受到众多宏观和微观综合因素所影响，包括国内宏观经济运行、财政和货币政策、国际经济环境与金融市场、行业板块的景气度、企业的获利能力和成长性、市场行为、资金面松紧等等，这些因素影响着股票投资价值和股价的波动走势，也导致了市场的周期性变化。

　　在证券市场上投资，目的是使投资回报率最大化，归根到底是如何把握证券投资价值严重低估和严重高估的尺度和周期性的投资买卖时机。

　　本书通过对证券投资"天时、地利、人和"综合评估工程模型的构建，建立系统的证券投资综合评估模型理论体系，以综合评估证券投资价值和把握买卖时机。"天时"就是宏观经济面，包括国内和国际经济状况，以及社会发展、科技进步等因素；"地利"就是行业与企业竞争力成长性、新兴产业和朝阳产业等方面的微观面因素；"人和"就是市场行为的影响因素，包括市场资金面的松紧、市场超买和超卖现象、股市政策的影响等。

根据"天时、地利、人和"所构建的证券投资综合评估模型，其要素包括：国内宏观经济运行、国际经济与金融市场、区域经济、产业结构、行业经济与行业周期、企业竞争力、企业经营效率、企业偿债能力与获利能力、企业成长性、投资收益、市净率与市盈率、经济与社会发展等。

这些要素影响和构成证券市场的周期波动与投资时机。证券市场周期波动的节奏与证券投资时机是证券投资综合评估模型的中心点，周期波动与投资时机在市场运行中体现为8个方面："牛熊"周期的运行阶段、周期性转折、空间波动性、波动趋势、波动形态、市场成本、超买超卖行为、风险控制和投资组合。

本书以证券投资综合评估模型各要素展开，穿透中国证券市场和全球金融市场的历史波动，从亚洲金融危机、美国次贷危机、欧债危机，到英国脱欧、中美两国贸易摩擦，并由此分析其对证券市场的影响；更有A股市场未来30年每年的重要转折时点、超级长周期周天分割点的推算，以及股市周期转折波动特点，上证综指、深证成指长期趋势和波动空间，香港恒指和美国道指长期波动趋势，A股市场历史大顶和大底的揭秘，等等的分析。

全书分析独到，全面涉及证券、经济、政策、时事、文化、历史，以及经济指标分析、财务分析、图形分析等诸多领域，其中许多观点为作者长期实践研究所得，具有较强的可读性和参考价值。

本书的成功出版特别感谢许毓彬教授、程杰恒教授、柯可教授、蔡春林教授、张茂声先生、王震宇先生，以及林燕辉先生、谭健强先生、周寿光先生、蔡海涛先生等的支持和鼓励。

附 录

中国证券市场大事记

1984年11月14日,上海飞乐音响公司"小飞乐"股票发行,面值50元,发行1万股,是改革开放后发行的第一只股票。

1986年9月26日,新中国第一个股票交易柜台工行上海信托投资公司静安分公司在上海市南京西路1806号正式开张。

1988年7月18日,第一家专业证券公司上海万国证券公司成立。

1990年11月26日,上海证券交易所正式成立。

1990年12月1日,深圳证券交易所试运作,深安达成为深交所第一家上市公司和第一只上市股票。

1990年12月5日,全国证券交易自动报价系统(STAQ系统)正式开始运行。

1990年12月19日,上海证券交易所正式开业,首批上市的公司有8家,分别是飞乐音响、延中实业、爱使股份、真空电子、申华实业、飞乐股份、豫园商城、浙江凤凰。

1991年7月3日,深圳证券交易所正式开业。

1991年7月11日,上海证券交易所推出股票账户,逐渐取代股东名卡。

1992年1月19日,邓小平视察南方,考察了深圳股市情况并发表讲话。

1992年3月2日,上海股票认购证第一次摇号。

1992年5月21日,上海证券交易所放开了仅有的15只上市股票的价格限制,并实行"T+0"交易规则,引发股市暴涨,当天,上证综合指数从上一日收盘617点瞬间高开并收盘于1266点,一天之内上涨105%。中国股市第一次上演了"致富"奇迹!

1992年8月10日,深圳数千人因为排队数日没买到认股抽签表而爆发震惊全国的"8·10"事件。"8·10"之后第三天,沪指猛跌22.2%,此时点位与同年5月25日的1420点相比,净跌640点,两个半月内跌幅达到45%。

1992年10月12日，国务院证券委员会和中国证券监督管理委员会成立。

1995年1月1日，沪深股市交易实行"T+1"制度。

1995年2月23日上海国债市场发生著名的"3·27风波"，直接导致后来万国证券公司倒闭和国债期货试点暂停。

1999年5月19日，《人民日报》发表特约评论员文章，"5·19行情"启动。

1999年7月1日，《中华人民共和国证券法》正式实施。

2001年4月23日，PT水仙终止上市，成为中国证券市场上第一只被摘牌的股票。

2001年6月14日，国有股减持办法出台，沪指创下此前11年来新高2245点。同年7月26日，国有股减持在新股发行中正式实施，股市开始暴跌。

2002年6月23日，国务院决定，除企业海外发行上市外，对国内上市公司停止执行关于利用证券市场减持国有股的规定，并不再出台具体实施办法。6月24日，市场爆发井喷式"6·24"行情。

2004年1月31日，《国务院关于推进资本市场改革开放和稳定发展的若干意见》出台，史称资本市场"国九条"。

2004年4月14日，市场著名"庄股"，德隆旗下的新疆屯河、湘火炬、合金投资等3只股票开始崩溃式连续跌停，多年来纵横市场的德隆系轰然倒下，成为资本市场乃至中国经济史上的一个重要事件。

2005年4月29日，中国证监会发布《关于上市公司股权分置改革试点有关问题的通知》，股权分置改革大幕宣告正式拉开。

2005年6月6日，证监会推出《上市公司回购社会公众股份管理办法（试行）》。上证综指当日盘中跌破千点，最低见998.23点。

2005年10月27日，新修订的《中华人民共和国证券法》在第十届全国人大第十八次会议上高票获得通过。

2006年7月5日，中国银行在上海证券交易所挂牌，掀开大型国有商业银行国内上市序幕。

2007年5月30日凌晨，证券交易印花税税率由千分之一调整为千分之三。当日9时30分开盘，900多只个股跌停，而当时两市股票总数不过1500只，股市开始了为期两个月的调整。

2007年10月15日，上证综指突破6000点，10月16日盘中最高见6124.04点，创出历史新高。

2007年11月5日，中国石油在上海证券交易所挂牌，首日开盘价48.60元，成为其历史次高价。

2009年10月30日,创业板正式揭开帷幕,首批28只股票同日挂牌,刷新了中国股市多股齐发的历史纪录。

2010年3月31日,融资融券试点正式启动。

2010年4月16日,筹备多年的股指期货合约正式上市交易,挂牌基准价定为3399点。

2010年9月12日,《关于深化新股发行体制改革的指导意见》正式发布,包括"摇号制度""扩大询价对象范围"等具体举措一并实行。

2010年12月,资本市场迎来20周年。统计显示,截至2010年11月30日,我国资本市场上市公司达2026家,上市股票2112只,总市值26.43万亿元。20年来,资本市场累计融资3.65万亿元。

2012年4月20日,深交所发布《深圳证券交易所创业板股票上市规则》(2012年修订),并自2012年5月1日起施行。

2013年12月31日,全国中小企业股份转让系统正式面向全国受理企业挂牌申请。

2014年4月10日,中国证监会正式批复启动沪港股票交易互联互通机制试点,相关股票交易于同年11月17日开始。

2016年1月4日,中国股市熔断机制生效,同年1月8日,证监会叫停熔断机制。

2016年12月5日,深港通正式启动。

2017年6月21日凌晨,明晟公司宣布将A股纳入MSCI新兴市场指数。

(注:中国证券市场大事记综合自中国证券网等有关资料)

主要参考文献

[1] 许毓彬，程杰恒，萧嘉明. 商业工程学［M］. 上海：上海人民出版社，2008.

[2] 许毓彬. 企业家财务管理［M］. 广州：广东经济出版社，2003.

[3] 陈佳贵，李扬. 2012年中国经济形势分析与预测［M］. 北京：社会科学文献出版社，2011.

[4] 阮永平. 上市公司财务报表解读［M］. 上海：华东理工大学出版社，2010.

[5] 中国人事部人事考试中心. 经济基础理论与相关知识［M］. 北京：中国发展出版社，1996.

[6] 中国证监会证券从业人员资格考试委员会办公室. 证券市场基础知识［M］. 上海：上海财经大学出版社，1999.

[7] 中国证监会证券从业人员资格考试委员会办公室. 证券投资分析［M］. 上海：上海财经大学出版社，1999.

[8] 本杰明·格雷厄姆（Benjamin Graham），戴维·多德（David L. Dodd）. 证券分析［M］. 北京：中国人民大学出版社，2009.

[9] 石自强. 历次金融危机解密［M］. 北京：龙门书局，2011.

[10] 黄达. 货币银行学［M］. 北京：中国人民大学出版社，1984.

[11] 赵海宽. 经济转轨时期的宏观调控与货币政策［M］. 北京：中国金融出版社，1996.

[12] 曹龙骐. 中央银行概论［M］. 成都：西南财经大学出版社，1995.

[13] 莱·威·钱得勒，斯·姆·哥尔特菲尔特. 货币银行学［M］. 北京：中国财政经济出版社，1981.

[13] 《中国的和平发展》. 白皮书，2011年9月7日《人民日报》.

[14] 《中华人民共和国国民经济和社会发展第十二个五年规划纲要》，2011年3月17日《人民日报》.

[15] 《中华人民共和国国民经济和社会发展第十三个五年规划纲要》，2016年3月17日，新华社.

［16］新华网（http://www.xinhuanet.com/）
［17］中国国家统计局网站（http://www.stats.gov.cn/）
［18］中国人民银行网站（http://www.pbc.gov.cn/）
［19］上海证券交易所网站（http://www.sse.com.cn/）
［20］中国证券网（http://www.cnstock.com/）
［21］新华网（http://www.xinhuanet.com/）
［22］中国政府网（http://www.gov.cn/）